中国招标采购研究与教学实践基地教学参考书籍

政府和社会资本合作（PPP）项目咨询国家及地方相关法律法规文件汇编

（2016年发布版）

Public – Private Partnership（PPP）Project Consultation National and Local Laws and Regulations Collection
（Released in 2016）

主编 李继红

中国财经出版传媒集团
经济科学出版社
Economic Science Press

图书在版编目（CIP）数据

政府和社会资本合作（PPP）项目咨询国家及地方相关法律法规文件汇编：2016 年发布版/李继红主编 . —北京：经济科学出版社，2017.4

ISBN 978 – 7 – 5141 – 7838 – 8

Ⅰ. ①政… Ⅱ. ①李… Ⅲ. ①政府投资 – 合作 – 社会资本 – 法规 – 汇编 – 中国 Ⅳ. ①D922.280.9

中国版本图书馆 CIP 数据核字（2017）第 051149 号

责任编辑：刘　斌
责任校对：靳玉环
版式设计：齐　杰
责任印制：王世伟

政府和社会资本合作（PPP）项目咨询国家及地方相关法律法规文件汇编

（2016 年发布版）

主编　李继红

经济科学出版社出版、发行　新华书店经销
社址：北京市海淀区阜成路甲 28 号　邮编：100142
总编部电话：010 – 88191217　发行部电话：010 – 88191522
网址：www.esp.com.cn
电子邮件：esp@esp.com.cn
天猫网店：经济科学出版社旗舰店
网址：http://jjkxcbs.tmall.com
北京季蜂印刷有限公司印装
787×1092　16 开　35.5 印张　730000 字
2017 年 4 月第 1 版　2017 年 4 月第 1 次印刷
ISBN 978 – 7 – 5141 – 7838 – 8　定价：88.00 元
（图书出现印装问题，本社负责调换。电话：010 – 88191510）
（版权所有　侵权必究　举报电话：010 – 88191586
电子邮箱：dbts@esp.com.cn）

编 者 序

为了实时更新国家和地方发布的政府和社会资本合作（PPP）项目咨询相关的主要法律法规文件，方便学生及时了解和学习，作为基地《公共采购案例分析》这门课程的教学负责人，特此整理汇编了《政府和社会资本合作（PPP）项目咨询国家及地方相关法律法规文件汇编》（2016年发布版），作为2016年已出版的《政府和社会资本合作（PPP）项目咨询国家相关法律法规文件汇编》和《政府和社会资本合作（PPP）项目咨询地方相关法律法规文件汇编》的补充教学参考书籍，同时力争成为在PPP业务咨询领域内供读者使用的较为系统的法律法规工具书系列。

本书按国家层面文件和地方层面文件分为两大类。

第一类国家层面文件：共收集了2016年全国人大、国务院、国务院有关部委（及直属机构）以及司法部门，新发布且现行有效的政府与社会资本合作（PPP）业务相关的法律、法规、规章以及规范性文件共65个。为方便阅读和参考使用，编者按照行政级别（同级不分先后）、文件法律效力层级、发布时间先后、相关程度等，将汇编内容分为四个部分：第一部分为全国人大文件，收集法律文件2个；第二部分为国务院文件，收集行政法规和规范性文件13个；第三部分为国务院各机构文件，收集部门规章及规范性文件共49个。其中，财政部（含联合其他部委）文件共22个；国家发改委（含联合其他部委及下属局）文件18个；住房和城乡建设部等其他机构文件共9个；第四部分为司法部门文件，收集相关文件共1个。

第二类地方层面文件：共收集了2016年度全国各省（市）级政府机构已发布且现行有效的政府与社会资本合作（PPP）业务相关的最新法规、规章以及规范性文件共53个。

本书在整理文件相关性时，主要考虑了以下主要关键词：投资管理、预算管理、投融资机制创新、投融资体制改革、鼓励社会投资、鼓励和引导社会资本/民间资本、地方性政府债务管理、政府和社会资本合作（PPP）、PPP/BOT/TOT/BT/BTO、特许经营、投融资建设、项目法人招标、投资人招标、招标投标、政府采购、政府购买服务等。

  由于PPP业务涉及的领域及范围非常广泛，本书重点对专门性规定进行了整理，无法覆盖每一相关法律体系下的所有层级文件，同时编者能力及精力有限，书中难免存在疏漏和不足之处，恳请批评指正。

编　者
2016年12月31日

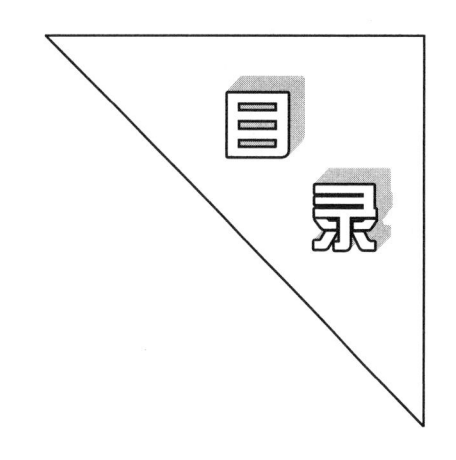

上篇　国家层面文件（65个）

第一部分　全国人民代表大会文件（2个）

《全国人民代表大会常务委员会关于修改〈中华人民共和国外资企业法〉
　　等四部法律的决定》
　　　　中华人民共和国主席令　第51号 …………………………………… 5
《中华人民共和国环境保护税法》
　　　　中华人民共和国主席令　第61号 …………………………………… 7

第二部分　国务院文件（13个）

《企业投资项目核准和备案管理条例》
　　　　中华人民共和国国务院令　第673号 ……………………………… 15
国务院关于深入推进新型城镇化建设的若干意见
　　（国发〔2016〕8号） …………………………………………………… 19
国务院关于实行中央对地方增值税定额返还的通知
　　（国发〔2016〕71号） …………………………………………………… 27

国务院关于发布政府核准的投资项目目录（2016年本）的通知
　　（国发〔2016〕72号） ………………………………………………………… 28
国务院关于加强政务诚信建设的指导意见
　　（国发〔2016〕76号） ………………………………………………………… 34
国务院关于鼓励社会力量兴办教育促进民办教育健康发展的若干意见
　　（国发〔2016〕81号） ………………………………………………………… 38
国务院关于全民所有自然资源资产有偿使用制度改革的指导意见
　　（国发〔2016〕82号） ………………………………………………………… 46
国务院办公厅关于加快培育和发展住房租赁市场的若干意见
　　（国办发〔2016〕39号） ……………………………………………………… 51
国务院办公厅关于成立政府购买服务改革工作领导小组的通知
　　（国办发〔2016〕48号） ……………………………………………………… 55
国务院办公厅关于对真抓实干成效明显地方加大激励支持力度的通知
　　（国办发〔2016〕82号） ……………………………………………………… 57
国务院办公厅关于全面放开养老服务市场提升养老服务质量的若干意见
　　（国办发〔2016〕91号） ……………………………………………………… 61
国务院办公厅关于印发地方政府性债务风险应急处置预案的通知
　　（国办函〔2016〕88号） ……………………………………………………… 67
国务院办公厅关于进一步开展创新政策与提供政府采购优惠挂钩相关
　　文件清理工作的通知
　　（国办函〔2016〕92号） ……………………………………………………… 79

第三部分　国务院组成部门文件（49个）

财政部文件（22个）
《基本建设财务规则》
　　中华人民共和国财政部令　第81号 ………………………………………… 83
财政部　环境保护部关于申报水污染防治领域PPP推介项目的通知
　　（财建〔2016〕453号） ……………………………………………………… 92
财政部　住房城乡建设部关于申报市政公用领域PPP推介项目的通知
　　（财建〔2016〕495号） ……………………………………………………… 99
财政部　发展改革委关于进一步共同做好政府和社会资本合作（PPP）
　　有关工作的通知
　　（财金〔2016〕32号） ………………………………………………………… 106

财政部　教育部　科技部　民政部　人力资源社会保障部　国土资源部
　　环境保护部　住房城乡建设部　交通运输部　水利部　农业部
　　商务部　文化部　卫生计生委　国家体育总局　国家林业局
　　国家旅游局　国家能源局　国家铁路局　中国民用航空局
　　关于组织开展第三批政府和社会资本合作示范项目申报
　　筛选工作的通知
　　（财金函〔2016〕47号）……………………………………… 108
财政部关于印发《普惠金融发展专项资金管理办法》的通知
　　（财金〔2016〕85号）………………………………………… 114
财政部关于在公共服务领域深入推进政府和社会资本合作工作的通知
　　（财金〔2016〕90号）………………………………………… 132
财政部　教育部　科技部　工业和信息化部　民政部　人力资源社会保障部
　　国土资源部　环境保护部　交通运输部　水利部　农业部　商务部
　　文化部　卫生计生委　国家体育总局　国家林业局　国家旅游局
　　国家能源局　国家铁路局　中国民用航空局关于联合公布第三批
　　政府和社会资本合作示范项目加快推动示范项目建设的通知
　　（财金〔2016〕91号）………………………………………… 135
财政部关于印发《政府和社会资本合作项目财政管理暂行办法》的通知
　　（财金〔2016〕92号）………………………………………… 138
财政部关于印发《财政部政府和社会资本合作（PPP）专家库管理办法》的通知
　　（财金〔2016〕144号）……………………………………… 145
财政部关于印发《中央国有资本经营预算管理暂行办法》的通知
　　（财预〔2016〕6号）………………………………………… 149
财政部　国土资源部　中国人民银行　银监会关于规范土地储备和资金
　　管理等相关问题的通知
　　（财综〔2016〕4号）………………………………………… 153
财政部　民航局关于民航发展基金预算管理有关问题的通知
　　（财建〔2016〕362号）……………………………………… 157
财政部关于印发《地方预决算公开操作规程》的通知
　　（财预〔2016〕143号）……………………………………… 159
财政部关于印发《地方政府一般债务预算管理办法》的通知
　　（财预〔2016〕154号）……………………………………… 164
财政部关于印发《地方政府专项债务预算管理办法》的通知
　　（财预〔2016〕155号）……………………………………… 169

财政部关于印发《财政部驻各地财政监察专员办事处实施地方政府债务
　　监督暂行办法》的通知
　　　　（财预〔2016〕175号）·· 174
财政部　交通运输部关于推进交通运输领域政府购买服务的指导意见
　　　　（财建〔2016〕34号）··· 179
财政部　中央编办关于做好事业单位政府购买服务改革工作的意见
　　　　（财综〔2016〕53号）··· 184
财政部　民政部关于通过政府购买服务支持社会组织培育发展的指导意见
　　　　（财综〔2016〕54号）··· 188
财政部关于进一步加强政府采购需求和履约验收管理的指导意见
　　　　（财库〔2016〕205号）·· 192
财政部　水利部关于印发《中央财政水利发展资金使用管理办法》的通知
　　　　（财农〔2016〕181号）·· 195

国家发展改革委文件（18个）

《中央预算内投资补助和贴息项目管理办法》
　　　　国家发展和改革委员会令　第45号······································· 200
国家发展改革委关于切实做好传统基础设施领域政府和社会资本合作
　　有关工作的通知
　　　　（发改投资〔2016〕1744号）·· 206
国家发展改革委办公厅关于国家高速公路网新建政府和社会资本合作项目
　　批复方式的通知
　　　　（发改办基础〔2016〕1818号）·· 211
国家发展改革委办公厅关于请报送传统基础设施领域PPP项目典型案例的通知
　　　　（发改办投资〔2016〕1963号）·· 212
国家发展改革委　住房城乡建设部关于开展重大市政工程领域政府和社会
　　资本合作（PPP）创新工作的通知
　　　　（发改投资〔2016〕2068号）·· 214
国家发展改革委关于印发《传统基础设施领域实施政府和社会资本合作
　　项目工作导则》的通知
　　　　（发改投资〔2016〕2231号）·· 216
国家发展改革委　国家林业局关于运用政府和社会资本合作模式推进
　　林业建设的指导意见
　　　　（发改农经〔2016〕2455号）·· 222
国家发展改革委　农业部关于推进农业领域政府和社会资本合作的指导意见
　　　　（发改农经〔2016〕2574号）·· 226

国家发展改革委　中国证监会关于推进传统基础设施领域政府和社会
　　资本合作（PPP）项目资产证券化相关工作的通知
　　　（发改投资〔2016〕2698号）……………………………………………………231
国家发展改革委办公厅印发传统基础设施领域政府和社会资本合作（PPP）
　　项目库管理办法（试行）
　　　（发改投资〔2016〕2698号）……………………………………………………234
国家发展改革委办公厅　交通运输部办公厅关于进一步做好收费公路政府和
　　社会资本合作项目前期工作的通知
　　　（发改办基础〔2016〕2851号）…………………………………………………237
国家发展改革委关于加快美丽特色小（城）镇建设的指导意见
　　　（发改规划〔2016〕2125号）……………………………………………………239
国家发展改革委　国家开发银行　中国光大银行　中国企业联合会
　　中国企业家协会　中国城镇化促进会关于实施"千企千镇工程"
　　推进美丽特色小（城）镇建设的通知
　　　（发改规划〔2016〕2604号）……………………………………………………244
国家发展改革委　国家旅游局关于实施旅游休闲重大工程的通知
　　　（发改社会〔2016〕2550号）……………………………………………………247
国家发展和改革委员会办公厅　国家卫生和计划生育委员会办公厅
　　国家中医药管理局办公室印发中央预算内投资补助地方
　　医疗卫生领域建设项目管理办法
　　　（发改办社会规〔2016〕2056号）………………………………………………251
国家发展改革委　财政部　民政部关于印发《养老服务体系建设中央
　　补助激励支持实施办法》的通知
　　　（发改社会〔2016〕2776号）……………………………………………………255
国家发展改革委关于印发《政府出资产业投资基金管理暂行办法》的通知
　　　（发改财金规〔2016〕2800号）…………………………………………………260
国家能源局关于在能源领域积极推广政府和社会资本合作模式的通知
　　　（国能法改〔2016〕96号）………………………………………………………268

其他部门文件（9个）
住房城乡建设部等部门关于进一步加强城市生活垃圾焚烧处理工作的意见
　　　（建城〔2016〕227号）……………………………………………………………271
住房城乡建设部　财政部关于印发建设工程质量保证金管理办法的通知
　　　（建质〔2016〕295号）……………………………………………………………276
文化部办公厅关于做好第三批政府与社会资本合作示范项目申报筛选
　　工作的补充通知
　　　（办产函〔2016〕247号）…………………………………………………………279

5

民航局关于鼓励社会资本投资建设运营民用机场的意见
（民航发〔2016〕117号） 281
交通运输部关于深化改革加快推进道路客运转型升级的指导意见
（交运发〔2016〕240号） 283
国土资源部关于修改《建设用地审查报批管理办法》的决定
中华人民共和国国土资源部令 第69号 288
国土资源部办公厅关于印发《产业用地政策实施工作指引》的通知
（国土资厅发〔2016〕38号） 290
国土资源部关于印发《关于深入推进城镇低效用地再开发的指导
意见（试行）》的通知
（国土资发〔2016〕147号） 297
国土资源部关于改进和优化建设项目用地预审和用地审查的通知
（国土资规〔2016〕16号） 302

第四部分 司法部门文件（1个）

最高人民法院 国家发展改革委员会 工业和信息化部 住房和城乡建设部
交通运输部 水利部 商务部 国家铁路局 中国民用航空局关于在
招标投标活动中对失信被执行人实施联合惩戒的通知
（法〔2016〕285号） 309

下篇 地方层面文件（53个）

北京市文件（6个）

北京市发展和改革委员会关于进一步明确特许经营污水处理厂污水处理
服务费价格政策的通知
（京发改〔2016〕206号） 315
北京市财政局 北京市发展和改革委员会关于公开征集政府和社会
资本合作（PPP）领域专家的通知
（京财经二〔2016〕603号） 316
北京市财政局转发财政部等部委关于组织开展第三批政府和社会资本合作
示范项目申报筛选工作的通知
（京财经二〔2016〕1205号） 318

北京市财政局　北京市发展改革委转发关于进一步共同做好政府和社会
　　资本合作（PPP）有关工作的通知
　　（京财经二〔2016〕1172号） ………………………………………………… 319
北京市财政局　北京市规划和国土资源管理委员会关于政府和社会
　　资本合作（PPP）项目用地有关事项的通知
　　（京财经二〔2016〕2520号） ………………………………………………… 320
北京市卫生和计划生育委员会　北京市财政局关于印发《北京市公立医院
　　特许经营管理指南（试行）》的通知
　　（京卫规划〔2016〕9号） ……………………………………………………… 321

河北省文件（4个）

河北省发展和改革委员会关于发布我省第三批交通能源市政公共服务等
　　领域鼓励社会投资（含PPP）项目清单的通知 ……………………………… 325
河北省发展和改革委员会关于对我省综合性工程咨询服务机构开展PPP
　　咨询业务情况进行调查摸底的通知
　　（冀发改函〔2016〕117号） …………………………………………………… 367
河北省住房和城乡建设厅关于开展市政基础设施领域政府与社会资本
　　合作（PPP）重点项目进展情况调查的函
　　（冀建综函〔2016〕3号） ……………………………………………………… 368
河北省财政厅转发财政部等20部委《关于联合公布第三批政府和社会
　　资本合作示范项目加快推动示范项目建设的通知》的通知
　　（冀财资合〔2016〕14号） …………………………………………………… 370

山西省文件（2个）

山西省人民政府办公厅印发关于加快推进政府和社会资本合作的若干
　　政策措施的通知
　　（晋政办发〔2016〕35号） …………………………………………………… 372
山西省发展和改革委员会关于在重点领域积极推广政府和社会资本
　　合作模式的通知
　　（晋发改投资发〔2016〕268号） ……………………………………………… 376

内蒙古自治区文件（3个）

内蒙古自治区发展和改革委员会　内蒙古自治区财政厅　内蒙古自治区
　　住房和城乡建设厅等6部门关于印发《内蒙古自治区基础设施和
　　公用事业特许经营管理办法》的通知
　　（内发改法规字〔2016〕613号） ……………………………………………… 381

内蒙古自治区财政厅转发《财政部关于规范政府和社会资本（PPP）
　　综合信息平台运行》的通知
　　　　（内财投〔2016〕26号）......388
内蒙古自治区财政厅转发《财政部关于印发PPP物有所值评价
　　指引（试行）》的通知
　　　　（内财投〔2016〕43号）......390

辽宁省文件（1个）

辽宁省人民政府办公厅关于调整政府和社会资本合作工作部门分工的通知
　　　　（辽政办发〔2016〕40号）......392

黑龙江省文件（3个）

黑龙江省人民政府办公厅关于切实做好政府和社会资本合作（PPP）
　　有关工作的通知
　　　　（黑政办综〔2016〕25号）......393
黑龙江省财政厅　黑龙江省发展和改革委员会关于印发黑龙江省政府和社会
　　资本合作（PPP）咨询服务机构和专家选聘管理办法（试行）的通知
　　　　（黑财规审〔2016〕20号）......395
黑龙江省住建厅"三供两治"办公室关于发布2016—2017年全省
　　"三供两治"PPP项目的通知......398

上海市文件（1个）

上海市人民政府办公厅关于印发《本市推广政府和社会资本合作模式的
　　实施意见》的通知
　　　　（沪府办发〔2016〕37号）......404

江苏省文件（6个）

江苏省财政厅转发财政部关于实施政府和社会资本合作项目以奖代补政策的通知
　　　　（苏财金〔2016〕7号）......409
江苏省财政厅关于印发《政府和社会资本合作（PPP）项目奖补资金
　　管理办法》的通知
　　　　（苏财规〔2016〕25号）......410
江苏省财政厅关于2016年度第一批政府和社会资本合作（PPP）项目入库的通知
　　　　（苏财金〔2016〕34号）......414
江苏省财政厅关于做好2016年政府和社会资本合作省级试点项目工作的通知
　　　　（苏财金〔2016〕44号）......420

江苏省财政厅关于做好国家第三批政府和社会资本合作示范项目实施
　　有关问题的通知
　　（苏财金〔2016〕95号） ································· 424
江苏省财政厅关于申报财政部政府和社会资本合作项目以奖代补资金的通知
　　（苏财金〔2016〕94号） ································· 426

浙江省文件（3个）

浙江省财政厅　浙江省发展和改革委员会　中国人民银行杭州中心支行
　　关于在公共服务领域推广政府和社会资本合作模式的实施意见
　　（浙财金〔2016〕13号） ································· 427
浙江省财政厅关于印发浙江省基础设施投资（含PPP）基金管理办法的通知
　　（浙财建〔2016〕44号） ································· 432
浙江省交通运输厅办公室转发交通运输部办公厅关于印发《收费公路政府和
　　社会资本合作操作指南（试行）》的通知
　　（浙交办〔2016〕93号） ································· 437

安徽省文件（1个）

安徽省国土资源厅关于保障公共服务领域政府和社会资本合作模式
　　项目用地的意见
　　（皖国土资函〔2016〕216号） ····························· 438

福建省文件（1个）

福建省人民政府关于进一步做好政府和社会资本合作（PPP）试点
　　工作的若干意见
　　（闽政〔2016〕28号） ··································· 440

江西省文件（5个）

江西省发展改革委关于印发政府和社会资本合作（PPP）项目案例和
　　政策文件汇编的通知 ···································· 442
江西省发展和改革委员会关于抓紧申报2016年PPP项目前期工作费
　　中央预算内投资计划的通知 ······························ 443
江西省发展改革委关于认真贯彻落实全省抓项目扩投资稳增长推进
　　会议精神进一步做好我省PPP有关工作的通知
　　（赣发改投资〔2016〕1003号） ···························· 445

9

江西省发展改革委关于组织申报国家开展深化中小城市重大市政工程
　　领域PPP创新工作的通知
　　（赣发改电〔2016〕158号）·· 454
江西省财政厅关于公布PPP项目咨询服务机构和专家入库名单的通知
　　（赣财办〔2016〕127号）·· 457

山东省文件（1个）

山东省财政厅关于印发《山东省"政府和社会资本合作"项目奖补
　　资金管理办法》的通知
　　（鲁财金〔2016〕4号）·· 464

湖南省文件（3个）

湖南省财政厅关于推荐全省第三批政府和社会资本合作示范项目的通知
　　（湘财金函〔2016〕2号）·· 467
湖南省财政厅关于全省第三批政府和社会资本合作示范项目实施
　　有关事项的通知
　　（湘财金〔2016〕23号）·· 479
湖南省财政厅　湖南省发展和改革委员会关于开展PPP和BT项目
　　调查摸底的通知
　　（湘财金函〔2016〕20号）·· 489

广东省文件（3个）

广东省财政厅转发财政部关于规范政府和社会资本合作（PPP）综合
　　信息平台运行的通知
　　（粤财预〔2016〕4号）·· 494
广东省住房和城乡建设厅关于印发《粤东西北地区新一轮生活垃圾和
　　污水处理基础设施政府和社会资本合作模式建设操作指引》的通知
　　（粤建城〔2016〕109号）·· 496
广东省发展改革委转发国家发展改革委关于切实做好传统基础设施
　　领域政府和社会资本合作有关工作的通知
　　（粤发改投资〔2016〕776号）·· 497

广西壮族自治区文件（3个）

广西壮族自治区财政厅关于公开选聘广西政府投资引导基金和PPP
　　决策咨询专家的函··· 499

广西壮族自治区财政厅关于公开选聘广西政府投资引导基金和PPP
　　决策咨询专家的补充通知
　　（桂财办〔2016〕26号）·················503
广西壮族自治区财政厅关于强化改革确保PPP改革实效的通知
　　（桂财金〔2016〕44号）·················504

贵州省文件（1个）
贵州省人民政府关于贵州省政府和社会资本合作（PPP）基金设立方案的批复
　　（黔府函〔2016〕99号）·················508

云南省文件（1个）
云南省人民政府办公厅关于建立云南省推进政府和社会资本合作（PPP）
　　联席会议制度的通知
　　（云政办函〔2016〕208号）················509

甘肃省文件（1个）
甘肃省人民政府批转省财政厅等部门关于在公共服务领域推广政府和
　　社会资本合作模式实施意见的通知
　　（甘政发〔2016〕24号）·················512

青海省文件（4个）
青海省人民政府办公厅转发省发展改革委关于青海省基础设施和公用
　　事业特许经营管理暂行办法的通知
　　（青政办〔2016〕12号）·················515
青海省人民政府办公厅关于成立青海省政府和社会资本合作模式推广
　　运用工作协调领导小组的通知
　　（青政办〔2016〕42号）·················526
青海省人民政府关于在公共服务领域推广政府和社会资本合作模式的实施意见
　　（青政〔2016〕43号）··················528
青海省人民政府办公厅转发省财政厅等部门关于加快推广运用政府和
　　社会资本合作模式有关政策措施等五个措施办法的通知
　　（青政办〔2016〕128号）·················535

上 篇
国家层面文件（65个）

第一部分
全国人民代表大会文件（2个）

《全国人民代表大会常务委员会关于修改〈中华人民共和国外资企业法〉等四部法律的决定》

中华人民共和国主席令

第 51 号

《全国人民代表大会常务委员会关于修改〈中华人民共和国外资企业法〉等四部法律的决定》已由中华人民共和国第十二届全国人民代表大会常务委员会第二十二次会议于 2016 年 9 月 3 日通过,现予公布,自 2016 年 10 月 1 日起施行。

中华人民共和国主席　习近平
二〇一六年九月三日

全国人民代表大会常务委员会关于修改《中华人民共和国外资企业法》等四部法律的决定

(2016 年 9 月 3 日第十二届全国人民代表大会常务委员会第二十二次会议通过)

第十二届全国人民代表大会常务委员会第二十二次会议决定:

一、对《中华人民共和国外资企业法》作出修改

增加一条,作为第二十三条:"举办外资企业不涉及国家规定实施准入特别管理措施的,对本法第六条、第十条、第二十条规定的审批事项,适用备案管理。国家规定的准入特别管理措施由国务院发布或者批准发布。"

二、对《中华人民共和国中外合资经营企业法》作出修改

增加一条,作为第十五条:"举办合营企业不涉及国家规定实施准入特别管理措施的,对本法第三条、第十三条、第十四条规定的审批事项,适用备案管理。国家规定的准入特别管理措施由国务院发布或者批准发布。"

三、对《中华人民共和国中外合作经营企业法》作出修改

增加一条，作为第二十五条："举办合作企业不涉及国家规定实施准入特别管理措施的，对本法第五条、第七条、第十条、第十二条第二款、第二十四条规定的审批事项，适用备案管理。国家规定的准入特别管理措施由国务院发布或者批准发布。"

四、对《中华人民共和国台湾同胞投资保护法》作出修改

增加一条，作为第十四条："举办台湾同胞投资企业不涉及国家规定实施准入特别管理措施的，对本法第八条第一款规定的审批事项，适用备案管理。国家规定的准入特别管理措施由国务院发布或者批准发布。"

本决定自2016年10月1日起施行。自本决定施行之日起，2013年8月30日第十二届全国人民代表大会常务委员会第四次会议通过的《全国人民代表大会常务委员会关于授权国务院在中国（上海）自由贸易试验区暂时调整有关法律规定的行政审批的决定》、2014年12月28日第十二届全国人民代表大会常务委员会第十二次会议通过的《全国人民代表大会常务委员会关于授权国务院在中国（广东）自由贸易试验区、中国（天津）自由贸易试验区、中国（福建）自由贸易试验区以及中国（上海）自由贸易试验区扩展区域暂时调整有关法律规定的行政审批的决定》的效力相应终止。

《中华人民共和国外资企业法》、《中华人民共和国中外合资经营企业法》、《中华人民共和国中外合作经营企业法》、《中华人民共和国台湾同胞投资保护法》根据本决定作相应修改，重新公布。

《中华人民共和国环境保护税法》

中华人民共和国主席令

第 61 号

《中华人民共和国环境保护税法》已由中华人民共和国第十二届全国人民代表大会常务委员会第二十五次会议于 2016 年 12 月 25 日通过，现予公布，自 2018 年 1 月 1 日起施行。

中华人民共和国主席　习近平
二〇一六年十二月二十五日

中华人民共和国环境保护税法

(2016 年 12 月 25 日第十二届全国人民代表大会常务委员会第二十五次会议通过)

目　录

第一章　总则
第二章　计税依据和应纳税额
第三章　税收减免
第四章　征收管理
第五章　附则

第一章　总　则

第一条　为了保护和改善环境，减少污染物排放，推进生态文明建设，制定本法。

第二条　在中华人民共和国领域和中华人民共和国管辖的其他海域，直接向环境排放应税污染物的企业事业单位和其他生产经营者为环境保护税的纳税人，应当依照本法规定缴纳环境保护税。

第三条　本法所称应税污染物，是指本法所附《环境保护税税目税额表》、《应税污染物和当量值表》规定的大气污染物、水污染物、固体废物和噪声。

第四条　有下列情形之一的，不属于直接向环境排放污染物，不缴纳相应污染物的环境保护税：

（一）企业事业单位和其他生产经营者向依法设立的污水集中处理、生活垃圾集中处理场所排放应税污染物的；

（二）企业事业单位和其他生产经营者在符合国家和地方环境保护标准的设施、场所贮存或者处置固体废物的。

第五条　依法设立的城乡污水集中处理、生活垃圾集中处理场所超过国家和地方规定的排放标准向环境排放应税污染物的，应当缴纳环境保护税。

企业事业单位和其他生产经营者贮存或者处置固体废物不符合国家和地方环境保护标准的，应当缴纳环境保护税。

第六条　环境保护税的税目、税额，依照本法所附《环境保护税税目税额表》执行。

应税大气污染物和水污染物的具体适用税额的确定和调整，由省、自治区、直辖市人民政府统筹考虑本地区环境承载能力、污染物排放现状和经济社会生态发展目标要求，在本法所附《环境保护税税目税额表》规定的税额幅度内提出，报同级人民代表大会常务委员会决定，并报全国人民代表大会常务委员会和国务院备案。

第二章　计税依据和应纳税额

第七条　应税污染物的计税依据，按照下列方法确定：

（一）应税大气污染物按照污染物排放量折合的污染当量数确定；

（二）应税水污染物按照污染物排放量折合的污染当量数确定；

（三）应税固体废物按照固体废物的排放量确定；

（四）应税噪声按照超过国家规定标准的分贝数确定。

第八条　应税大气污染物、水污染物的污染当量数，以该污染物的排放量除以该污染物的污染当量值计算。每种应税大气污染物、水污染物的具体污染当量值，依照本法所附《应税污染物和当量值表》执行。

第九条　每一排放口或者没有排放口的应税大气污染物，按照污染当量数从大到小排序，对前三项污染物征收环境保护税。

每一排放口的应税水污染物，按照本法所附《应税污染物和当量值表》，区分第一类水污染物和其他类水污染物，按照污染当量数从大到小排序，对第一类水污染物按照前五项征收环境保护税，对其他类水污染物按照前三项征收环境保护税。

省、自治区、直辖市人民政府根据本地区污染物减排的特殊需要，可以增加同一排放口征收环境保护税的应税污染物项目数，报同级人民代表大会常务委员会决定，并报全国人民代表大会常务委员会和国务院备案。

第十条　应税大气污染物、水污染物、固体废物的排放量和噪声的分贝数，按照下列方法和顺序计算：

（一）纳税人安装使用符合国家规定和监测规范的污染物自动监测设备的，按照污染物自动监测数据计算；

（二）纳税人未安装使用污染物自动监测设备的，按照监测机构出具的符合国家有关规定和监测规范的监测数据计算；

（三）因排放污染物种类多等原因不具备监测条件的，按照国务院环境保护主管部门规定的排污系数、物料衡算方法计算；

（四）不能按照本条第一项至第三项规定的方法计算的，按照省、自治区、直辖市人民政府环境保护主管部门规定的抽样测算的方法核定计算。

第十一条　环境保护税应纳税额按照下列方法计算：

（一）应税大气污染物的应纳税额为污染当量数乘以具体适用税额；

（二）应税水污染物的应纳税额为污染当量数乘以具体适用税额；

（三）应税固体废物的应纳税额为固体废物排放量乘以具体适用税额；

（四）应税噪声的应纳税额为超过国家规定标准的分贝数对应的具体适用税额。

第三章　税收减免

第十二条　下列情形，暂予免征环境保护税：

（一）农业生产（不包括规模化养殖）排放应税污染物的；

（二）机动车、铁路机车、非道路移动机械、船舶和航空器等流动污染源排放应税污染物的；

（三）依法设立的城乡污水集中处理、生活垃圾集中处理场所排放相应应税污染物，不超过国家和地方规定的排放标准的；

（四）纳税人综合利用的固体废物，符合国家和地方环境保护标准的；

（五）国务院批准免税的其他情形。

前款第五项免税规定，由国务院报全国人民代表大会常务委员会备案。

第十三条　纳税人排放应税大气污染物或者水污染物的浓度值低于国家和地方规定的污染物排放标准百分之三十的，减按百分之七十五征收环境保护税。纳税人排放应税大气污染物或者水污染物的浓度值低于国家和地方规定的污染物排放标准百分之五十的，减按百分之五十征收环境保护税。

第四章　征收管理

第十四条　环境保护税由税务机关依照《中华人民共和国税收征收管理法》和

本法的有关规定征收管理。

环境保护主管部门依照本法和有关环境保护法律法规的规定负责对污染物的监测管理。

县级以上地方人民政府应当建立税务机关、环境保护主管部门和其他相关单位分工协作工作机制，加强环境保护税征收管理，保障税款及时足额入库。

第十五条　环境保护主管部门和税务机关应当建立涉税信息共享平台和工作配合机制。

环境保护主管部门应当将排污单位的排污许可、污染物排放数据、环境违法和受行政处罚情况等环境保护相关信息，定期交送税务机关。

税务机关应当将纳税人的纳税申报、税款入库、减免税额、欠缴税款以及风险疑点等环境保护税涉税信息，定期交送环境保护主管部门。

第十六条　纳税义务发生时间为纳税人排放应税污染物的当日。

第十七条　纳税人应当向应税污染物排放地的税务机关申报缴纳环境保护税。

第十八条　环境保护税按月计算，按季申报缴纳。不能按固定期限计算缴纳的，可以按次申报缴纳。

纳税人申报缴纳时，应当向税务机关报送所排放应税污染物的种类、数量，大气污染物、水污染物的浓度值，以及税务机关根据实际需要要求纳税人报送的其他纳税资料。

第十九条　纳税人按季申报缴纳的，应当自季度终了之日起十五日内，向税务机关办理纳税申报并缴纳税款。纳税人按次申报缴纳的，应当自纳税义务发生之日起十五日内，向税务机关办理纳税申报并缴纳税款。

纳税人应当依法如实办理纳税申报，对申报的真实性和完整性承担责任。

第二十条　税务机关应当将纳税人的纳税申报数据资料与环境保护主管部门交送的相关数据资料进行比对。

税务机关发现纳税人的纳税申报数据资料异常或者纳税人未按照规定期限办理纳税申报的，可以提请环境保护主管部门进行复核，环境保护主管部门应当自收到税务机关的数据资料之日起十五日内向税务机关出具复核意见。税务机关应当按照环境保护主管部门复核的数据资料调整纳税人的应纳税额。

第二十一条　依照本法第十条第四项的规定核定计算污染物排放量的，由税务机关会同环境保护主管部门核定污染物排放种类、数量和应纳税额。

第二十二条　纳税人从事海洋工程向中华人民共和国管辖海域排放应税大气污染物、水污染物或者固体废物，申报缴纳环境保护税的具体办法，由国务院税务主管部门会同国务院海洋主管部门规定。

第二十三条　纳税人和税务机关、环境保护主管部门及其工作人员违反本法规定的，依照《中华人民共和国税收征收管理法》、《中华人民共和国环境保护法》和有关法律法规的规定追究法律责任。

第二十四条　各级人民政府应当鼓励纳税人加大环境保护建设投入，对纳税人用于污染物自动监测设备的投资予以资金和政策支持。

第五章　附　则

第二十五条　本法下列用语的含义：

（一）污染当量，是指根据污染物或者污染排放活动对环境的有害程度以及处理的技术经济性，衡量不同污染物对环境污染的综合性指标或者计量单位。同一介质相同污染当量的不同污染物，其污染程度基本相当。

（二）排污系数，是指在正常技术经济和管理条件下，生产单位产品所应排放的污染物量的统计平均值。

（三）物料衡算，是指根据物质质量守恒原理对生产过程中使用的原料、生产的产品和产生的废物等进行测算的一种方法。

第二十六条　直接向环境排放应税污染物的企业事业单位和其他生产经营者，除依照本法规定缴纳环境保护税外，应当对所造成的损害依法承担责任。

第二十七条　自本法施行之日起，依照本法规定征收环境保护税，不再征收排污费。

第二十八条　本法自 2018 年 1 月 1 日起施行。

附表：一、环境保护税税目税额表（略）
　　　二、应税污染物和当量值表（略）

第二部分
国务院文件（13个）

《企业投资项目核准和备案管理条例》

中华人民共和国国务院令

第 673 号

《企业投资项目核准和备案管理条例》已经 2016 年 10 月 8 日国务院第 149 次常务会议通过，现予公布，自 2017 年 2 月 1 日起施行。

总理　李克强

二〇一六年十一月三十日

企业投资项目核准和备案管理条例

第一条　为了规范政府对企业投资项目的核准和备案行为，加快转变政府的投资管理职能，落实企业投资自主权，制定本条例。

第二条　本条例所称企业投资项目（以下简称项目），是指企业在中国境内投资建设的固定资产投资项目。

第三条　对关系国家安全、涉及全国重大生产力布局、战略性资源开发和重大公共利益等项目，实行核准管理。具体项目范围以及核准机关、核准权限依照政府核准的投资项目目录执行。政府核准的投资项目目录由国务院投资主管部门会同国务院有关部门提出，报国务院批准后实施，并适时调整。国务院另有规定的，依照其规定。

对前款规定以外的项目，实行备案管理。除国务院另有规定的，实行备案管理的项目按照属地原则备案，备案机关及其权限由省、自治区、直辖市和计划单列市人民政府规定。

第四条　除涉及国家秘密的项目外，项目核准、备案通过国家建立的项目在线监管平台（以下简称在线平台）办理。

核准机关、备案机关以及其他有关部门统一使用在线平台生成的项目代码办理相关手续。

国务院投资主管部门会同有关部门制定在线平台管理办法。

第五条 核准机关、备案机关应当通过在线平台列明与项目有关的产业政策，公开项目核准的办理流程、办理时限等，并为企业提供相关咨询服务。

第六条 企业办理项目核准手续，应当向核准机关提交项目申请书；由国务院核准的项目，向国务院投资主管部门提交项目申请书。项目申请书应当包括下列内容：

（一）企业基本情况；

（二）项目情况，包括项目名称、建设地点、建设规模、建设内容等；

（三）项目利用资源情况分析以及对生态环境的影响分析；

（四）项目对经济和社会的影响分析。

企业应当对项目申请书内容的真实性负责。

法律、行政法规规定办理相关手续作为项目核准前置条件的，企业应当提交已经办理相关手续的证明文件。

第七条 项目申请书由企业自主组织编制，任何单位和个人不得强制企业委托中介服务机构编制项目申请书。

核准机关应当制定并公布项目申请书示范文本，明确项目申请书编制要求。

第八条 由国务院有关部门核准的项目，企业可以通过项目所在地省、自治区、直辖市和计划单列市人民政府有关部门（以下称地方人民政府有关部门）转送项目申请书，地方人民政府有关部门应当自收到项目申请书之日起5个工作日内转送核准机关。

由国务院核准的项目，企业通过地方人民政府有关部门转送项目申请书的，地方人民政府有关部门应当在前款规定的期限内将项目申请书转送国务院投资主管部门，由国务院投资主管部门审核后报国务院核准。

第九条 核准机关应当从下列方面对项目进行审查：

（一）是否危害经济安全、社会安全、生态安全等国家安全；

（二）是否符合相关发展建设规划、技术标准和产业政策；

（三）是否合理开发并有效利用资源；

（四）是否对重大公共利益产生不利影响。

项目涉及有关部门或者项目所在地方人民政府职责的，核准机关应当书面征求其意见，被征求意见单位应当及时书面回复。

核准机关委托中介服务机构对项目进行评估的，应当明确评估重点；除项目情况复杂的，评估时限不得超过30个工作日。评估费用由核准机关承担。

第十条 核准机关应当自受理申请之日起20个工作日内，作出是否予以核准的决定；项目情况复杂或者需要征求有关单位意见的，经本机关主要负责人批准，可以延长核准期限，但延长的期限不得超过40个工作日。核准机关委托中介服务机构对项目进行评估的，评估时间不计入核准期限。

核准机关对项目予以核准的，应当向企业出具核准文件；不予核准的，应当书面通知企业并说明理由。由国务院核准的项目，由国务院投资主管部门根据国务院的决定向企业出具核准文件或者不予核准的书面通知。

第十一条　企业拟变更已核准项目的建设地点，或者拟对建设规模、建设内容等作较大变更的，应当向核准机关提出变更申请。核准机关应当自受理申请之日起20个工作日内，作出是否同意变更的书面决定。

第十二条　项目自核准机关作出予以核准决定或者同意变更决定之日起2年内未开工建设，需要延期开工建设的，企业应当在2年期限届满的30个工作日前，向核准机关申请延期开工建设。核准机关应当自受理申请之日起20个工作日内，作出是否同意延期开工建设的决定。开工建设只能延期一次，期限最长不得超过1年。国家对项目延期开工建设另有规定的，依照其规定。

第十三条　实行备案管理的项目，企业应当在开工建设前通过在线平台将下列信息告知备案机关：

（一）企业基本情况；

（二）项目名称、建设地点、建设规模、建设内容；

（三）项目总投资额；

（四）项目符合产业政策的声明。

企业应当对备案项目信息的真实性负责。

备案机关收到本条第一款规定的全部信息即为备案；企业告知的信息不齐全的，备案机关应当指导企业补正。

企业需要备案证明的，可以要求备案机关出具或者通过在线平台自行打印。

第十四条　已备案项目信息发生较大变更的，企业应当及时告知备案机关。

第十五条　备案机关发现已备案项目属于产业政策禁止投资建设或者实行核准管理的，应当及时告知企业予以纠正或者依法办理核准手续，并通知有关部门。

第十六条　核准机关、备案机关以及依法对项目负有监督管理职责的其他有关部门应当加强事中事后监管，按照谁审批谁监管、谁主管谁监管的原则，落实监管责任，采取在线监测、现场核查等方式，加强对项目实施的监督检查。

企业应当通过在线平台如实报送项目开工建设、建设进度、竣工的基本信息。

第十七条　核准机关、备案机关以及依法对项目负有监督管理职责的其他有关部门应当建立项目信息共享机制，通过在线平台实现信息共享。

企业在项目核准、备案以及项目实施中的违法行为及其处理信息，通过国家社会信用信息平台向社会公示。

第十八条　实行核准管理的项目，企业未依照本条例规定办理核准手续开工建设或者未按照核准的建设地点、建设规模、建设内容等进行建设的，由核准机关责令停止建设或者责令停产，对企业处项目总投资额1‰以上5‰以下的罚款；对直接负责的主管人员和其他直接责任人员处2万元以上5万元以下的罚款，属于国家工作人员的，依法给予处分。

以欺骗、贿赂等不正当手段取得项目核准文件，尚未开工建设的，由核准机关撤销核准文件，处项目总投资额1‰以上5‰以下的罚款；已经开工建设的，依照前款规定予以处罚；构成犯罪的，依法追究刑事责任。

第十九条 实行备案管理的项目，企业未依照本条例规定将项目信息或者已备案项目的信息变更情况告知备案机关，或者向备案机关提供虚假信息的，由备案机关责令限期改正；逾期不改正的，处2万元以上5万元以下的罚款。

第二十条 企业投资建设产业政策禁止投资建设项目的，由县级以上人民政府投资主管部门责令停止建设或者责令停产并恢复原状，对企业处项目总投资额5‰以上10‰以下的罚款；对直接负责的主管人员和其他直接责任人员处5万元以上10万元以下的罚款，属于国家工作人员的，依法给予处分。法律、行政法规另有规定的，依照其规定。

第二十一条 核准机关、备案机关及其工作人员在项目核准、备案工作中玩忽职守、滥用职权、徇私舞弊的，对负有责任的领导人员和直接责任人员依法给予处分；构成犯罪的，依法追究刑事责任。

第二十二条 事业单位、社会团体等非企业组织在中国境内投资建设的固定资产投资项目适用本条例，但通过预算安排的固定资产投资项目除外。

第二十三条 国防科技工业企业在中国境内投资建设的固定资产投资项目核准和备案管理办法，由国务院国防科技工业管理部门根据本条例的原则另行制定。

第二十四条 本条例自2017年2月1日起施行。

国务院关于深入推进新型城镇化建设的若干意见

（国发〔2016〕8号）

各省、自治区、直辖市人民政府，国务院各部委、各直属机构：

新型城镇化是现代化的必由之路，是最大的内需潜力所在，是经济发展的重要动力，也是一项重要的民生工程。《国家新型城镇化规划（2014—2020年)》发布实施以来，各地区、各部门抓紧行动、改革探索，新型城镇化各项工作取得了积极进展，但仍然存在农业转移人口市民化进展缓慢、城镇化质量不高、对扩大内需的主动力作用没有得到充分发挥等问题。为总结推广各地区行之有效的经验，深入推进新型城镇化建设，现提出如下意见。

一、总体要求

全面贯彻党的十八大和十八届二中、三中、四中、五中全会以及中央经济工作会议、中央城镇化工作会议、中央城市工作会议、中央扶贫开发工作会议、中央农村工作会议精神，按照"五位一体"总体布局和"四个全面"战略布局，牢固树立创新、协调、绿色、开放、共享的发展理念，坚持走以人为本、四化同步、优化布局、生态文明、文化传承的中国特色新型城镇化道路，以人的城镇化为核心，以提高质量为关键，以体制机制改革为动力，紧紧围绕新型城镇化目标任务，加快推进户籍制度改革，提升城市综合承载能力，制定完善土地、财政、投融资等配套政策，充分释放新型城镇化蕴藏的巨大内需潜力，为经济持续健康发展提供持久强劲动力。

坚持点面结合、统筹推进。统筹规划、总体布局，促进大中小城市和小城镇协调发展，着力解决好"三个1亿人"城镇化问题，全面提高城镇化质量。充分发挥国家新型城镇化综合试点作用，及时总结提炼可复制经验，带动全国新型城镇化体制机制创新。

坚持纵横联动、协同推进。加强部门间政策制定和实施的协调配合，推动户籍、土地、财政、住房等相关政策和改革举措形成合力。加强部门与地方政策联动，推动地方加快出台一批配套政策，确保改革举措和政策落地生根。

坚持补齐短板、重点突破。加快实施"一融双新"工程，以促进农民工融入城镇为核心，以加快新生中小城市培育发展和新型城市建设为重点，瞄准短板，加快突破，优化政策组合，弥补供需缺口，促进新型城镇化健康有序发展。

二、积极推进农业转移人口市民化

（一）加快落实户籍制度改革政策。围绕加快提高户籍人口城镇化率，深化户籍制度改革，促进有能力在城镇稳定就业和生活的农业转移人口举家进城落户，并与城镇居民享有同等权利、履行同等义务。鼓励各地区进一步放宽落户条件，除极少数超大城市外，允许农业转移人口在就业地落户，优先解决农村学生升学和参军进入城镇的人口、在城镇就业居住5年以上和举家迁徙的农业转移人口以及新生代农民工落户问题，全面放开对高校毕业生、技术工人、职业院校毕业生、留学归国人员的落户限制，加快制定公开透明的落户标准和切实可行的落户目标。除超大城市和特大城市外，其他城市不得采取要求购买房屋、投资纳税、积分制等方式设置落户限制。加快调整完善超大城市和特大城市落户政策，根据城市综合承载能力和功能定位，区分主城区、郊区、新区等区域，分类制定落户政策；以具有合法稳定就业和合法稳定住所（含租赁）、参加城镇社会保险年限、连续居住年限等为主要指标，建立完善积分落户制度，重点解决符合条件的普通劳动者的落户问题。加快制定实施推动1亿非户籍人口在城市落户方案，强化地方政府主体责任，确保如期完成。

（二）全面实行居住证制度。推进居住证制度覆盖全部未落户城镇常住人口，保障居住证持有人在居住地享有义务教育、基本公共就业服务、基本公共卫生服务和计划生育服务、公共文化体育服务、法律援助和法律服务以及国家规定的其他基本公共服务；同时，在居住地享有按照国家有关规定办理出入境证件、换领补领居民身份证、机动车登记、申领机动车驾驶证、报名参加职业资格考试和申请授予职业资格以及其他便利。鼓励地方各级人民政府根据本地承载能力不断扩大对居住证持有人的公共服务范围并提高服务标准，缩小与户籍人口基本公共服务的差距。推动居住证持有人享有与当地户籍人口同等的住房保障权利，将符合条件的农业转移人口纳入当地住房保障范围。各城市要根据《居住证暂行条例》，加快制定实施具体管理办法，防止居住证与基本公共服务脱钩。

（三）推进城镇基本公共服务常住人口全覆盖。保障农民工随迁子女以流入地公办学校为主接受义务教育，以公办幼儿园和普惠性民办幼儿园为主接受学前教育。实施义务教育"两免一补"和生均公用经费基准定额资金随学生流动可携带政策，统筹人口流入地与流出地教师编制。组织实施农民工职业技能提升计划，每年培训2000万人次以上。允许在农村参加的养老保险和医疗保险规范接入城镇社保体系，加快建立基本医疗保险异地就医医疗费用结算制度。

（四）加快建立农业转移人口市民化激励机制。切实维护进城落户农民在农村的合法权益。实施财政转移支付同农业转移人口市民化挂钩政策，实施城镇建设用地增加规模与吸纳农业转移人口落户数量挂钩政策，中央预算内投资安排向吸纳农业转移人口落户数量较多的城镇倾斜。各省级人民政府要出台相应配套政策，加快推进农业转移人口市民化进程。

三、全面提升城市功能

（五）加快城镇棚户区、城中村和危房改造。围绕实现约1亿人居住的城镇棚户区、城中村和危房改造目标，实施棚户区改造行动计划和城镇旧房改造工程，推动棚户区改造与名城保护、城市更新相结合，加快推进城市棚户区和城中村改造，有序推进旧住宅小区综合整治、危旧住房和非成套住房（包括无上下水、北方地区无供热设施等的住房）改造，将棚户区改造政策支持范围扩大到全国重点镇。加强棚户区改造工程质量监督，严格实施质量责任终身追究制度。

（六）加快城市综合交通网络建设。优化街区路网结构，建设快速路、主次干路和支路级配合理的路网系统，提升城市道路网络密度，优先发展公共交通。大城市要统筹公共汽车、轻轨、地铁等协同发展，推进城市轨道交通系统和自行车等慢行交通系统建设，在有条件的地区规划建设市郊铁路，提高道路的通达性。畅通进出城市通道，加快换乘枢纽、停车场等设施建设，推进充电站、充电桩等新能源汽车充电设施建设，将其纳入城市旧城改造和新城建设规划同步实施。

（七）实施城市地下管网改造工程。统筹城市地上地下设施规划建设，加强城市地下基础设施建设和改造，合理布局电力、通信、广电、给排水、热力、燃气等地下管网，加快实施既有路面城市电网、通信网络架空线入地工程。推动城市新区、各类园区、成片开发区的新建道路同步建设地下综合管廊，老城区要结合地铁建设、河道治理、道路整治、旧城更新、棚户区改造等逐步推进地下综合管廊建设，鼓励社会资本投资运营地下综合管廊。加快城市易涝点改造，推进雨污分流管网改造与排水和防洪排涝设施建设。加强供水管网改造，降低供水管网漏损率。

（八）推进海绵城市建设。在城市新区、各类园区、成片开发区全面推进海绵城市建设。在老城区结合棚户区、危房改造和老旧小区有机更新，妥善解决城市防洪安全、雨水收集利用、黑臭水体治理等问题。加强海绵型建筑与小区、海绵型道路与广场、海绵型公园与绿地、绿色蓄排与净化利用设施等建设。加强自然水系保护与生态修复，切实保护良好水体和饮用水源。

（九）推动新型城市建设。坚持适用、经济、绿色、美观方针，提升规划水平，增强城市规划的科学性和权威性，促进"多规合一"，全面开展城市设计，加快建设绿色城市、智慧城市、人文城市等新型城市，全面提升城市内在品质。实施"宽带中国"战略和"互联网+"城市计划，加速光纤入户，促进宽带网络提速降费，发展智能交通、智能电网、智能水务、智能管网、智能园区。推动分布式太阳能、风能、生物质能、地热能多元化规模化应用和工业余热供暖，推进既有建筑供热计量和节能改造，对大型公共建筑和政府投资的各类建筑全面执行绿色建筑标准和认证，积极推广应用绿色新型建材、装配式建筑和钢结构建筑。加强垃圾处理设施建设，基本建立建筑垃圾、餐厨废弃物、园林废弃物等回收和再生利用体系，建设循环型城市。划定永久基本农田、生态保护红线和城市开发边界，实施城市生态廊道建设和生态系统修复工程。制定实施城市空气质量达标时间表，努力提高优良天数比例，大幅减少重污染天数。落实最严格水资源管理制度，推广节水新技术和新工艺，积极推进中水回用，全面建设节水型城市。促进国家级新区健康发展，推动符合条件的开发区向城市功能区转型，引导工业集聚区规范发展。

（十）提升城市公共服务水平。根据城镇常住人口增长趋势，加大财政对接收农民工随迁子女较多的城镇中小学校、幼儿园建设的投入力度，吸引企业和社会力量投资建学办学，增加中小学校和幼儿园学位供给。统筹新老城区公共服务资源均衡配置。加强医疗卫生机构、文化设施、体育健身场所设施、公园绿地等公共服务设施以及社区服务综合信息平台规划建设。优化社区生活设施布局，打造包括物流配送、便民超市、银行网点、零售药店、家庭服务中心等在内的便捷生活服务圈。建设以居家为基础、社区为依托、机构为补充的多层次养老服务体系，推动生活照料、康复护理、精神慰藉、紧急援助等服务全覆盖。加快推进住宅、公共建筑等的适老化改造。加强城镇公用设施使用安全管理，健全城市抗震、防洪、排涝、消防、应对地质灾害应急指挥体系，完善城市生命通道系统，加强城市防灾避难场所建设，增强抵御自然灾害、处置突发事件和危机管理能力。

四、加快培育中小城市和特色小城镇

（十一）提升县城和重点镇基础设施水平。加强县城和重点镇公共供水、道路交通、燃气供热、信息网络、分布式能源等市政设施和教育、医疗、文化等公共服务设施建设。推进城镇生活污水垃圾处理设施全覆盖和稳定运行，提高县城垃圾资源化、无害化处理能力，加快重点镇垃圾收集和转运设施建设，利用水泥窑协同处理生活垃圾及污泥。推进北方县城和重点镇集中供热全覆盖。加大对中西部地区发展潜力大、吸纳人口多的县城和重点镇的支持力度。

（十二）加快拓展特大镇功能。开展特大镇功能设置试点，以下放事权、扩大财权、改革人事权及强化用地指标保障等为重点，赋予镇区人口10万以上的特大镇部分县级管理权限，允许其按照相同人口规模城市市政设施标准进行建设发展。同步推进特大镇行政管理体制改革和设市模式创新改革试点，减少行政管理层级、推行大部门制，降低行政成本、提高行政效率。

（十三）加快特色镇发展。因地制宜、突出特色、创新机制，充分发挥市场主体作用，推动小城镇发展与疏解大城市中心城区功能相结合、与特色产业发展相结合、与服务"三农"相结合。发展具有特色优势的休闲旅游、商贸物流、信息产业、先进制造、民俗文化传承、科技教育等魅力小镇，带动农业现代化和农民就近城镇化。提升边境口岸城镇功能，在人员往来、加工物流、旅游等方面实行差别化政策，提高投资贸易便利化水平和人流物流便利化程度。

（十四）培育发展一批中小城市。完善设市标准和市辖区设置标准，规范审核审批程序，加快启动相关工作，将具备条件的县和特大镇有序设置为市。适当放宽中西部地区中小城市设置标准，加强产业和公共资源布局引导，适度增加中西部地区中小城市数量。

（十五）加快城市群建设。编制实施一批城市群发展规划，优化提升京津冀、长三角、珠三角三大城市群，推动形成东北地区、中原地区、长江中游、成渝地区、关中平原等城市群。推进城市群基础设施一体化建设，构建核心城市1小时通勤圈，完善城市群之间快速高效互联互通交通网络，建设以高速铁路、城际铁路、高速公路为骨干的城市群内部交通网络，统筹规划建设高速联通、服务便捷的信息网络，统筹推进重大能源基础设施和能源市场一体化建设，共同建设安全可靠的水利和供水系统。做好城镇发展规划与安全生产规划的统筹衔接。

五、辐射带动新农村建设

（十六）推动基础设施和公共服务向农村延伸。推动水电路等基础设施城乡联网。推进城乡配电网建设改造，加快信息进村入户，尽快实现行政村通硬化路、通班车、通邮、通快递，推动有条件地区燃气向农村覆盖。开展农村人居环境整治行动，加强农村垃圾和污水收集处理设施以及防洪排涝设施建设，强化河湖水系整治，加大对传统村落民居和历史文化名村名镇的保护力度，建设美丽宜居乡村。加快农村教育、医疗卫生、文化等事业发展，推进城乡基本公共服务均等化。深化农村社区建设试点。

（十七）带动农村一二三产业融合发展。以县级行政区为基础，以建制镇为支点，搭建多层次、宽领域、广覆盖的农村一二三产业融合发展服务平台，完善利益联结机制，促进农业产业链延伸，推进农业与旅游、教育、文化、健康养老等产业深度融合，大力发展农业新型业态。强化农民合作社和家庭农场基础作用，支持龙头企业引领示范，鼓励社会资本投入，培育多元化农业产业融合主体。推动返乡创业集聚发展。

（十八）带动农村电子商务发展。加快农村宽带网络和快递网络建设，加快农村电子商务发展和"快递下乡"。支持适应乡村特点的电子商务服务平台、商品集散平台和物流中心建设，鼓励电子商务第三方交易平台渠道下沉，带动农村特色产业发展，推进农产品进城、农业生产资料下乡。完善有利于中小网商发展的政策措施，在风险可控、商业可持续的前提下支持发展面向中小网商的融资贷款业务。

（十九）推进易地扶贫搬迁与新型城镇化结合。坚持尊重群众意愿，注重因地制宜，搞好科学规划，在县城、小城镇或工业园区附近建设移民集中安置区，推进转移就业贫困人口在城镇落户。坚持加大中央财政支持和多渠道筹集资金相结合，坚持搬迁和发展两手抓，妥善解决搬迁群众的居住、看病、上学等问题，统筹谋划安置区产业发展与群众就业创业，确保搬迁群众生活有改善、发展有前景。

六、完善土地利用机制

（二十）规范推进城乡建设用地增减挂钩。总结完善并推广有关经验模式，全面实行城镇建设用地增加与农村建设用地减少相挂钩的政策。高标准、高质量推进村庄整治，在规范管理、规范操作、规范运行的基础上，扩大城乡建设用地增减挂钩规模和范围。运用现代信息技术手段加强土地利用变更情况监测监管。

（二十一）建立城镇低效用地再开发激励机制。允许存量土地使用权人在不违反法律法规、符合相关规划的前提下，按照有关规定经批准后对土地进行再开发。完善城镇存量土地再开发过程中的供应方式，鼓励原土地使用权人自行改造，涉及原划拨土地使用权转让需补办出让手续的，经依法批准，可采取规定方式办理并按市场价缴纳土地出让价款。在国家、改造者、土地权利人之间合理分配"三旧"（旧城镇、旧厂房、旧村庄）改造的土地收益。

（二十二）因地制宜推进低丘缓坡地开发。在坚持最严格的耕地保护制度、确保生态安全、切实做好地质灾害防治的前提下，在资源环境承载力适宜地区开展低丘缓坡地开发试点。通过创新规划计划方式、开展整体整治、土地分批供应等政策措施，合理确定低丘缓坡地开发用途、规模、布局和项目用地准入门槛。

（二十三）完善土地经营权和宅基地使用权流转机制。加快推进农村土地确权登记颁证工作，鼓励地方建立健全农村产权流转市场体系，探索农户对土地承包权、宅基地使用权、集体收益分配权的自愿有偿退出机制，支持引导其依法自愿有偿转让上述权益，提高资源利用效率，防止闲置和浪费。深入推进农村土地征收、集体经营性建设用地入市、宅基地制度改革试点，稳步开展农村承包土地的经营权和农民住房财产权抵押贷款试点。

七、创新投融资机制

（二十四）深化政府和社会资本合作。进一步放宽准入条件，健全价格调整机制和政府补贴、监管机制，广泛吸引社会资本参与城市基础设施和市政公用设施建设和运营。根据经营性、准经营性和非经营性项目不同特点，采取更具针对性的政府和社会资本合作模式，加快城市基础设施和公共服务设施建设。

（二十五）加大政府投入力度。优化政府投资结构，安排专项资金重点支持农业转移人口市民化相关配套设施建设。编制公开透明的政府资产负债表，允许有条件的地区通过发行地方政府债券等多种方式拓宽城市建设融资渠道。省级政府举债使用方向要向新型城镇化倾斜。

（二十六）强化金融支持。专项建设基金要扩大支持新型城镇化建设的覆盖面，安排专门资金定向支持城市基础设施和公共服务设施建设、特色小城镇功能提升等。鼓励开发银行、农业发展银行创新信贷模式和产品，针对新型城镇化项目设计差别化融资模式与偿债机制。鼓励商业银行开发面向新型城镇化的金融服务和产品。鼓励公共基金、保险资金等参与具有稳定收益的城市基础设施项目建设和运营。鼓励地方利用财政资金和社会资金设立城镇化发展基金，鼓励地方整合政府投资平台设立城镇化投资平台。支持城市政府推行基础设施和租赁房资产证券化，提高城市基础设施项目直接融资比重。

八、完善城镇住房制度

（二十七）建立购租并举的城镇住房制度。以满足新市民的住房需求为主要出发点，建立购房与租房并举、市场配置与政府保障相结合的住房制度，健全以市场为主满足多层次需求、以政府为主提供基本保障的住房供应体系。对具备购房能力的常住人口，支持其购买商品住房。对不具备购房能力或没有购房意愿的常住人口，支持其通过住房租赁市场租房居住。对符合条件的低收入住房困难家庭，通过提供公共租赁住房或发放租赁补贴保障其基本住房需求。

（二十八）完善城镇住房保障体系。住房保障采取实物与租赁补贴相结合并逐步转向租赁补贴为主。加快推广租赁补贴制度，采取市场提供房源、政府发放补贴的方式，支持符合条件的农业转移人口通过住房租赁市场租房居住。归并实物住房保障种类。完善住房保障申请、审核、公示、轮候、复核制度，严格保障性住房分配和使用管理，健全退出机制，确保住房保障体系公平、公正和健康运行。

（二十九）加快发展专业化住房租赁市场。通过实施土地、规划、金融、税收等相关支持政策，培育专业化市场主体，引导企业投资购房用于租赁经营，支持房地产企业调整资产配置持有住房用于租赁经营，引导住房租赁企业和房地产开发企业经营新建租赁住房。支持专业企业、物业服务企业等通过租赁或购买社会闲置住房开展租赁经营，落实鼓励居民出租住房的税收优惠政策，激活存量住房租赁市场。鼓励商业银行开发适合住房租赁业务发展需要的信贷产品，在风险可控、商业可持续的原则下，对购买商品住房开展租赁业务的企业提供购房信贷支持。

（三十）健全房地产市场调控机制。调整完善差别化住房信贷政策，发展个人住房贷款保险业务，提高对农民工等中低收入群体的住房金融服务水平。完善住房用地供应制度，优化住房供应结构。加强商品房预售管理，推行商品房买卖合同在线签订和备案制度，完善商品房交易资金监管机制。进一步提高城镇棚户区改造以及其他房屋征收项目货币化安置比例。鼓励引导农民在中小城市就近购房。

九、加快推进新型城镇化综合试点

（三十一）深化试点内容。在建立农业转移人口市民化成本分担机制、建立多元化可持续城镇化投融资机制、改革完善农村宅基地制度、建立创新行政管理和降低行政成本的设市设区模式等方面加大探索力度，实现重点突破。鼓励试点地区有序建立进城落户农民农村土地承包权、宅基地使用权、集体收益分配权依法自愿有偿退出机制。有可能突破现行法规和政策的改革探索，在履行必要程序后，赋予试点地区相应权限。

（三十二）扩大试点范围。按照向中西部和东北地区倾斜、向中小城市和小城镇倾斜的原则，组织开展第二批国家新型城镇化综合试点。有关部门在组织开展城镇化相关领域的试点时，要向国家新型城镇化综合试点地区倾斜，以形成改革合力。

（三十三）加大支持力度。地方各级人民政府要营造宽松包容环境，支持试点地区发挥首创精神，推动顶层设计与基层探索良性互动、有机结合。国务院有关部门和省级人民政府要强化对试点地区的指导和支持，推动相关改革举措在试点地区先行先试，及时总结推广试点经验。各试点地区要制定实施年度推进计划，明确年度任务，建立健全试点绩效考核评价机制。

十、健全新型城镇化工作推进机制

（三十四）强化政策协调。国家发展改革委要依托推进新型城镇化工作部际联席会议制度，加强政策统筹协调，推动相关政策尽快出台实施，强化对地方新型城镇化工作的指导。各地区要进一步完善城镇化工作机制，各级发展改革部门要统筹推进本地区新型城镇化工作，其他部门要积极主动配合，共同推动新型城镇化取得更大成效。

（三十五）加强监督检查。有关部门要对各地区新型城镇化建设进展情况进行跟踪监测和监督检查，对相关配套政策实施效果进行跟踪分析和总结评估，确保政策举措落地生根。

（三十六）强化宣传引导。各地区、各部门要广泛宣传推进新型城镇化的新理念、新政策、新举措，及时报道典型经验和做法，强化示范效应，凝聚社会共识，为推进新型城镇化营造良好的社会环境和舆论氛围。

国务院

二〇一六年二月二日

国务院关于实行中央对地方增值税定额返还的通知

(国发〔2016〕71号)

各省、自治区、直辖市人民政府,国务院各部委、各直属机构:

为进一步完善分税制财政体制,落实全面推开营改增试点后调整中央与地方增值税收入划分过渡方案,国务院决定,从2016年起,调整中央对地方原体制增值税返还办法,由1994年实行分税制财政体制改革时确定的增值税返还,改为以2015年为基数实行定额返还,对增值税增长或下降地区不再实行增量返还或扣减。返还基数的具体数额,由财政部核定。

国务院

二〇一六年十二月十一日

国务院关于发布政府核准的投资项目目录（2016年本）的通知

（国发〔2016〕72号）

各省、自治区、直辖市人民政府，国务院各部委、各直属机构：

为贯彻落实《中共中央 国务院关于深化投融资体制改革的意见》，进一步加大简政放权、放管结合、优化服务改革力度，使市场在资源配置中起决定性作用，更好发挥政府作用，切实转变政府投资管理职能，加强和改进宏观调控，确立企业投资主体地位，激发市场主体扩大合理有效投资和创新创业的活力，现发布《政府核准的投资项目目录（2016年本）》，并就有关事项通知如下：

一、企业投资建设本目录内的固定资产投资项目，须按照规定报送有关项目核准机关核准。企业投资建设本目录外的项目，实行备案管理。事业单位、社会团体等投资建设的项目，按照本目录执行。

原油、天然气（含煤层气）开发项目由具有开采权的企业自行决定，并报国务院行业管理部门备案。具有开采权的相关企业应依据相关法律法规，坚持统筹规划，合理开发利用资源，避免资源无序开采。

二、法律、行政法规和国家制定的发展规划、产业政策、总量控制目标、技术政策、准入标准、用地政策、环保政策、用海用岛政策、信贷政策等是企业开展项目前期工作的重要依据，是项目核准机关和国土资源、环境保护、城乡规划、海洋管理、行业管理等部门以及金融机构对项目进行审查的依据。

发展改革部门要会同有关部门抓紧编制完善相关领域专项规划，为各地区做好项目核准工作提供依据。

环境保护部门应根据项目对环境的影响程度实行分级分类管理，对环境影响大、环境风险高的项目严格环评审批，并强化事中事后监管。

三、要充分发挥发展规划、产业政策和准入标准对投资活动的规范引导作用。把发展规划作为引导投资方向，稳定投资运行，规范项目准入，优化项目布局，合理配置资金、土地、能源、人力等资源的重要手段。完善产业结构调整指导目录、外商投资产业指导目录等，为企业投资活动提供依据和指导。构建更加科学、更加完善、更具可操作性的行业准入标准体系，强化节地节能节水、环境、技术、安全等市场准入标准。完善行业宏观调控政策措施和部门间协调机制，形成工作合力，促进相关行业有序发展。

四、对于钢铁、电解铝、水泥、平板玻璃、船舶等产能严重过剩行业的项目，要严格执行《国务院关于化解产能严重过剩矛盾的指导意见》（国发〔2013〕41号），各地方、各部门不得以其他任何名义、任何方式备案新增产能项目，各相关部门和机构不得办理土地（海域、无居民海岛）供应、能评、环评审批和新增授信支持等相关业务，并合力推进化解产能严重过剩矛盾各项工作。

对于煤矿项目，要严格执行《国务院关于煤炭行业化解过剩产能实现脱困发展的意见》（国发〔2016〕7号）要求，从2016年起3年内原则上停止审批新建煤矿项目、新增产能的技术改造项目和产能核增项目；确需新建煤矿的，一律实行减量置换。

严格控制新增传统燃油汽车产能，原则上不再核准新建传统燃油汽车生产企业。积极引导新能源汽车健康有序发展，新建新能源汽车生产企业须具有动力系统等关键技术和整车研发能力，符合《新建纯电动乘用车企业管理规定》等相关要求。

五、项目核准机关要改进完善管理办法，切实提高行政效能，认真履行核准职责，严格按照规定权限、程序和时限等要求进行审查。有关部门要密切配合，按照职责分工，相应改进管理办法，依法加强对投资活动的管理。

六、按照谁审批谁监管、谁主管谁监管的原则，落实监管责任，注重发挥地方政府就近就便监管作用，行业管理部门和环境保护、质量监督、安全监管等部门专业优势，以及投资主管部门综合监管职能，实现协同监管。投资项目核准、备案权限下放后，监管责任要同步下移。地方各级政府及其有关部门要积极探索创新监管方式方法，强化事中事后监管，切实承担起监管职责。

七、按照规定由国务院核准的项目，由国家发展改革委审核后报国务院核准。核报国务院及国务院投资主管部门核准的项目，事前须征求国务院行业管理部门的意见。

八、由地方政府核准的项目，各省级政府可以根据本地实际情况，按照下放层级与承接能力相匹配的原则，具体划分地方各级政府管理权限，制定本行政区域内统一的政府核准投资项目目录。基层政府承接能力要作为政府管理权限划分的重要因素，不宜简单地"一放到底"。对于涉及本地区重大规划布局、重要资源开发配置的项目，应充分发挥省级部门在政策把握、技术力量等方面的优势，由省级政府核准，原则上不下放到地市级政府、一律不得下放到县级及以下政府。

九、对取消核准改为备案管理的项目，项目备案机关要加强发展规划、产业政策和准入标准把关，行业管理部门与城乡规划、土地管理、环境保护、安全监管等部门要按职责分工加强对项目的指导和约束。

十、法律、行政法规和国家有专门规定的，按照有关规定执行。商务主管部门按国家有关规定对外商投资企业的设立和变更、国内企业在境外投资开办企业（金融企业除外）进行审核或备案管理。

十一、本目录自发布之日起执行，《政府核准的投资项目目录（2014 年本）》即行废止。

国务院
二〇一六年十二月十二日

政府核准的投资项目目录（2016 年本）

一、农业水利

农业：涉及开荒的项目由省级政府核准。

水利工程：涉及跨界河流、跨省（区、市）水资源配置调整的重大水利项目由国务院投资主管部门核准，其中库容 10 亿立方米及以上或者涉及移民 1 万人及以上的水库项目由国务院核准。其余项目由地方政府核准。

二、能源

水电站：在跨界河流、跨省（区、市）河流上建设的单站总装机容量 50 万千瓦及以上项目由国务院投资主管部门核准，其中单站总装机容量 300 万千瓦及以上或者涉及移民 1 万人及以上的项目由国务院核准。其余项目由地方政府核准。

抽水蓄能电站：由省级政府按照国家制定的相关规划核准。

火电站（含自备电站）：由省级政府核准，其中燃煤燃气火电项目应在国家依据总量控制制定的建设规划内核准。

热电站（含自备电站）：由地方政府核准，其中抽凝式燃煤热电项目由省级政府在国家依据总量控制制定的建设规划内核准。

风电站：由地方政府在国家依据总量控制制定的建设规划及年度开发指导规模内核准。

核电站：由国务院核准。

电网工程：涉及跨境、跨省（区、市）输电的 ±500 千伏及以上直流项目，涉及跨境、跨省（区、市）输电的 500 千伏、750 千伏、1000 千伏交流项目，由国务院投资主管部门核准，其中 ±800 千伏及以上直流项目和 1000 千伏交流项目报国务院备案；不涉及跨境、跨省（区、市）输电的 ±500 千伏及以上直流项目和 500 千伏、750 千伏、1000 千伏交流项目由省级政府按照国家制定的相关规划核准，其余项目由地方政府按照国家制定的相关规划核准。

煤矿：国家规划矿区内新增年生产能力 120 万吨及以上煤炭开发项目由国务院

行业管理部门核准，其中新增年生产能力500万吨及以上的项目由国务院投资主管部门核准并报国务院备案；国家规划矿区内的其余煤炭开发项目和一般煤炭开发项目由省级政府核准。国家规定禁止建设或列入淘汰退出范围的项目，不得核准。

煤制燃料：年产超过20亿立方米的煤制天然气项目、年产超过100万吨的煤制油项目，由国务院投资主管部门核准。

液化石油气接收、存储设施（不含油气田、炼油厂的配套项目）：由地方政府核准。

进口液化天然气接收、储运设施：新建（含异地扩建）项目由国务院行业管理部门核准，其中新建接收储运能力300万吨及以上的项目由国务院投资主管部门核准并报国务院备案。其余项目由省级政府核准。

输油管网（不含油田集输管网）：跨境、跨省（区、市）干线管网项目由国务院投资主管部门核准，其中跨境项目报国务院备案。其余项目由地方政府核准。

输气管网（不含油气田集输管网）：跨境、跨省（区、市）干线管网项目由国务院投资主管部门核准，其中跨境项目报国务院备案。其余项目由地方政府核准。

炼油：新建炼油及扩建一次炼油项目由省级政府按照国家批准的相关规划核准。未列入国家批准的相关规划的新建炼油及扩建一次炼油项目，禁止建设。

变性燃料乙醇：由省级政府核准。

三、交通运输

新建（含增建）铁路：列入国家批准的相关规划中的项目，中国铁路总公司为主出资的由其自行决定并报国务院投资主管部门备案，其他企业投资的由省级政府核准；地方城际铁路项目由省级政府按照国家批准的相关规划核准，并报国务院投资主管部门备案；其余项目由省级政府核准。

公路：国家高速公路网和普通国道网项目由省级政府按照国家批准的相关规划核准，地方高速公路项目由省级政府核准，其余项目由地方政府核准。

独立公（铁）路桥梁、隧道：跨境项目由国务院投资主管部门核准并报国务院备案。国家批准的相关规划中的项目，中国铁路总公司为主出资的由其自行决定并报国务院投资主管部门备案，其他企业投资的由省级政府核准；其余独立铁路桥梁、隧道及跨10万吨级及以上航道海域、跨大江大河（现状或规划为一级及以上通航段）的独立公路桥梁、隧道项目，由省级政府核准，其中跨长江干线航道的项目应符合国家批准的相关规划。其余项目由地方政府核准。

煤炭、矿石、油气专用泊位：由省级政府按国家批准的相关规划核准。

集装箱专用码头：由省级政府按国家批准的相关规划核准。

内河航运：跨省（区、市）高等级航道的千吨级及以上航电枢纽项目由省级政府按国家批准的相关规划核准，其余项目由地方政府核准。

民航：新建运输机场项目由国务院、中央军委核准，新建通用机场项目、扩建军民合用机场（增建跑道除外）项目由省级政府核准。

四、信息产业

电信：国际通信基础设施项目由国务院投资主管部门核准；国内干线传输网（含广播电视网）以及其他涉及信息安全的电信基础设施项目，由国务院行业管理部门核准。

五、原材料

稀土、铁矿、有色矿山开发：由省级政府核准。

石化：新建乙烯、对二甲苯（PX）、二苯基甲烷二异氰酸酯（MDI）项目由省级政府按照国家批准的石化产业规划布局方案核准。未列入国家批准的相关规划的新建乙烯、对二甲苯（PX）、二苯基甲烷二异氰酸酯（MDI）项目，禁止建设。

煤化工：新建煤制烯烃、新建煤制对二甲苯（PX）项目，由省级政府按照国家批准的相关规划核准。新建年产超过100万吨的煤制甲醇项目，由省级政府核准。其余项目禁止建设。

稀土：稀土冶炼分离项目、稀土深加工项目由省级政府核准。

黄金：采选矿项目由省级政府核准。

六、机械制造

汽车：按照国务院批准的《汽车产业发展政策》执行。其中，新建中外合资轿车生产企业项目，由国务院核准；新建纯电动乘用车生产企业（含现有汽车企业跨类生产纯电动乘用车）项目，由国务院投资主管部门核准；其余项目由省级政府核准。

七、轻工

烟草：卷烟、烟用二醋酸纤维素及丝束项目由国务院行业管理部门核准。

八、高新技术

民用航空航天：干线支线飞机、6吨/9座及以上通用飞机和3吨及以上直升机制造、民用卫星制造、民用遥感卫星地面站建设项目，由国务院投资主管部门核准；6吨/9座以下通用飞机和3吨以下直升机制造项目由省级政府核准。

九、城建

城市快速轨道交通项目：由省级政府按照国家批准的相关规划核准。

城市道路桥梁、隧道：跨10万吨级及以上航道海域、跨大江大河（现状或规划为一级及以上通航段）的项目由省级政府核准。

其他城建项目：由地方政府自行确定实行核准或者备案。

十、社会事业

主题公园：特大型项目由国务院核准，其余项目由省级政府核准。

旅游：国家级风景名胜区、国家自然保护区、全国重点文物保护单位区域内总投资5000万元及以上旅游开发和资源保护项目，世界自然和文化遗产保护区内总投资3000万元及以上项目，由省级政府核准。

其他社会事业项目：按照隶属关系由国务院行业管理部门、地方政府自行确定实行核准或者备案。

十一、外商投资

《外商投资产业指导目录》中总投资（含增资）3亿美元及以上限制类项目，由国务院投资主管部门核准，其中总投资（含增资）20亿美元及以上项目报国务院备案。《外商投资产业指导目录》中总投资（含增资）3亿美元以下限制类项目，由省级政府核准。

前款规定之外的属于本目录第一至十条所列项目，按照本目录第一至十条的规定执行。

十二、境外投资

涉及敏感国家和地区、敏感行业的项目，由国务院投资主管部门核准。前款规定之外的中央管理企业投资项目和地方企业投资3亿美元及以上项目报国务院投资主管部门备案。

国务院关于加强政务诚信建设的指导意见

(国发〔2016〕76号)

各省、自治区、直辖市人民政府,国务院各部委、各直属机构:

为加强政务诚信建设,充分发挥政府在社会信用体系建设中的表率作用,进一步提升政府公信力,推进国家治理体系和治理能力现代化,现提出以下意见。

一、重要意义

加强政务诚信建设,是落实"四个全面"战略布局的关键环节,是深化简政放权、放管结合、优化服务改革和加快转变政府职能、提高政府效能的必然要求,是社会信用体系建设的重要组成部分,对于进一步提升政府公信力、引领其他领域信用建设、弘扬诚信文化、培育诚信社会具有重要而紧迫的现实意义。深入开展政务诚信建设,有利于建立健全以信用为核心的新型市场监管机制,推进供给侧结构性改革,有利于建立一支守法守信、高效廉洁的公务员队伍,树立政府公开、公正、诚信、清廉的良好形象,有利于营造风清气正的社会风气,培育良好经济社会发展环境。

二、总体要求

(一)指导思想。全面贯彻落实党的十八大和十八届三中、四中、五中、六中全会精神,深入贯彻习近平总书记系列重要讲话精神,按照党中央、国务院决策部署,将坚持依法行政、阳光行政和加强监督作为推进政务诚信建设的重要手段,将建立政务领域失信记录和实施失信惩戒措施作为推进政务诚信建设的主要方面,将危害群众利益、损害市场公平交易等政务失信行为作为治理重点,循序渐进,不断提升公务员诚信履职意识和各级人民政府诚信行政水平。

(二)基本原则。

一是坚持依法行政。各级人民政府和公务员要始终坚持依法治国、依法行政,切实履行法定职责必须为、法无授权不可为的要求。健全依法决策机制,将公众参与、专家论证、风险评估、合法性审查、合规性审核、集体讨论决定等作为重大决策的必经程序。要按照权力和责任清单制度要求,切实做到依法决策、依法执行和依法监督。

二是坚持政务公开。推进阳光行政，坚持"以公开为常态，不公开为例外"原则，在保护国家信息安全、国家秘密、商业秘密和个人隐私的前提下，通过各地区各部门政府网站、政务微博微信、政务客户端等途径依法公开政务信息，加快推进决策、执行、管理、服务和结果全过程公开，让权力在阳光下运行。制定法律法规、规章和规范性文件要广泛征求社会意见。严格依法依规开展招商引资、政府采购、招标投标等工作，充分体现公开、公平、公正。

三是坚持勤政高效。进一步优化行政流程，继续清理、削减和调整行政审批事项，推行网上服务、并联服务和服务质量公开承诺等措施，不断提高行政效率和水平。

四是坚持守信践诺。将公平正义作为政务诚信的基本准则，在行政管理和公共服务的各领域贯彻公平正义原则。各级人民政府和公务员要清正廉洁，恪尽职守，敢于担当。要建立健全守信践诺机制，准确记录并客观评价各级人民政府和公务员对职权范围内行政事项以及行政服务质量承诺、期限承诺和保障承诺的履行情况。各级人民政府在债务融资、政府采购、招标投标等市场交易领域应诚实守信，严格履行各项约定义务，为全社会作出表率。

五是坚持失信惩戒。加大对各级人民政府和公务员失信行为的惩处和曝光力度，追究责任，惩戒到人。对社会关注度高、人民群众反映强烈的政务失信易发多发领域进行重点治理。建立健全各级人民政府和公务员政务失信记录机制。加强社会各方对政务诚信的评价监督，形成多方监督的信用约束体系。对公务员在行政过程中懒政怠政，不遵守法律法规和相关制度，以权谋私、失职渎职等行为，特别是严重危害群众利益、有失公平公正、交易违约等行为，要加大查处力度，营造既"亲"又"清"的新型政商关系。

三、探索构建广泛有效的政务诚信监督体系

（一）建立政务诚信专项督导机制。上级人民政府要定期对下级人民政府进行政务诚信监督检查，实施政务诚信考核评价，考评结果作为对下级人民政府绩效考核的重要参考。

（二）建立横向政务诚信监督机制。各级人民政府要依法接受同级人大及其常委会的监督，接受人民政协的民主监督，将办理和落实人大代表建议、政协委员提案的情况作为政务诚信建设的重要考量因素。

（三）建立社会监督和第三方机构评估机制。发挥社会舆论监督作用，畅通民意诉求渠道，对政务失信行为进行投诉举报。实施区域政务诚信大数据监测预警。支持信用服务机构、高校及科研院所等第三方机构对各地区各部门开展政务诚信评价评级并及时公布结果，加强社会监督。

四、建立健全政务信用管理体系

（一）加强公务员诚信教育。以社会主义核心价值观为引领，深入开展公务员诚信、守法和道德教育，编制公务员诚信手册，将信用建设纳入公务员培训和领导干部进修课程，加强公务员信用知识学习，提升公务员信用意识。

（二）建立健全政务失信记录。将各级人民政府和公务员在履职过程中，因违法违规、失信违约被司法判决、行政处罚、纪律处分、问责处理等信息纳入政务失信记录。由各级社会信用体系建设牵头部门负责政务失信记录的采集和公开，将有关记录逐级归集至全国信用信息共享平台和各地方信用信息共享平台。同时，依托"信用中国"网站等依法依规逐步公开各级人民政府和公务员政务失信记录。

（三）健全守信激励与失信惩戒机制。各级人民政府存在政务失信记录的，要根据失信行为对经济社会发展造成的损失情况和社会影响程度，对具体失信情况书面说明原因并限期加以整改，依规取消相关政府部门参加各类荣誉评选资格，予以公开通报批评，对造成政务失信行为的主要负责人依法依规追究责任。社会信用体系建设部际联席会议有关成员单位联合开展区域政务诚信状况评价，在改革试点、项目投资、社会管理等政策领域和绩效考核中应用政务诚信评价结果。对存在政务失信记录的公务员，按照相关规定采取限制评优评先等处理措施。

（四）健全信用权益保护和信用修复机制。完善政务信用信息保护机制，按照法律法规规定采集各级人民政府和公务员政务失信记录。建立健全信用信息异议、投诉制度，探索扩展公务员失信记录信用修复渠道和方式。建立自我纠错、主动自新的关爱机制，公务员在政务失信行为发生后主动挽回损失、消除不良影响或者有效阻止危害结果发生的，可从轻或免于实施失信惩戒措施。

五、加强重点领域政务诚信建设

（一）加强政府采购领域政务诚信建设。完善政府采购诚信体系，建立政府采购方面的政务诚信责任制，加强对采购人在项目履约验收环节信用情况的监督，依法处理采购人及有关责任人在政府采购活动中的违法违规失信行为。完善政府采购管理交易系统，提高政府采购活动透明度。

（二）加强政府和社会资本合作领域政务诚信建设。强化政府有关部门责任，建立政府和社会资本合作失信违约记录。明确政府和社会资本合作项目政府方责任人及其在项目筹备、招标投标、政府采购、融资、实施等阶段的诚信职责，建立项目责任回溯机制，将项目守信履约情况与实施成效纳入项目政府方责任人信用记录。

（三）加强招标投标领域政务诚信建设。建立招标投标信用评价指标和评价标准体系，探索推广和应用第三方信用报告制度。健全招标投标信用信息公开和共享制度，提高政务信息透明度，及时向社会公开各级人民政府掌握的有关招标代理机构资质信息、信用信息及动态监管信息等。

（四）加强招商引资领域政务诚信建设。完善招商引资地方性法规规章等，严格依法依规出台优惠政策，避免恶性竞争。规范地方人民政府招商引资行为，认真履行依法作出的政策承诺和签订的各类合同、协议，不得以政府换届、相关责任人更替等理由毁约。因国家利益、公共利益或其他法定事由需要改变政府承诺和合同约定的，要严格依照法定权限和程序进行，并对相关企业和投资人的财产损失依法予以补偿。

（五）加强地方政府债务领域政务诚信建设。建立地方人民政府信用评级制度，促进政府举债依法依规、规模适度、风险可控和程序透明。强化地方政府债务预算约束，健全地方政府债务监管体系，建立地方政府债务风险评估和预警机制、应急处置机制以及责任追究机制。

（六）加强街道和乡镇政务诚信建设。建立街道和乡镇公开承诺制度，加大街道和乡镇政务、财务等公开力度，确保就业、物业、就学、计生、养老、助残、扶贫、医保、住房、出行、停车、防火防盗、拥军优属、便民服务等公共服务和优惠政策有效落实到社会公众，并将各项工作守信践诺情况纳入街道和乡镇绩效考核体系。鼓励有条件的地区开展诚信街道和诚信乡镇创建活动。

六、健全保障措施

（一）加强组织领导和工作协调。各地区各部门要切实加强对政务诚信建设工作的组织领导，按照职责分工，研究出台工作方案和实施办法，做好本地区本部门政务诚信建设工作。充分发挥社会信用体系建设部际联席会议作用，协调解决政务诚信建设中的重大问题，研究确定并推进政务诚信建设的各项措施，加强各地区各部门协作配合。

（二）加快法规制度建设。逐步建立和完善政务诚信建设法规规范。鼓励有条件的地方出台政务诚信建设地方性法规。加快推进政务诚信管理制度建设，加强政务公开、行政审批制度改革、政府守信践诺机制、公务员诚信、政务诚信评价办法等制度建设。

各地区各部门要加强领导，高度重视，狠抓落实，以政务诚信引领社会诚信，结合实际切实有效开展相关工作。国家发展改革委会同有关部门负责对本意见落实工作的统筹协调、跟踪了解、督促检查，确保各项工作平稳有序推进。

国务院

二〇一六年十二月二十二日

国务院关于鼓励社会力量兴办教育促进民办教育健康发展的若干意见

(国发〔2016〕81号)

各省、自治区、直辖市人民政府,国务院各部委、各直属机构:

社会力量兴办教育是指各种社会力量以捐赠、出资、投资、合作等方式举办或者参与举办法律法规允许的各级各类学校和其他教育机构。改革开放以来,作为社会力量兴办教育主要形式的民办教育不断发展壮大,形成了从学前教育到高等教育、从学历教育到非学历教育,层次类型多样、充满生机活力的发展局面,有效增加了教育服务供给,为推动教育现代化、促进经济社会发展作出了积极贡献,已经成为社会主义教育事业的重要组成部分。同时,民办教育也面临许多制约发展的问题和困难。为鼓励社会力量兴办教育,促进民办教育健康发展,现提出如下意见。

一、总体要求

(一)指导思想。全面贯彻落实党的十八大和十八届三中、四中、五中、六中全会精神,深入贯彻习近平总书记系列重要讲话精神,按照"四个全面"战略布局和党中央、国务院决策部署,牢固树立并切实贯彻创新、协调、绿色、开放、共享五大发展理念,全面贯彻党的教育方针,坚持社会主义办学方向,坚持立德树人,培育和践行社会主义核心价值观。以实行分类管理为突破口,创新体制机制,完善扶持政策,加强规范管理,提高办学质量,进一步调动社会力量兴办教育的积极性,促进民办教育持续健康发展,培养德智体美全面发展的社会主义建设者和接班人。

(二)基本原则。育人为本,德育为先。把立德树人作为根本任务,把理想信念教育摆在首要位置,形成全员、全过程、全方位育人的工作格局,提高学生服务国家服务人民的社会责任感、勇于探索的创新精神和善于解决问题的实践能力。

分类管理,公益导向。实行非营利性和营利性分类管理,实施差别化扶持政策,积极引导社会力量举办非营利性民办学校。坚持教育的公益属性,无论是非营利性民办学校还是营利性民办学校都要始终把社会效益放在首位。

优化环境,综合施策。统筹教育、登记、财政、土地、收费等相关政策,营造有利于民办教育发展的制度环境。

依法管理，规范办学。简政放权、放管结合、优化服务，依法履职，规范办学秩序，全面提高民办教育治理水平。

鼓励改革，上下联动。依靠改革创新推动发展，坚持顶层设计与基层创新相结合，共同破解民办教育改革发展难题和障碍。

二、加强党对民办学校的领导

（三）切实加强民办学校党的建设。全面加强民办学校党的思想建设、组织建设、作风建设、反腐倡廉建设、制度建设，增强政治意识、大局意识、核心意识、看齐意识。完善民办学校党组织设置，理顺民办学校党组织隶属关系，健全各级党组织工作保障机制，选好配强民办学校党组织负责人。民办学校党组织要发挥政治核心作用，强化思想引领，牢牢把握社会主义办学方向，牢牢把握党对民办学校意识形态工作的领导权、话语权，切实维护民办学校和谐稳定。民办高校党组织负责人兼任政府派驻学校的督导专员。实现学校基层党组织全覆盖、党建工作上水平，有效发挥基层党组织的战斗堡垒作用和共产党员的先锋模范作用。积极做好党员发展和教育管理服务工作。坚持党建带群建，加强民办学校共青团组织建设。各地要把民办学校党组织建设、党对民办学校的领导作为民办学校年度检查的重要内容。

（四）加强和改进民办学校思想政治教育工作。把思想政治教育工作纳入学校事业发展规划，把思想政治工作队伍建设纳入学校人才队伍培养规划，全面提升思想政治教育工作水平。切实加强思想政治理论课和思想品德课课程、教材、教师队伍建设，深入推进中国特色社会主义理论体系进教材、进课堂、进头脑，把社会主义核心价值观融入教育教学全过程、教书育人各环节，不断增强广大师生中国特色社会主义道路自信、理论自信、制度自信、文化自信。提高思想政治教育的针对性、实效性和吸引力、感染力，切实加强理想信念、爱国主义、集体主义、中国特色社会主义教育和中华优秀传统文化、革命传统文化、民族团结教育，引导学生树立正确的世界观、人生观、价值观。大力开展社会实践和志愿服务，积极开展心理健康教育。创新网络思想政治教育方式，大力弘扬主旋律、传播正能量，全面提高教书育人、实践育人、科研育人、管理育人、服务育人的水平。

三、创新体制机制

（五）建立分类管理制度。对民办学校（含其他民办教育机构）实行非营利性和营利性分类管理。非营利性民办学校举办者不取得办学收益，办学结余全部用于办学。营利性民办学校举办者可以取得办学收益，办学结余依据国家有关规定进行分配。民办学校依法享有法人财产权。

举办者自主选择举办非营利性民办学校或者营利性民办学校，依法依规办理登记。对现有民办学校按照举办者自愿的原则，通过政策引导，实现分类管理。

（六）建立差别化政策体系。国家积极鼓励和大力支持社会力量举办非营利性民办学校。各级人民政府要完善制度政策，在政府补贴、政府购买服务、基金奖励、捐资激励、土地划拨、税费减免等方面对非营利性民办学校给予扶持。各级人民政府可根据经济社会发展需要和公共服务需求，通过政府购买服务及税收优惠等方式对营利性民办学校给予支持。

（七）放宽办学准入条件。社会力量投入教育，只要是不属于法律法规禁止进入以及不损害第三方利益、社会公共利益、国家安全的领域，政府不得限制。政府制定准入负面清单，列出禁止和限制的办学行为。各地要重新梳理民办学校准入条件和程序，进一步简政放权，吸引更多的社会资源进入教育领域。

（八）拓宽办学筹资渠道。鼓励和吸引社会资金进入教育领域举办学校或者投入项目建设。创新教育投融资机制，多渠道吸引社会资金，扩大办学资金来源。鼓励金融机构在风险可控前提下开发适合民办学校特点的金融产品，探索办理民办学校未来经营收入、知识产权质押贷款业务，提供银行贷款、信托、融资租赁等多样化的金融服务。鼓励社会力量对非营利性民办学校给予捐赠。

（九）探索多元主体合作办学。推广政府和社会资本合作（PPP）模式，鼓励社会资本参与教育基础设施建设和运营管理、提供专业化服务。积极鼓励公办学校与民办学校相互购买管理服务、教学资源、科研成果。探索举办混合所有制职业院校，允许以资本、知识、技术、管理等要素参与办学并享有相应权利。鼓励营利性民办学校建立股权激励机制。

（十）健全学校退出机制。捐资举办的民办学校终止时，清偿后剩余财产统筹用于教育等社会事业。2016年11月7日《全国人民代表大会常务委员会关于修改〈中华人民共和国民办教育促进法〉的决定》公布前设立的民办学校，选择登记为非营利性民办学校的，终止时，民办学校的财产依法清偿后有剩余的，按照国家有关规定给予出资者相应的补偿或者奖励，其余财产继续用于其他非营利性学校办学；选择登记为营利性民办学校的，应当进行财务清算，依法明确财产权属，终止时，民办学校的财产依法清偿后有剩余的，依照《中华人民共和国公司法》有关规定处理。具体办法由省、自治区、直辖市制定。2016年11月7日后设立的民办学校终止时，财产处置按照有关规定和学校章程处理。各地要结合实际，健全民办学校退出机制，依法保护受教育者的合法权益。

四、完善扶持制度

（十一）加大财政投入力度。各级人民政府可按照《中华人民共和国预算法》、《中华人民共和国教育法》、《中华人民共和国民办教育促进法》等法律法规和制度要求，因地制宜，调整优化教育支出结构，加大对民办教育的扶持力度。财政扶持民办教育发展的资金要纳入预算，并向社会公开，接受审计和社会监督，提高资金使用效益。

（十二）创新财政扶持方式。地方各级人民政府应建立健全政府补贴制度，明确补贴的项目、对象、标准、用途。完善政府购买服务的标准和程序，建立绩效评价制度，制定向民办学校购买就读学位、课程教材、科研成果、职业培训、政策咨询等教育服务的具体政策措施。地方各级人民政府可按照国家关于基金会管理的规定设立民办教育发展基金，支持成立相应的基金会，组织开展各类有利于民办教育事业发展的活动。

（十三）落实同等资助政策。民办学校学生与公办学校学生按规定同等享受助学贷款、奖助学金等国家资助政策。各级人民政府应建立健全民办学校助学贷款业务扶持制度，提高民办学校家庭经济困难学生获得资助的比例。民办学校要建立健全奖助学金评定、发放等管理机制，应从学费收入中提取不少于5%的资金，用于奖励和资助学生。落实鼓励捐资助学的相关优惠政策措施，积极引导和鼓励企事业单位、社会组织和个人面向民办学校设立奖助学金，加大资助力度。

（十四）落实税费优惠等激励政策。民办学校按照国家有关规定享受相关税收优惠政策。对企业办的各类学校、幼儿园自用的房产、土地，免征房产税、城镇土地使用税。对企业支持教育事业的公益性捐赠支出，按照税法有关规定，在年度利润总额12%以内的部分，准予在计算应纳税所得额时扣除；对个人支持教育事业的公益性捐赠支出，按照税收法律法规及政策的相关规定在个人所得税前予以扣除。非营利性民办学校与公办学校享有同等待遇，按照税法规定进行免税资格认定后，免征非营利性收入的企业所得税。捐资建设校舍及开展表彰资助等活动的冠名依法尊重捐赠人意愿。民办学校用电、用水、用气、用热，执行与公办学校相同的价格政策。

（十五）实行差别化用地政策。民办学校建设用地按科教用地管理。非营利性民办学校享受公办学校同等政策，按划拨等方式供应土地。营利性民办学校按国家相应的政策供给土地。只有一个意向用地者的，可按协议方式供地。土地使用权人申请改变全部或者部分土地用途的，政府应当将申请改变用途的土地收回，按时价定价，重新依法供应。

（十六）实行分类收费政策。规范民办学校收费。非营利性民办学校收费，通过市场化改革试点，逐步实行市场调节价，具体政策由省级人民政府根据办学成本以及本地公办教育保障程度、民办学校发展情况等因素确定。营利性民办学校收费实行市场调节价，具体收费标准由民办学校自主确定。政府依法加强对民办学校收费行为的监管。

（十七）保障依法自主办学。扩大民办高等学校和中等职业学校专业设置自主权，鼓励学校根据国家战略需求和区域产业发展需要，依法依规设置和调整学科专业。民办中小学校在完成国家规定课程前提下，可自主开展教育教学活动。支持民办学校参与考试招生制度改革。社会声誉好、教学质量高、就业有保障的民办高等职业学校，可在核定的办学规模内自主确定招生范围和年度招生计划。中等以下层次民办学校按照国家有关规定，在核定的办学规模内，与当地公办学校同期面向社会自主招生。各地不得对民办学校跨区域招生设置障碍。

（十八）保障学校师生权益。完善学校、个人、政府合理分担的民办学校教职工社会保障机制。民办学校应依法为教职工足额缴纳社会保险费和住房公积金。鼓励民办学校按规定为教职工建立补充养老保险，改善教职工退休后的待遇。落实跨统筹地区社会保险关系转移接续政策，完善民办学校教师户籍迁移等方面的服务政策，探索建立民办学校教师人事代理制度和交流制度，促进教师合理流动。民办学校教师在资格认定、职务评聘、培养培训、评优表彰等方面与公办学校教师享有同等权利。非营利性民办学校教师享受当地公办学校同等的人才引进政策。民办学校学生在评奖评优、升学就业、社会优待、医疗保险等方面与同级同类公办学校学生享有同等权利。依法落实民办学校师生对学校办学管理的知情权、参与权，保障师生参与民主管理和民主监督的权利。完善民办学校师生争议处理机制，维护师生的合法权益。

五、加快现代学校制度建设

（十九）完善学校法人治理。民办学校要依法制定章程，按照章程管理学校。健全董事会（理事会）和监事（会）制度，董事会（理事会）和监事（会）成员依据学校章程规定的权限和程序共同参与学校的办学和管理。董事会（理事会）应当优化人员构成，由举办者或者其代表、校长、党组织负责人、教职工代表等共同组成。监事会中应当有党组织领导班子成员。探索实行独立董事（理事）、监事制度。健全党组织参与决策制度，积极推进"双向进入、交叉任职"，学校党组织领导班子成员通过法定程序进入学校决策机构和行政管理机构，党员校长、副校长等行政机构成员可按照党的有关规定进入党组织领导班子。学校党组织要支持学校决策机构和校长依法行使职权，督促其依法治教、规范管理。完善校长选聘机制，依法保障校长行使管理权。民办学校校长应熟悉教育及相关法律法规，具有5年以上教育管理经验和良好办学业绩，个人信用状况良好。学校关键管理岗位实行亲属回避制度。完善教职工代表大会和学生代表大会制度。

（二十）健全资产管理和财务会计制度。民办学校应当明确产权关系，建立健全资产管理制度。民办学校举办者应依法履行出资义务，将出资用于办学的土地、校舍和其他资产足额过户到学校名下。存续期间，民办学校对举办者投入学校的资产、国有资产、受赠的财产以及办学积累享有法人财产权，任何组织和个人不得侵占、挪用、抽逃。进一步规范民办学校会计核算，建立健全第三方审计制度。非营利性和营利性民办学校按照登记的法人属性，根据国家有关规定执行相应的会计制度。民办学校要明晰财务管理，依法设置会计账簿。民办学校应将举办者出资、政府补助、受赠、收费、办学积累等各类资产分类登记入账，定期开展资产清查，并将清查结果向社会公布。各地要探索制定符合民办学校特点的财务管理办法，完善民办学校年度财务、决算报告和预算报告报备制度。

（二十一）规范学校办学行为。民办学校要诚实守信、规范办学。办学条件应符合国家和地方规定的设置标准和有关要求，在校生数要控制在审批机关核定的办学规模内。要按照国家和地方有关规定做好宣传、招生工作，招生简章和广告须经审批机关备案。具有举办学历教育资格的民办学校，应按国家有关规定做好学籍管理工作，对招收的学历教育学生，学习期满成绩合格的颁发毕业证书，未达到学历教育要求的发给结业证书或者其他学业证书；对符合学位授予条件的学生，颁发相应的学位证书。各类民办学校对招收的非学历教育学生，发给结业证书或者培训合格证书。

（二十二）落实安全管理责任。民办学校应遵守国家有关安全法律、法规和规章，重视校园安全工作，确保校园安全技术防范系统建设符合国家和地方有关标准，学校选址和校舍建筑符合国家抗震设防、消防技术等相关标准。建立健全安全管理制度和应急机制，制定和完善突发事件应急预案，定期开展安全检查、巡查，及时发现和消除安全隐患。加强学生和教职员工安全教育培训，定期开展针对上课、课间、午休等不同场景的安全演练，提高师生安全意识和逃生自救能力。建立安全工作组织机构，配备学校内部安全保卫人员，明确安全工作职责。

六、提高教育教学质量

（二十三）明确学校办学定位。积极引导民办学校服务社会需求，更新办学理念，深化教育教学改革，创新办学模式，加强内涵建设，提高办学质量。学前教育阶段鼓励举办普惠性民办幼儿园，坚持科学保教，防止和纠正"小学化"现象。中小学校要执行国家课程方案和课程标准，坚持特色办学优质发展，满足多样化需求。职业院校应明确技术技能人才培养定位，服务区域经济和产业发展，深化产教融合、校企合作，提高技术技能型人才培养水平。鼓励举办应用技术类本科高等学校，培养适应经济结构调整、产业转型升级和新产业、新业态、新商业模式需要的人才。充分发挥民办教育在完善终身教育体系、构建学习型社会中的积极作用。

（二十四）加强教师队伍建设。各级人民政府和民办学校要把教师队伍建设作为提高教育教学质量的重要任务。各地要将民办学校教师队伍建设纳入教师队伍建设整体规划。民办学校要着力加强教师思想政治工作，建立健全教育、宣传、考核、监督与奖惩相结合的师德建设长效机制，全面提升教师师德素养。加强辅导员、班主任队伍建设。加强教学研究活动，重视青年教师培养，加大教师培训力度，不断提高教师的业务能力和水平。学校要在学费收入中安排一定比例资金用于教师培训。要关心教师工作和生活，提高教师工资和福利待遇。吸引各类高层次人才到民办学校任教，做到事业留人、感情留人、待遇留人。

（二十五）引进培育优质教育资源。鼓励支持高水平有特色民办学校培育优质学科、专业、课程、师资、管理，整体提升教育教学质量，着力打造一批具有国际影响力和竞争力的民办教育品牌，着力培养一批有理想、有境界、有情怀、有担当的民办教育家。允许民办高等学校和中等职业学校与世界高水平同类学校在学科、专业、课程建设以及人才培养等方面开展交流。

七、提高管理服务水平

（二十六）强化部门协调机制。各级人民政府要将发展民办教育纳入经济社会发展和教育事业整体规划，加强制度建设、标准制定、政策实施、统筹协调等工作，积极推进民办教育改革发展。国务院建立由教育部牵头，中央编办、国家发展改革委、公安部、民政部、财政部、人力资源社会保障部、国土资源部、住房城乡建设部、人民银行、税务总局、工商总局、银监会、证监会等部门参加的部际联席会议制度，协调解决民办教育发展中的重点难点问题，不断完善制度政策，优化民办教育发展环境。各地也应建立相应的部门协调机制。要将鼓励支持社会力量兴办教育作为考核各级人民政府改进公共服务方式的重要内容。

（二十七）改进政府管理方式。各级人民政府和行政管理部门要积极转变职能，减少事前审批，加强事中事后监管，提高政府管理服务水平。进一步清理涉及民办教育的行政许可事项，向社会公布权力清单、责任清单，严禁法外设权。改进许可方式，简化许可流程，明确工作时限，规范行政许可工作。建立民办教育管理信息系统，推广电子政务和网上办事，逐步实现日常管理事项网上并联办理，及时主动公开行政审批事项，提高服务效率，接受社会监督。

（二十八）健全监督管理机制。加强民办教育管理机构建设，强化民办教育督导，完善民办学校年度报告和年度检查制度。加强对新设立民办学校举办者的资格审查。完善民办学校财务会计制度、内部控制制度、审计监督制度，加强风险防范。推进民办教育信息公开，建立民办学校信息强制公开制度。建立违规失信惩戒机制，将违规办学的学校及其举办者和负责人纳入"黑名单"，规范学校办学行为。健全联合执法机制，加大对违法违规办学行为的查处力度。大力推进管办评分离，建立民办学校第三方质量认证和评估制度。民办学校行政管理部门根据评估结果，对办学质量不合格的民办学校予以警告、限期整改直至取消办学资格。

（二十九）发挥行业组织作用。积极培育民办教育行业组织，支持行业组织在行业自律、交流合作、协同创新、履行社会责任等方面发挥桥梁和纽带作用。依托各类专业机构开展民办学校咨询服务等工作。支持非营利性民办高等学校联盟等行业组织及其他教育中介组织在引导民办学校坚持公益性办学、创新人才培养模式、提升人才培养质量等方面发挥作用。

（三十）切实加强宣传引导。深入推进民办教育综合改革，鼓励地方和学校先行先试，总结推广试点地区和学校的成功做法和先进经验。加大对民办教育的宣传力度，按照国家有关规定奖励和表彰对民办教育改革发展作出突出贡献的集体和个人，树立民办教育良好社会形象，努力营造全社会共同关心、共同支持社会力量兴办教育的良好氛围。

鼓励社会力量兴办教育，促进民办教育健康发展，是一项事关当前、又利长远的重要任务。国务院有关部门要进一步解放思想，凝聚共识，加强领导，周密部署，切实落实鼓励社会力量兴办教育的各项政策措施。地方各级人民政府要根据本意见，因地制宜，积极探索，稳步推进，抓紧制定出台符合地方实际的实施意见和配套措施。

国务院
二〇一六年十二月二十九日

国务院关于全民所有自然资源资产有偿使用制度改革的指导意见

(国发〔2016〕82号)

各省、自治区、直辖市人民政府,国务院各部委、各直属机构:

全民所有自然资源是宪法和法律规定属于国家所有的各类自然资源,主要包括国有土地资源、水资源、矿产资源、国有森林资源、国有草原资源、海域海岛资源等。自然资源资产有偿使用制度是生态文明制度体系的一项核心制度。改革开放以来,我国全民所有自然资源资产有偿使用制度逐步建立,在促进自然资源保护和合理利用、维护所有者权益方面发挥了积极作用,但由于有偿使用制度不完善、监管力度不足,还存在市场配置资源的决定性作用发挥不充分、所有权人不到位、所有权人权益不落实等突出问题。按照生态文明体制改革总体部署,为健全完善全民所有自然资源资产有偿使用制度,现提出以下意见。

一、总体要求

(一)指导思想。全面贯彻党的十八大和十八届三中、四中、五中、六中全会精神,深入贯彻习近平总书记系列重要讲话精神和治国理政新理念新思想新战略,认真落实党中央、国务院决策部署,统筹推进"五位一体"总体布局和协调推进"四个全面"战略布局,牢固树立和贯彻落实创新、协调、绿色、开放、共享的发展理念,坚持发挥市场配置资源的决定性作用和更好发挥政府作用,以保护优先、合理利用、维护权益和解决问题为导向,以依法管理、用途管制为前提,以明晰产权、丰富权能为基础,以市场配置、完善规则为重点,以开展试点、健全法制为路径,以创新方式、加强监管为保障,加快建立健全全民所有自然资源资产有偿使用制度,努力提升自然资源保护和合理利用水平,切实维护国家所有者权益,为建设美丽中国提供重要制度保障。

(二)基本原则。保护优先、合理利用。树立尊重自然、顺应自然、保护自然的理念,坚持保护和发展相统一,在发展中保护、在保护中发展。正确处理资源保护与开发利用的关系,对需要严格保护的自然资源,严禁开发利用;对可开发利用的全民所有自然资源,使用者要遵守用途管制,履行保护和合理利用自然资源的法定义务。除国家法律和政策规定可划拨或无偿使用的情形外,全面实行有偿使用,切实增强使用者合理利用和有效保护自然资源的意识和内在动力。

两权分离、扩权赋能。适应经济社会发展多元化需求和自然资源资产多用途属性，在坚持全民所有制的前提下，创新全民所有自然资源资产所有权实现形式，推动所有权和使用权分离，完善全民所有自然资源资产使用权体系，丰富自然资源资产使用权权利类型，适度扩大使用权的出让、转让、出租、担保、入股等权能，夯实全民所有自然资源资产有偿使用的权利基础。

市场配置、完善规则。充分发挥市场配置资源的决定性作用，按照公开、公平、公正和竞争择优的要求，明确全民所有自然资源资产有偿使用准入条件、方式和程序，鼓励竞争性出让，规范协议出让，支持探索多样化有偿使用方式，推动将全民所有自然资源资产有偿使用逐步纳入统一的公共资源交易平台，完善全民所有自然资源资产价格评估方法和管理制度，构建完善价格形成机制，建立健全有偿使用信息公开和服务制度，确保国家所有者权益得到充分有效维护。

明确权责、分级行使。全民所有自然资源资产有偿使用试点可依照现行法律规定和管理体制，明确全民所有自然资源资产有偿处置的主体，在试点地区可结合实际，合理划分中央和地方政府对全民所有自然资源资产的处置权限，创新管理体制，明确和落实主体责任，实现效率和公平相统一。

创新方式、强化监管。建立健全市场主体信用评价制度，强化自然资源主管部门和财政等部门协同，发挥纪检监察、司法、审计等机构作用，完善国家自然资源资产管理体制和自然资源监管体制，创新管理方式方法，健全完善责任追究机制，实现对全民所有自然资源资产有偿使用全程动态有效监管，确保将有效保护和合理利用资源、维护国家所有者权益的各项要求落到实处。

（三）主要目标。到2020年，基本建立产权明晰、权能丰富、规则完善、监管有效、权益落实的全民所有自然资源资产有偿使用制度，使全民所有自然资源资产使用权体系更加完善，市场配置资源的决定性作用和政府的服务监管作用充分发挥，所有者和使用者权益得到切实维护，自然资源保护和合理利用水平显著提升，实现自然资源开发利用和保护的生态、经济、社会效益相统一。

二、各领域重点任务

（四）完善国有土地资源有偿使用制度。全面落实规划土地功能分区和保护利用的要求，优化土地利用布局，规范经营性土地有偿使用。对生态功能重要的国有土地，要坚持保护优先，其中依照法律规定和规划允许进行经营性开发利用的，应设立更加严格的审批条件和程序，并全面实行有偿使用，切实防止无偿或过度占用。完善国有建设用地有偿使用制度。扩大国有建设用地有偿使用范围，加快修订《划拨用地目录》。完善国有建设用地使用权权能和有偿使用方式。鼓励可以使用划拨地的公共服务项目有偿使用国有建设用地。事业单位等改制为企业的，允许实行国有企业改制土地资产处置政策。探索建立国有农用地有偿使用制度。明晰国有农用地使用权，明确国有农用地的使用方式、供应方式、范围、期限、条件和程序。对国有农场、林场（区）、牧场改革中涉及的国有农用地，参照国有企业改制土地资产处置相关规定，采取国有农用地使用权出让、租赁、作价出资（入股）、划拨、授权经营等方式处置。通过有偿方式取得的国有建设用地、农用地使用权，可以转让、出租、作价出资（入股）、担保等。

（五）完善水资源有偿使用制度。落实最严格水资源管理制度，严守水资源开发利用控制、用水效率控制、水功能区限制纳污三条红线，强化水资源节约利用与保护，加强水资源监控。维持江河的合理流量和湖泊、水库以及地下水体的合理水位，维护水体生态功能。健全水资源费征收制度，综合考虑当地水资源状况、经济发展水平、社会承受能力以及不同产业和行业取用水的差别特点，区分地表水和地下水，支持低消耗用水、鼓励回收利用水、限制超量取用水，合理调整水资源费征收标准，大幅提高地下水特别是水资源紧缺和超采地区的地下水水资源费征收标准，严格控制和合理利用地下水。严格水资源费征收管理，按照规定的征收范围、对象、标准和程序征收，确保应收尽收，任何单位和个人不得擅自减免、缓征或停征水资源费。推进水资源税改革试点。鼓励通过依法规范设立的水权交易平台开展水权交易，区域水权交易或者交易量较大的取水权交易应通过水权交易平台公开公平公正进行，充分发挥市场在水资源配置中的作用。

（六）完善矿产资源有偿使用制度。全面落实禁止和限制设立探矿权、采矿权的有关规定，强化矿产资源保护。改革完善矿产资源有偿使用制度，明确矿产资源国家所有者权益的具体实现形式，建立矿产资源国家权益金制度。完善矿业权有偿出让制度，在矿业权出让环节，取消探矿权价款、采矿权价款，征收矿业权出让收益。进一步扩大矿业权竞争性出让范围，除协议出让等特殊情形外，对所有矿业权一律以招标、拍卖、挂牌方式出让。严格限制矿业权协议出让，规范协议出让管理，严格协议出让的具体情形和范围。完善矿业权分级分类出让制度，合理划分各级国土资源部门的矿业权出让审批权限。完善矿业权有偿占用制度，在矿业权占有环节，将探矿权、采矿权使用费调整为矿业权占用费。合理确定探矿权占用费收取标准，建立累进动态调整机制，利用经济手段有效遏制"圈而不探"等行为。根据矿产品价格变动情况和经济发展需要，适时调整采矿权占用费标准。完善矿产资源税费制度，落实全面推进资源税改革的要求，提高矿产资源综合利用效率，促进资源合理开发利用和有效保护。

（七）建立国有森林资源有偿使用制度。严格执行森林资源保护政策，充分发挥森林资源在生态建设中的主体作用。国有天然林和公益林、国家公园、自然保护区、风景名胜区、森林公园、国家湿地公园、国家沙漠公园的国有林地和林木资源资产不得出让。对确需经营利用的森林资源资产，确定有偿使用的范围、期限、条件、程序和方式。对国有森林经营单位的国有林地使用权，原则上按照划拨用地方式管理。研究制定国有林区、林场改革涉及的国有林地使用权有偿使用的具体办法。推进国有林地使用权确权登记工作，切实维护国有林区、国有林场确权登记颁证成果的权威性和合法性。通过租赁、特许经营等方式积极发展森林旅游。本着尊重历史、照顾现实的原则，全面清理规范已经发生的国有森林资源流转行为。

（八）建立国有草原资源有偿使用制度。依法依规严格保护草原生态，健全基本草原保护制度，任何单位和个人不得擅自征用、占用基本草原或改变其用途，严控建设占用和非牧使用。全民所有制单位改制涉及的国有划拨草原使用权，按照国有农用地改革政策实行有偿使用。稳定和完善国有草原承包经营制度，规范国有草原承包经营权流转。对已确定给农村集体经济组织使用的国有草原，继续依照现有土地承包经营方式落实国有草原承包经营权。国有草原承包经营权向农村集体经济组织以外单位和个人流转的，应按有关规定实行有偿使用。加快推进国有草原确权登记颁证工作。

（九）完善海域海岛有偿使用制度。完善海域有偿使用制度。坚持生态优先，严格落实海洋国土空间的生态保护红线，提高用海生态门槛。严格实行围填海总量控制制度，确保大陆自然岸线保有率不低于35%。完善海域有偿使用分级、分类管理制度，适应经济社会发展多元化需求，完善海域使用权出让、转让、抵押、出租、作价出资（入股）等权能。坚持多种有偿出让方式并举，逐步提高经营性用海市场化出让比例，明确市场化出让范围、方式和程序，完善海域使用权出让价格评估制度和技术标准，将生态环境损害成本纳入价格形成机制。调整海域使用金征收标准，完善海域等级、海域使用金征收范围和方式，建立海域使用金征收标准动态调整机制。开展海域资源现状调查与评价，科学评估海域生态价值、资源价值和开发潜力。完善无居民海岛有偿使用制度。坚持科学规划、保护优先、合理开发、永续利用，严格生态保护措施，避免破坏海岛及其周边海域生态系统，严控无居民海岛自然岸线开发利用，禁止开发利用领海基点保护范围内海岛区域和海洋自然保护区核心区及缓冲区、海洋特别保护区的重点保护区和预留区以及具有特殊保护价值的无居民海岛。明确无居民海岛有偿使用的范围、条件、程序和权利体系，完善无居民海岛使用权出让制度，探索赋予无居民海岛使用权依法转让、出租等权能。研究制定无居民海岛使用权招标、拍卖、挂牌出让有关规定。鼓励地方结合实际推进旅游娱乐、工业等经营性用岛采取招标、拍卖、挂牌等市场化方式出让。建立完善无居民海岛使用权出让价格评估管理制度和技术标准，建立无居民海岛使用权出让最低价标准动态调整机制。

三、加大改革统筹协调和组织实施力度

（十）加强与相关改革的衔接协调。推进全民所有自然资源资产有偿使用制度改革，要切实加强与自然资源产权制度、自然资源统一确权登记制度、国土空间用途管制制度、空间规划体系、自然资源管理体制、资源税费制度、生态保护补偿制度、创新政府配置资源方式、统一的公共资源交易平台建设、政府资产报告制度等相关改革的衔接协调，增强改革的系统性、整体性和协同性。

（十一）系统部署改革试点。稳妥推进矿业权出让制度等各相关改革试点。试点重点在国家生态文明试验区、健全国家自然资源资产管理体制试点地区和其他具备条件的地区进行，其中确需突破现行法律、行政法规、国务院文件和国务院批准的部门规章的，要按程序报批，取得授权后实施。各相关部门要加强指导，做好总结评估，发现问题及时纠偏。

（十二）统筹推进法治建设。立足生态文明体制改革全局，以完善全民所有自然资源资产使用权体系和有偿使用制度为重点，推进完善土地、水、矿产、森林、草原、海域、无居民海岛等全民所有自然资源资产有偿使用的法律法规体系。开展对全民所有自然资源资产有偿使用不规范行为的清理排查。对于法律制度完善的，要及时纠正不规范行为和违法行为。对于法律存在缺位或不完善的，各地区、各部门要在发现问题、总结经验的基础上，按程序推动相关法律法规立改废释。

（十三）协同开展资产清查核算。以各类自然资源调查评价和统计监测为基础，推进全民所有自然资源资产清查核算，研究完善相关指标体系、标准规范和技术规程，做好与自然资源资产负债表编制工作的衔接，建立全民所有自然资源资产目录清单、台账和动态更新机制，全面、准确、及时掌握我国全民所有自然资源资产"家底"，为全面推进有偿使用和监管提供依据。

（十四）强化组织实施。各地区、各部门要高度重视，充分认识全民所有自然资源资产有偿使用制度改革对于生态文明建设的重要意义，切实加强组织领导和细化落实，按照党中央、国务院关于生态文明体制改革总体部署和本意见要求，抓紧研究制定具体实施方案。地方各级政府要结合实际，加强研究和探索，为深化全民所有自然资源资产有偿使用制度改革提供实践支撑。各有关部门要按照职责分工，各司其职，密切配合，明确责任主体和时间进度，加强协调指导，确保各具体领域改革任务落到实处。国土资源部要牵头建立部际协调机制，加强对全民所有自然资源资产有偿使用制度改革工作的统筹指导和督促落实，及时研究改革中出现的新情况、新问题，重大问题和工作进展情况及时向国务院报告。

国务院
二〇一六年十二月二十九日

国务院办公厅关于加快培育和发展住房租赁市场的若干意见

(国办发〔2016〕39号)

各省、自治区、直辖市人民政府，国务院各部委、各直属机构：

实行购租并举，培育和发展住房租赁市场，是深化住房制度改革的重要内容，是实现城镇居民住有所居目标的重要途径。改革开放以来，我国住房租赁市场不断发展，对加快改善城镇居民住房条件、推动新型城镇化进程等发挥了重要作用，但市场供应主体发育不充分、市场秩序不规范、法规制度不完善等问题仍较为突出。为加快培育和发展住房租赁市场，经国务院同意，现提出以下意见。

一、总体要求

（一）指导思想。全面贯彻党的十八大和十八届三中、四中、五中全会以及中央城镇化工作会议、中央城市工作会议精神，认真落实国务院决策部署，按照"五位一体"总体布局和"四个全面"战略布局，牢固树立和贯彻落实创新、协调、绿色、开放、共享的发展理念，以建立购租并举的住房制度为主要方向，健全以市场配置为主、政府提供基本保障的住房租赁体系。支持住房租赁消费，促进住房租赁市场健康发展。

（二）发展目标。到2020年，基本形成供应主体多元、经营服务规范、租赁关系稳定的住房租赁市场体系，基本形成保基本、促公平、可持续的公共租赁住房保障体系，基本形成市场规则明晰、政府监管有力、权益保障充分的住房租赁法规制度体系，推动实现城镇居民住有所居的目标。

二、培育市场供应主体

（三）发展住房租赁企业。充分发挥市场作用，调动企业积极性，通过租赁、购买等方式多渠道筹集房源，提高住房租赁企业规模化、集约化、专业化水平，形成大、中、小住房租赁企业协同发展的格局，满足不断增长的住房租赁需求。按照《国务院办公厅关于加快发展生活性服务业促进消费结构升级的指导意见》（国办发〔2015〕85号）有关规定，住房租赁企业享受生活性服务业的相关支持政策。

（四）鼓励房地产开发企业开展住房租赁业务。支持房地产开发企业拓展业务范围，利用已建成住房或新建住房开展租赁业务；鼓励房地产开发企业出租库存商品住房；引导房地产开发企业与住房租赁企业合作，发展租赁地产。

（五）规范住房租赁中介机构。充分发挥中介机构作用，提供规范的居间服务。努力提高中介服务质量，不断提升从业人员素质，促进中介机构依法经营、诚实守信、公平交易。

（六）支持和规范个人出租住房。落实鼓励个人出租住房的优惠政策，鼓励个人依法出租自有住房。规范个人出租住房行为，支持个人委托住房租赁企业和中介机构出租住房。

三、鼓励住房租赁消费

（七）完善住房租赁支持政策。各地要制定支持住房租赁消费的优惠政策措施，引导城镇居民通过租房解决居住问题。落实提取住房公积金支付房租政策，简化办理手续。非本地户籍承租人可按照《居住证暂行条例》等有关规定申领居住证，享受义务教育、医疗等国家规定的基本公共服务。

（八）明确各方权利义务。出租人应当按照相关法律法规和合同约定履行义务，保证住房和室内设施符合要求。住房租赁合同期限内，出租人无正当理由不得解除合同，不得单方面提高租金，不得随意克扣押金；承租人应当按照合同约定使用住房和室内设施，并按时缴纳租金。

四、完善公共租赁住房

（九）推进公租房货币化。转变公租房保障方式，实物保障与租赁补贴并举。支持公租房保障对象通过市场租房，政府对符合条件的家庭给予租赁补贴。完善租赁补贴制度，结合市场租金水平和保障对象实际情况，合理确定租赁补贴标准。

（十）提高公租房运营保障能力。鼓励地方政府采取购买服务或政府和社会资本合作（PPP）模式，将现有政府投资和管理的公租房交由专业化、社会化企业运营管理，不断提高管理和服务水平。在城镇稳定就业的外来务工人员、新就业大学生和青年医生、青年教师等专业技术人员，凡符合当地城镇居民公租房准入条件的，应纳入公租房保障范围。

五、支持租赁住房建设

（十一）鼓励新建租赁住房。各地应结合住房供需状况等因素，将新建租赁住房纳入住房发展规划，合理确定租赁住房建设规模，并在年度住房建设计划和住房用地供应计划中予以安排，引导土地、资金等资源合理配置，有序开展租赁住房建设。

（十二）允许改建房屋用于租赁。允许将商业用房等按规定改建为租赁住房，土地使用年限和容积率不变，土地用途调整为居住用地，调整后用水、用电、用气价格应当按照居民标准执行。允许将现有住房按照国家和地方的住宅设计规范改造后出租，改造中不得改变原有防火分区、安全疏散和防火分隔设施，必须确保消防设施完好有效。

六、加大政策支持力度

（十三）给予税收优惠。对依法登记备案的住房租赁企业、机构和个人，给予税收优惠政策支持。落实营改增关于住房租赁的有关政策，对个人出租住房的，由按照5%的征收率减按1.5%计算缴纳增值税；对个人出租住房月收入不超过3万元的，2017年底之前可按规定享受免征增值税政策；对房地产中介机构提供住房租赁经纪代理服务，适用6%的增值税税率；对一般纳税人出租在实施营改增试点前取得的不动产，允许选择适用简易计税办法，按照5%的征收率计算缴纳增值税。对个人出租住房所得，减半征收个人所得税；对个人承租住房的租金支出，结合个人所得税改革，统筹研究有关费用扣除问题。

（十四）提供金融支持。鼓励金融机构按照依法合规、风险可控、商业可持续的原则，向住房租赁企业提供金融支持。支持符合条件的住房租赁企业发行债券、不动产证券化产品。稳步推进房地产投资信托基金（REITs）试点。

（十五）完善供地方式。鼓励地方政府盘活城区存量土地，采用多种方式增加租赁住房用地有效供应。新建租赁住房项目用地以招标、拍卖、挂牌方式出让的，出让方案和合同中应明确规定持有出租的年限。

七、加强住房租赁监管

（十六）健全法规制度。完善住房租赁法律法规，明确当事人的权利义务，规范市场行为，稳定租赁关系。推行住房租赁合同示范文本和合同网上签约，落实住房租赁合同登记备案制度。

（十七）落实地方责任。省级人民政府要加强本地区住房租赁市场管理，加强工作指导，研究解决重点难点问题。城市人民政府对本行政区域内的住房租赁市场管理负总责，要建立多部门联合监管体制，明确职责分工，充分发挥街道、乡镇等基层组织作用，推行住房租赁网格化管理。加快建设住房租赁信息服务与监管平台，推进部门间信息共享。

（十八）加强行业管理。住房城乡建设部门负责住房租赁市场管理和相关协调工作，要会同有关部门加强住房租赁市场监管，完善住房租赁企业、中介机构和从业人员信用管理制度，全面建立相关市场主体信用记录，纳入全国信用信息共享平台，对严重失信主体实施联合惩戒。公安部门要加强出租住房治安管理和住房租赁当事人居住登记，督促指导居民委员会、村民委员会、物业服务企业以及其他管理单位排查安全隐患。各有关部门要按照职责分工，依法查处利用出租住房从事违法经营活动。

各地区、各有关部门要充分认识加快培育和发展住房租赁市场的重要意义，加强组织领导，健全工作机制，做好宣传引导，营造良好环境。各地区要根据本意见，研究制定具体实施办法，落实工作责任，确保各项工作有序推进。住房城乡建设部要会同有关部门对本意见落实情况进行督促检查。

国务院办公厅
二〇一六年五月十七日

国务院办公厅关于成立政府购买服务
改革工作领导小组的通知

（国办发〔2016〕48号）

各省、自治区、直辖市人民政府，国务院各部委、各直属机构：

为加快推进政府购买服务改革，加强对有关工作的组织领导和政策协调，国务院决定成立政府购买服务改革工作领导小组（以下简称领导小组）。现将有关事项通知如下：

一、主要职责

统筹协调政府购买服务改革，组织拟订政府购买服务改革重要政策措施，指导各地区、各部门制定改革方案、明确改革目标任务、推进改革工作，研究解决跨部门、跨领域的改革重点难点问题，督促检查重要改革事项落实情况。

二、组成人员

组　　长：张高丽　国务院副总理
副组长：楼继伟　财政部部长
　　　　丁向阳　国务院副秘书长
成　　员：李晓全　中央编办副主任
　　　　连维良　发展改革委副主任
　　　　顾朝曦　民政部副部长
　　　　戴柏华　财政部部长助理
　　　　张义珍　人力资源社会保障部副部长
　　　　范一飞　人民银行副行长
　　　　顾　炬　税务总局副局长
　　　　马正其　工商总局副局长
　　　　袁曙宏　法制办副主任

三、工作机构

领导小组办公室设在财政部,承担领导小组日常工作。财政部部长助理戴柏华兼任办公室主任,领导小组成员单位有关司局负责同志担任办公室成员。

领导小组成员因工作变动需要调整的,由所在单位向领导小组办公室提出,按程序报领导小组组长批准。

国务院办公厅

二〇一六年六月二十一日

国务院办公厅关于对真抓实干成效明显地方加大激励支持力度的通知

(国办发〔2016〕82号)

各省、自治区、直辖市人民政府，国务院各部委、各直属机构：

为充分发挥中央和地方两个积极性，鼓励各地从实际出发干事创业，推动形成主动作为、竞相发展的良好局面，国务院决定，根据每年国务院大督查和日常督查情况，对落实有关重大政策措施真抓实干、取得明显成效的地方，采取相应措施予以激励支持。经国务院同意，现就有关激励措施及组织实施等事项通知如下：

一、对推动工商注册制度便利化工作及时到位、落实事中事后监管等相关政策措施社会反映好的市（州）、县（市、区），优先纳入深化商事制度改革、加强事中事后监管相关试点，推动降低企业制度性交易成本。（工商总局负责）

二、对超额完成化解钢铁、煤炭过剩产能目标任务量的省（区、市），在安排工业企业结构调整专项奖补资金时给予梯级奖补，用于职工分流安置，鼓励地方促进产业结构调整和培育新动能。（财政部、国家发展改革委、工业和信息化部、人力资源社会保障部负责）

三、对积极优化营商环境、推进内贸流通体制改革和服务贸易创新发展、落实外贸回稳向好及外资政策措施成效明显的省（区、市），优先支持其行政区域内1家符合条件的国家级经济技术开发区扩区或调整区位，优先支持其行政区域内1家符合条件且已进入培育期的省级经济开发区提前升级为国家级经济技术开发区。（商务部负责）

四、对改善地方科研基础条件、优化科技创新环境、促进科技成果转移转化以及落实国家科技改革与发展重大政策成效较好的省（区、市），在中央引导地方科技发展专项资金中根据绩效评价结果给予一定倾斜，用于支持其行政区域内科技创新能力建设。（科技部、财政部负责）

五、对营造诚实守信金融生态环境、维护良好金融秩序的省（区、市），支持该省（区、市）或其辖内地区开展金融改革创新先行先试，在同等条件下对其申报金融改革试验区等方面给予重点考虑和支持，在相关领域加大再贷款、再贴现的支持力度，鼓励符合条件的全国性股份制银行在上述地区开设分支机构，支持符合条件的企业发行"双创"公司债券、绿色公司债券等金融创新产品。（人民银行、银

监会、证监会、保监会负责）

六、对年度全社会固定资产投资保持稳定增长，中央预算内投资项目开工率、完成率及地方投资到位率高的省（区、市），在中央预算内投资既有专项中统筹安排部分投资，用于奖励支持其行政区域内建设进度快而又缺资金的项目。（国家发展改革委负责）

七、对财政预算执行、盘活财政存量资金、国库库款管理、推进财政资金统筹使用、预算公开等财政管理工作完成情况好的省（区、市），中央财政利用督查收回的专项转移支付沉淀资金等，在中央、地方两级结算时予以奖励，用于支持省（区、市）推荐的先进典型市（州）、县（市、区）。（财政部负责）

八、对推广政府和社会资本合作（PPP）模式效果明显、社会资本参与度高的市（州）、县（市、区），在安排以奖代补资金、中央预算内投资PPP前期工作专项补助时优先支持，推进其行政区域内PPP工作，鼓励地方增加公共产品和公共服务供给。（财政部、国家发展改革委负责）

九、对促进社会投资健康发展、防范化解金融风险等工作成效明显的市（州），在两年之内对其行政区域内企业申请企业债券实行"直通车"机制（企业直接向国家发展改革委申报，不需省级发展改革部门转报），鼓励地方加大金融服务实体经济的力度，发挥企业债券促投资、稳增长的积极作用。（国家发展改革委负责）

十、对地方水利建设投资落实好、中央水利建设投资计划完成率高的省（区、市），优先将该地区水利建设项目列入三年滚动计划、优先安排中央水利建设投资。（水利部、国家发展改革委负责）

十一、对土地集约节约利用成效好、闲置土地少且用地需求量较大的市（州）、县（市、区），在全国新增建设用地计划中安排一定指标予以奖励，用于支持稳增长、调结构、惠民生、补短板项目建设。（国土资源部负责）

十二、对实施创新驱动发展战略、推进自主创新和发展高新技术产业成效明显的省（区、市），优先支持其行政区域内1家符合条件的国家自主创新示范区或国家高新技术产业开发区扩区或调整区位，优先支持其行政区域内1家符合条件且发展基础较好的省级高新技术产业开发区升级为国家高新技术产业开发区。（科技部负责）

十三、对在推动双创政策落地、扶持双创支撑平台、构建双创发展生态等方面大胆探索、勇于尝试、成效明显的省（区、市），优先支持建设双创示范基地，在中央预算内投资安排方面予以倾斜，鼓励地方加快发展新经济、培育发展新动能、打造新引擎。（国家发展改革委会同有关部门负责）

十四、对推动实施"中国制造2025"、促进工业稳增长和转型升级成效明显的市（州），在新型工业化产业示范基地布局、"中国制造2025"城市、智能制造和服务型制造等试点示范方面予以优先支持，并在工业转型升级（中国制造2025）资金安排中对符合支持条件的予以倾斜，促进其行政区域内制造业转型升级、企业

技术改造和制造业公共服务平台建设。(工业和信息化部、财政部负责)

十五、对大力培育发展战略性新兴产业、产业特色优势明显、技术创新能力较强、产业基础雄厚的市(州),优先支持战略性新兴产业集聚区建设,在重大政策先行先试、重大产业布局和重大项目落地上予以倾斜,鼓励地方开展体制机制创新,形成一批特色鲜明、协同发展的优势产业集群和特色产业链。(国家发展改革委会同有关部门负责)

十六、对老工业基地调整改造力度较大,支持传统产业改造、培育新产业新业态新模式、承接产业转移和产业合作等工作成效突出的市(州),优先支持设立产业转型升级示范区和示范园区,优先支持在重大改革和重大政策方面先行先试,促进产业向高端化、集聚化、智能化升级。(国家发展改革委会同有关部门负责)

十七、对落实鼓励和支持就业创业政策措施工作力度大,促进城镇失业人员再就业、就业困难人员就业等任务完成较好的省(区、市),中央财政给予适当补助。(财政部、人力资源社会保障部负责)

十八、对在扶贫开发工作成效考核中认定为完成年度计划、减贫成效显著的省(区、市),在分配中央财政专项扶贫资金时给予一定奖励。(财政部、国务院扶贫办负责)

十九、对易地扶贫搬迁工作积极主动、成效明显的省(区、市),通过易地扶贫搬迁中央预算内投资给予奖励或倾斜支持,用于搬迁安置区相关建设。(国家发展改革委负责)

二十、对棚户区改造、农村危房改造工作积极主动、成效明显的省(区、市),在安排中央补助及配套基础建设有关资金时,给予适当奖励或倾斜支持。(住房城乡建设部、国家发展改革委、财政部负责)

二十一、对公立医院综合改革成效较为明显的县(市、区)和试点城市,公立医院综合改革中央财政补助资金下达相关省(区、市)后,由省(区、市)给予奖励或倾斜支持。(国家卫生计生委、财政部负责)

二十二、对落实养老服务业支持政策积极主动、养老服务体系建设成效明显的省(区、市),在安排中央补助及有关基础设施建设资金、遴选相关试点项目方面给予倾斜支持。(国家发展改革委、财政部、民政部负责)

二十三、对环境治理工程项目推进快,重点区域大气、重点流域水环境质量明显改善的市(州),中央财政年度污染防治有关专项资金下达相关省(区、市)后,由省(区、市)给予相应奖励。(环境保护部、财政部负责)

二十四、对落实重大政策措施成效明显、创造典型经验做法且受到国务院督查表扬的市(州)、县(市、区),在下一年度国务院组织的有关实地督查中实行"免督查"。(国务院办公厅负责)

对真抓实干、相关工作成效明显的地方加大激励支持力度,是建立健全督查激励长效机制的重要举措,对于调动和激发地方积极性、主动性和创造性,推动贯彻落实党中央、国务院决策部署，具有重要意义。各有关部门要认真落实激励措施，加强组织实施，做好宣传解读、指导服务和监督检查工作，确保激励措施落到实处、取得实效；要建立健全督查制度和统计评价体系，坚持公正、公平、公开原则，简化操作，优化流程，防止增加地方负担。各省（区、市）要明确责任部门，统筹做好本省（区、市）组织落实激励措施的工作；要加强宣传引导，鼓励奋勇争先，用足用好激励措施，充分发挥督查激励的示范带动作用。有条件的省（区、市）可制定相应的配套措施，加大激励力度，增强激励效果。国务院办公厅将对激励措施落实情况进行督促检查，适时对实施效果组织评估。

各有关部门组织实施激励措施的具体办法，于 2016 年 11 月 30 日前报送国务院办公厅。从 2017 年起，各有关部门于每年 1 月 31 日前，根据上一年度工作成效，结合本部门日常督查情况和国务院大督查、相关专项督查情况，提出拟予激励支持的地方名单，报送国务院办公厅。国务院办公厅将统筹组织开展相关表扬激励工作。

国务院办公厅

二〇一六年十一月十二日

国务院办公厅关于全面放开养老服务市场提升养老服务质量的若干意见

(国办发〔2016〕91号)

各省、自治区、直辖市人民政府，国务院各部委、各直属机构：

养老服务业既是涉及亿万群众福祉的民生事业，也是具有巨大发展潜力的朝阳产业。近年来，我国养老服务业快速发展，产业规模不断扩大，服务体系逐步完善，但仍面临供给结构不尽合理、市场潜力未充分释放、服务质量有待提高等问题。随着人口老龄化程度不断加深和人民生活水平逐步提高，老年群体多层次、多样化的服务需求持续增长，对扩大养老服务有效供给提出了更高要求。为促进养老服务业更好更快发展，经国务院同意，现提出如下意见：

一、总体要求

(一) 指导思想

全面贯彻党的十八大和十八届三中、四中、五中、六中全会精神，深入学习贯彻习近平总书记系列重要讲话精神和治国理政新理念新思想新战略，认真落实党中央、国务院决策部署，紧紧围绕"五位一体"总体布局和"四个全面"战略布局，坚持以新发展理念引领经济发展新常态，坚持中国特色卫生与健康发展道路，持续深化简政放权、放管结合、优化服务改革，积极应对人口老龄化，培育健康养老意识，加快推进养老服务业供给侧结构性改革，保障基本需求，繁荣养老市场，提升服务质量，让广大老年群体享受优质养老服务，切实增强人民群众获得感。

(二) 基本原则

深化改革，放开市场。进一步降低准入门槛，营造公平竞争环境，积极引导社会资本进入养老服务业，推动公办养老机构改革，充分激发各类市场主体活力。

改善结构，突出重点。补齐短板，将养老资源向居家社区服务倾斜，向农村倾斜，向失能、半失能老年人倾斜。进一步扩大护理型服务资源，大力培育发展小型化、连锁化、专业化服务机构。

鼓励创新，提质增效。树立健康养老理念，注重管理创新、产品创新和品牌创新，积极运用新技术，培育发展新业态，促进老年产品用品丰富多样、养老服务方便可及。

强化监管，优化环境。完善监督机制，健全评估制度，推动行业标准化和行业信用建设，加强行业自律，促进规范发展，维护老年人合法权益。

（三）发展目标

到2020年，养老服务市场全面放开，养老服务和产品有效供给能力大幅提升，供给结构更加合理，养老服务政策法规体系、行业质量标准体系进一步完善，信用体系基本建立，市场监管机制有效运行，服务质量明显改善，群众满意度显著提高，养老服务业成为促进经济社会发展的新动能。

二、全面放开养老服务市场

（四）进一步放宽准入条件

降低准入门槛。设立营利性养老机构，应按"先照后证"的简化程序执行，在工商行政管理部门办理登记后，在辖区县级以上人民政府民政部门申请设立许可。在民政部门登记的非营利性养老机构，可以依法在其登记管理机关管辖范围内设立多个不具备法人资格的服务网点。非本地投资者举办养老服务项目与当地投资者享受同等政策待遇，当地不得以任何名目对此加以限制。

放宽外资准入。在鼓励境外投资者在华举办营利性养老机构的基础上，进一步放开市场，鼓励境外投资者设立非营利性养老机构，其设立的非营利性养老机构与境内投资者设立的非营利性养老机构享受同等优惠政策。

精简行政审批环节。全面清理、取消申办养老机构的不合理前置审批事项，优化审批程序，简化审批流程。申请设立养老服务类社会组织，符合直接登记条件的可以直接向民政部门依法申请登记，不再经由业务主管单位审查同意。支持新兴养老业态发展，对于养老机构以外的其他提供养老服务的主体，鼓励其依法办理法人登记并享受相关优惠政策。

（五）优化市场环境

进一步改进政府服务。举办养老机构审批过程中涉及的各有关部门，都要主动公开审批程序和审批时限，推进行政审批标准化，加强对筹建养老机构的指导服务。加快推行养老机构申办一站式服务，建立"一门受理、一并办理"的网上并联审批平台，进一步提高审批效率。根据消防法和有关规定，制定既保障安全、又方便合理的养老机构设立和管理配套办法。

完善价格形成机制。加快建立以市场形成价格为主的养老机构服务收费管理机制。对于民办营利性养老机构，服务收费项目和标准由经营者自主确定。对于民办非营利性养老机构，服务收费标准由经营者合理确定，有关部门对其财务收支状况、收费项目和调价频次进行必要监管，同时加强对价格水平的监测分析。对于政府运营的养老机构，以扣除政府投入、社会捐赠后的实际服务成本为依据，按照非营利原则，实行政府定价或政府指导价；对于以公建民营等方式运营的养老机构，采用招投标、委托运营等竞争性方式确定运营方，具体服务收费标准由运营方依据委托协议等合理确定。

加快公办养老机构改革。各地要因地制宜设置改革过渡期,加快推进具备向社会提供养老服务条件的公办养老机构转制成为企业或开展公建民营,到2020年政府运营的养老床位数占当地养老床位总数的比例应不超过50%。鼓励社会力量通过独资、合资、合作、联营、参股、租赁等方式,参与公办养老机构改革。完善公建民营养老机构管理办法,政府投资建设和购置的养老设施、新建居民区按规定配建并移交给民政部门的养老设施、国有单位培训疗养机构等改建的养老设施,均可实施公建民营。改革公办养老机构运营方式,鼓励实行服务外包。

加强行业信用建设。建立覆盖养老服务行业法人、从业人员和服务对象的行业信用体系。建立健全信用信息记录和归集机制,加强与全国信用信息共享平台的信息交换和共享,通过企业信用信息公示系统向社会公示相关企业的行政许可、行政处罚等信息。引入第三方征信机构,参与养老行业信用建设和信用监管。建立多部门、跨地区的联合奖惩机制,将信用信息作为各项支持政策的重要衡量因素,对诚实守信者在政府购买服务、债券发行等方面实行优先办理、简化程序等绿色通道支持激励政策,建立养老服务行业黑名单制度和市场退出机制,加强行业自律和监管。

三、大力提升居家社区养老生活品质

(六)推进居家社区养老服务全覆盖

开展老年人养老需求评估,加快建设社区综合服务信息平台,对接供求信息,提供助餐、助洁、助行、助浴、助医等上门服务,提升居家养老服务覆盖率和服务水平。依托社区服务中心(站)、社区日间照料中心、卫生服务中心等资源,为老年人提供健康、文化、体育、法律援助等服务。鼓励建设小型社区养老院,满足老年人就近养老需求,方便亲属照护探视。

(七)提升农村养老服务能力和水平

依托农村社区综合服务设施,拓展养老服务功能。鼓励各地建设农村幸福院等自助式、互助式养老服务设施,加强与农村危房改造等涉农基本住房保障政策的衔接。农村集体经济、农村土地流转等收益分配应充分考虑解决本村老年人的养老问题。加强农村敬老院建设和改造,推动服务设施达标,满足农村特困人员集中供养需求,为农村低收入老年人和失能、半失能老年人提供便捷可及的养老服务。鼓励专业社会工作者、社区工作者、志愿服务者加强对农村留守、困难、鳏寡、独居老年人的关爱保护和心理疏导、咨询等服务。充分依托农村基层党组织、自治组织和社会组织等,开展基层联络人登记,建立应急处置和评估帮扶机制,关注老年人的心理、安全等问题。

(八)提高老年人生活便捷化水平

通过政府补贴、产业引导和业主众筹等方式,加快推进老旧居住小区和老年人家庭的无障碍改造，重点做好居住区缘石坡道、轮椅坡道、公共出入口、走道、楼梯、电梯候梯厅及轿厢等设施和部位的无障碍改造，优先安排贫困、高龄、失能等老年人家庭设施改造，组织开展多层老旧住宅电梯加装。支持开发老年宜居住宅和代际亲情住宅。各地在推进易地扶贫搬迁以及城镇棚户区、城乡危房改造和配套基础设施建设等保障性安居工程中，要统筹考虑适老化设施配套建设。

四、全力建设优质养老服务供给体系

（九）推进"互联网＋"养老服务创新

发展智慧养老服务新业态，开发和运用智能硬件，推动移动互联网、云计算、物联网、大数据等与养老服务业结合，创新居家养老服务模式，重点推进老年人健康管理、紧急救援、精神慰藉、服务预约、物品代购等服务，开发更加多元、精准的私人订制服务。支持适合老年人的智能化产品、健康监测可穿戴设备、健康养老移动应用软件（APP）等设计开发。打通养老服务信息共享渠道，推进社区综合服务信息平台与户籍、医疗、社会保障等信息资源对接，促进养老服务公共信息资源向各类养老服务机构开放。

（十）建立医养结合绿色通道

建立医疗卫生机构设置审批绿色通道，支持养老机构开办老年病院、康复院、医务室等医疗卫生机构，将符合条件的养老机构内设医疗卫生机构按规定纳入城乡基本医疗保险定点范围。鼓励符合条件的执业医师到养老机构、社区老年照料机构内设的医疗卫生机构多点执业。开通预约就诊绿色通道，推进养老服务机构、社区老年照料机构与医疗机构对接，为老年人提供便捷医疗服务。提升医保经办服务能力，切实解决老年人异地就医直接结算问题。探索建立长期护理保险制度，形成多元化的保险筹资模式，推动解决失能人员基本生活照料和相关医疗护理等所需费用问题。

（十一）促进老年产品用品升级

支持企业利用新技术、新工艺、新材料和新装备开发为老年人服务的产品用品，研发老年人乐于接受和方便使用的智能科技产品，丰富产品品种，提高产品安全性、可靠性和实用性；上述企业经认定为高新技术企业的，按规定享受企业所得税优惠。及时更新康复辅助器具配置目录，重点支持自主研发和生产康复辅助器具。

（十二）发展适老金融服务

规范和引导商业银行、保险公司等金融机构开发适合老年人的理财、保险产品，满足老年人金融服务需求，鼓励金融机构建设老年人无障碍设施，开辟服务绿色通道。强化老年人金融安全意识，加大金融消费权益保护力度。稳步推进养老金管理公司试点，按照国家有关规定，积极参与养老金管理相关业务，做好相关受托管理、投资管理和账户管理等服务工作。

五、切实增强政策保障能力

（十三）加强统筹规划

发挥规划引领作用，分级制定养老服务相关规划，与城乡规划、土地利用总体规划、城镇化规划、区域规划等相衔接，系统提升服务能力和水平。各地要进一步扩大面向居家社区、农村、失能半失能老年人的服务资源，结合实际提出养老床位结构的合理比例，到2020年护理型床位占当地养老床位总数的比例应不低于30%。

（十四）完善土地支持政策

统筹利用闲置资源发展养老服务，有关部门应按程序依据规划调整其土地使用性质。营利性养老服务机构利用存量建设用地建设养老设施，涉及划拨建设用地使用权出让（租赁）或转让的，在原土地用途符合规划的前提下，允许补缴土地出让金（租金），办理协议出让或租赁手续。企事业单位、个人对城镇现有空闲的厂房、学校、社区用房等进行改造和利用，举办养老服务机构，经有关部门批准临时改变建筑使用功能从事非营利性养老服务且连续经营一年以上的，五年内土地使用性质可暂不作变更。民间资本举办的非营利性养老机构与政府举办的养老机构可依法使用农民集体所有的土地。对在养老服务领域采取政府和社会资本合作（PPP）方式的项目，可以国有建设用地使用权作价出资或者入股建设。

（十五）提升养老服务人才素质

将养老护理员培训作为职业培训和促进就业的重要内容。对参加养老服务技能培训或创业培训且培训合格的劳动者，按规定给予培训补贴。推动普通高校和职业院校开发养老服务和老年教育课程，为社区、老年教育机构及养老服务机构等提供教学资源及服务。完善职业技能等级与养老服务人员薪酬待遇挂钩机制。建立养老服务行业从业人员奖惩机制，提升养老护理队伍职业道德素养。将养老护理员纳入企业新型学徒制试点和城市积分入户政策范围。积极开发老年人力资源，为老年人的家庭成员提供养老服务培训，倡导"互助养老"模式。

（十六）完善财政支持和投融资政策

完善财政支持政策。各地要建立健全针对经济困难的高龄、失能老年人的补贴制度，统一设计、分类施补，提高补贴政策的精准度。对养老机构的运行补贴应根据接收失能老年人等情况合理发放。各级政府要加大投入，支持养老服务设施建设，切实落实养老机构相关税费优惠政策，落实彩票公益金支持养老服务体系建设政策要求。鼓励各地向符合条件的各类养老机构购买服务。

拓宽投融资渠道。鼓励社会资本采取建立基金、发行企业债券等方式筹集资金，用于建设养老设施、购置设备和收购改造社会闲置资源等。鼓励银行业金融机构以养老服务机构有偿取得的土地使用权、产权明晰的房产等固定资产和应收账款、动产、知识产权、股权等抵质押，提供信贷支持，满足养老服务机构多样化融资需求。有条件的地方在风险可控、不改变养老机构性质和用途的前提下，可探索养老服务机构其他资产抵押贷款的可行模式。

六、加强监管和组织实施

（十七）加强服务监管

各地要建立健全民政部门和相关部门协同配合的监管机制，加强对养老机构运营和服务的监管。严禁以举办养老机构名义从事房地产开发，严禁利用养老机构的房屋、场地、设施开展与养老服务无关的活动，严禁改变机构的养老服务性质。做好养老服务领域非法集资信息监测和分析工作，做好政策宣传和风险提示工作。对养老服务中虐老欺老等行为，对养老机构在收取保证金、办理会员卡和发行金融产品等活动中的违法违规行为，要依法严厉查处。加强养老设施和服务安全管理，建立定期检查机制，确保老年人人身安全。

（十八）加强行业自律

民政、质检等部门要进一步完善养老服务标准体系，抓紧制定管理和服务标准。落实养老机构综合评估和报告制度，开展第三方评估并向社会公布，评估结果应与政府购买服务、发放建设运营补贴等挂钩。政府运营的养老机构要实行老年人入住评估制度，综合评估申请入住老年人的情况，优先保障特困人员集中供养需求和其他经济困难的孤寡、失能、高龄等老年人的服务需求。

（十九）加强宣传引导

坚持以社会主义核心价值观为引领，弘扬中华民族尊老、敬老的社会风尚和传统美德，开展孝敬教育，营造养老、助老的良好社会氛围，加强对养老服务业发展过程中涌现出的先进典型和先进事迹的宣传报道，及时总结推广养老服务业综合改革试点中的好经验、好做法。依法打击虐待、伤害老年人及侵害老年人合法权益的行为。积极组织开展适合老年人的文化体育娱乐活动，引导老年人积极参与社区服务、公益活动和健康知识培训，丰富老年人精神文化生活。

（二十）加强督促落实

各地要把全面放开养老服务市场、提升养老服务质量摆在重要位置，建立组织实施机制，及时制定配套实施意见，对政策落实情况进行跟踪分析和监督检查，确保责任到位、工作到位、见到实效。各部门要加强协同配合，落实和完善相关优惠政策，共同促进养老服务提质增效。对不落实养老服务政策，或者在养老机构运营和服务中有违反法律法规行为的，依法依规追究相关人员的责任。国家发展改革委、民政部要会同有关部门加强对地方的指导，及时督促检查并报告工作进展情况。

附件：重点任务分工及进度安排表（略）

国务院办公厅

二〇一六年十二月七日

国务院办公厅关于印发地方政府性债务风险应急处置预案的通知

（国办函〔2016〕88号）

各省、自治区、直辖市人民政府，国务院各部委、各直属机构：

经国务院同意，现将《地方政府性债务风险应急处置预案》印发给你们，请认真组织实施。

国务院办公厅

二〇一六年十月二十七日

地方政府性债务风险应急处置预案

1 总则
   1.1 目的
   1.2 工作原则
   1.3 编制依据
   1.4 适用范围
2 组织指挥体系及职责
   2.1 应急组织机构
   2.2 部门职责
3 预警和预防机制
   3.1 预警监测
   3.2 信息报告
   3.3 分类处置
   3.4 债务风险事件级别
4 应急响应
   4.1 分级响应和应急处置
   4.2 地方政府财政重整计划

  4.3 舆论引导

  4.4 应急终止

5 后期处置

  5.1 债务风险事件应急处置记录及总结

  5.2 评估分析

6 保障措施

  6.1 通信保障

  6.2 人力保障

  6.3 资源保障

  6.4 安全保障

  6.5 技术储备与保障

  6.6 责任追究

7 附则

  7.1 预案管理

  7.2 预案解释

  7.3 预案实施时间

1 总 则

1.1 目的

建立健全地方政府性债务风险应急处置工作机制，坚持快速响应、分类施策、各司其职、协同联动、稳妥处置，牢牢守住不发生区域性系统性风险的底线，切实防范和化解财政金融风险，维护经济安全和社会稳定。

1.2 工作原则

1.2.1 分级负责

省级政府对本地区政府性债务风险应急处置负总责，省以下地方各级政府按照属地原则各负其责。国务院有关部门在国务院统一领导下加强对地方政府性债务风险应急处置的指导。跨省（区、市）政府性债务风险应急处置由相关地区协商办理。

1.2.2 及时应对

地方各级政府应当坚持预防为主、预防和应急处置相结合，加强对政府性债务风险的监控，及时排查风险隐患，妥善处置风险事件。

1.2.3 依法处置

地方政府性债务风险事件应急处置应当依法合规，尊重市场化原则，充分考虑并维护好各方合法权益。

1.3 编制依据

《中华人民共和国预算法》、《中华人民共和国突发事件应对法》、《国务院关于加强地方政府性债务管理的意见》（国发〔2014〕43号）、《国务院办公厅关于印发突发事件应急预案管理办法的通知》（国办发〔2013〕101号）等。

1.4 适用范围

本预案所称地方政府性债务风险事件，是指地方政府已经或者可能无法按期支付政府债务本息，或者无力履行或有债务法定代偿责任，容易引发财政金融风险，需要采取应急处置措施予以应对的事件。

本预案所称存量债务，是指清理甄别认定的2014年末地方政府性债务，包括存量政府债务和存量或有债务。

1.4.1 政府债务风险事件

（1）政府债券风险事件：指地方政府发行的一般债券、专项债券还本付息出现违约。

（2）其他政府债务风险事件：指除地方政府债券外的其他存量政府债务还本付息出现违约。

1.4.2 或有债务风险事件

（1）政府提供担保的债务风险事件：指由企事业单位举借、地方政府及有关部门提供担保的存量或有债务出现风险，政府需要依法履行担保责任或相应民事责任却无力承担。

（2）政府承担救助责任的债务风险事件：指企事业单位因公益性项目举借、由非财政性资金偿还，地方政府在法律上不承担偿债或担保责任的存量或有债务出现风险，政府为维护经济安全或社会稳定需要承担一定救助责任却无力救助。

2 组织指挥体系及职责

2.1 应急组织机构

县级以上地方各级政府设立政府性债务管理领导小组（以下简称债务管理领导小组），作为非常设机构，负责领导本地区政府性债务日常管理。当本地区出现政府性债务风险事件时，根据需要转为政府性债务风险事件应急领导小组（以下简称债务应急领导小组），负责组织、协调、指挥风险事件应对工作。

债务管理领导小组（债务应急领导小组）由本级政府主要负责人任组长，成员单位包括财政、发展改革、审计、国资、地方金融监管等部门、单位以及人民银行分支机构、当地银监部门，根据工作需要可以适时调整成员单位。

2.2 部门职责

2.2.1 财政部门是政府性债务的归口管理部门，承担本级债务管理领导小组（债务应急领导小组）办公室职能，负责债务风险日常监控和定期报告，组织提出债务风险应急措施方案。

2.2.2 债务单位行业主管部门是政府性债务风险应急处置的责任主体，负责定期梳理本行业政府性债务风险情况，督促举借债务或使用债务资金的有关单位制定本单位债务风险应急预案；当出现债务风险事件时，落实债务还款资金安排，及时向债务应急领导小组报告。

2.2.3 发展改革部门负责评估本地区投资计划和项目，根据应急需要调整投资计划，牵头做好企业债券风险的应急处置工作。

2.2.4 审计部门负责对政府性债务风险事件开展审计，明确有关单位和人员的责任。

2.2.5 地方金融监管部门负责按照职能分工协调所监管的地方金融机构配合开展政府性债务风险处置工作。

2.2.6 人民银行分支机构负责开展金融风险监测与评估，牵头做好区域性系统性金融风险防范和化解工作，维护金融稳定。

2.2.7 当地银监部门负责指导银行业金融机构等做好风险防控，协调银行业金融机构配合开展风险处置工作，牵头做好银行贷款、信托、非法集资等风险处置工作。

2.2.8 其他部门（单位）负责本部门（单位）债务风险管理和防范工作，落实政府性债务偿还化解责任。

3 预警和预防机制

3.1 预警监测

财政部建立地方政府性债务风险评估和预警机制，定期评估各地区政府性债务风险情况并作出预警，风险评估和预警结果应当及时通报有关部门和省级政府。省级财政部门应当按照财政部相关规定做好本地区政府性债务风险评估和预警工作，及时实施风险评估和预警，做到风险早发现、早报告、早处置。

此外，地方各级政府及其财政部门应当将政府及其部门与其他主体签署协议承诺用以后年度财政资金支付的事项，纳入监测范围，防范财政风险。

地方各级政府应当定期排查风险隐患，防患于未然。

3.2 信息报告

地方各级政府应当建立地方政府性债务风险事件报告制度，发现问题及时报告，不得瞒报、迟报、漏报、谎报。

3.2.1 政府债务风险事件报告

设区的市级、县级政府（以下统称市县政府）预计无法按期足额支付到期政府债务本息的，应当提前2个月以上向上级或省级政府报告，并抄送上级或省级财政部门。发生突发或重大情况，县级政府可以直接向省级政府报告，并抄送省级财政部门。省级财政部门接报后应当立即将相关情况通报债务应急领导小组各成员单位，并抄送财政部驻本地区财政监察专员办事处。

3.2.2 或有债务风险事件报告

地方政府或有债务的债务人预计无法按期足额支付或有债务本息的，应当提前1个月以上向本级主管部门和财政部门报告，经财政部门会同主管部门确认无力履行法定代偿责任或必要救助责任后，由本级政府向上级或省级政府报告，并抄送上级或省级财政部门。遇突发或重大事件，县级政府可以直接向省级政府报告，并抄送省级财政部门。省级财政部门接报后应当立即将相关情况通报债务应急领导小组各成员单位，并抄送财政部驻本地区财政监察专员办事处。

3.2.3 报告内容

包括预计发生违约的地方政府性债务类别、债务人、债权人、期限、本息、原定偿还安排等基本信息，风险发生原因，事态发展趋势，可能造成的损失，已采取及拟采取的应对措施等。

3.2.4 报告方式

一般采取书面报告形式。紧急情况下可采取先电话报告、后书面报告的方式。

3.3 分类处置

3.3.1 地方政府债券

对地方政府债券，地方政府依法承担全部偿还责任。

3.3.2 非政府债券形式的存量政府债务

对非政府债券形式的存量政府债务，经地方政府、债权人、企事业单位等债务人协商一致，可以按照《中华人民共和国合同法》第八十四条等有关规定分类处理：

（1）债权人同意在规定期限内置换为政府债券的，地方政府不得拒绝相关偿还义务转移，并应承担全部偿还责任。地方政府应当通过预算安排、资产处置等方积极筹措资金，偿还到期政府债务本息。

（2）债权人不同意在规定期限内置换为政府债券的，仍由原债务人依法承担偿债责任，对应的地方政府债务限额由中央统一收回。地方政府作为出资人，在出资范围内承担有限责任。

3.3.3 存量或有债务

（1）存量担保债务。存量担保债务不属于政府债务。按照《中华人民共和国担保法》及其司法解释规定，除外国政府和国际经济组织贷款外，地方政府及其部门出具的担保合同无效，地方政府及其部门对其不承担偿债责任，仅依法承担适当民事赔偿责任，但最多不应超过债务人不能清偿部分的二分之一；担保额小于债务人不能清偿部分二分之一的，以担保额为限。

具体金额由地方政府、债权人、债务人参照政府承诺担保金额、财政承受能力等协商确定。

（2）存量救助债务。存量救助债务不属于政府债务。对政府可能承担一定救助责任的存量或有债务，地方政府可以根据具体情况实施救助，但保留对债务人的追偿权。

3.3.4 新发生的违法违规担保债务

对2014年修订的《中华人民共和国预算法》施行以后地方政府违法违规提供担保承诺的债务，参照3.3.3第（1）项依法处理。

3.3.5 其他事项

地方政府性债务风险分类处置的具体办法由财政部另行制定，作为本预案的配套文件，经国务院同意后实施。

3.4 债务风险事件级别

按照政府性债务风险事件的性质、影响范围和危害程度等情况，划分为Ⅰ级（特大）、Ⅱ级（重大）、Ⅲ级（较大）、Ⅳ级（一般）四个等级。当政府性债务风险事件等级指标有交叉、难以判定级别时，按照较高一级处置，防止风险扩散；当政府性债务风险事件等级随时间推移有所上升时，按照升级后的级别处置。

政府性债务风险事件监测主体为省级、设区的市级、县级政府。经济开发区管委会等县级以上政府派出机构的政府性债务风险事件按照行政隶属关系由所属政府负责监测。

3.4.1 Ⅰ级（特大）债务风险事件，是指出现下列情形之一：

（1）省级政府发行的地方政府债券到期本息兑付出现违约；

（2）省级或全省（区、市）15%以上的市县政府无法偿还地方政府债务本息，或者因偿还政府债务本息导致无法保障必要的基本民生支出和政府有效运转支出；

（3）省级或全省（区、市）15%以上的市县政府无法履行或有债务的法定代偿责任或必要救助责任，或者因履行上述责任导致无法保障必要的基本民生支出和政府有效运转支出；

（4）全省（区、市）地方政府债务本金违约金额占同期本地区政府债务应偿本金10%以上，或者利息违约金额占同期应付利息10%以上；

（5）省级政府需要认定为Ⅰ级债务风险事件的其他情形。

3.4.2 Ⅱ级（重大）债务风险事件，是指出现下列情形之一：

（1）省级政府连续3次以上出现地方政府债券发行流标现象；

（2）全省（区、市）或设区的市级政府辖区内10%以上（未达到15%）的市级或县级政府无法支付地方政府债务本息，或者因兑付政府债务本息导致无法保障必要的基本民生支出和政府有效运转支出；

（3）全省（区、市）或设区的市级政府辖区内10%以上（未达到15%）的市级或县级政府无法履行或有债务的法定代偿责任或必要救助责任，或者因履行上述责任导致无法保障必要的基本民生支出和政府有效运转支出；

（4）县级以上地方政府债务本金违约金额占同期本地区政府债务应偿本金5%以上（未达到10%），或者利息违约金额占同期应付利息5%以上（未达到10%）；

（5）因到期政府债务违约，或者因政府无法履行或有债务的法定代偿责任或必要救助责任，造成重大群体性事件，影响极为恶劣；

（6）县级以上地方政府需要认定为Ⅱ级债务风险事件的其他情形。

3.4.3 Ⅲ级（较大）债务风险事件，是指出现下列情形之一：

（1）全省（区、市）或设区的市级政府辖区内2个以上但未达到10%的市级或县级政府无法支付地方政府债务本息，或者因兑付政府债务本息导致无法保障必要的基本民生支出和政府有效运转支出；

（2）全省（区、市）或设区的市级政府辖区内2个以上但未达到10%的市级或县级政府无法履行或有债务的法定代偿责任或必要救助责任，或者因履行上述责任导致无法保障必要的基本民生支出和政府有效运转支出；

（3）县级以上地方政府债务本金违约金额占同期本地区政府债务应偿本金1%以上（未达到5%），或者利息违约金额占同期应付利息1%以上（未达到5%）；

（4）因到期政府债务违约，或者因政府无法履行或有债务的法定代偿责任或必要救助责任，造成较大群体性事件；

（5）县级以上地方政府需要认定为Ⅲ级债务风险事件的其他情形。

3.4.4 Ⅳ级（一般）债务风险事件，是指出现下列情形之一：

（1）单个市县政府本级偿还政府债务本息实质性违约，或因兑付政府债务本息导致无法保障必要的基本民生支出和政府有效运转支出；

（2）单个市县政府本级无法履行或有债务的法定代偿责任或必要救助责任，或因履行上述责任导致无法保障必要的基本民生支出和政府有效运转支出；

（3）因到期政府债务违约，或者因政府无法履行或有债务的法定代偿责任或必要救助责任，造成群体性事件；

（4）县级以上地方政府需要认定为Ⅳ级债务风险事件的其他情形。

4 应急响应

4.1 分级响应和应急处置

地方政府对其举借的债务负有偿还责任，中央实行不救助原则。地方政府要加强日常风险管理，按照财政部《地方政府性债务风险分类处置指南》，妥善处理政府性债务偿还问题。同时，要加强财政资金流动性管理，避免出现因流动性管理不善导致政府性债务违约。对因无力偿还政府债务本息或无力承担法定代偿责任等引发风险事件的，根据债务风险等级，相应及时实行分级响应和应急处置。

4.1.1 Ⅳ级债务风险事件应急响应

（1）相关市县债务管理领导小组应当转为债务应急领导小组，对风险事件进行研判，查找原因，明确责任，立足自身化解债务风险。

①以一般公共预算收入作为偿债来源的一般债务违约的，在保障必要的基本民生支出和政府有效运转支出前提下，可以采取调减投资计划、统筹各类结余结转资

金、调入政府性基金或国有资本经营预算收入、动用预算稳定调节基金或预备费等方式筹措资金偿还,必要时可以处置政府资产。对政府提供担保或承担必要救助责任的或有债务,政府无力承担相应责任时,也按照上述原则处理。

②以政府性基金收入作为偿债来源的专项债务,因政府性基金收入不足造成债务违约的,在保障部门基本运转和履职需要的前提下,应当通过调入项目运营收入、调减债务单位行业主管部门投资计划、处置部门和债务单位可变现资产、调整部门预算支出结构、扣减部门经费等方式筹集资金偿还债务。对部门提供担保形成的或有债务,政府无力承担相应责任时,也按照上述原则处理。

③因债权人不同意变更债权债务关系或不同意置换,导致存量政府债务无法在规定期限内依法转换成政府债券的,原有债权债务关系不变,由债务单位通过安排单位自有资金、处置资产等方式自筹资金偿还。若债务单位无力自筹资金偿还,可按市场化原则与债权人协商进行债务重组或依法破产,政府在出资范围内承担有限责任。对政府或有债务,也按照上述原则处理。

④市县政府出现债务风险事件后,在恢复正常偿债能力前,除国务院确定的重点项目外,原则上不得新上政府投资项目。在建政府投资项目能够缓建的,可以暂停建设,腾出资金依法用于偿债。

(2) 市县债务管理领导小组或债务应急领导小组认为确有必要时,可以启动财政重整计划。市县政府年度一般债务付息支出超过当年一般公共预算支出10%的,或者专项债务付息支出超过当年政府性基金预算支出10%的,债务管理领导小组或债务应急领导小组必须启动财政重整计划。

(3) 市县政府应当将债务风险应急处置情况向省级政府报备。

4.1.2 Ⅲ级债务风险事件应急响应

除采取Ⅳ级债务风险事件应对措施外,还应当采取以下升级应对措施:

(1) 相关地区债务管理领导小组应当转为债务应急领导小组,将债务风险情况和应急处置方案专题向上级债务管理领导小组报告。

(2) 上级债务管理领导小组应当密切关注事态变化,加强政策指导,及时组织召开专题会议通报风险处置情况,必要时可以成立工作组进驻风险地区,指导支持债务风险处置工作。

(3) 市县政府偿还省级政府代发的到期地方政府债券(包括一般债券和专项债券)有困难的,可以申请由上级财政先行代垫偿还,事后扣回。

(4) 市县政府应当将债务风险应急处置进展情况和处置结果上报省级政府,并抄送省级财政部门。

4.1.3 Ⅱ级债务风险事件应急响应

除采取Ⅳ级、Ⅲ级债务风险事件应对措施外,还应当采取以下升级应对措施:

(1) 省级债务管理领导小组应当转为债务应急领导小组,汇总有关情况向省级政府报告,动态监控风险事件进展,指导和支持市县政府化解债务风险。

（2）市县政府统筹本级财力仍无法解决到期债务偿债缺口并且影响政府正常运转或经济社会稳定的，可以向省级债务应急领导小组申请救助，申请内容主要包括债务风险情况说明、本级政府应急方案及已采取的应急措施、需上级政府帮助解决的事项等。

（3）省级债务应急领导小组对市县政府救助申请提出审核意见，报省级政府批准后实施，并立即启动责任追究程序。

（4）省级政府适当扣减Ⅱ级债务风险事件涉及市县新增地方政府债券规模。

（5）省级债务应急领导小组督促市县政府落实债务风险应急处置措施，跟踪债务风险化解情况。必要时，省级政府可以成立工作组进驻风险地区，帮助或者接管风险地区财政管理，帮助制定或者组织实施风险地区财政重整计划。

4.1.4　Ⅰ级债务风险事件应急响应

除采取Ⅳ级、Ⅲ级、Ⅱ级债务风险事件应对措施外，还应当采取以下升级应对措施：

（1）省级债务应急领导小组应当及时将债务风险情况和应急处置方案向财政部报告，必要时由财政部向国务院报告。

（2）省级政府偿还到期地方政府债券本息有困难的，国务院可以对其提前调度部分国库资金周转，事后扣回。必要时国务院可以成立工作组进驻风险地区，予以指导和组织协调。

（3）市县政府建立债务风险处置信息定期向省级债务应急领导小组报告的机制，重大事项必须立即报告。

（4）省级债务应急领导小组报请省级政府通报Ⅰ级债务风险事件涉及市县名单，启动债务风险责任追究机制。

（5）省级政府暂停Ⅰ级债务风险事件涉及市县新增地方政府债券的资格。

4.2　地方政府财政重整计划

实施地方政府财政重整计划必须依法履行相关程序，保障必要的基本民生支出和政府有效运转支出，要注重与金融政策协调，加强与金融机构的沟通，不得因为偿还债务本息影响政府基本公共服务的提供。财政重整计划包括但不限于以下内容：

（1）拓宽财源渠道。依法加强税收征管，加大清缴欠税欠费力度，确保应收尽收。落实国有资源有偿使用制度，增加政府资源性收入。除法律、行政法规和国务院规定的财税优惠政策之外，可以暂停其他财税优惠政策，待风险解除后再行恢复。

（2）优化支出结构。财政重整期内，除必要的基本民生支出和政府有效运转支出外，视债务风险事件等级，本级政府其他财政支出应当保持"零增长"或者大力压减。一是压缩基本建设支出。不得新批政府投资计划，不得新上政府投资项目；不得设立各类需要政府出资的投资基金等，已设立的应当制定分年退出计划并严格落实。二是压缩政府公用经费。实行公务出国（境）、培训、公务接待等项目"零支出"，大力压缩政府咨询、差旅、劳务等各项支出。三是控制人员福利开支。机关事业单位暂停新增人员，必要时采取核减机构编制、人员等措施；暂停地方自行出台的机关事业单位各项补贴政策，压减直至取消编制外聘用人员支出。四是清理各类对企事业单位的补助补贴。暂停或取消地方出台的各类奖励、对企业的政策性补贴和贴息、非基本民生类补贴等。五是调整过高支出标准，优先保障国家出台的教育、社保、医疗、卫生等重大支出政策，地方支出政策标准不得超过国家统一标准。六是暂停土地出让收入各项政策性计提。土地出让收入扣除成本性支出后应全部用于偿还债务。

（3）处置政府资产。指定机构统一接管政府及其部门拥有的各类经营性资产、行政事业单位资产、国有股权等，结合市场情况予以变现，多渠道筹集资金偿还债务。

（4）申请省级救助。采取上述措施后，风险地区财政收支仍难以平衡的，可以向省级政府申请临时救助，包括但不限于：代偿部分政府债务，加大财政转移支付力度，减免部分专项转移支付配套资金。待财政重整计划实施结束后，由省级政府自行决定是否收回相关资金。

（5）加强预算审查。实施财政重整计划以后，相关市县政府涉及财政总预算、部门预算、重点支出和重大投资项目、政府债务等事项，在依法报本级人民代表大会或其常委会审查批准的同时，必须报上级政府备案。上级政府对下级政府报送备案的预算调整方案要加强审核评估，认为有不适当之处需要撤销批准预算的决议的，应当依法按程序提请本级人民代表大会常委会审议决定。

（6）改进财政管理。相关市县政府应当实施中期财政规划管理，妥善安排财政收支预算，严格做好与化解政府性债务风险政策措施的衔接。

4.3　舆论引导

根据处置债务风险事件的需要，启动应急响应的地方政府或其债务风险应急领导小组应当及时跟踪和研判舆情，健全新闻发布制度，指定专门的新闻发言人，统一对外发布信息，正确引导舆论。

4.4　应急终止

地方政府性债务风险得到缓解、控制，地方政府实现财政重整目标，经上级政府债务管理领导小组或债务应急领导小组同意，终止应急措施。

5　后期处置

5.1　债务风险事件应急处置记录及总结

在债务风险事件应急处置过程中，相关地方政府应当详尽、具体、准确地做好工作记录，及时汇总、妥善保管有关文件资料。应急处置结束后，要及时形成书面总结，向本级人民代表大会常委会和上级政府报告。

5.2　评估分析

债务风险事件应急处置结束后，有关地方政府及其财政部门要对债务风险事件应急处置情况进行评估。评估内容主要包括：债务风险事件形成原因、应急响应过程、应急处置措施、应急处置效果以及对今后债务管理的持续影响等。相关地区应当根据评估结果，及时总结经验教训，改进完善应急处置预案。

6 保障措施

6.1 通信保障

启动应急响应的地方政府应当保持应急指挥联络畅通，有关部门应当指定联络员，提供单位地址、办公电话、手机、传真、电子邮箱等多种联系方式。

6.2 人力保障

各地要加强地方政府性债务管理队伍建设，提高相关人员政策理论、日常管理、风险监测、应急处置、舆情应对等业务能力。启动应急响应的地方政府应当部署各有关部门安排人员具体落实相关工作。

6.3 资源保障

发生地方政府性债务风险事件的地方政府要统筹本级财政资金、政府及其部门资产、政府债权等可偿债资源，为偿还债务提供必要保障。

6.4 安全保障

应急处置过程中，对可能影响公共安全和社会稳定的事件，要提前防范、及时控制、妥善处理；遵守保密规定，对涉密信息要加强管理，严格控制知悉范围。

6.5 技术储备与保障

债务应急领导小组可以根据需要，建立咨询机制，抽调有关专业人员组成债务风险事件应急专家组，参加应急处置工作，提供技术、法律等方面支持。

6.6 责任追究

6.6.1 违法违规责任范围

（1）违反《中华人民共和国预算法》、《中华人民共和国银行业监督管理法》等法律规定的下列行为：

政府债务余额超过经批准的本地区地方政府债务限额；

政府及其部门通过发行地方政府债券以外的方式举借政府债务，包括但不限于通过企事业单位举借政府债务；

举借政府债务没有明确的偿还计划和稳定的偿还资金来源；

政府或其部门违反法律规定，为单位和个人的债务提供担保；

银行业金融机构违反法律、行政法规以及国家有关银行业监督管理规定的；

政府债务资金没有依法用于公益性资本支出；

增加举借政府债务未列入预算调整方案报本级人民代表大会常委会批准；

未按规定对举借政府债务的情况和事项作出说明、未在法定期限内向社会公开；

其他违反法律规定的行为。

(2) 违反《国务院关于加强地方政府性债务管理的意见》(国发〔2014〕43号) 等有关政策规定的下列行为：

政府及其部门在预算之外违法违规举借债务；

金融机构违法违规向地方政府提供融资，要求地方政府违法违规提供担保；

政府及其部门挪用债务资金或违规改变债务资金用途；

政府及其部门恶意逃废债务；

债务风险发生后，隐瞒、迟报或授意他人隐瞒、谎报有关情况；

其他违反财政部等部门制度规定的行为。

6.6.2 追究机制响应

发生Ⅳ级以上地方政府性债务风险事件后，应当适时启动债务风险责任追究机制，地方政府应依法对相关责任人员进行行政问责；银监部门应对银行业金融机构相关责任人员依法追责。

6.6.3 责任追究程序

(1) 省级债务管理领导小组组织有关部门，对发生地方政府性债务风险的市县政府开展专项调查或专项审计，核实认定债务风险责任，提出处理意见，形成调查或审计报告，报省级政府审定。

(2) 有关任免机关、监察机关、银监部门根据有关责任认定情况，依纪依法对相关责任单位和人员进行责任追究；对涉嫌犯罪的，移交司法机关进行处理。

(3) 省级政府应当将地方政府性债务风险处置纳入政绩考核范围。对实施财政重整的市县政府，视债务风险事件形成原因和时间等情况，追究有关人员的责任。属于在本届政府任期内举借债务形成风险事件的，在终止应急措施之前，政府主要领导同志不得重用或提拔；属于已经离任的政府领导责任的，应当依纪依法追究其责任。

7 附 则

7.1 预案管理

本预案由财政部制订，报国务院批准后实施。本预案实施后，财政部应会同有关部门组织宣传、培训，加强业务指导，并根据实施情况适时进行评估和修订。县级以上地方各级人民政府要结合实际制定当地债务风险应急处置预案。

7.2 预案解释

本预案由财政部负责解释。

7.3 预案实施时间

本预案自印发之日起实施。

国务院办公厅关于进一步开展创新政策与提供政府采购优惠挂钩相关文件清理工作的通知

(国办函〔2016〕92号)

各省、自治区、直辖市人民政府,国务院各部委、各直属机构:

为履行"中国的创新政策与提供政府采购优惠不挂钩"的对外承诺,2011年11月17日,国务院办公厅印发《关于深入开展创新政策与提供政府采购优惠挂钩相关文件清理工作的通知》(国办发明电〔2011〕41号),要求各地方、各有关部门自2011年12月1日起停止执行规范性文件中关于创新政策与提供政府采购优惠挂钩的措施。为深入贯彻落实国办发明电〔2011〕41号文件有关要求,切实履行我国对外承诺,经国务院同意,现就进一步开展清理工作有关要求通知如下:

一、地方各级人民政府和有关部门要按照世贸组织规则和我国对外承诺,对涉及自主创新政策与提供政府采购优惠挂钩的规范性文件,再开展一次清理工作。清理后,要向社会公布继续有效、废止和失效的文件目录;未列入继续有效文件目录的规范性文件,不得作为行政管理的依据。今后不得制定违反我国对外承诺的新文件。

二、对于不符合国办发明电〔2011〕41号文件规定的地方性法规,地方人民政府应及时向本级人民代表大会及其常务委员会报告,启动修订程序。地方各级人民政府要与本级人民代表大会及其常务委员会加强沟通,建议出台地方性法规时,注意与中央政府对外承诺保持一致。

三、各省、自治区、直辖市人民政府负责对本行政区域内清理工作进行督促检查,有关工作进展情况请于2016年12月底前上报国务院,抄送国家发展改革委、科技部、财政部、商务部。

国务院办公厅
二〇一六年十一月十六日

第三部分
国务院组成部门文件（49个）

财政部文件（22个）

《基本建设财务规则》

中华人民共和国财政部令

第 81 号

《基本建设财务规则》已经财政部部务会议审议通过，现予公布，自2016年9月1日起施行。

部长　楼继伟

二〇一六年四月二十六日

基本建设财务规则

第一章　总　　则

第一条　为了规范基本建设财务行为，加强基本建设财务管理，提高财政资金使用效益，保障财政资金安全，制定本规则。

第二条　本规则适用于行政事业单位的基本建设财务行为，以及国有和国有控股企业使用财政资金的基本建设财务行为。

基本建设是指以新增工程效益或者扩大生产能力为主要目的的新建、续建、改扩建、迁建、大型维修改造工程及相关工作。

第三条　基本建设财务管理应当严格执行国家有关法律、行政法规和财务规章制度，坚持勤俭节约、量力而行、讲求实效，正确处理资金使用效益与资金供给的关系。

第四条　基本建设财务管理的主要任务是：

（一）依法筹集和使用基本建设项目（以下简称项目）建设资金，防范财务

风险;

（二）合理编制项目资金预算，加强预算审核，严格预算执行;

（三）加强项目核算管理，规范和控制建设成本;

（四）及时准确编制项目竣工财务决算，全面反映基本建设财务状况;

（五）加强对基本建设活动的财务控制和监督，实施绩效评价。

第五条 财政部负责制定并指导实施基本建设财务管理制度。

各级财政部门负责对基本建设财务活动实施全过程管理和监督。

第六条 各级项目主管部门（含一级预算单位，下同）应当会同财政部门，加强本部门或者本行业基本建设财务管理和监督，指导和督促项目建设单位做好基本建设财务管理的基础工作。

第七条 项目建设单位应当做好以下基本建设财务管理的基础工作：

（一）建立、健全本单位基本建设财务管理制度和内部控制制度；

（二）按项目单独核算，按照规定将核算情况纳入单位账簿和财务报表；

（三）按照规定编制项目资金预算，根据批准的项目概（预）算做好核算管理，及时掌握建设进度，定期进行财产物资清查，做好核算资料档案管理；

（四）按照规定向财政部门、项目主管部门报送基本建设财务报表和资料；

（五）及时办理工程价款结算，编报项目竣工财务决算，办理资产交付使用手续；

（六）财政部门和项目主管部门要求的其他工作。

按照规定实行代理记账和项目代建制的，代理记账单位和代建单位应当配合项目建设单位做好项目财务管理的基础工作。

第二章 建设资金筹集与使用管理

第八条 建设资金是指为满足项目建设需要筹集和使用的资金，按照来源分为财政资金和自筹资金。其中，财政资金包括一般公共预算安排的基本建设投资资金和其他专项建设资金，政府性基金预算安排的建设资金，政府依法举债取得的建设资金，以及国有资本经营预算安排的基本建设项目资金。

第九条 财政资金管理应当遵循专款专用原则，严格按照批准的项目预算执行，不得挤占挪用。

财政部门应当会同项目主管部门加强项目财政资金的监督管理。

第十条 财政资金的支付，按照国库集中支付制度有关规定和合同约定，综合考虑项目财政资金预算、建设进度等因素执行。

第十一条 项目建设单位应当根据批准的项目概（预）算、年度投资计划和预算、建设进度等控制项目投资规模。

第十二条 项目建设单位在决策阶段应当明确建设资金来源，落实建设资金，合理控制筹资成本。非经营性项目建设资金按照国家有关规定筹集；经营性项目在防范风险的前提下，可以多渠道筹集。

具体项目的经营性和非经营性性质划分，由项目主管部门会同财政部门根据项目建设目的、运营模式和盈利能力等因素核定。

第十四条 核定为经营性项目的，项目建设单位应当按照国家有关固定资产投资项目资本管理的规定，筹集一定比例的非债务性资金作为项目资本。

在项目建设期间，项目资本的投资者除依法转让、依法终止外，不得以任何方式抽走出资。

经营性项目的投资者以实物、知识产权、土地使用权等非货币财产作价出资的，应当委托具有专业能力的资产评估机构依法评估作价。

第十四条 项目建设单位取得的财政资金，区分以下情况处理：

经营性项目具备企业法人资格的，按照国家有关企业财务规定处理。不具备企业法人资格的，属于国家直接投资的，作为项目国家资本管理；属于投资补助的，国家拨款时对权属有规定的，按照规定执行，没有规定的，由项目投资者享有；属于有偿性资助的，作为项目负债管理。

经营性项目取得的财政贴息，项目建设期间收到的，冲减项目建设成本；项目竣工后收到的，按照国家财务、会计制度的有关规定处理。

非经营性项目取得的财政资金，按照国家行政、事业单位财务、会计制度的有关规定处理。

第十五条 项目收到的社会捐赠，有捐赠协议或者捐赠者有指定要求的，按照协议或者要求处理；无协议和要求的，按照国家财务、会计制度的有关规定处理。

第三章　预算管理

第十六条 项目建设单位编制项目预算应当以批准的概算为基础，按照项目实际建设资金需求编制，并控制在批准的概算总投资规模、范围和标准以内。

项目建设单位应当细化项目预算，分解项目各年度预算和财政资金预算需求。涉及政府采购的，应当按照规定编制政府采购预算。

项目资金预算应当纳入项目主管部门的部门预算或者国有资本经营预算统一管理。列入部门预算的项目，一般应当从项目库中产生。

第十七条 项目建设单位应当根据项目概算、建设工期、年度投资和自筹资金计划、以前年度项目各类资金结转情况等，提出项目财政资金预算建议数，按照规定程序经项目主管部门审核汇总报财政部门。

项目建设单位根据财政部门下达的预算控制数编制预算，由项目主管部门审核汇总报财政部门，经法定程序审核批复后执行。

第十八条 项目建设单位应当严格执行项目财政资金预算。对发生停建、缓建、迁移、合并、分立、重大设计变更等变动事项和其他特殊情况确需调整的项目，项目建设单位应当按照规定程序报项目主管部门审核后，向财政部门申请调整项目财政资金预算。

第十九条 财政部门应当加强财政资金预算审核和执行管理，严格预算约束。

财政资金预算安排应当以项目以前年度财政资金预算执行情况、项目预算评审意见和绩效评价结果作为重要依据。项目财政资金未按预算要求执行的，按照有关规定调减或者收回。

第二十条 项目主管部门应当按照预算管理规定，督促和指导项目建设单位做好项目财政资金预算编制、执行和调整，严格审核项目财政资金预算、细化预算和预算调整的申请，及时掌握项目预算执行动态，跟踪分析项目进度，按照要求向财政部门报送执行情况。

第四章 建设成本管理

第二十一条 建设成本是指按照批准的建设内容由项目建设资金安排的各项支出，包括建筑安装工程投资支出、设备投资支出、待摊投资支出和其他投资支出。

建筑安装工程投资支出是指项目建设单位按照批准的建设内容发生的建筑工程和安装工程的实际成本。

设备投资支出是指项目建设单位按照批准的建设内容发生的各种设备的实际成本。

待摊投资支出是指项目建设单位按照批准的建设内容发生的，应当分摊计入相关资产价值的各项费用和税金支出。

其他投资支出是指项目建设单位按照批准的建设内容发生的房屋购置支出，基本畜禽、林木等的购置、饲养、培育支出，办公生活用家具、器具购置支出，软件研发和不能计入设备投资的软件购置等支出。

第二十二条 项目建设单位应当严格控制建设成本的范围、标准和支出责任，以下支出不得列入项目建设成本：

（一）超过批准建设内容发生的支出；

（二）不符合合同协议的支出；

（三）非法收费和摊派；

（四）无发票或者发票项目不全、无审批手续、无责任人员签字的支出；

（五）因设计单位、施工单位、供货单位等原因造成的工程报废等损失，以及未按照规定报经批准的损失；

（六）项目符合规定的验收条件之日起3个月后发生的支出；

（七）其他不属于本项目应当负担的支出。

第二十三条 财政资金用于项目前期工作经费部分，在项目批准建设后，列入项目建设成本。

没有被批准或者批准后又被取消的项目，财政资金如有结余，全部缴回国库。

第五章　基建收入管理

第二十四条　基建收入是指在基本建设过程中形成的各项工程建设副产品变价收入、负荷试车和试运行收入以及其他收入。

工程建设副产品变价收入包括矿山建设中的矿产品收入，油气、油田钻井建设中的原油气收入，林业工程建设中的路影材收入，以及其他项目建设过程中产生或者伴生的副产品、试验产品的变价收入。

负荷试车和试运行收入包括水利、电力建设移交生产前的供水、供电、供热收入，原材料、机电轻纺、农林建设移交生产前的产品收入，交通临时运营收入等。

其他收入包括项目总体建设尚未完成或者移交生产，但其中部分工程简易投产而发生的经营性收入等。

符合验收条件而未按照规定及时办理竣工验收的经营性项目所实现的收入，不得作为项目基建收入管理。

第二十五条　项目所取得的基建收入扣除相关费用并依法纳税后，其净收入按照国家财务、会计制度的有关规定处理。

第二十六条　项目发生的各项索赔、违约金等收入，首先用于弥补工程损失，结余部分按照国家财务、会计制度的有关规定处理。

第六章　工程价款结算管理

第二十七条　工程价款结算是指依据基本建设工程发承包合同等进行工程预付款、进度款、竣工价款结算的活动。

第二十八条　项目建设单位应当严格按照合同约定和工程价款结算程序支付工程款。竣工价款结算一般应当在项目竣工验收后2个月内完成，大型项目一般不得超过3个月。

第二十九条　项目建设单位可以与施工单位在合同中约定按照不超过工程价款结算总额的5%预留工程质量保证金，待工程交付使用缺陷责任期满后清算。资信好的施工单位可以用银行保函替代工程质量保证金。

第三十条　项目主管部门应当会同财政部门加强工程价款结算的监督，重点审查工程招投标文件、工程量及各项费用的计取、合同协议、施工变更签证、人工和材料价差、工程索赔等。

第七章 竣工财务决算管理

第三十一条 项目竣工财务决算是正确核定项目资产价值、反映竣工项目建设成果的文件,是办理资产移交和产权登记的依据,包括竣工财务决算报表、竣工财务决算说明书以及相关材料。

项目竣工财务决算应当数字准确、内容完整。竣工财务决算的编制要求另行规定。

第三十二条 项目年度资金使用情况应当按照要求编入部门决算或者国有资本经营决算。

第三十三条 项目建设单位在项目竣工后,应当及时编制项目竣工财务决算,并按照规定报送项目主管部门。

项目设计、施工、监理等单位应当配合项目建设单位做好相关工作。

建设周期长、建设内容多的大型项目,单项工程竣工具备交付使用条件的,可以编报单项工程竣工财务决算,项目全部竣工后应当编报竣工财务总决算。

第三十四条 在编制项目竣工财务决算前,项目建设单位应当认真做好各项清理工作,包括账目核对及账务调整、财产物资核实处理、债权实现和债务清偿、档案资料归集整理等。

第三十五条 在编制项目竣工财务决算时,项目建设单位应当按照规定将待摊投资支出按合理比例分摊计入交付使用资产价值、转出投资价值和待核销基建支出。

第三十六条 项目竣工财务决算审核、批复管理职责和程序要求由同级财政部门确定。

第三十七条 财政部门和项目主管部门对项目竣工财务决算实行先审核、后批复的办法,可以委托预算评审机构或者有专业能力的社会中介机构进行审核。对符合条件的,应当在6个月内批复。

第三十八条 项目一般不得预留尾工工程,确需预留尾工工程的,尾工工程投资不得超过批准的项目概(预)算总投资的5%。

项目主管部门应当督促项目建设单位抓紧实施项目尾工工程,加强对尾工工程资金使用的监督管理。

第三十九条 已具备竣工验收条件的项目,应当及时组织验收,移交生产和使用。

第四十条 项目隶属关系发生变化时,应当按照规定及时办理财务关系划转,主要包括各项资金来源、已交付使用资产、在建工程、结余资金、各项债权及债务等的清理交接。

第八章 资产交付管理

第四十一条 资产交付是指项目竣工验收合格后，将形成的资产交付或者转交生产使用单位的行为。

交付使用的资产包括固定资产、流动资产、无形资产等。

第四十二条 项目竣工验收合格后应当及时办理资产交付使用手续，并依据批复的项目竣工财务决算进行账务调整。

第四十三条 非经营性项目发生的江河清障疏浚、航道整治、飞播造林、退耕还林（草）、封山（沙）育林（草）、水土保持、城市绿化、毁损道路修复、护坡及清理等不能形成资产的支出，以及项目未被批准、项目取消和项目报废前已发生的支出，作为待核销基建支出处理；形成资产产权归属本单位的，计入交付使用资产价值；形成资产产权不归属本单位的，作为转出投资处理。

非经营性项目发生的农村沼气工程、农村安全饮水工程、农村危房改造工程、游牧民定居工程、渔民上岸工程等涉及家庭或者个人的支出，形成资产产权归属家庭或者个人的，作为待核销基建支出处理；形成资产产权归属本单位的，计入交付使用资产价值；形成资产产权归属其他单位的，作为转出投资处理。

第四十四条 非经营性项目为项目配套建设的专用设施，包括专用道路、专用通讯设施、专用电力设施、地下管道等，产权归属本单位的，计入交付使用资产价值；产权不归属本单位的，作为转出投资处理。

非经营性项目移民安置补偿中由项目建设单位负责建设并形成的实物资产，产权归属集体或者单位的，作为转出投资处理；产权归属移民的，作为待核销基建支出处理。

第四十五条 经营性项目发生的项目取消和报废等不能形成资产的支出，以及设备采购和系统集成（软件）中包含的交付使用后运行维护等费用，按照国家财务、会计制度的有关规定处理。

第四十六条 经营性项目为项目配套建设的专用设施，包括专用铁路线、专用道路、专用通讯设施、专用电力设施、地下管道、专用码头等，项目建设单位应当与有关部门明确产权关系，并按照国家财务、会计制度的有关规定处理。

第九章 结余资金管理

第四十七条 结余资金是指项目竣工结余的建设资金，不包括工程抵扣的增值税进项税额资金。

第四十八条 经营性项目结余资金，转入单位的相关资产。

非经营性项目结余资金，首先用于归还项目贷款。如有结余，按照项目资金来源属于财政资金的部分，应当在项目竣工验收合格后 3 个月内，按照预算管理制度有关规定收回财政。

第四十九条 项目终止、报废或者未按照批准的建设内容建设形成的剩余建设资金中，按照项目实际资金来源比例确认的财政资金应当收回财政。

第十章 绩 效 评 价

第五十条 项目绩效评价是指财政部门、项目主管部门根据设定的项目绩效目标，运用科学合理的评价方法和评价标准，对项目建设全过程中资金筹集、使用及核算的规范性、有效性，以及投入运营效果等进行评价的活动。

第五十一条 项目绩效评价应当坚持科学规范、公正公开、分级分类和绩效相关的原则，坚持经济效益、社会效益和生态效益相结合的原则。

第五十二条 项目绩效评价应当重点对项目建设成本、工程造价、投资控制、达产能力与设计能力差异、偿债能力、持续经营能力等实施绩效评价，根据管理需要和项目特点选用社会效益指标、财务效益指标、工程质量指标、建设工期指标、资金来源指标、资金使用指标、实际投资回收期指标、实际单位生产（营运）能力投资指标等评价指标。

第五十三条 财政部门负责制定项目绩效评价管理办法，对项目绩效评价工作进行指导和监督，选择部分项目开展重点绩效评价，依法公开绩效评价结果。绩效评价结果作为项目财政资金预算安排和资金拨付的重要依据。

第五十四条 项目主管部门会同财政部门按照有关规定，制定本部门或者本行业项目绩效评价具体实施办法，建立具体的绩效评价指标体系，确定项目绩效目标，具体组织实施本部门或者本行业绩效评价工作，并向财政部门报送绩效评价结果。

第十一章 监 督 管 理

第五十五条 项目监督管理主要包括对项目资金筹集与使用、预算编制与执行、建设成本控制、工程价款结算、竣工财务决算编报审核、资产交付等的监督管理。

第五十六条 项目建设单位应当建立、健全内部控制和项目财务信息报告制度，依法接受财政部门和项目主管部门等的财务监督管理。

第五十七条 财政部门和项目主管部门应当加强项目的监督管理，采取事前、事中、事后相结合，日常监督与专项监督相结合的方式，对项目财务行为实施全过程监督管理。

第五十八条 财政部门应当加强对基本建设财政资金形成的资产的管理，按照规定对项目资产开展登记、核算、评估、处置、统计、报告等资产管理基础工作。

第五十九条 对于违反本规则的基本建设财务行为，依照《预算法》、《财政违法行为处罚处分条例》等有关规定追究责任。

第十二章 附 则

第六十条 接受国家经常性资助的社会力量举办的公益服务性组织和社会团体的基本建设财务行为，以及非国有企业使用财政资金的基本建设财务行为，参照本规则执行。

使用外国政府及国际金融组织贷款的基本建设财务行为执行本规则。国家另有规定的，从其规定。

第六十一条 项目建设内容仅为设备购置的，不执行本规则；项目建设内容以设备购置、房屋及其他建筑物购置为主并附有部分建筑安装工程的，可以简化执行本规则。

经营性项目的项目资本中，财政资金所占比例未超过50%的，项目建设单位可以简化执行本规则，但应当按照要求向财政部门、项目主管部门报送相关财务资料。国家另有规定的，从其规定。

第六十二条 中央项目主管部门和各省、自治区、直辖市、计划单列市财政厅（局）可以根据本规则，结合本行业、本地区的项目情况，制定具体实施办法并报财政部备案。

第六十三条 本规则自2016年9月1日起施行。2002年9月27日财政部发布的《基本建设财务管理规定》（财建〔2002〕394号）及其解释同时废止。

本规则施行前财政部制定的有关规定与本规则不一致的，按照本规则执行。《企业财务通则》（财政部令第41号）、《金融企业财务规则》（财政部令第42号）、《事业单位财务规则》（财政部令第68号）和《行政单位财务规则》（财政部令第71号）另有规定的，从其规定。

财政部　环境保护部关于申报水污染防治领域 PPP 推介项目的通知

(财建〔2016〕453 号)

各省、自治区、直辖市、计划单列市财政厅（局）、环境保护厅（局），新疆生产建设兵团财务局、环境财务局：

为贯彻落实《水污染防治行动计划》（国发〔2015〕17 号），加快推进水污染防治领域政府和社会资本合作（PPP），通畅合作各方项目对接渠道，助推更多项目实现融资和落地实施，根据《财政部环境保护部关于推进水污染防治领域政府和社会资本合作的实施意见》（财建〔2015〕90 号）相关要求，现就组织申报水污染防治领域政府和社会资本合作推介项目有关事项通知如下：

一、申报范围

按照《水污染防治行动计划》要求，结合地方实际和项目储备情况，遴选下述领域优质项目，作为重点推介对象。

（一）饮用水水源地环境综合整治；

（二）湖泊水体保育、湖滨河滨缓冲带建设、湿地建设等江河湖泊生态环境保护；

（三）流域环境综合整治、重点河口海岸环境综合整治、农村环境综合整治、城市黑臭水体整治；

（四）水环境保护监测体系；

（五）其他水污染防治项目。

国民经济和社会发展规划、水污染防治行动计划、主要污染物减排计划、水污染防治领域专项规划，以及地方相关规划中的项目优先推介。

二、申报要求

省级财政、环境保护部门负责组织本行政区域内水污染防治领域 PPP 推介项目申报工作（计划单列市及新疆生产建设兵团可单独申报），组织区域内相关项目执行主体申报项目，并逐级汇总之后，采取有效的程序和方式，遴选出优质项目，联合行文将项目信息报送财政部、环境保护部。各省级财政、环保部门要把好项目质量关，确保项目设计符合财政部关于 PPP 相关规定。各省级单位申报的推介项目数量不应超过 10 个，具体数量自行决定。申报项目需已纳入 PPP 综合信息管理平台管理。

三、申报材料

（一）省级财政、环境保护部门联合行文（盖章）向财政部、环境保护部报送。

（二）项目申报汇总表（见附件1）：由各省级财政、环境保护部门负责填写，并加盖公章。

（三）具体项目材料：项目材料必须按项目进行组织，一个项目一份材料，每个项目材料不超过 10 页。必备内容包括：项目实施方案（见附件2）和项目基本信息表（见附件3）。

四、申报时间

各省、自治区、直辖市、计划单列市财政厅（局）、环境保护厅（局），新疆生产建设兵团财务局、环境保护局按照上述要求，严格筛选项目，于 2016 年 7 月 15 日前，将申报材料以电子版报送至财政部、环境保护部（省级财政部门将材料电子版上传至财政部内网系统专设端口，环境保护部门将材料电子版发送至环境保护部外网专设邮箱）。

五、推介安排

财政部、环境保护部将联合对本批项目进行推介。

（一）将项目推介给 PPP 基金。在符合基金支持范围和相关要求的前提下，由基金按规定程序遴选优质项目进行支持。

（二）在政府和社会资本合作中心官方网站"示范推广"栏目建立"部门推广"子项，上载项目清单（包括项目基本情况、融资需求以及合作意向等项目信息）进行推介。

（三）推荐被推介项目参加第三批 PPP 示范项目统一评选。

六、联系人

（一）财政部

经济建设司：

电话：010-68552520

地址：北京市西城区三里河南三巷 3 号，邮编：100820

财政内网平台：财政内网/财政专项建设资金网/PPP 项目推介/水污染防治领域

（二）环境保护部

规划财务司：

电话：010-66556142，010-66556127（传真）

地址：北京市西城区西直门南小街 115 号，邮编：100035

电子邮箱：touzichu@mep.gov.cn

附件：1. _____省（区、市）水污染防治领域 PPP 推介项目申报汇总表

2. _____ PPP 项目实施方案

3. _____ PPP 项目基本信息表

财政部

环境保护部

二〇一六年六月二十七日

附件1：

___省（区、市）水污染防治领域PPP推介项目申报汇总表

填表单位：　　　　　　　　　　　　　　　　　　　　　　　　　　　　　　　填表日期：　　年　月　日

序号	项目名称	项目所属地	所属领域	实施机构	项目总投资（万元）	其中：					项目公司（SPV）名称	项目公司SPV注册资本（万元）	其中：		是否属于存量项目（"是"或"否"）	化解存量债务额度（万元）	合作方式	项目合作期限（年）	采购方式	回报机制	项目当前进度
						财政资金投入	社会资本投入	银行贷款融资	项目债券融资	其他形式融资			公方持股比例（%）	社会资本持股比例（%）							
1	×××项目																				
2	×××项目																				
……																					

备注：1. 所属领域：请填写数字，（1）用水水源地环境综合整治；（2）黑臭水体整治；（6）流域水体整治；（7）重点河口海岸环境综合整治；（3）湖泊水体保育；（4）湿地建设；（5）城市黑臭水体整治；（8）农村环境综合整治；（9）水环境保护监测体系；（10）其他项目。

2. 实施机构：指负责实施项目的政府机构或公方代表。

3. 其他形式融资：请注明融资方式及金额。

4. 合作方式：请填写BOT、BOOT、BOO等方式，或详细文字说明。

5. 回报机制：请填写数字，（1）社会资本取得投资回报的方式，包括使用者付费，可行性缺口补助，政府付费等。

6. 采购方式：请填写数字，（1）一般性政府采购程序；（2）公开招标；（3）邀请招标；（4）竞争性谈判；（5）竞争性磋商；（6）单一来源采购；（7）其他。

7. 项目当前进度：请填写数字，（1）前期准备阶段；（2）可研阶段；（3）实施方案编制；（4）物有所值评价及财政可承受能力论证；（5）政府采购阶段；（6）谈判和合同签署等；（7）签订PPP协议；（8）建设实施阶段；（9）运营管理阶段；（10）其他（请文字说明）。

附件 2：

_____ PPP 项目实施方案

本项目实施方案范本供项目申报参考用，各地项目申报材料应该包括但不限于以下内容。

一、项目情况

项目基本条件。项目名称，项目所属领域类型，项目实施地基本情况；项目技术路线；项目建设的必要性。

前期工作。已经进行的前期工作合规性（可研、环评、土地等）、项目当前所处阶段（申报、设计、融资、采购、施工、运行）。

项目基本架构。PPP合作基本结构；合作各方基本情况；项目收益方案；收费和价格机制；风险分担和收益共享机制；政府支持政策和制度环境。

融资结构。总投资及构成；融资方案结构设计；项目公司SPV股权结构；融资工作前期进展。

二、项目可行性分析

经济可行性分析；环境影响评价；社会影响评价。项目组织领导机制建设；项目对《水污染防治行动计划》（国发〔2015〕17号）与《财政部　环境保护部关于推进水污染防治领域政府和社会资本合作的实施意见》（财建〔2015〕90号）相关精神的落实与执行情况；政府方合作意愿；对社会资本的吸引力，等等。

三、财政可承受能力论证

根据财政部颁布的关于PPP项目财政可承受能力论证相关规定进行。

四、物有所值评价

根据财政部颁布的关于PPP项目物有所值评价相关规定进行。

五、项目前景

项目实施时序安排；前景评估和总体规划；主要政策需求及建议。

附件3：

_____ PPP项目基本信息表

填表单位（章）：　　　　　　　　　　　　　　　填表日期：　　年　　月　　日

项目基本信息	项目名称		项目类型	□存量 □新建	所属领域	
	项目所在地		项目总投资（万元）		社会资本合作方	
	项目合作内容					
	项目实施机构		联系人		联系方式	
项目识别	项目发起方式					
	项目合作期限					
	项目运作方式					
	物有所值评价情况					
	财政承受能力论证情况					
项目准备	风险分配框架					
	项目融资需求及融资设计结构					
	收益回报机制					
	政府配套安排					
项目采购	是否已选择社会资本合作方及采购方式和结果					
	是否已签订项目合同及签订时间					
项目执行	项目公司组建情况，公司股权结构					
	项目融资进展情况，融资结构基本情况					
	项目建设进度					
	运营绩效表现					

填表人：　　　　　　　　　联系电话：　　　　　　　　　邮箱：

填表说明

1. 项目名称：填写本项目全称；
2. 项目类型：根据项目性质，选择"存量"或"新建"；
3. 所属领域：按照饮用水水源地环境综合整治、湖泊水体保育、湖滨河滨缓冲带建设、湿地建设、城市黑臭水体整治、流域环境综合整治、重点河口海岸环境综合整治、农村环境综合整治、水环境保护监测体系、其他项目等填写；
4. 项目所在地：按"　　省（自治区、市）　　市（区、县）"格式填写；
5. 项目总投资：指项目建设或改造所需投资，单位：万元；
6. 合作内容：填写政府和社会资本合作项目的主要建设与运营内容；
7. 实施机构：指政府或其指定的负责项目准备、采购、监管和移交等工作的职能部门或事业单位；
8. 项目发起方式：包括政府发起和社会资本发起两类；
9. 合作期限：指政府和社会资本合作确定的固定时间期限，单位：年；
10. 项目运作方式：填写O&M、MC、BOT、BOO、TOT、ROT等项目选择的运作方式；
11. 物有所值评价：简要填写物有所值评价和结论；
12. 财政承受能力论证：简要填写财政承受能力论证和结论；
13. 风险分配框架：填写政府和社会资本分别承担的风险；
14. 项目融资需求及融资设计结构：项目资金来源、形式和用途，项目融资结构设计等；
15. 回报机制：填写社会资本取得投资回报的资金来源，包括使用者付费、可行性缺口补助、政府付费和授予经营开发权等；
16. 配套安排：由项目以外相关机构提供的土地、水、电、气和道路等配套设施和项目所需上下游服务；
17. 项目公司组建情况：填写项目公司组建时间、项目公司股东构成和持股比例；
18. 融资进展情况：填写社会资本或项目公司的融资方案和融资进展情况；
19. 实施进度：是指项目按照政府和社会资本合作项目操作流程，目前项目所处的具体阶段，包括：(1) 前期准备阶段；(2) 可研阶段；(3) 实施方案编制；(4) 物有所值评价及财政可承受能力论证；(5) 政府采购阶段；(6) 谈判和合同签署等；(7) 签订PPP协议；(8) 建设实施阶段；(9) 运营管理阶段；(10) 其他（另行说明）。

财政部 住房城乡建设部关于申报市政公用领域 PPP 推介项目的通知

(财建〔2016〕495 号)

各省、自治区、直辖市、计划单列市财政厅（局）、住房城乡建设部门，新疆生产建设兵团财务局、建设局：

为贯彻落实《关于市政公用领域开展政府和社会资本合作项目推介工作的通知》（财建〔2015〕29 号）相关要求，加快推进市政公用领域政府和社会资本合作（PPP），通畅合作各方项目对接渠道，助推更多项目实现融资和落地实施，现就组织申报市政公用领域政府和社会资本合作推介项目有关事项通知如下：

一、申报范围

按照新型城镇化战略对市政公用领域公共产品及服务提出的要求，结合地方实际和项目储备情况，遴选下述领域优质项目，作为重点推介对象。

（一）城市供水；

（二）污水处理、垃圾处理；

（三）供热供气；

（四）道路桥梁、公共交通基础设施、公共停车场；

（五）城市地下综合管廊，海绵城市建设；

（六）其他市政公用领域项目。

国民经济和社会发展规划、各类专项规划，以及地方相关规划中的项目优先推介。

二、申报要求

省级财政、住房和城乡建设部门负责组织本行政区域内市政公用领域 PPP 推介项目申报工作（计划单列市及新疆生产建设兵团可单独申报），组织区域内相关项目执行主体申报项目，并逐级汇总之后，采取有效的程序和方式，遴选出优质项目，联合行文将项目信息报送财政部、住房和城乡建设部。各省级财政、住房和城乡建设部门要把好项目质量关，确保项目设计符合财政部关于 PPP 相关规定。各省级单位申报的推介项目数量不应超过 10 个，具体数量自行决定。申报项目需已纳入 PPP 综合信息管理平台管理。

三、申报材料

（一）省级财政、住房和城乡建设部门联合行文（盖章）向财政部、住房和城乡建设部报送。

（二）项目申报汇总表（见附件1）：由各省级财政、住房和城乡建设部门负责填写，并加盖公章。

（三）具体项目材料：项目材料必须按项目进行组织，一个项目一份材料，每个项目材料不超过 10 页。必备内容包括：项目实施方案（见附件2）和项目基本信息表（见附件3）。

四、申报时间

各省、自治区、直辖市、计划单列市财政厅（局）、住房和城乡建设厅（局、委），新疆生产建设兵团财务局、建设局按照上述要求，严格筛选项目，于 2016 年 7 月 15 日前，将申报材料以电子版报送至财政部、住房和城乡建设部（省级财政部门将材料电子版上传至财政部内网系统专设端口，住房和城乡建设部门将材料电子版发送至住房和城乡建设部外网专设邮箱）。

五、推介安排

财政部、住房和城乡建设部将联合对本批项目进行推介。

（一）将项目推介给 PPP 基金。在符合基金支持范围和相关要求的前提下，由基金按规定程序遴选优质项目进行支持。

（二）在政府和社会资本合作中心官方网站"示范推广"栏目建立"部门推广"子项，上载项目清单（包括项目基本情况、融资需求以及合作意向等项目信息）进行推介。

（三）推荐被推介项目参加第三批 PPP 示范项目统一评选。

六、联系人

（一）财政部

经济建设司：

电话：010-68552520

地址：北京市西城区三里河南三巷 3 号，邮编：100820

财政内网平台：财政内网/财政专项建设资金网/PPP 项目推介/市政公用领域

（二）住房和城乡建设部

城市建设司：

电话：010-58933160，010-58934352（传真）

地址：北京市海淀区三里河路 9 号，邮编：100835

电子邮箱：chengshui@mail.cin.gov.cn

附件：1.＿＿＿＿＿＿省（区、市）市政公用领域 PPP 项目申报汇总表

2.＿＿＿＿＿＿PPP 项目实施方案

3.＿＿＿＿＿＿PPP 项目基本信息表

财政部

住房城乡建设部

二〇一六年六月二十九日

附件1：

_____省（区、市）市政公用领域PPP项目申报汇总表

填表单位：　　　　　　　　　　　　　　　　　　　填表日期：　　年　　月　　日

序号	项目名称	项目属地	所属领域	实施机构	项目总投资（万元）	其中：			项目公司SPV名称	项目公司SPV注册资本（万元）	其中：		是否属于存量项目（"是"或"否"）	化解存量债务额度（万元）	合作方式	项目合作期限（年）	采购方式	回报机制	项目当前进度
						地方财政资金投入	社会资本投入	银行贷款	项目债券融资	其他形式融资			公方持股比例（%）	社会资本持股比例（%）							
1	×××项目																			
2	×××项目																			
……																				

备注：1. 所属领域：请按通知关于项目申报范围的相关要求填写。（1）城市供水；（2）污水处理；（3）垃圾处理；（4）供热；（5）供气；（6）道路桥梁；（7）公共交通基础设施；（8）公共停车场；（9）地下综合管廊；（10）海绵城市建设；（11）其他市政公用领域项目（请以文字具体说明）。

2. 实施机构：指负责实施项目的政府机构或公方代表。

3. 其他形式融资：请注明融资方式及金额。

4. 合作方式：请填写BOT、BOOT、BOO等方式。

5. 回报机制：请填写社会资本取得投资回报的方式，包括使用者付费、可行性缺口补助、政府付费、或详细文字说明。

6. 采购方式：请填写数字。（1）公开招标；（2）竞争性谈判；（3）邀请招商；（4）竞争性磋商；（5）单一来源采购；（6）其他。

7. 项目当前进度：请填写数字。（1）前期准备阶段；（2）可研阶段；（3）实施方案编制；（4）物有所值评价及财政可承受能力论证；（5）政府采购阶段；（6）谈判和合同签署；（7）签订PPP协议；（8）建设实施阶段；（9）运营管理阶段；（10）其他（请文字说明）。

附件2：

_____ PPP 项目实施方案

本项目实施方案范本供项目申报参考用，各地项目申报材料应该包括但不限于以下内容。

一、项目情况

项目基本条件。项目名称，项目所属领域类型，项目实施地基本情况；项目技术路线；项目建设的必要性。

前期工作。已经进行的前期工作合规性（规划、可研、环评、土地等）、项目当前所处阶段（申报、设计、融资、采购、施工、运行）。

项目基本架构。PPP合作基本结构；合作各方基本情况；项目收益方案；收费和价格机制；风险分担和收益共享机制；政府支持政策和制度环境。

融资结构。总投资及构成；融资方案结构设计；项目公司SPV股权结构；融资工作前期进展。

二、项目可行性分析

经济可行性分析；环境影响评价；社会影响评价。项目组织领导机制建设；项目对《关于市政公用领域开展政府和社会资本合作项目推介工作的通知》（财建〔2015〕29号）相关精神的落实与执行情况；政府方合作意愿；对社会资本的吸引力，等等。

三、财政可承受能力论证

根据财政部颁布的关于PPP项目财政可承受能力论证相关规定进行。

四、物有所值评价

根据财政部颁布的关于PPP项目物有所值评价相关规定进行。

五、项目前景

项目实施时序安排；前景评估和总体规划；主要政策需求及建议。

附件3：

_____PPP 项目基本信息表

填表单位（章）：　　　　　　　　　　　　　　　填表日期：　　年　　月　　日

项目基本信息	项目名称		项目类型	□存量 □新建	所属领域	
	项目所在地		项目总投资（万元）		社会资本合作方	
	项目合作内容					
	项目实施机构		联系人		联系方式	
项目识别	项目发起方式					
	项目合作期限					
	项目运作方式					
	物有所值评价情况					
	财政承受能力论证情况					
项目准备	风险分配框架					
	项目融资结构					
	收益回报机制					
	政府配套安排					
项目采购	是否已选择社会资本合作方及采购方式和结果					
	是否已签订项目合同及签订时间					
项目执行	项目公司组建情况，公司股权结构					
	项目融资进展情况，融资结构基本情况					
	项目建设进度					
	运营绩效表现					

填表人：　　　　　　　　　　联系电话：　　　　　　　　　　邮箱：

填表说明

1. 项目名称：填写本项目全称；
2. 项目类型：根据项目性质，选择"存量"或"新建"；
3. 所属领域：按照通知关于项目申报范围相关规定填写；
4. 项目所在地：按"　　省（自治区、市）　　市（区、县）"格式填写；
5. 项目总投资：指项目建设或改造所需投资，单位：万元；
6. 合作内容：填写政府和社会资本合作项目的主要建设与运营内容；
7. 实施机构：指政府或其指定的负责项目准备、采购、监管和移交等工作的职能部门或事业单位；
8. 项目发起方式：包括政府发起和社会资本发起两类；
9. 合作期限：指政府和社会资本合作确定的固定时间期限，单位：年；
10. 项目运作方式：填写O&M、MC、BOT、BOO、TOT、ROT等项目选择的运作方式；
11. 物有所值评价：简要填写物有所值评价和结论；
12. 财政承受能力论证：简要填写财政承受能力论证和结论；
13. 风险分配框架：填写政府和社会资本分别承担的风险；
14. 项目融资结构：项目资本性支出资金来源、形式和用途，融资结构设计等；
15. 回报机制：填写社会资本取得投资回报的资金来源，包括使用者付费、可行性缺口补助、政府付费和授予经营开发权等；
16. 配套安排：由项目以外相关机构提供的土地、水、电、气和道路等配套设施和项目所需上下游服务；
17. 项目公司组建情况：填写项目公司组建时间、项目公司股东构成和持股比例；
18. 融资进展情况：填写社会资本或项目公司的融资方案和融资进展情况；
19. 实施进度：是指项目按照政府和社会资本合作项目操作流程，目前项目所处的具体阶段，包括：（1）前期准备阶段；（2）可研阶段；（3）实施方案编制；（4）物有所值评价及财政可承受能力论证；（5）政府采购阶段；（6）谈判和合同签署等；（7）签订PPP协议；（8）建设实施阶段；（9）运营管理阶段；（10）其他（另行说明）。

财政部　发展改革委关于进一步共同做好政府和社会资本合作（PPP）有关工作的通知

（财金〔2016〕32号）

各省、自治区、直辖市、计划单列市财政厅（局）、发展改革委，新疆生产建设兵团财务局、发展改革委：

《国务院关于创新重点领域投融资机制鼓励社会投资的指导意见》（国发〔2014〕60号）和《国务院办公厅转发财政部　发展改革委　人民银行关于在公共服务领域推广政府和社会资本合作模式指导意见的通知》（国办发〔2015〕42号）出台实施以来，各地认真落实党中央、国务院决策部署，大力推广政府和社会资本合作模式（Public – Private Partnership，以下简称PPP），取得了一定成效。为进一步做好PPP有关工作，现通知如下：

一、稳妥有序推进PPP工作

各地要进一步加强舆论宣传力度，引导各界树立正确的理念认识，制订切合实际的工作目标，建立科学合理的工作预期，积极稳妥地鼓励和引导社会资本参与公共产品和服务的供给，切实推动PPP模式持续健康发展。

二、进一步加强协调配合

各地要进一步加强部门间的协调配合，形成政策合力，积极推动政府和社会资本合作顺利实施。对于涉及多部门职能的政策，要联合发文；对于仅涉及本部门的政策，出台前要充分征求其他部门意见，确保政令统一、政策协同、组织高效、精准发力。

三、扎实做好PPP项目前期工作

要加强项目可行性研究，充分论证、科学决策，确保合理有效地提供公共产品和服务。项目决策后，选择条件成熟、适合采用PPP模式的项目，依法选择社会资本方，加快前期工作。

四、建立完善合理的投资回报机制

各地要通过合理确定价格和收费标准、运营年限，确保政府补贴适度，防范中长期财政风险。要通过适当的资源配置、合适的融资模式等，降低融资成本，提高资金使用效率。要充分挖掘 PPP 项目后续运营的商业价值，鼓励社会资本创新管理模式，提高运营效率，降低项目成本，提高项目收益。要建立动态可调整的投资回报机制，根据条件、环境等变化及时调整完善，防范政府过度让利。

五、着力提高 PPP 项目融资效率

各地要与中国 PPP 融资支持基金积极做好项目对接，推动中央和地方联动，优化 PPP 项目融资环境，降低融资成本。要坚决杜绝各种非理性担保或承诺、过高补贴或定价，避免通过固定回报承诺、明股实债等方式进行变相融资。

六、强化监督管理

各地要对 PPP 项目有关执行法律、行政法规、行业标准、产品或服务技术规范等进行有效的监督管理，并依法加强项目合同审核与管理，加强成本监督审查。要杜绝固定回报和变相融资安排，在保障社会资本获得合理收益的同时，实现激励相容。

七、加强 PPP 项目信息公开

要实现项目信息的及时发布与投资需求的有效对接，推动市场信息对称和充分公平竞争。要依法及时、充分披露项目实施方案、招标投标、采购文件、项目合同、工程进展、运营绩效等相关信息，切实保障公众知情权，主动接受社会监督，维护公共利益。

财政部
发展改革委
二〇一六年五月二十八日

财政部 教育部 科技部 民政部 人力资源社会保障部 国土资源部 环境保护部 住房城乡建设部 交通运输部 水利部 农业部 商务部 文化部 卫生计生委 国家体育总局 国家林业局 国家旅游局 国家能源局 国家铁路局 中国民用航空局关于组织开展第三批政府和社会资本合作示范项目申报筛选工作的通知

（财金函〔2016〕47号）

各省、自治区、直辖市、计划单列市财政厅（局）、教育厅（局）、科学技术厅（局）、民政厅（局）、人力资源社会保障厅（局）、国土资源厅（局）、环境保护厅（局）、住房和城乡建设厅（建设、市政、市容、园林主管部门）、交通运输厅（局、委）、水利厅（局）、农业厅（局）、商务厅（局）、文化厅（局）、卫生和计划生育委员会、体育局、林业局、旅游局、能源局、铁路监督管理局、民用航空局，新疆生产建设兵团财务局、教育局、科技局、民政局、人力资源社会保障局、国土资源局、建设局（环保局）、交通局、水利局、农业局、商务局、卫生局：

  为贯彻落实《国务院办公厅转发财政部 发展改革委 人民银行关于在公共服务领域推广政府和社会资本合作模式指导意见的通知》（国办发〔2015〕42号）要求，大力推广政府和社会资本合作（以下简称PPP）模式，扎实推进PPP项目示范工作，助推更多PPP项目落地实施，充分发挥PPP在稳增长、促改革、调结构、惠民生等方面的积极作用，财政部会同行业部委联合启动第三批PPP示范项目申报筛选工作。现通知如下：

  一、组织开展示范项目申报筛选工作的目的和重点。第三批PPP示范项目申报筛选工作由财政部与相关行业部委横向联合开展。项目申报筛选注重与我国"十三五"期间重大问题、重点项目有机衔接，鼓励行业破冰、区域集群和模式创新，推动实现行业引领、区域带动和创新示范效应。通过优化申报筛选方式，公开评审标准，进一步提升示范项目申报筛选的全面性、科学性和时效性，实现从财政部示范到全国示范的升级。

  二、示范项目申报条件。申报示范项目应具备相应基本条件：一是项目属于能源、交通运输、市政公用、水利、环境保护、农业、林业、科技、保障性安居工程、医疗、卫生、养老、教育、文化、体育等适宜采用PPP模式的公共服务领域。二是纳入城市总体规划和各类专项规划，新建项目应已按规定程序做好立项、可行性论证等项目前期工作。三是合作期限原则上不低于10年。四是对采用建设－移交（BT）方式的项目，通过保底承诺、回购安排等方式进行变相融资的项目，将不予受理。具体申报筛选标准参见附件1。

三、示范项目申报程序。地方项目由各级财政部门会同本级行业部门联合组织初选，通过初选的项目由省级财政部门统一汇总，经全国PPP综合信息平台线上填报并书面上报财政部，同时抄报相关行业部委。中央部委项目由相关行业部委提交财政部汇总，财政部PPP中心代为线上填报。财政部PPP综合信息平台网址为http://www.cpppc.org/，输入此前为各级财政部门统一配置的用户名、密码即可登录系统。财政部PPP工作领导小组办公室（以下简称领导小组办公室）会同PPP中心对申报项目进行汇总和形式审查，形成备选项目清单，作为项目评审对象。

四、示范项目评审。为兼顾评审的专业性和时效性，将组织专家通过全国PPP综合信息平台进行线上集中封闭评审，按照行业领域分为五组：一是交通运输，包括公路、桥梁隧道、铁路、民航、水运、公交系统、物流系统等。二是市政公用事业，包括轨道交通、停车场、地下综合管廊、海绵城市建设、城市黑臭水体整治、市政路桥、供水、排水及污水处理、供气、供热、供电、园林绿化、垃圾处理、农村污水垃圾治理等。三是综合开发，包括城镇综合开发、环境综合治理、保障性安居工程、智慧城市等。四是农林水利与环境保护，包括农业、林业、水利领域的基础设施建设；大气、水、土壤等环境污染防治；湿地、森林、海洋等生态保护等。五是社会事业与其他，包括教育、科技、文化、旅游、医疗卫生、养老、体育等领域的基础设施和公共服务。

五、示范项目评审专家组成。评审专家采取各部门推荐与PPP专家库随机抽取相结合的方式选定：每个专家组由7名专家组成，其中行业部委商财政部相关支出司局推荐3名行业专家、财政部金融司（或PPP中心）推荐1名业务专家，财政部条法司推荐1名法律专家；通过PPP专家库随机抽取选定1名财务专家和1名咨询专家。

六、示范项目申报筛选时间安排。2016年7月25日前，提交示范项目申报材料，逾期不再受理。7月底前，形成备选项目清单和项目评审工作方案。8月初，组织开展项目评审。8月上旬，完成项目评审，按照项目最终评分由高到低的顺序，综合行业、类型、地区分布形成示范项目名单，由财政部联合相关行业部委统一发布。

七、示范项目申报筛选工作要求。各级财政部门及相关行业主管部门应认真组织项目申报工作，严格筛选申报项目，每个省市申报项目数量原则上不超过50个。省级财政部门及相关行业部委应书面提交项目申报清单并附申报材料电子版光盘（见附件2和3，下载网址：http://jrs.mof.gov.cn/ppp/）。对未按要求提交完整申报材料的,不列入备选项目清单。

八、其他。财政部将会同相关行业部委对示范项目提供必要的业务指导和技术支持,认真落实以奖代补措施,推动示范项目顺利实施。对入选的示范项目,将适时对外公布申报材料。

联系人及电话:财政部金融司　张　帆　010-68551078
　　　　　　　PPP中心　刘宝军　010-88659280

附件:1. PPP示范项目评审标准
　　　2. ××省(自治区、直辖市、计划单列市)PPP示范项目申报清单
　　　3. PPP示范项目申报材料清单

财政部

教育部

科技部

民政部

人力资源社会保障部

国土资源部

环境保护部

住房城乡建设部

交通运输部

水利部

农业部

商务部

文化部

卫生计生委

国家体育总局

国家林业局

国家旅游局

国家能源局

国家铁路局

中国民用航空局

二〇一六年六月八日

附件1：

PPP 示范项目评审标准

PPP 示范项目评审包括定性评审和定量评审两部分，通过定性评审的项目方可进入定量评审。

一、定性评审标准

项目定性评审主要审查项目的合规性，具体包括主体合规、客体合规、程序合规三部分内容：

（一）PPP 相关参与主体是否适格。有下列情形之一的，不再列为备选项目：

1.【政府方】国有企业或融资平台公司作为政府方签署 PPP 项目合同的；

2.【社会资本方】未按国办发〔2015〕42 号文要求剥离政府性债务、并承诺不再承担融资平台职能的本地融资平台公司作为社会资本方的。

（二）项目的适用领域、运作方式、合作期限是否合规。有下列情形之一的，不再列为备选项目：

1.【适用领域】不属于公共产品或公共服务领域的；

2.【运作方式】采用建设–移交（BT）方式实施的；

3.【合作期限】合作期限（含建设期在内）低于10年的；

4.【变相融资】采用固定回报、回购安排、明股实债等方式进行变相融资的；

（三）项目实施程序是否合规。有下列情形之一的，不再列为备选项目：

1.【规划立项】项目不符合城市总体规划和各类专项规划的；新建项目未按规定程序完成可行性研究、立项等项目前期工作的；

2.【两个论证】未按财政部相关规定开展物有所值评价或财政承受能力论证的；

3.【政府采购】已进入采购阶段或执行阶段的项目，未按政府采购相关规定选择社会资本合作方的。

二、定量评审标准

定量评审指标及评分权重如下：

（一）项目材料规范性。项目是否经过各级部门认真审核把关，申报材料真实性、完整性、规范性是否符合规定要求（10%）。

（二）项目实施方案。项目实施方案内容是否完整，交易边界、产出范围及绩效标准是否清晰，风险识别和分配是否充分、合理，利益共享机制能否实现激励相容，运作方式及采购方式选择是否合理合规，合同体系、监管架构是否健全等（25%）。

（三）项目物有所值评价。是否按要求开展并通过物有所值评价，定性评价的方法和过程是否科学合理；是否同时开展物有所值定量评价，定量评价的方法和过程是否科学合理的（10%）。

（四）项目财政承受能力。是否按要求开展并通过财政承受能力论证，论证方法和过程是否科学（15%）。

（五）项目实施进度。项目方案论证、组织协调等前期准备工作是否充分，立项、土地、环评等审批手续是否完备，所处阶段及社会资本响应程度如何，是否具备在入选一年内落地的可能性（15%）。

（六）项目示范推广价值。项目是否符合行业或地区发展方向和重点，是否具备较好的探索创新价值和推广示范意义（25%）。

附件2：

××省（自治区、直辖市、计划单列市）PPP示范项目申报清单

序号	项目所在地	所属行业	项目名称	投资规模（万元）	所处阶段	实施机构	联系人及联系方式
合计							

附件3：

PPP示范项目申报材料清单

申报项目应提供以下材料：

一、项目实施方案

按照《PPP操作指南》（财金〔2014〕113号）要求认真编制，内容包括但不限于：

（一）项目基本情况，包括项目名称、类型、所在地、所属行业、实施背景、建设运营内容、总投资等；

（二）风险分配框架，包括风险识别情况、风险分配方案（政府与社会资本各自承担哪些风险、是否设置保底和超额收益分成机制）、风险防范措施等；

（三）项目运作方式，包括项目合作期限、资产权属、具体运作方式等；

（四）项目交易结构，包括回报机制（成本收入测算、付费机制、回报率）、投融资结构（资本金金额及比例、贷款金额及比例、资金来源、项目公司股权结构）、政府配套安排等；

（五）合同体系，PPP项目合同核心内容及关键条款，相关股东协议、融资合同、工程承包合同、运营服务合同、原料供应合同、产品采购合同和保险合同等合同关系；

（六）监管架构，包括授权关系和监管方式等；

（七）社会资本合作方采购方式，选择哪种竞争性采购方式以及选择依据等。

实施方案如已通过政府审核，应提供相应证明文件。

二、项目物有所值评价报告

按照《PPP项目物有所值评价指引》要求编制，如已通过财政部门审核，应提供相应证明文件。

三、项目财政承受能力论证报告

按照《PPP项目财政承受能力论证指引》要求编制，如已通过财政部门审核，应提供相应证明文件。

四、项目可行性研究报告

根据项目前期工作实际完成情况，至少应提供项目可行性研究报告及立项批复文件；如已完成初步设计及施工图设计，还应补充相关设计文件。

五、其他证明文件

根据项目进展情况提供，如已进入采购阶段或执行阶段，则应相应提供采购文件、PPP项目合同及项目公司股东协议等证明文件。

六、规范实施承诺书

项目所属本级地方政府或行业部委应就所申报项目向财政部出具规范实施承诺书，承诺将按国家法律法规及PPP相关政策要求规范实施项目，确保项目顺利、按期落地。

财政部关于印发《普惠金融发展专项资金管理办法》的通知

(财金〔2016〕85号)

各省、自治区、直辖市、计划单列市财政厅（局），财政部驻各省、自治区、直辖市、计划单列市财政监察专员办事处，新疆生产建设兵团财务局：

为贯彻落实党中央、国务院《推进普惠金融发展规划（2016—2020年)》（国发〔2015〕74号），大力支持普惠金融发展，加快建立与全面建成小康社会相适应的普惠金融服务和保障体系，加强普惠金融发展专项资金管理，提高财政资金使用效益，我们会同有关部门制定了《普惠金融发展专项资金管理办法》，现印发给你们，请认真遵照执行。

为做好2016年普惠金融发展专项资金申请及审核拨付工作，请各省级财政部门于2016年10月20日前，将辖区内2016年专项资金申请材料汇总审核后报送财政部和财政部驻当地财政监察专员办事处（以下简称专员办）。请各地专员办于2016年11月5日前，出具对省级财政部门专项资金申请材料的审核意见报送财政部，并抄送省级财政部门。

附件：普惠金融发展专项资金管理办法

财政部

二〇一六年九月二十四日

附件：

普惠金融发展专项资金管理办法

第一章 总 则

第一条 为贯彻落实《推进普惠金融发展规划（2016—2020年)》（国发〔2015〕74号），加快建立普惠金融服务和保障体系，加强普惠金融发展专项资金管理，根据《中华人民共和国预算法》、《国务院关于改革和完善中央对地方转移支付制度的意见》（国发〔2014〕71号）等有关规定，制定本办法。

第二条 本办法所称普惠金融发展专项资金（以下简称专项资金），是指中央财政用于支持普惠金融发展的专项转移支付资金，包括县域金融机构涉农贷款增量奖励、农村金融机构定向费用补贴、创业担保贷款贴息及奖补、政府和社会资本合作（PPP）项目以奖代补等 4 个使用方向。

第三条 专项资金遵循惠民生、保基本、有重点、可持续的原则，综合运用业务奖励、费用补贴、贷款贴息、以奖代补等方式，引导地方各级人民政府、金融机构以及社会资金支持普惠金融发展，弥补市场失灵，保障农民、小微企业、城镇低收入人群、贫困人群和残疾人、老年人等我国普惠金融重点服务对象的基础金融服务可得性和适用性。

第四条 专项资金采取因素法分配，由中央财政按年度将预算指标定额切块下达至省级财政部门。地方财政部门根据中央财政下达的预算指标，按照有关要求安排使用。

第五条 专项资金的使用和管理遵循公开透明、定向使用、科学规范的基本原则，确保资金使用合理、安全、高效，充分发挥财政资金杠杆作用，引导金融服务向普惠方向延伸。

第六条 财政部负责专项资金的预算管理和资金拨付，并组织对资金使用情况进行预算监管和绩效管理。

第二章 县域金融机构涉农贷款增量奖励政策

第七条 为发挥财政资金对县域经济发展的支持和推动作用，专项资金安排支出用于对符合条件的县域金融机构给予一定奖励，引导其加大涉农贷款投放力度。

第八条 对符合条件的县域金融机构当年涉农贷款平均余额同比增长超过 13% 的部分，财政部门可按照不超过 2% 的比例给予奖励。对年末不良贷款率高于 3% 且同比上升的县域金融机构，不予奖励。

实施涉农贷款增量奖励政策的地区包括河北、山西、内蒙古、辽宁、吉林、黑龙江、江苏、安徽、福建、江西、山东、河南、湖北、湖南、广西、海南、四川、重庆、贵州、云南、西藏、陕西、甘肃、青海、新疆等 25 个省（区、市）。财政部将根据奖励政策实施效果和中央、地方财力情况，结合地方意愿适时调整实施奖励政策的地区范围。

第九条 奖励资金于下一年度拨付，纳入县域金融机构收入核算。

第十条 本章所称县域金融机构，是指县级（含县、县级市、县级区，不含县级以上城市的中心区）区域内具有法人资格的金融机构（以下简称法人金融机构）和其他金融机构（不含农业发展银行）在县及县以下的分支机构。

本章所称涉农贷款，是指符合《涉农贷款专项统计制度》（银发〔2007〕246号）中的"农户贷款"、"农村企业及各类组织农林牧渔业贷款"和"农村企业及各类组织支农贷款"等 3 类贷款。

本章所称涉农贷款平均余额，是指县域金融机构在年度内每个月末的涉农贷款余额平均值，即每个月末的涉农贷款余额之和除以月数。如果县域金融机构为当年新设，则涉农贷款平均余额为自其开业之月（含）起每个月末的涉农贷款余额平均值，可予奖励的涉农贷款增量按照当年涉农贷款平均余额的 50% 核算。

第三章　农村金融机构定向费用补贴政策

第十一条　为引导和鼓励金融机构主动填补农村金融服务空白，专项资金安排支出用于对符合条件的新型农村金融机构和西部基础金融服务薄弱地区的银行业金融机构（网点）给予一定补贴，支持农村金融组织体系建设，扩大农村金融服务覆盖面。

第十二条　对符合下列各项条件的新型农村金融机构，财政部门可按照不超过其当年贷款平均余额的 2% 给予补贴：

（一）当年贷款平均余额同比增长；

（二）村镇银行的年均存贷比高于 50%（含 50%）；

（三）当年涉农贷款和小微企业贷款平均余额占全部贷款平均余额的比例高于 70%（含 70%）；

（四）财政部门规定的其他条件。

对西部基础金融服务薄弱地区的银行业金融机构（网点），财政部门可按照不超过其当年贷款平均余额的 2% 给予补贴。新型农村金融机构不重复享受补贴。

第十三条　补贴资金于下一年度拨付，纳入金融机构收入统一核算。

第十四条　东、中、西部地区农村金融机构（网点）可享受补贴政策的期限，分别为自该农村金融机构（网点）开业当年（含）起的 3、4、5 年内。农村金融机构（网点）开业超过享受补贴政策的年数后，无论该农村金融机构（网点）是否曾经获得过补贴，都不再享受补贴。如果农村金融机构（网点）开业时间晚于当年的 6 月 30 日，但开业当年未享受补贴，则享受补贴政策的期限从开业次年起开始计算。

东、中、西部地区划分标准按照《关于明确东中西部地区划分的意见》（财办预〔2005〕5 号）规定执行（下同）。

第十五条　对以下几类贷款不予补贴，不计入享受补贴的贷款基数：

（一）当年任一时点单户贷款余额超过 500 万元的贷款；

（二）注册地位于县级（含县、县级市、县级区，不含县级以上城市的中心区）以下区域的新型农村金融机构，其在经监管部门批准的县级经营区域以外发放的贷款；

（三）注册地位于县级以上区域的新型农村金融机构，其网点在所处县级区域以外发放的贷款；

（四）西部基础金融服务薄弱地区的银行业金融机构（网点）在其所在乡

(镇）以外发放的贷款。

第十六条 本章所称新型农村金融机构，是指经银监会批准设立的村镇银行、贷款公司、农村资金互助社3类农村金融机构。

本章所称基础金融服务薄弱地区，详见财政部2010年发布的基础金融服务薄弱地区名单。

本章所称存（贷）款平均余额，是指金融机构（网点）在年度内每个月末的存（贷）款余额平均值，即每个月末的存（贷）款余额之和除以月数。如果金融机构（网点）为当年新设，则存（贷）款平均余额为自其开业之月（含）起每个月末的存（贷）款余额平均值。

本章所称月末贷款余额，是指金融机构在每个月末的各项贷款余额，不包括金融机构的票据贴现、对非存款类金融机构的拆放款项，以及自上年度开始以来从其他金融机构受让的信贷资产。具体统计口径以《中国人民银行金融统计制度》及相关规定为准。

本章所称年均存贷比，是指金融机构当年的贷款平均余额与存款平均余额之比。

本章所称涉农贷款，是指符合《涉农贷款专项统计制度》（银发〔2007〕246号）规定的涉农贷款，不包括金融机构的票据贴现、对非存款类金融机构的拆放款项，以及自上年度开始以来从其他金融机构受让的信贷资产。

本章所称小微企业，是指符合《中小企业划型标准规定》（工信部联企业〔2011〕300号）规定的小型、微型企业。

第四章 创业担保贷款贴息及奖补政策

第十七条 为实施更加积极的就业政策，以创业创新带动就业，助力大众创业、万众创新，专项资金安排支出用于对符合政策规定条件的创业担保贷款给予一定贴息，减轻创业者和用人单位负担，支持劳动者自主创业、自谋职业，引导用人单位创造更多就业岗位，推动解决特殊困难群体的结构性就业矛盾。

第十八条 对按照《国务院关于进一步做好新形势下就业创业工作的意见》（国发〔2015〕23号）、《中国人民银行 财政部 人力资源社会保障部关于实施创业担保贷款支持创业就业工作的通知》（银发〔2016〕202号）等文件规定发放的个人和小微企业创业担保贷款，财政部门可按照国家规定的贴息标准予以贴息。

享受财政贴息支持的创业担保贷款，作为借款人的个人和小微企业应通过人力资源社会保障部门的借款主体资格审核，持有相关身份证明文件，且经担保基金运营管理机构和经办银行审核后，具备相关创业能力，符合相关担保和贷款条件。

第十九条 专项资金贴息的个人创业担保贷款，最高贷款额度为10万元，贷款期限最长不超过3年，贷款利率可在贷款合同签订日贷款基础利率的基础上上浮一定幅度，具体标准为贫困地区（含国家扶贫开发工作重点县、全国14个集中连片特殊困难地区，下同）上浮不超过3个百分点，中、西部地区上浮不超过2个百分点，东部地区上浮不超过1个百分点，实际贷款利率由经办银行在上述利率浮动上限内与创业担保贷款担保基金运营管理机构协商确定。除助学贷款、扶贫贷款、首套住房贷款、购车贷款以外，个人创业担保贷款申请人及其家庭成员（以户为单位）自提交创业担保贷款申请之日起向前追溯5年内，应没有商业银行其他贷款记录。

专项资金贴息的小微企业创业担保贷款，贷款额度由经办银行根据小微企业实际招用符合条件的人数合理确定，最高不超过200万元，贷款期限最长不超过2年，贷款利率由经办银行根据借款人的经营状况、信用情况等与借款人协商确定。对已享受财政部门贴息支持的小微企业创业担保贷款，政府不再通过创业担保贷款担保基金提供担保形式的支持。

第二十条 创业担保贷款财政贴息，在国家规定的贷款额度、利率和贴息期限内，按照实际的贷款额度、利率和计息期限计算。其中，对贫困地区符合条件的个人创业担保贷款，财政部门给予全额贴息；对其他地区符合条件的个人创业担保贷款，财政部门第1年给予全额贴息，第2年贴息2/3，第3年贴息1/3。对符合条件的小微企业创业担保贷款，财政部门按照贷款合同签订日贷款基础利率的50%给予贴息。对展期、逾期的创业担保贷款，财政部门不予贴息。

经省级或计划单列市人民政府同意，各地可适当放宽创业担保贷款借款人条件、提高贷款利率上限，相关创业担保贷款由地方财政部门自行决定贴息，具体贴息标准和条件由各省（区、市）结合实际予以确定，因此而产生的贴息资金支出由地方财政部门全额承担。对地方财政部门自行安排贴息的创业担保贷款，要与中央财政贴息支持的创业担保贷款分离管理，分账核算，并纳入创业担保贷款财政贴息资金管理信息系统统一管理。

第二十一条 经办银行按照国家财务会计制度和创业担保贷款政策有关规定，计算创业担保贷款应贴息金额，按季度向地市级财政部门申请贴息资金。地市级财政部门审核通过后，在1个月内向经办银行拨付。对省直管县，经省级财政部门同意，可由县级财政部门负责相关贴息资金审核拨付工作。

第二十二条 建立创业担保贷款奖励机制。按各地当年新发放创业担保贷款总额的1%，奖励创业担保贷款工作成效突出的经办银行、创业担保贷款担保基金运营管理机构等单位，用于其工作经费补助。

创业担保贷款奖励性补助资金的奖励基数，包括经省级人民政府同意、由地方财政部门自行决定贴息的创业担保贷款。对主要以基础利率或低于基础利率发放贷款的经办银行，各地财政部门可在奖励资金分配上给予适度倾斜。

第二十三条 本章所称创业担保贷款，是指以具备规定条件的创业者个人或小微企业为借款人,由创业担保贷款担保基金提供担保,由经办此项贷款的银行业金融机构发放,由财政部门给予贴息(小微企业自行选择贴息或担保中的一项),用于支持个人创业或小微企业扩大就业的贷款业务。

本章所称担保基金,是指由地方政府出资设立的,用于为创业担保贷款提供担保的专项基金。担保基金由政府指定的公共服务机构或其委托的融资性担保机构负责运营管理。

本章所称经办银行,是指由各级人民银行分支机构会同财政、人力资源社会保障部门通过公开招标等方式确定的为符合条件的个人和小微企业提供创业担保贷款的银行业金融机构。

第五章 政府和社会资本合作项目以奖代补政策

第二十四条 为吸引社会资本参与公共服务项目的投资、运营管理,提高公共服务供给能力和效率,专项资金安排支出用于对符合条件的PPP示范项目和转型为PPP项目的地方融资平台公司存量项目给予一定奖励,提高项目操作的规范性,保障项目实施质量,同时,鼓励融资平台公司化解存量地方政府债务。

第二十五条 PPP项目以奖代补政策面向中央财政PPP示范项目和转型为PPP项目的地方融资平台公司存量项目。其中,对中央财政PPP示范项目中的新建项目,财政部将在项目完成采购确定社会资本合作方后,按照项目投资规模给予一定奖励,具体为投资规模3亿元以下的项目奖励300万元,3亿元(含3亿元)至10亿元的项目奖励500万元,10亿元以上(含10亿元)的项目奖励800万元。对符合条件、规范实施的转型为PPP项目的地方融资平台公司存量项目,财政部将在择优评选后,按照项目转型实际化解存量地方政府债务(政府负有直接偿债责任的一类债务)规模的2%给予奖励。中央财政PPP示范项目中的存量项目,优先享受奖励资金支持。享受以奖代补政策支持的地方融资平台公司存量项目,通过转型为PPP模式化解的项目债务应属于清理甄别认定的截至2014年末的存量政府债务。

第二十六条 PPP项目以奖代补资金作为综合财力补助,纳入项目公司(或社会资本方)、融资平台公司收入统一核算。新建示范项目奖励资金由财政部门统筹用于项目前期费用补助等相关财政支出。

第二十七条 享受以奖代补政策支持的PPP项目,必须严格执行国务院和财政部等部门出台的一系列制度文件,科学编制实施方案,合理选择运作方式,认真做好评估论证,择优选择社会资本,加强项目实施监管,切实保障项目选择的适当性、交易结构的合理性、合作伙伴选择的竞争性、财政承受能力的中长期可持续性和项目实施的公开性。

项目采购要严格执行《中华人民共和国政府采购法》、《政府和社会资本合作项目政府采购管理办法》(财库〔2014〕215号)等规定,充分引入竞争机制,保证项目实施质量。项目合同约定的政府和社会资本合作期限原则上不低于10年。

享受以奖代补政策支持的PPP项目必须纳入财政部PPP综合信息平台项目库，并按规定将项目信息及获得的奖补资金信息录入PPP综合信息平台。

第二十八条 不符合示范项目要求被调出示范项目名单的项目，采用建设－移交（BT）方式的项目，通过保底承诺、回购安排、明股实债、融资租赁等方式进行变相融资的项目，以及合同变更成本高、融资结构调整成本高、原债权人不同意转换、不能化解政府债务风险、不能降低项目债务成本、不能实现物有所值的地方融资平台公司存量转型项目，不享受以奖代补政策支持。已经在其他中央财政专项资金中获得奖励性资金支持的PPP项目，不再纳入以奖代补政策奖励范围。

第二十九条 申请以奖代补资金支持的PPP项目，应按规定向地方财政部门报送专项资金申请材料，经省级财政部门汇总审核后报送财政部。申请材料包括以奖代补资金申请书、项目规范实施承诺书、项目实施方案、物有所值评价报告、财政承受能力论证报告、采购文件、合同文本等重要资料，以及与以奖代补资金申请或审核相关的其他材料。

第三十条 对省级财政部门报送的PPP项目以奖代补专项资金申请材料，财政部将组织专家进行综合评审，择优选定符合以奖代补政策支持条件的项目。

PPP项目评审采取集中封闭方式，由专家组对省级财政部门报送的备选项目进行定性和定量评审。评审专家组由PPP领域的咨询机构、学术机构、财务、法律、行业等方面的外部专家，以及财政部门、行业主管部门等政府机构的内部专家共同组成，开展评审时从专家库中随机抽取。项目评审实行回避原则，评审专家不对自身或所在单位参与的项目进行评审。

定性评审侧重审查项目合规性，主要包括主体合规、客体合规、程序合规等。其中，国有企业和融资平台公司作为政府方签署PPP项目合同的项目，以及未按照国家有关规定要求剥离政府性债务并明确公告不再承担地方政府举债融资职能的本地融资平台公司作为社会资本方的项目，不符合主体合规要求。

定量评审侧重审查项目质量，主要包括申报材料的规范性、项目实施方案的合理性、财政中长期的可持续性、项目采用PPP模式的适用性、项目融资的可获得性、项目的实施进度、项目的示范推广价值、化解债务或增加公共服务供给的有效性等。

项目评审由财政部PPP工作领导小组办公室和PPP中心共同制定评审方案，并具体负责组织实施。经专家组评审形成初步评审结果后，报财政部PPP工作领导小组审核。审核通过后形成最终评审结果，由财政部按规定向省级财政部门拨付奖励资金。

第三十一条 享受以奖代补政策支持的PPP项目所在地财政部门要认真做好项目物有所值评价和财政承受能力论证，有效控制政府支付责任，合理确定财政补助金额。省级财政部门要统计监测相关项目的政府支付责任，加强对项目合同执行的监督管理，督促下级财政部门严格履行合同约定，有效保护社会资本合法权益，切实维护政府信用。

对以奖代补政策支持的PPP项目，有关省级财政部门要切实履行财政职能，因地制宜、主动作为，会同项目实施单位和有关部门，为项目的规范实施创造良好环境。积极推动项目加快实施进度，确保项目规范实施、按期落地，形成一批管理水平高、化债效果好、产出结果优、示范效应强的样板项目。

第六章　资金分配和拨付

第三十二条　专项资金由财政部按照各地区可予奖励的县域金融机构涉农贷款平均余额增量、可予补贴的农村金融机构贷款平均余额、创业担保贷款贴息及奖补资金需求、符合条件的中央财政PPP示范项目投资规模和地方融资平台公司存量项目转型化债规模等因素进行分配。具体计算公式如下：

分配给某地区的专项资金总额＝[（经核定该地区可予奖励的县域金融机构涉农贷款平均余额增量×该地区中央财政分担比例）÷∑（经核定各地区可予奖励的县域金融机构涉农贷款平均余额增量×相应地区中央财政分担比例）×相应权重＋（经核定该地区可予补贴的农村金融机构贷款平均余额×该地区中央财政分担比例）÷∑（经核定各地区可予补贴的农村金融机构贷款平均余额×相应地区中央财政分担比例）×相应权重＋（经核定该地区创业担保贷款贴息及奖补资金需求×该地区中央财政分担比例）÷∑（经核定各地区创业担保贷款贴息及奖补资金需求×相应地区中央财政分担比例）×相应权重＋经核定该地区PPP项目以奖代补资金需求÷∑经核定各地区PPP项目以奖代补资金需求×相应权重]×（本年专项资金总规模＋∑上年末各地区结余专项资金规模）－该地区上年末结余专项资金规模。

各地区可予奖励的县域金融机构涉农贷款平均余额增量、可予补贴的农村金融机构贷款平均余额、创业担保贷款贴息及奖补资金需求依据各地财政部门上报情况和财政部驻当地财政监察专员办事处（以下简称专员办）审核意见确定。各地区PPP项目以奖代补资金需求依据各地财政部门上报情况、当地专员办审核意见、PPP项目以奖代补专家评审结果确定。相应权重根据上年各方向资金使用情况、中央财政预算安排等因素综合确定。

省级财政部门应参照中央财政的分配方法，在预算规模内合理确定本地区专项资金分配方案，科学规划专项资金各支出方向的资金安排，确保各支出方向的资金总体均衡，统筹兼顾本地普惠金融各领域发展需要，切实提高专项资金使用效益。

第三十三条　用于PPP项目以奖代补的资金由中央财政从专项资金中全额安排，其他领域资金由中央和地方财政共担，东、中、西部地区中央财政与地方财政的分担比例分别为3∶7、5∶5、7∶3。地方财政分担资金应主要由省级财政安排，原则上东、中、西部地区省级财政负担比例应分别占地方财政分担资金总额的30%、

50%、70% 以上，市、县级财政分担比例由省级财政部门统筹确定。

对未按规定分担资金的地区，经当地专员办或审计部门书面确认后，取消下年度获得相关使用方向中央财政资金的资格。

第三十四条 财政部可以根据专项资金使用情况、中央与地方事权和支出责任划分情况、中央和地方财力情况等，适时调整专项资金分配方法和中央与地方财政分担比例。

第三十五条 省级财政部门负责汇总审核辖区内专项资金申请材料，于每年3月31日前报送财政部和专员办。申请材料包括本年度专项资金申请情况说明、专项资金申请明细表、中央对地方专项转移支付区域绩效目标申报表、省级财政部门审核意见、上年度专项资金使用情况报告，以及与专项资金申请或审核相关的其他材料。

对未按规定时间报送专项资金申请材料的地区，财政部和专员办不予受理，视同该年度不申请专项资金处理。

第三十六条 专员办对省级财政部门报送的专项资金申请材料进行审核，于每年4月30日前出具审核意见报送财政部，并抄送省级财政部门。

专员办应对省级财政部门报送的相关材料进行认真审核，根据实际需要开展相应的核查工作。在审核过程中发现严重弄虚作假或重大违规等问题，及时向财政部报告。

第三十七条 财政部结合专员办审核意见，对省级财政部门报送的专项资金申请材料进行审核后，按规定向省级财政部门下达专项资金预算，并抄送当地专员办。

对上年末专项资金结余的地区，财政部将减少安排该地区下一年度专项资金的数额。

第三十八条 省级财政部门收到中央财政下达的专项资金预算后，应参照中央财政的分配方案，结合本地区实际情况，及时将专项资金予以统筹安排，并编制专项资金的审核、拨付和使用情况报告报送财政部备案，并抄送当地专员办。

第三十九条 专项资金的支付，按照国库集中支付制度有关规定执行。专项资金的预算公开，按照中央对地方专项转移支付信息公开管理制度有关规定执行。

第七章 预算监管和绩效管理

第四十条 本办法涉及的银行业金融机构、担保基金运营管理机构、地方融资平台公司、PPP项目实施机构等相关单位应当如实统计和上报专项资金申请涉及的各项基础数据，对各项基础数据的真实性、合规性负责，并对所属分支机构加强监管。

第四十一条 各级财政部门应当加强对专项资金申请、审核、拨付的组织、协调和管理工作，并会同有关部门对专项资金申请的真实性、合规性以及审核拨付、使用情况加强检查,对检查中发现的问题及时处理和反映,保证专项资金政策落到实处。

第四十二条 专员办应当按照有关政策规定,对专项资金的申请、分配、使用情况进行监管,加强实地抽查,出具意见作为中央和省级财政部门拨付专项资金的依据,并作为调整下年度专项资金分配的重要参考。

第四十三条 财政部门及其派出机构应当加强实地抽查力度,对查出以前年度虚报材料、骗取专项资金的,应当及时予以追回。对被骗取的专项资金,由地方政府有关部门自行查出的,由同级政府财政部门收回。由中央有关部门组织查出的,由省级财政部门负责追回并及时上缴中央财政。

第四十四条 地方各级财政部门及其工作人员、申报使用专项资金的部门、单位及个人有下列行为之一的,依照《中华人民共和国预算法》、《财政违法行为处罚处分条例》等有关法律法规予以处理、处罚,并视情况提请同级政府进行行政问责:

(一)专项资金分配方案制定和复核过程中,有关部门及其工作人员违反规定,擅自改变分配方法、随意调整分配因素以及向不符合条件的单位(或项目)分配资金的;

(二)以虚报冒领、重复申报、多头申报、报大建小等手段骗取专项资金的;

(三)滞留、截留、挤占、挪用专项资金的;

(四)擅自超出规定的范围或者标准分配或使用专项资金的;

(五)未履行管理和监督职责,致使专项资金被骗取、截留、挤占、挪用,或资金闲置沉淀的;

(六)拒绝、干扰或者不予配合有关专项资金的预算监管、绩效评价、监督检查等工作的;

(七)对提出意见建议的单位和个人、举报人、控告人打击报复的;

(八)其他违反专项资金管理的行为。

涉嫌犯罪的,移送司法机关处理。

第四十五条 对未能独立客观地发表意见,在专项资金申请、评审等有关工作中存在虚假、伪造行为的第三方,按照有关法律法规的规定进行处理。

第四十六条 各级财政部门应当按照预算绩效管理的有关规定加强专项资金绩效管理,建立健全全过程预算绩效管理机制。按照《中央对地方专项转移支付绩效目标管理暂行办法》(财预〔2015〕163号)等规定,设定专项资金绩效目标及相应的绩效指标,加强对绩效目标的审核,并将审核确认后的绩效目标予以下达。强化专项资金绩效目标执行监控,确保绩效目标如期实现。按要求开展绩效评价,将绩效评价结果作为完善政策和资金分配的参考依据,不断提高财政资金使用效益,更好地支持普惠金融发展。

第四十七条 地方各级财政部门应当逐步探索建立普惠金融指标体系,对辖区内普惠金融发展状况进行科学评价,为完善专项资金管理制度提供决策参考。

第八章 附 则

第四十八条 中央财政对新疆生产建设兵团专项资金的分配、拨付、使用、管理,以及相关申请材料的申报与审核,参照本办法规定执行。

第四十九条 省级财政部门及新疆生产建设兵团财务局要根据本办法,结合实际制定专项资金管理实施细则,并报送财政部备案。

第五十条 本办法自印发之日起施行,有效期3年。《财政县域金融机构涉农贷款增量奖励资金管理办法》(财金〔2010〕116号)、《农村金融机构定向费用补贴资金管理办法》(财金〔2014〕12号)、《小额担保贷款财政贴息资金管理办法》(财金〔2008〕100号)同时废止。

附件:1. 普惠金融发展专项资金申报表(略)
　　　2. 普惠金融发展专项资金申报表填表说明

附件2:

普惠金融发展专项资金申报表填表说明

一、_____省(区、市)_____年普惠金融发展专项资金申报表(表1)填表说明

(一)县域金融机构涉农贷款增量奖励。

1. "_____年涉农贷款发放额"填写上年本省(区、市)符合奖励条件的县域金融机构发放的涉农贷款总规模。其中,涉农贷款是指符合《涉农贷款专项统计制度》(银发〔2007〕246号)中"涉农贷款汇总情况统计表"(银统379表)中的"农户贷款"、"农村企业及各类组织农林牧渔业贷款"和"农村企业及各类组织支农贷款"3类贷款。比如,报送2016年的专项资金申报表,则填写2015年相关机构符合条件的涉农贷款发放额。

2. "_____年涉农贷款平均余额"填写上年本省(区、市)符合奖励条件的县域金融机构涉农贷款平均余额的合计数。单家机构的涉农贷款平均余额为该机构上年每个月末的涉农贷款余额之和除以月数。如果县域金融机构为当年新设,则涉农贷款平均余额为自其开业之月(含)起每个月末的涉农贷款余额平均值。

3. "可予奖励的机构家数"填写上年本省(区、市)符合涉农贷款增量奖励条件的县域金融机构数量。

4. "可予奖励的涉农贷款增量"填写上年本省(区、市)符合涉农贷款增量奖励条件可给予奖励的涉农贷款增量规模。如果县域金融机构为当年新设,则涉农

贷款平均余额为自其开业之月（含）起每个月末的涉农贷款余额平均值，可予奖励的涉农贷款增量按照当年涉农贷款平均余额的50%核算。

5．"＿＿＿＿＿年奖励资金需求"填写按照2%的奖励上限测算的本省（区、市）预计的本年县域金融机构涉农贷款增量奖励资金规模。其中，小计＝中央财政分担金额＋地方财政分担金额。比如，报送2016年的专项资金申报表，则填写预计2016年的涉农贷款增量奖励资金需求规模。

6．"上年本项下实际使用奖励资金"填写本省（区、市）上年实际执行的县域金融机构涉农贷款增量奖励资金规模。其中，小计＝中央财政分担金额＋地方财政分担金额。

7．"上年末本项下结余中央财政专项资金"填写上年末本省（区、市）各级地方财政结余的中央财政拨付的县域金融机构涉农贷款增量奖励资金规模。

（二）农村金融机构定向费用补贴。

1．"＿＿＿＿＿年贷款发放额"填写上年本省（区、市）符合补贴条件的新型农村金融机构和西部基础金融服务薄弱地区的银行业金融机构（网点）所发放的贷款规模。

2．"＿＿＿＿＿年贷款平均余额"填写上年本省（区、市）符合补贴条件的新型农村金融机构和西部基础金融服务薄弱地区的银行业金融机构（网点）月均贷款平均余额的合计数。单家机构的月均涉农贷款平均余额为该机构上年每个月末的贷款余额之和除以月数。如果金融机构为当年新设，则贷款平均余额为自其开业之月（含）起每个月末的贷款余额平均值。

3．"可予补贴的机构家数"填写上年本省（区、市）符合农村金融机构定向费用补贴条件的机构数量。

4．"可予补贴的贷款余额"填写上年本省（区、市）符合农村金融机构定向费用补贴条件可给予补贴的贷款余额。

5．"＿＿＿＿＿年补贴资金需求"填写按照2%的补贴上限测算的本省（区、市）预计的本年农村金融机构定向费用补贴资金规模。其中，小计＝中央财政分担金额＋地方财政分担金额。

6．"上年本项下实际使用补贴资金"填写本省（区、市）上年实际执行的农村金融机构定向费用补贴资金规模。其中，小计＝中央财政分担金额＋地方财政分担金额。

7．"上年末本项下结余中央财政专项资金"填写上年末本省（区、市）各级地方财政结余的中央财政拨付的农村金融机构定向费用补贴资金规模。

（三）创业担保贷款贴息及奖补。

1．"＿＿＿＿＿年创业担保贷款发放额"填写本省（区、市）上年发放的创业担保贷款规模。比如，报送2016年的专项资金申报表，则填写2015年创业担保贷款发放规模。

2."＿＿＿＿＿年末创业担保贷款余额"填写本省（区、市）上年末的创业担保贷款余额。

3."＿＿＿＿＿年末担保基金余额"填写本省（区、市）上年末的创业担保贷款担保基金规模。

4."＿＿＿＿＿年创业担保贷款贴息和奖补资金需求"填写本省（区、市）预计的本年创业担保贷款贴息资金和奖励性补助资金规模。其中，小计＝贴息资金（中央财政给予贴息支持的贷款）＋贴息资金（地方财政自行安排贴息的贷款）＋奖补资金。贴息资金（中央财政给予贴息支持的贷款）和奖补资金均包括中央财政和地方财政按比例各自分担的部分。奖补资金基于上年创业担保贷款发放额（含地方财政自行安排贴息的贷款）测算。

5."上年本项下实际使用贴息和奖补资金"填写本省（区、市）上年实际执行的创业担保贷款项下的贴息和奖补资金规模，包括中央财政和地方财政各自安排的部分。其中，小计＝贴息资金＋奖补资金。

6."上年末本项下结余中央财政专项资金"填写上年末本省（区、市）各级地方财政结余的中央财政拨付的创业担保贷款贴息和奖补资金规模。

（四）政府和社会资本合作项目以奖代补。

1."新建示范项目数量"填写本省（区、市）纳入中央财政PPP示范项目范围的新建项目数量。

2."＿＿＿＿＿年完成政府采购的新建示范项目数量"中的"小计"填写本省（区、市）上年完成项目政府采购确定社会资本合作方的中央财政PPP新建示范项目数量。比如，报送2016年的专项资金申报表，则填写2015年完成政府采购的新建示范项目数量。"其中：投资规模3亿元以下项目数量"、"投资规模3亿元（含）至10亿元的项目数量"、"投资规模10亿元（含）以上的项目数量"分别填写符合相应投资规模要求的上年完成项目政府采购确定社会资本合作方的新建示范项目数量。

3."新建中央财政PPP示范项目"中的"＿＿＿＿＿年奖励资金需求"填写本省（区、市）本年申请的中央财政新建PPP示范项目奖励资金规模，具体金额依据上年新建示范项目实施情况测算。

4."本年申请奖励的存量转型项目数量"填写本省（区、市）上年符合基本奖励条件的转型为PPP项目的地方融资平台公司存量项目数量。

5."转型项目中纳入中央财政示范项目的数量"填写本省（区、市）上年符合基本奖励条件的地方融资平台公司存量转型项目中纳入中央财政PPP示范项目的数量。

6."转型前项目存量地方政府债务规模"填写本省（区、市）上年所有符合奖励条件的存量转型项目相关存量地方政府债务（政府负有直接偿债责任的一类债务）规模，相关债务须已纳入财政部地方政府债务管理系统，属于清理甄别认定的截至 2014 年末的存量政府债务。

7. "转型实际化解项目存量地方政府债务规模"填写本省（区、市）上年所有符合基本奖励条件的存量转型项目通过转型为 PPP 项目实际化解的存量地方政府债务（政府负有直接偿债责任的一类债务）规模。

8. "项目转型化债比例"填写本省（区、市）上年所有符合基本奖励条件的存量转型项目通过转型实际化解的存量地方政府债务规模与项目转型前存量地方政府债务规模的比例。

9. "转型为 PPP 项目的地方融资平台公司存量项目"中的"＿＿＿＿＿＿年奖励资金需求"填写本省（区、市）本年申请的地方融资平台公司存量转型项目奖励资金规模，具体金额依据上年符合奖励条件的存量项目通过转型实际化解的存量地方政府债务规模测算。

10. "上年本项下实际使用奖励资金"填写本省（区、市）上年实际执行的 PPP 项目以奖代补项下的奖励资金规模。

11. "上年末本项下结余中央财政专项资金"填写上年末本省（区、市）各级财政结余的中央财政拨付的 PPP 项目以奖代补资金规模。

二、＿＿＿＿＿＿省（区、市）＿＿＿＿＿＿年县域金融机构涉农贷款增量奖励资金申请详情表（表2）填表说明

1. 分行政区统计填写本省（区、市）各县上年可给予涉农贷款增量奖励的县域金融机构相关数据。分机构统计填写本省（区、市）上年所有县域金融机构相关数据。其中，县域金融机构是指县级（含县、县级市、县级区，不含县级以上城市的中心区）区域内具有法人资格的金融机构和其他金融机构（不含农业发展银行）在县及县以下的分支机构。

2. "＿＿＿＿＿＿年涉农贷款发放额"，分行政区统计填写本省（区、市）各县上年符合奖励条件的县域金融机构的涉农贷款发放额及其同比变动比例，分机构统计填写本省（区、市）上年所有县域金融机构的涉农贷款发放额及其同比变动比例。其中，涉农贷款是指符合《涉农贷款专项统计制度》（银发〔2007〕246号）中"涉农贷款汇总情况统计表"（银统 379 表）中的"农户贷款"、"农村企业及各类组织农林牧渔业贷款"和"农村企业及各类组织支农贷款"3 类贷款。

3. "＿＿＿＿＿＿年涉农贷款平均余额"，分行政区统计填写本省（区、市）各县上年符合奖励条件的县域金融机构的涉农贷款平均余额及其同比变动比例，分机构统计填写本省（区、市）上年所有县域金融机构涉农贷款平均余额及其同比变动比例。单家机构的涉农贷款平均余额为该机构上年每个月末的涉农贷款余额之和除以月数。如果县域金融机构为当年新设，则涉农贷款平均余额为自其开业之月（含）起的每个月末的涉农贷款余额平均值。

4. "可予奖励的机构家数"填写本省（区、市）各县上年符合涉农贷款增量奖励条件的机构数量。

5. "上年结余奖励资金"填写本省（区、市）各县上年末结余的中央财政拨付的涉农贷款增量奖励资金规模。

6. "_____年末不良贷款率"填写本省（区、市）各县域金融机构上年末的不良贷款率及其同比变动比例。

7. "是否符合奖励条件"，上年符合奖励条件的县域金融机构填写"是"，否则填写"否"。

8. "可予奖励的涉农贷款增量"，分行政区统计填写本省（区、市）各县上年符合涉农贷款增量奖励条件可给予奖励的涉农贷款增量规模，分机构统计填写本省（区、市）各县域金融机构上年符合涉农贷款增量奖励条件可给予奖励的涉农贷款增量规模，不符合条件的机构该栏填写"0"。

9. "奖励资金"，分行政区统计填写按照2%的奖励上限测算的预计本省（区、市）各县本年的涉农贷款增量奖励资金规模。其中，小计＝中央财政分担金额＋地方财政分担金额。分机构统计填写按照2%的奖励上限测算的预计本省（区、市）各县域金融机构本年的涉农贷款增量奖励资金规模。

三、_____省（区、市）_____年农村金融机构定向费用补贴资金申请详情表（表3）填表说明

1. 分行政区统计填写本省（区、市）各县上年可给予农村金融机构定向费用补贴的新型农村金融机构、西部基础金融服务薄弱地区金融机构（网点）相关数据。分机构统计填写本省（区、市）上年所有新型农村金融机构、西部基础金融服务薄弱地区金融机构（网点）相关数据，位于西部基础金融服务薄弱地区的新型农村金融机构，需要同时在新型农村金融机构和基础金融服务薄弱地区金融机构两部分填报数据，相关贷款发放额、贷款平均余额等数据的合计数，要剔除新型农村金融机构和基础金融服务薄弱地区金融机构两部分重合的数据。

2. "_____年贷款发放额"，分行政区统计填写本省（区、市）各县上年符合补贴条件的新型农村金融机构和西部基础金融服务薄弱地区金融机构（网点）的贷款发放额及其同比变动比例，分机构统计填写本省（区、市）上年所有新型农村金融机构和西部基础金融服务薄弱地区金融机构（网点）的贷款发放额及其同比变动比例。

3. "_____年贷款平均余额"，分行政区统计填写本省（区、市）各县上年符合补贴条件的新型农村金融机构和西部基础金融服务薄弱地区金融机构（网点）的贷款平均余额及其同比变动比例，分机构统计填写本省（区、市）上年所有新型农村金融机构和西部基础金融服务薄弱地区金融机构（网点）的贷款平均余额及其同比变动比例。单家机构的贷款平均余额为该机构上年每个月末的贷款余额之和除以月数。如果金融机构为当年新设，则贷款平均余额为自其开业之月（含）起每个月末的贷款余额平均值。

4. "可予补贴的机构家数"填写本省（区、市）各县上年符合补贴条件的新

型农村金融机构、西部基础金融服务薄弱地区金融机构（网点）数量。

5. "涉农及小微企业贷款占比"填写本省（区、市）各新型农村金融机构和西部基础金融服务薄弱地区金融机构（网点）上年涉农贷款和小微企业贷款平均余额占全部贷款平均余额的比例。单家机构的相关贷款平均余额为该机构上年每个月末的相关贷款余额之和除以月数。涉农贷款是指符合《涉农贷款专项统计制度》（银发〔2007〕246号）规定的涉农贷款，不包括金融机构的票据贴现、对非存款类金融机构的拆放款项，以及自上年度开始以来从其他金融机构受让的信贷资产。小微企业，是指符合《中小企业划型标准规定》（工信部联企业〔2011〕300号）规定的小型、微型企业。

6. "＿＿＿＿年末存贷比"填写本省（区、市）相关金融机构上年末存贷比。贷款公司和农村资金互助社不需填写该栏。

7. "是否符合补贴条件"，上年符合补贴条件的新型农村金融机构、西部基础金融服务薄弱地区金融机构（网点）填写"是"，否则填写"否"。

8. "可予补贴的贷款余额"，分行政区统计填写本省（区、市）各县上年符合条件的新型农村金融机构和西部基础金融服务薄弱地区金融机构（网点）可给予补贴的贷款余额，分机构统计填写本省（区、市）各新型农村金融机构和西部基础金融服务薄弱地区金融机构（网点）可给予补贴的贷款余额，不符合补贴条件的金融机构该栏填写"0"。位于基础金融服务薄弱地区的新型农村金融机构及网点，如果符合新型农村金融机构补贴条件，在新型农村金融机构补贴部分如实填写可予补贴的贷款余额，在基础金融服务薄弱地区金融机构部分"可予补贴的贷款余额"填写"0"，并在备注栏中说明。如果不符合新型农村金融机构的补贴条件，则在基础金融服务薄弱地区金融机构部分如实填写可予补贴的贷款余额。

9. "上年结余补贴资金"填写本省（区、市）各县上年末结余的中央财政拨付的定向费用补贴资金规模。

10. "补贴资金"，分行政区统计填写按照2%的补贴上限测算的预计本省（区、市）各县本年的定向费用补贴资金规模。其中，小计＝中央财政分担金额＋地方财政分担金额。分机构统计填写按照2%的补贴上限测算的预计本省（区、市）各金融机构本年的定向费用补贴资金规模。

四、＿＿＿＿省（区、市）＿＿＿＿年创业担保贷款贴息及奖补资金申请详情表（表4）填表说明

1. "上年贷款发放额"填写上年本省（区、市）发放的创业担保贷款规模，并分项填写个人贷款和小微企业贷款，以及中央财政给予贴息支持的贷款和地方财政自行安排贴息的贷款的发放规模。其中年度贷款发放额＝个人贷款发放额＋小微企业贷款发放额＝中央财政给予贴息支持的贷款＋地方财政自行安排贴息的贷款。比如，报送2016年的资金申请表，则填写2015年相关创业担保贷款发放额。

2. "年末贷款余额"填写上年末本省（区、市）创业担保贷款余额，并分项

填写个人贷款和小微企业贷款,以及中央财政给予贴息支持的贷款和地方财政自行安排贴息的贷款的年末余额。如果贷款余额中包括逾期贷款和展期贷款,须用文字说明逾期贷款和展期贷款金额。

3. "年度贷款发放笔数"填写上年本省(区、市)发放的创业担保贷款笔数,并分项填写个人贷款和小微企业贷款,以及中央财政给予贴息支持的贷款和地方财政自行安排贴息的贷款的发放笔数。

4. "年末未解除还款责任的贷款笔数"填写上年末本省(区、市)尚未解除借款人还款责任的创业担保贷款笔数,包括逾期贷款和展期贷款。

5. "中央财政拨付贴息资金"填写上年中央财政拨付的地方统筹用于创业担保贷款贴息的资金规模。

6. "地方财政安排贴息资金"填写上年地方财政在预算中安排的创业担保贷款贴息资金规模,并分项填写省级财政部门和省级以下财政部门安排的贴息资金规模。

7. "应支付给经办银行的贴息资金"填写上年地方财政应支付给经办银行的创业担保贷款贴息资金规模,包括中央财政拨付的贴息资金和地方财政预算安排的贴息资金。

8. "实际支付给经办银行的贴息资金"填写上年地方财政实际拨付给经办银行的创业担保贷款贴息资金规模,包括中央财政拨付的贴息资金和地方财政预算安排的贴息资金。

9. "年末结余贴息资金"填写上年末各级地方财政结余的创业担保贷款贴息资金规模,包括中央财政拨付的贴息资金结余情况和地方财政预算安排的贴息资金结余情况。

10. "中央财政拨付奖补资金"填写上年中央财政拨付的地方统筹用于创业担保贷款奖励性补助的资金规模。

11. "地方财政安排奖补资金"填写上年地方财政在预算中安排的创业担保贷款奖补资金规模,并分项填写省级财政部门和省级以下财政部门安排的奖补资金规模。

12. "实际使用奖补资金"填写上年地方财政实际拨付给奖补对象的创业担保贷款奖补资金规模,包括中央财政拨付的奖补资金和地方财政预算安排的奖补资金。

13. "年末结余奖补资金"填写上年末各级地方财政结余的创业担保贷款奖补资金规模,包括中央财政拨付的奖补资金结余情况和地方财政预算安排的奖补资金结余情况。

14. "年末担保基金规模"填写本省(区、市)上年末创业担保贷款担保基金规模。

15. "年度增加的担保基金规模"填写本省(区、市)上年增加的创业担保贷款担保基金。比如,填报2016年数据则为2015年末的担保基金规模与2014年末担保基金规模的差额。

16. "预计本年贷款发放额"填写预计本省（区、市）本年创业担保贷款发放规模，并分项填写个人贷款和小微企业贷款，以及中央财政给予贴息支持的贷款和地方财政自行安排贴息的贷款的预计发放规模。

17. "申请中央财政贴息资金"填写本省（区、市）本年申请中央财政拨付的创业担保贷款贴息资金规模。

18. "申请中央财政奖补资金"填写本省（区、市）本年申请中央财政拨付的创业担保贷款奖励性补助资金规模，具体金额依据上年创业担保贷款发放情况测算。

19. 本表国有商业银行、股份制商业银行、城市商业银行、农商行和农合行、农村信用社、其他机构的范围按照中国银行业监督管理委员会关于国内银行业金融机构的有关分类执行。

五、_____省（区、市）_____年PPP项目以奖代补资金申请详情表（表5）填表说明

1. "项目领域"填写项目所在的公共服务领域，具体行业与PPP综合信息平台保持一致，共包括19个一级行业，分别是能源、交通运输、水利建设、生态建设和环境保护、市政工程、片区开发、农业、林业、科技、保障性安居工程、旅游、医疗卫生、养老、教育、文化、体育、社会保障、政府基础设施和其他。

2. "项目转型前存量地方政府债务规模"填写本省（区、市）上年符合基本奖励条件的存量转型项目相关存量地方政府债务（政府负有直接偿债责任的一类债务）规模，相关债务须已纳入财政部地方政府债务管理系统，属于清理甄别认定的截至2014年末的存量政府债务。

3. "项目转型实际化解存量地方政府债务规模"填写本省（区、市）上年符合基本奖励条件的存量转型项目通过转型为PPP项目实际化解的存量地方政府债务（政府负有直接偿债责任的一类债务）规模。

4. "PPP运作方式"填写PPP项目采取的具体运作方式，具体包括委托运营（O&M）、管理合同（MC）、建设－运营－移交（BOT）、建设－拥有－运营（BOO）、转让－运营－移交（TOT）、改建－运营－移交（ROT）和其他。

5. "是否通过物有所值评价"和"是否通过财政承受能力论证"，通过物有所值评价和财政承受能力论证的PPP项目填写"是"，否则填写"否"。

6. "政府采购方式"填写项目采购的具体方式，包括公开招标、邀请招标、竞争性谈判、竞争性磋商和单一来源采购。

7. "PPP项目合同签订时间"填写项目完成采购签署PPP项目合同的时间，须填写至×年×月×日。

8. "项目合作期限"填写项目合同明确的项目合作期限，不满整年的须填写至月。

9. "申请奖励资金额度"填写符合基本奖励条件的PPP项目本年按规定测算的以奖代补资金规模。

财政部关于在公共服务领域深入推进政府和社会资本合作工作的通知

(财金〔2016〕90号)

各省、自治区、直辖市、计划单列市财政厅（局），新疆生产建设兵团财务局：

为进一步贯彻落实党中央、国务院工作部署，统筹推进公共服务领域深化政府和社会资本合作（PPP）改革工作，提升我国公共服务供给质量和效率，巩固和增强经济持续增长动力，现将有关事项通知如下：

一、大力践行公共服务领域供给侧结构性改革。各级财政部门要联合有关部门，继续坚持推广 PPP 模式"促改革、惠民生、稳增长"的定位，切实践行供给侧结构性改革的最新要求，进一步推动公共服务从政府供给向合作供给、从单一投入向多元投入、从短期平衡向中长期平衡转变。要以改革实现公共服务供给结构调整，扩大有效供给，提高公共服务的供给质量和效率。要以改革激发社会资本活力和创造力，形成经济增长的内生动力，推动经济社会持续健康发展。

二、进一步加大 PPP 模式推广应用力度。在中央财政给予支持的公共服务领域，可根据行业特点和成熟度，探索开展两个"强制"试点。在垃圾处理、污水处理等公共服务领域，项目一般有现金流，市场化程度较高，PPP 模式运用较为广泛，操作相对成熟，各地新建项目要"强制"应用 PPP 模式，中央财政将逐步减少并取消专项建设资金补助。在其他中央财政给予支持的公共服务领域，对于有现金流、具备运营条件的项目，要"强制"实施 PPP 模式识别论证，鼓励尝试运用 PPP 模式，注重项目运营，提高公共服务质量。

三、积极引导各类社会资本参与。各级财政部门要联合有关部门营造公平竞争环境，鼓励国有控股企业、民营企业、混合所有制企业、外商投资企业等各类型企业，按同等标准、同等待遇参与 PPP 项目。要会同有关行业部门合理设定采购标准和条件，确保采购过程公平、公正、公开，不得以不合理的采购条件（包括设置过高或无关的资格条件，过高的保证金等）对潜在合作方实行差别待遇或歧视性待遇，着力激发和促进民间投资。对民营资本设置差别条款和歧视性条款的 PPP 项目，各级财政部门将不再安排资金和政策支持。

四、扎实做好项目前期论证。在充分论证项目可行性的基础上，各级财政部门要及时会同行业主管部门开展物有所值评价和财政承受能力论证。各级财政部门要聚焦公共服务领域，根据《国务院办公厅转发财政部 发展改革委 人民银行关于在公共服务领域推广政府和社会资本合作模式指导意见的通知》（国办发〔2015〕42号）规定，确保公共资金、资产和资源优先用于提升公共服务的质量和水平，按照政府采购法相关规定择优确定社会资本合作伙伴，切实防止无效投资和重复建设。要严格区分公共服务项目和产业发展项目，在能源、交通运输、市政工程、农业、林业、水利、环境保护、保障性安居工程、医疗卫生、养老、教育、科技、文化、体育、旅游等公共服务领域深化PPP改革工作，依托PPP综合信息平台，建立本地区PPP项目开发目录。

五、着力规范推进项目实施。各级财政部门要会同有关部门统筹论证项目合作周期、收费定价机制、投资收益水平、风险分配框架和政府补贴等因素，科学设计PPP项目实施方案，确保充分体现"风险分担、收益共享、激励相容"的内涵特征，防止政府以固定回报承诺、回购安排、明股实债等方式承担过度支出责任，避免将当期政府购买服务支出代替PPP项目中长期的支出责任，规避PPP相关评价论证程序，加剧地方政府财政债务风险隐患。要加强项目全生命周期的合同履约管理，确保政府和社会资本双方权利义务对等，政府支出责任与公共服务绩效挂钩。

六、充分发挥示范项目引领作用。各级财政部门要联合有关部门，按照"又快又实"、"能进能出"的原则，大力推动PPP示范项目规范实施。要积极为项目实施创造条件，加强示范项目定向辅导，指导项目单位科学编制实施方案，合理选择运作方式，择优选择社会资本，详细签订项目合同，加强项目实施监管，确保示范项目实施质量，充分发挥示范项目的引领性和带动性。要积极做好示范项目督导工作，推动项目加快实施，在一定期限内仍不具备签约条件的，将不再作为示范项目实施。

七、因地制宜完善管理制度机制。各级财政部门要根据财政部PPP相关制度政策，结合各地实际情况，进一步建立健全本地区推广实施PPP模式的制度政策体系，细化对地市及县域地区的政策指导。要结合内部职能调整，进一步整合和加强专门力量，健全机构建设，并研究建立部门间的PPP协同管理机制，进一步梳理PPP相关工作的流程环节，明确管理职责，强调按制度管理、按程序办事。

八、切实有效履行财政管理职能。各级财政部门要会同行业主管部门合理确定公共服务成本，统筹安排公共资金、资产和资源，平衡好公众负担和社会资本回报诉求，构建PPP项目合理回报机制。对于政府性基金预算，可在符合政策方向和相关规定的前提下，统筹用于支持PPP项目。对于使用者付费项目，涉及特许经营权的要依法定程序评估价值，合理折价入股或授予转让，切实防止国有资产流失。对于使用者付费完全覆盖成本和收益的项目，要依据合同将超额收益的政府方分成部分及时足额监缴入国库，并按照事先约定的价格调整机制，确保实现价格动态调整，切实减轻公众负担。

九、简政放权释放市场主体潜力。各级财政部门要联合有关部门，加强项目前期立项程序与PPP模式操作流程的优化与衔接，进一步减少行政审批环节。对于涉及工程建设、设备采购或服务外包的PPP项目，已经依据政府采购法选定社会资本合作方的，合作方依法能够自行建设、生产或者提供服务的，按照《招标投标法实施条例》第九条规定，合作方可以不再进行招标。

十、进一步加大财政扶持力度。各级财政部门要落实好国家支持公共服务领域PPP项目的财政税收优惠政策，加强政策解读和宣传，积极与中国政企合作投资基金做好项目对接，基金将优先支持符合条件的各级财政部门示范项目。鼓励各级财政部门因地制宜、主动作为，探索财政资金撬动社会资金和金融资本参与PPP项目的有效方式，通过前期费用补助、以奖代补等手段，为项目规范实施营造良好的政策环境。

十一、充分发挥PPP综合信息平台作用。各级财政部门要通过PPP综合信息平台加快项目库、专家库建设，增强监管能力和服务水平。要督促项目实施单位，依托PPP综合信息平台，及时向社会公开项目实施方案、合同、实施情况等信息。要加强信息共享，促进项目对接，确保项目实施公开透明、有序推进，保证项目实施质量。

各级财政部门要高度重视，切实发挥好统筹协调作用，主动与有关部门沟通合作，合力做好公共服务领域深化PPP改革工作，更好地汇聚社会力量增加公共服务供给。

财政部

二〇一六年十月十一日

财政部 教育部 科技部 工业和信息化部 民政部 人力资源社会保障部 国土资源部 环境保护部 交通运输部 水利部 农业部 商务部 文化部 卫生计生委 国家体育总局 国家林业局 国家旅游局 国家能源局 国家铁路局 中国民用航空局关于联合公布第三批政府和社会资本合作示范项目加快推动示范项目建设的通知

(财金〔2016〕91号)

各省、自治区、直辖市、计划单列市财政厅（局）、教育厅（局）、科学技术厅（局）、工业和信息化厅（局、委）、民政厅（局）、人力资源社会保障厅（局）、国土资源厅（局）、环境保护厅（局）、交通运输厅（局、委）、水利厅（局）、农业厅（局）、商务厅（局）、文化厅（局）、卫生和计划生育委员会、体育局、林业局、旅游局、能源局、铁路监督管理局、民用航空局，新疆生产建设兵团财务局、教育局、科技局、工业和信息化委员会、民政局、人力资源社会保障局、国土资源局、交通局、水利局、农业局、商务局、卫生局：

　　为进一步推进政府和社会资本合作（以下简称PPP）工作取得实质性进展，发挥示范项目引领作用，调动社会资本参与积极性，财政部会同相关部门联合启动了第三批政府和社会资本合作示范项目申报筛选工作。现将评审结果及有关事宜通知如下：

　　一、经有关省、自治区、直辖市、计划单列市和部委推荐及专家评审，现确定北京市首都地区环线高速公路（通州—大兴段）等516个项目作为第三批PPP示范项目（详见附件），计划总投资金额11708亿元。

二、示范项目所在省、自治区、直辖市、计划单列市财政部门和相关行业主管部门要高度重视，密切协作配合。按照国务院和财政部等部门出台的相关制度文件要求，依法择优选择社会资本，鼓励同等条件下优先选择民营资本；规范推进项目实施，落实示范项目责任制，建立对口联系和跟踪管理机制，确保示范项目实施质量。

三、各级财政部门要切实履行财政管理职能，积极为项目加快落地创造条件。要做好物有所值评价和财政承受能力论证工作，优化工作流程，提高效率；因地制宜给予前期费用补助、以奖代补等资金支持，协调推动示范项目与中国政企合作投资基金进行合作对接；会同有关部门统筹安排财政资金、国有资产等各类公共资产和资源，完善项目回报机制，激发社会资本参与热情。

四、各级财政部门要会同相关行业主管部门按照"又快又实"的示范项目管理要求，积极推动示范项目按期落地。第一批示范项目应于2016年底前完成采购，第二批示范项目应于2017年3月底前完成采购，逾期未完成采购的将调出示范项目名单；第三批示范项目原则上应于2017年9月底前完成采购。财政部将通过PPP综合信息平台加强对示范项目实施进度的动态跟踪，适时对外公布示范项目相关材料和信息，会同相关行业主管部门加强对示范项目的指导和监督。中央财政将对符合条件并完成采购的示范项目及时安排以奖代补资金。

五、PPP项目用地应当符合土地利用总体规划和年度计划，依法办理建设用地审批手续。在实施建设用地供应时，不得直接以PPP项目为单位打包或成片供应土地，应当依据区域控制性详细规划确定的各宗地范围、用途和规划建设条件，分别确定各宗地的供应方式：

（一）符合《划拨用地目录》的，可以划拨方式供应；

（二）不符合《划拨用地目录》的，除公共租赁住房和政府投资建设不以盈利为目的、具有公益性质的农产品批发市场用地可以作价出资方式供应外，其余土地均应以出让或租赁方式供应，及时足额收取土地有偿使用收入；

（三）依法需要以招标拍卖挂牌方式供应土地使用权的宗地或地块，在市、县国土资源主管部门编制供地方案、签订宗地出让（出租）合同、开展用地供后监管的前提下，可将通过竞争方式确定项目投资方和用地者的环节合并实施。

PPP项目主体或其他社会资本，除通过规范的土地市场取得合法土地权益外，不得违规取得未供应的土地使用权或变相取得土地收益，不得作为项目主体参与土地收储和前期开发等工作，不得借未供应的土地进行融资；PPP项目的资金来源与未来收益及清偿责任，不得与土地出让收入挂钩。

六、按照"能进能出"的示范项目管理原则，对不具备继续采取PPP模式实施条件的第一批和第二批部分示范项目予以调出，包括：天津新能源汽车公共充电设施网络项目、南京市垃圾处理设施项目、渭南市主城区集中供热项目和兰州市轨道交通2号线一期工程项目。

附件：第三批政府和社会资本合作示范项目名单（略）

财政部
教育部
科技部
工业和信息化部
民政部
人力资源社会保障部
国土资源部
环境保护部
交通运输部
水利部
农业部
商务部
文化部
卫生计生委
国家体育总局
国家林业局
国家旅游局
国家能源局
国家铁路局
中国民用航空局
二〇一六年十月十一日

财政部关于印发《政府和社会资本合作项目财政管理暂行办法》的通知

(财金〔2016〕92号)

各省、自治区、直辖市、计划单列市财政厅（局），财政部驻各省、自治区、直辖市、计划单列市财政监察专员办事处，新疆生产建设兵团财务局：

根据《预算法》、《政府采购法》及其实施条例、《企业国有资产法》、《国务院办公厅转发财政部　发展改革委　人民银行关于在公共服务领域推广政府和社会资本合作模式指导意见的通知》（国办发〔2015〕42号），为加强政府和社会资本合作项目财政管理，规范财政部门履职行为，保障合作各方合法权益，现印发《政府和社会资本合作项目财政管理暂行办法》。请遵照执行。

附件：政府和社会资本合作项目财政管理暂行办法

财政部

二〇一六年九月二十四日

附件：

政府和社会资本合作项目财政管理暂行办法

第一章 总　则

第一条　为加强政府和社会资本合作（简称PPP）项目财政管理，明确财政部门在PPP项目全生命周期内的工作要求，规范财政部门履职行为，保障合作各方合法权益，根据《预算法》、《政府采购法》、《企业国有资产法》等法律法规，制定本办法。

第二条　本办法适用于中华人民共和国境内能源、交通运输、市政公用、农业、林业、水利、环境保护、保障性安居工程、教育、科技、文化、体育、医疗卫生、养老、旅游等公共服务领域开展的各类PPP项目。

第三条　各级财政部门应当会同相关部门，统筹安排财政资金、国有资产等各类公共资产和资源与社会资本开展平等互惠的 PPP 项目合作，切实履行项目识别论证、政府采购、预算收支与绩效管理、资产负债管理、信息披露与监督检查等职责，保证项目全生命周期规范实施、高效运营。

第二章 项目识别论证

第四条 各级财政部门应当加强与行业主管部门的协同配合，共同做好项目前期的识别论证工作。

政府发起 PPP 项目的，应当由行业主管部门提出项目建议，由县级以上人民政府授权的项目实施机构编制项目实施方案，提请同级财政部门开展物有所值评价和财政承受能力论证。

社会资本发起 PPP 项目的，应当由社会资本向行业主管部门提交项目建议书，经行业主管部门审核同意后，由社会资本方编制项目实施方案，由县级以上人民政府授权的项目实施机构提请同级财政部门开展物有所值评价和财政承受能力论证。

第五条 新建、改扩建项目的项目实施方案应当依据项目建议书、项目可行性研究报告等前期论证文件编制；存量项目实施方案的编制依据还应包括存量公共资产建设、运营维护的历史资料以及第三方出具的资产评估报告等。

项目实施方案应当包括项目基本情况、风险分配框架、运作方式、交易结构、合同体系、监管架构等内容。

第六条 项目实施机构可依法通过政府采购方式委托专家或第三方专业机构，编制项目物有所值评价报告。受托专家或第三方专业机构应独立、客观、科学地进行项目评价、论证，并对报告内容负责。

第七条 各级财政部门应当会同同级行业主管部门根据项目实施方案共同对物有所值评价报告进行审核。物有所值评价审核未通过的，项目实施机构可对实施方案进行调整后重新提请本级财政部门和行业主管部门审核。

第八条 经审核通过物有所值评价的项目，由同级财政部门依据项目实施方案和物有所值评价报告组织编制财政承受能力论证报告，统筹本级全部已实施和拟实施 PPP 项目的各年度支出责任，并综合考虑行业均衡性和 PPP 项目开发计划后，出具财政承受能力论证报告审核意见。

第九条 各级财政部门应当建立本地区 PPP 项目开发目录，将经审核通过物有所值评价和财政承受能力论证的项目纳入 PPP 项目开发目录管理。

第三章 项目政府采购管理

第十条 对于纳入 PPP 项目开发目录的项目，项目实施机构应根据物有所值评价和财政承受能力论证审核结果完善项目实施方案，报本级人民政府审核。本级人民政府审核同意后，由项目实施机构按照政府采购管理相关规定，依法组织开展社会资本方采购工作。

项目实施机构可以依法委托采购代理机构办理采购。

第十一条 项目实施机构应当优先采用公开招标、竞争性谈判、竞争性磋商等竞争性方式采购社会资本方，鼓励社会资本积极参与、充分竞争。根据项目需求必须采用单一来源采购方式的，应当严格符合法定条件和程序。

第十二条 项目实施机构应当根据项目特点和建设运营需求，综合考虑专业资质、技术能力、管理经验和财务实力等因素合理设置社会资本的资格条件，保证国有企业、民营企业、外资企业平等参与。

第十三条 项目实施机构应当综合考虑社会资本竞争者的技术方案、商务报价、融资能力等因素合理设置采购评审标准，确保项目的长期稳定运营和质量效益提升。

第十四条 参加采购评审的社会资本所提出的技术方案内容最终被全部或部分采纳，但经采购未中选的，财政部门应会同行业主管部门对其前期投入成本予以合理补偿。

第十五条 各级财政部门应当加强对PPP项目采购活动的支持服务和监督管理，依托政府采购平台和PPP综合信息平台，及时充分向社会公开PPP项目采购信息，包括资格预审文件及结果、采购文件、响应文件提交情况及评审结果等，确保采购过程和结果公开、透明。

第十六条 采购结果公示结束后、PPP项目合同正式签订前，项目实施机构应将PPP项目合同提交行业主管部门、财政部门、法制部门等相关职能部门审核后，报本级人民政府批准。

第十七条 PPP项目合同审核时，应当对照项目实施方案、物有所值评价报告、财政承受能力论证报告及采购文件，检查合同内容是否发生实质性变更，并重点审核合同是否满足以下要求：

（一）合同应当根据实施方案中的风险分配方案，在政府与社会资本双方之间合理分配项目风险，并确保应由社会资本方承担的风险实现了有效转移；

（二）合同应当约定项目具体产出标准和绩效考核指标，明确项目付费与绩效评价结果挂钩；

（三）合同应当综合考虑项目全生命周期内的成本核算范围和成本变动因素，设定项目基准成本；

（四）合同应当根据项目基准成本和项目资本金财务内部收益率，参照工程竣工决算合理测算确定项目的补贴或收费定价基准。项目收入基准以外的运营风险由项目公司承担；

（五）合同应当合理约定项目补贴或收费定价的调整周期、条件和程序，作为项目合作期限内行业主管部门和财政部门执行补贴或收费定价调整的依据。

第四章　项目财政预算管理

第十八条　行业主管部门应当根据预算管理要求,将PPP项目合同中约定的政府跨年度财政支出责任纳入中期财政规划,经财政部门审核汇总后,报本级人民政府审核,保障政府在项目全生命周期内的履约能力。

第十九条　本级人民政府同意纳入中期财政规划的PPP项目,由行业主管部门按照预算编制程序和要求,将合同中符合预算管理要求的下一年度财政资金收支纳入预算管理,报请财政部门审核后纳入预算草案,经本级政府同意后报本级人民代表大会审议。

第二十条　行业主管部门应按照预算编制要求,编报PPP项目收支预算:

(一)收支测算。每年7月底之前,行业主管部门应按照当年PPP项目合同约定,结合本年度预算执行情况、支出绩效评价结果等,测算下一年度应纳入预算的PPP项目收支数额。

(二)支出编制。行业主管部门应将需要从预算中安排的PPP项目支出责任,按照相关政府收支分类科目、预算支出标准和要求,列入支出预算。

(三)收入编制。行业主管部门应将政府在PPP项目中获得的收入列入预算。

(四)报送要求。行业主管部门应将包括所有PPP项目全部收支在内的预算,按照统一的时间要求报同级财政部门。

第二十一条　财政部门应对行业主管部门报送的PPP项目财政收支预算申请进行认真审核,充分考虑绩效评价、价格调整等因素,合理确定预算金额。

第二十二条　PPP项目中的政府收入,包括政府在PPP项目全生命周期过程中依据法律和合同约定取得的资产权益转让、特许经营权转让、股息、超额收益分成、社会资本违约赔偿和保险索赔等收入,以及上级财政拨付的PPP专项奖补资金收入等。

第二十三条　PPP项目中的政府支出,包括政府在PPP项目全生命周期过程中依据法律和合同约定需要从财政资金中安排的股权投资、运营补贴、配套投入、风险承担,以及上级财政对下级财政安排的PPP专项奖补资金支出。

第二十四条　行业主管部门应当会同各级财政部门做好项目全生命周期成本监测工作。每年一季度前,项目公司(或社会资本方)应向行业主管部门和财政部门报送上一年度经第三方审计的财务报告及项目建设运营成本说明材料。项目成本信息要通过PPP综合信息平台对外公示,接受社会监督。

第二十五条　各级财政部门应当会同行业主管部门开展PPP项目绩效运行监控,对绩效目标运行情况进行跟踪管理和定期检查,确保阶段性目标与资金支付相匹配,开展中期绩效评估,最终促进实现项目绩效目标。监控中发现绩效运行与原定绩效目标偏离时,应及时采取措施予以纠正。

第二十六条　社会资本方违反PPP项目合同约定,导致项目运行状况恶化,危及国家安全和重大公共利益，或严重影响公共产品和服务持续稳定供给的，本级人民政府有权指定项目实施机构或其他机构临时接管项目，直至项目恢复正常经营或提前终止。临时接管项目所产生的一切费用，根据合作协议约定，由违约方单独承担或由各责任方分担。

第二十七条 各级财政部门应当会同行业主管部门在 PPP 项目全生命周期内，按照事先约定的绩效目标，对项目产出、实际效果、成本收益、可持续性等方面进行绩效评价，也可委托第三方专业机构提出评价意见。

第二十八条 各级财政部门应依据绩效评价结果合理安排财政预算资金。

对于绩效评价达标的项目，财政部门应当按照合同约定，向项目公司或社会资本方及时足额安排相关支出。

对于绩效评价不达标的项目，财政部门应当按照合同约定扣减相应费用或补贴支出。

第五章　项目资产负债管理

第二十九条 各级财政部门应会同相关部门加强 PPP 项目涉及的国有资产管理，督促项目实施机构建立 PPP 项目资产管理台账。政府在 PPP 项目中通过存量国有资产或股权作价入股、现金出资入股或直接投资等方式形成的资产，应作为国有资产在政府综合财务报告中进行反映和管理。

第三十条 存量 PPP 项目中涉及存量国有资产、股权转让的，应由项目实施机构会同行业主管部门和财政部门按照国有资产管理相关办法，依法进行资产评估，防止国有资产流失。

第三十一条 PPP 项目中涉及特许经营权授予或转让的，应由项目实施机构根据特许经营权未来带来的收入状况，参照市场同类标准，通过竞争性程序确定特许经营权的价值，以合理价值折价入股、授予或转让。

第三十二条 项目实施机构与项目应当根据法律法规和 PPP 项目合同约定确定项目公司资产权属。对于归属项目公司的资产及权益的所有权和收益权，经行业主管部门和财政部门同意，可以依法设置抵押、质押等担保权益，或进行结构化融资，但应及时在财政部 PPP 综合信息平台上公示。项目建设完成进入稳定运营期后，社会资本方可以通过结构性融资实现部分或全部退出，但影响公共安全及公共服务持续稳定提供的除外。

第三十三条 各级财政部门应当会同行业主管部门做好项目资产移交工作。

项目合作期满移交的，政府和社会资本双方应按合同约定共同做好移交工作，确保移交过渡期内公共服务的持续稳定供给。项目合同期满前，项目实施机构或政府指定的其他机构应组建项目移交工作组，对移交资产进行性能测试、资产评估和登记入账，项目资产不符合合同约定移交标准的，社会资本应采取补救措施或赔偿损失。

项目因故提前终止的，除履行上述移交工作外，如因政府原因或不可抗力原因导致提前终止的，应当依据合同约定给予社会资本相应补偿，并妥善处置项目公司存续债务，保障债权人合法权益；如因社会资本原因导致提前终止的，应当依据合同约定要求社会资本承担相应赔偿责任。

第三十四条 各级财政部门应当会同行业主管部门加强对PPP项目债务的监控。PPP项目执行过程中形成的负债，属于项目公司的债务，由项目公司独立承担偿付义务。项目期满移交时，项目公司的债务不得移交给政府。

第六章 监督管理

第三十五条 各级财政部门应当会同行业主管部门加强对PPP项目的监督管理，切实保障项目运行质量，严禁以PPP项目名义举借政府债务。

财政部门应当会同相关部门加强项目合规性审核，确保项目属于公共服务领域，并按法律法规和相关规定履行相关前期论证审查程序。项目实施不得采用建设－移交方式。

政府与社会资本合资设立项目公司的，应按照《公司法》等法律规定以及PPP项目合同约定规范运作，不得在股东协议中约定由政府股东或政府指定的其他机构对社会资本方股东的股权进行回购安排。

财政部门应根据财政承受能力论证结果和PPP项目合同约定，严格管控和执行项目支付责任，不得将当期政府购买服务支出代替PPP项目中长期的支付责任，规避PPP项目相关评价论证程序。

第三十六条 各级财政部门应依托PPP综合信息平台，建立PPP项目库，做好PPP项目全生命周期信息公开工作，保障公众知情权，接受社会监督。

项目准备、采购和建设阶段信息公开内容包括PPP项目的基础信息和项目采购信息，采购文件，采购成交结果，不涉及国家秘密、商业秘密的项目合同文本，开工及竣工投运日期，政府移交日期等。项目运营阶段信息公开内容包括PPP项目的成本监测和绩效评价结果等。

财政部门信息公开内容包括本级PPP项目目录、本级人大批准的政府对PPP项目的财政预算、执行及决算情况等。

第三十七条 财政部驻各地财政监察专员办事处应对PPP项目财政管理情况加强全程监督管理，重点关注PPP项目物有所值评价和财政承受能力论证、政府采购、预算管理、国有资产管理、债务管理、绩效评价等环节，切实防范财政风险。

第三十八条 对违反本办法规定实施PPP项目的，依据《预算法》、《政府采购法》及其实施条例、《财政违法行为处罚处分条例》等法律法规追究有关人员责任；涉嫌犯罪的，依法移交司法机关处理。

第七章 附 则

第三十九条 本办法由财政部负责解释。

第四十条 本办法自印发之日起施行。

财政部关于印发《财政部政府和社会资本合作（PPP）专家库管理办法》的通知

（财金〔2016〕144号）

各省、自治区、直辖市、计划单列市财政厅（局），财政部驻各省、自治区、直辖市、计划单列市财政监察专员办事处，新疆生产建设兵团财务局：

为加强政府和社会资本合作（PPP）专家信息共享，规范PPP专家库的组建、管理，充分发挥专家智力支持作用，保证PPP相关项目评审、课题研究、督导调研等活动的公平、公正、科学开展，依据有关法律法规及《财政部关于规范政府和社会资本合作（PPP）综合信息平台运行的通知》（财金〔2015〕166号），我部制定了《财政部政府和社会资本合作（PPP）专家库管理办法》，现印发你们，请遵照执行。

附件：财政部政府和社会资本合作（PPP）专家库管理办法

财政部

二〇一六年十二月三十日

附件：

财政部政府和社会资本合作（PPP）专家库管理办法

第一条 为加强政府和社会资本合作（PPP）专家信息共享，规范PPP专家库的组建、管理，充分发挥专家智力支持作用，保证PPP相关项目评审、课题研究、督导调研等活动的公平、公正、科学开展，根据《财政部关于规范政府和社会资本合作（PPP）综合信息平台运行的通知》（财金〔2015〕166号），制定本办法。

第二条 本办法适用于PPP专家的遴选、入库及PPP专家库的组建、使用、管理活动。

第三条 PPP专家库管理遵循公开透明、绩效导向、动态调整的原则。PPP专家库信息供全社会公开查询和使用。

第四条 财政部PPP中心（下称"PPP中心"）在财政部PPP工作领导小组办

公室指导下，负责PPP专家库的日常运行管理工作，主要包括：

（一）PPP专家库的建设、维护与管理；

（二）PPP专家库专家个人信息的收集、管理和保密；

（三）PPP专家库专家的日常管理、联络服务与绩效评价；

（四）PPP专家库信息的汇总、审核、更新、发布；

（五）其他相关工作。

第五条 基础专家库由国务院各部委推荐专家和PPP中心定向邀请专家两部分组成。基础专家库中专家可作为今后申请入库专家的推荐人和评委。

第六条 PPP专家库实行开放申请制。在基础专家库的基础上，通过个人申请和定向邀请的方式扩展。

专家个人可在征得所在工作单位同意的前提下，自愿提出入库申请，经一位在库专家推荐和另外三位在库专家的匿名评审后，成为入库专家。申请人、推荐专家、各匿名评审专家应分属不同机构或单位。

PPP中心可直接向目标专家发出邀请，受邀专家填写个人信息后并经PPP中心审核后成为入库专家。

第七条 入库专家应当具备以下基本条件：

（一）具备良好的职业道德和敬业精神，能够科学严谨、客观公正、廉洁自律、遵纪守法地履行职责，积极、独立地开展相关工作；

（二）大学本科（含）以上学历，本科学历工作满13年，研究生学历工作满10年；

（三）从事PPP领域相关工作满五年，具有高级专业技术职称或注册会计师、执业律师等相关资质或同等专业技术水平，熟悉PPP相关的法律、法规、规章及政策，具有较强的理论水平、实践经验和综合分析能力；

（四）无违法违纪或不良从业记录；

（五）原则上年龄在65周岁以下，身体健康，有时间和精力承担相应工作；

（六）法律法规规定的其他条件。

第八条 经审核符合本办法第七条规定的个人申请专家具有以下条件之一的，可以优先入库：

（一）在专业领域高水平期刊公开发表过PPP相关论文；

（二）在经济管理类高水平出版机构出版过PPP相关著作；

（三）深度参与或组织管理过2个以上PPP相关课题或项目；

（四）参与过财政部示范项目运作、评审或其他相关活动。

第九条 入库专家承担以下工作职责：

（一）受财政部及其直属单位委托，参与PPP相关政策制定、课题研究、示范项目评审、督导调研、案例编撰、宣传培训活动。

（二）受地方政府、社会资本方等委托，参与PPP项目相关方案设计、评估论证、人员培训等工作。

（三）审核个人申请专家的入库申请。

第十条 入库专家享有以下权利：

（一）决定是否接受本办法第九条规定的相关工作委托；

（二）获取开展相关工作所需的有关信息和材料；

（三）独立开展相关工作，独立提出专家意见；

（四）依法依约获取劳动报酬；

（五）对 PPP 工作及 PPP 专家库管理提出意见和建议；

（六）推荐优秀专家进入 PPP 专家库。

第十一条 入库专家应当履行以下义务：

（一）接受 PPP 专家库运行管理机构的管理；

（二）认真遵守有关法律法规规定，坚持客观、中立原则，不得弄虚作假；

（三）受托开展相关工作时，应按时保质完成工作，不得无故中途退出；

（四）严格执行保密制度，不得擅自披露在开展相关工作时获取的任何信息；

（五）遵守专家回避制度，接受本办法第十五条规定的回避条件或具体工作中相关方提出的正当回避要求；

（六）不得以 PPP 专家库专家名义为自身或者其他第三方谋取不正当利益；

（七）及时填写和更新个人信息，记录和反馈参加工作或活动的情况。

第十二条 入库专家有下列情形之一的，经 PPP 中心核实，将从专家库中清退，并在 PPP 中心官网予以公示：

（一）不能廉洁自律，私下接触所参与工作的利益相关方，收取有关业务单位或个人财物，或谋取其他好处的；

（二）徇私舞弊、弄虚作假，不能客观公正履行专家职责的；

（三）违反有关保密规定，泄露参与相关工作所获得的任何信息的；

（四）违反本办法第十五条关于回避的规定的；

（五）按照本办法第十六条规定，未能通过绩效考核的；

（六）以入库专家名义从事有损财政部或 PPP 中心形象的其他活动的；

（七）在其他活动中从事违法行为而受到行政处罚或被追究刑事责任的。

第十三条 按照本办法第十二条规定，专家被清退出库的，三年内不得重新申请进入专家库。

第十四条 入库专家由于健康或其他自身原因，不能或不愿继续担任专家的，可以申请退出 PPP 专家库。

第十五条 存在下列情形之一的，入库专家应主动回避：

（一）相关工作涉及本人、配偶、直系亲属或本人所在单位直接参与或有其他利害关系的项目；

（二）本人、配偶、直系亲属与相关工作所涉及的单位发生过法律纠纷；

（三）其他可能影响公正评审的情况。

第十六条 PPP专家库实行动态调整。PPP中心根据入库专家的工作量、完成绩效、委托方评价等情况定期对入库专家进行绩效考核。考核结果作为是否清退出库的重要依据。

第十七条 专家入库期限一般为2年，专家入库期限届满后自动展期，每次展期为2年。因发生本办法第十二条规定的情形被清退出库的除外。

第十八条 专家库专家相关信息由PPP中心向社会公开。未经PPP中心许可，任何机构或个人不得泄露PPP专家库中非公开的信息。

第十九条 财政部PPP中心及其工作人员在专家库管理工作中，存在滥用职权、玩忽职守、徇私舞弊等违法违纪行为的，按照《公务员法》、《行政监察法》、《财政违法行为处罚处分条例》等国家有关规定追究相应责任；涉嫌犯罪的，依法移送司法机关处理。

第二十条 PPP专家库的组建、运行、管理以及专家参与相关工作的活动接受社会监督。任何单位和个人有权向有关行政监督部门和监察部门进行投诉和举报。

第二十一条 本办法由财政部负责解释。

第二十二条 本办法自印发之日起施行。

财政部关于印发《中央国有资本经营预算管理暂行办法》的通知

(财预〔2016〕6号)

国务院有关部委、有关直属机构，有关中央企业和中央金融企业：

根据党的十八届三中全会提出的完善国有资本经营预算制度的要求，为加强和规范中央国有资本经营预算管理，优化国有资本配置，经国务院批准，现将《中央国有资本经营预算管理暂行办法》印发给你们，请遵照执行。对中央金融企业国有资本经营预算管理有具体规定的，按有关规定执行。

附件：中央国有资本经营预算管理暂行办法

财政部

二〇一六年一月十五日

附件：

中央国有资本经营预算管理暂行办法

第一章 总 则

第一条 为加强和规范中央国有资本经营预算管理，优化国有资本配置，根据《中华人民共和国预算法》、《中华人民共和国企业国有资产法》等法律和行政法规，制定本办法。

第二条 本办法适用于中央国有资本经营预算的编制、执行、决算、监督检查等预算管理活动。

第三条 中央国有资本经营预算保持完整独立，并与一般公共预算相衔接，应当按照收支平衡的原则编制，以收定支，不列赤字。

第四条 中央国有资本经营预算由预算收入和预算支出组成。

第五条 中央国有资本经营预算应当按照国家宏观经济政策及中期财政规划要求，实行滚动编制。

第六条 本办法适用对象包括纳入中央国有资本经营预算实施范围的中央部门及其监管（所属）的中央企业，以及直接向财政部报送国有资本经营预算的中央企业。直接向财政部报送国有资本经营预算的中央企业包括中国烟草总公司、中国铁路总公司、中国邮政集团公司，国务院及其授权机构代表国家履行出资人职责的国有独资、国有控股、国有参股金融企业（含中国投资有限责任公司）等。

第七条 经法定程序批准的中央国有资本经营预算、决算应当根据有关规定及时向社会公开，涉及国家秘密的除外。

第二章 预算收支范围

第八条 中央国有资本经营预算收入是中央部门及中央企业上交，并纳入国有资本经营预算管理的国有资本收益，主要包括：

（一）国有独资企业按照规定应当上交国家的利润；

（二）国有控股、参股企业国有股权（股份）获得的股利、股息收入；

（三）国有产权（含国有股份）转让收入；

（四）国有独资企业清算收入（扣除清算费用），国有控股、参股企业国有股权（股份）分享的公司清算收入（扣除清算费用）；

（五）其他国有资本经营收入。

第九条 中央国有资本经营预算支出应当服务于国家战略目标，除调入一般公共预算和补充全国社会保障基金外，主要用于以下用途：

（一）解决国有企业历史遗留问题及相关改革成本支出；

（二）关系国家安全、国民经济命脉的重要行业和关键领域国家资本注入，包括重点提供公共服务、发展重要前瞻性战略性产业、保护生态环境、支持科技进步、保障国家安全，保持国家对金融业控制力，推进国有经济布局和结构战略性调整，解决国有企业发展中的体制性、机制性问题；

（三）国有企业政策性补贴。

中央国有资本经营预算支出方向和重点，应当根据国家宏观经济政策需要以及不同时期国有企业改革发展任务适时进行调整。

第三章 预算编制和批复

第十条 中央国有资本经营预算按年度编制，并按照国家宏观政策及《国务院关于实行中期财政规划管理的意见》（国发〔2015〕3号）等要求，编制中期中央国有资本经营预算收支规划。

编制年度中央国有资本经营预算草案的依据：

（一）《中华人民共和国预算法》及其实施条例；

（二）国务院关于国有资本经营预算的要求，国家宏观调控政策；

（三）国有资本布局规划，国家确定的中央国有资本经营预算支持的重点和方向；

（四）中期中央国有资本经营预算收支规划；

（五）财政部关于年度预算的安排；

（六）中央部门、中央企业有关绩效评价结果；

（七）存量资产和结余资金情况。

第十一条　中央国有资本经营预算收入由财政部根据中央企业年度盈利等情况和中央企业国有资本收益收取政策进行测算编制。

第十二条　中央国有资本经营预算支出按照下列程序进行编制：

（一）财政部按照国务院编制预算的统一要求，根据中央国有资本经营预算支出政策，布置编报年度中央国有资本经营预算；

（二）中央部门根据财政部的编报要求，向监管（所属）中央企业布置编报年度中央企业国有资本经营预算；

（三）中央部门监管（所属）中央企业根据有关编报要求，编制本企业年度国有资本经营预算支出计划建议报中央部门，并抄报财政部；

（四）中央部门对监管（所属）中央企业报送的年度国有资本经营预算支出计划建议进行初审后，编制本部门国有资本经营预算支出建议草案报财政部；

（五）直接向财政部报送国有资本经营预算的中央企业编制本企业国有资本经营预算支出建议草案报财政部；

（六）财政部根据当年预算收入规模、中央部门及中央企业报送的国有资本经营预算支出建议草案，进行统筹平衡后，编制中央国有资本经营预算草案。

第十三条　中央国有资本经营预算草案应当报国务院审定后，报送全国人民代表大会审查。

第十四条　中央国有资本经营预算经全国人民代表大会批准后，财政部应当在20日内向有关中央部门和直接向财政部报送国有资本经营预算的中央企业批复预算。

第十五条　中央国有资本经营预算支出，按其功能分类应当编制到项。

第四章　预算执行

第十六条　中央国有资本经营预算收入由财政部驻各地财政监察专员办事处负责具体收缴，中央部门负责组织监管（所属）中央企业上交。中央企业按规定应上交的国有资本收益，应当及时、足额上交中央财政。任何部门和单位不得擅自减免中央国有资本经营预算收入。

第十七条　中央国有资本经营预算支出应当按照经批复的预算执行，未经批准不得擅自调剂。

第十八条　中央国有资本经营预算资金的收付按照财政国库集中收付制度有关规定执行。

第十九条　中央国有资本经营预算结余资金应当在下一年度预算编制中统筹考虑。

第五章　决　算

第二十条　财政部按照编制决算的统一要求，部署编制本年度中央国有资本经营决算草案工作，制发中央国有资本经营决算报表格式和编制说明。

第二十一条　中央部门根据其监管（所属）中央企业编制的国有资本经营支出决算，编制本部门中央国有资本经营决算草案报财政部。直接向财政部报送国有资本经营预算的中央企业编制本企业国有资本经营决算草案报财政部。

第二十二条　财政部根据当年国有资本经营预算执行情况和各中央部门、中央企业上报的决算草案，编制中央国有资本经营决算草案。

第二十三条　中央国有资本经营决算草案，经国务院审计部门审计后，报国务院审定，由国务院提请全国人民代表大会常务委员会审查。

第二十四条　中央国有资本经营决算草案经全国人民代表大会常务委员会批准后，财政部应当在20日内向有关中央部门和直接向财政部报送国有资本经营预算的中央企业批复决算。

第六章　绩效管理与监督检查

第二十五条　财政部应当对中央部门、中央企业的国有资本经营预算执行情况进行动态监控和监督检查。

第二十六条　中央国有资本经营预算应当实施绩效管理，科学设立绩效目标，积极开展绩效评价，切实加强评价结果应用，不断提升预算资金使用绩效。

第二十七条　财政、审计等部门依法对中央国有资本经营预算进行审计、监督和检查。

第二十八条　对中央国有资本经营预算管理中的违法行为，依照《中华人民共和国预算法》、《财政违法行为处罚处分条例》等法律法规予以处理。

第七章　附　则

第二十九条　财政部根据本办法制定和完善相关配套政策。

第三十条　本办法由财政部负责解释。

第三十一条　本办法自印发之日起施行。

财政部 国土资源部 中国人民银行 银监会关于规范土地储备和资金管理等相关问题的通知

（财综〔2016〕4号）

各省、自治区、直辖市、计划单列市财政厅（局）、国土资源主管部门，新疆生产建设兵团财务局、国土资源局，中国人民银行上海总部、各分行、营业管理部，省会（首府）城市中心支行、副省级城市中心支行，各省、自治区、直辖市银监局：

根据《预算法》以及《中共中央 国务院关于分类推进事业单位改革的指导意见》、《国务院关于加强地方政府性债务管理的意见》（国发〔2014〕43号）等有关规定，为规范土地储备和资金管理行为，促进土地储备健康发展，现就有关问题通知如下：

一、清理压缩现有土地储备机构

各地区应当结合事业单位分类改革，对现有土地储备机构进行全面清理。为提高土地储备工作效率，精简机构和人员，每个县级以上（含县级）法定行政区划原则上只能设置一个土地储备机构，统一隶属于所在行政区划国土资源主管部门管理。对于重复设置的土地储备机构，应当在压缩归并的基础上，按规定重新纳入土地储备名录管理。鉴于土地储备机构承担的依法取得土地、进行前期开发、储存以备供应土地等工作主要是为政府部门行使职能提供支持保障，不能或不宜由市场配置资源，因此，按照事业单位分类改革的原则，各地区应当将土地储备机构统一划为公益一类事业单位。各地区应当将现有土地储备机构中从事政府融资、土建、基础设施建设、土地二级开发业务部分，从现有土地储备机构中剥离出去或转为企业，上述业务对应的人员、资产和债务等也相应剥离或划转。上述工作由地方各级国土资源主管部门商同级财政部门、人民银行分支机构、银监部门等机构提出具体意见，经同级人民政府批准后实施，并于2016年12月31日前完成。

二、进一步规范土地储备行为

按照《国土资源部 财政部 人民银行关于印发〈土地储备管理办法〉的通知》（国土资发〔2007〕277号）和《国土资源部 财政部 人民银行 银监会关于加强土地储备与融资管理的通知》（国土资发〔2012〕162号）的规定，各地区应当进一步规范土地储备行为。土地储备工作只能由纳入名录管理的土地储备机构承担，各类城投公司等其他机构一律不得再从事新增土地储备工作。土地储备机构不得在土地储备职能之外，承担与土地储备职能无关的事务，包括城市基础设施建设、城镇保障性安居工程建设等事务，已经承担的上述事务应当按照本通知第一条规定限期剥离和划转。

三、合理确定土地储备总体规模

各地土地储备总体规模，应当根据当地经济发展水平、当地财力状况、年度土地供应量、年度地方政府债务限额、地方政府还款能力等因素确定。现有土地储备规模偏大的，要加快已储备土地的前期开发和供应进度，相应减少或停止新增以后年度土地储备规模，避免由于土地储备规模偏大而形成土地资源利用不充分和地方政府债务压力。

四、妥善处置存量土地储备债务

对清理甄别后认定为地方政府债务的截至2014年12月31日的存量土地储备贷款，应纳入政府性基金预算管理，偿债资金通过政府性基金预算统筹安排，并逐步发行地方政府债券予以置换。

五、调整土地储备筹资方式

土地储备机构新增土地储备项目所需资金，应当严格按照规定纳入政府性基金预算，从国有土地收益基金、土地出让收入和其他财政资金中统筹安排，不足部分在国家核定的债务限额内通过省级政府代发地方政府债券筹集资金解决。自2016年1月1日起，各地不得再向银行业金融机构举借土地储备贷款。地方政府应在核定的债务限额内，根据本地区土地储备相关政府性基金收入、地方政府性债务风险等因素，合理安排年度用于土地储备的债券发行规模和期限。

六、规范土地储备资金使用管理

根据《预算法》等法律法规规定，从2016年1月1日起，土地储备资金从以下渠道筹集：一是财政部门从已供应储备土地产生的土地出让收入中安排给土地储备机构的征地和拆迁补偿费用、土地开发费用等储备土地过程中发生的相关费用。二是财政部门从国有土地收益基金中安排用于土地储备的资金。三是发行地方政府债券筹集的土地储备资金。四是经财政部门批准可用于土地储备的其他资金。五是上述资金产生的利息收入。土地储备资金主要用于征收、收购、优先购买、收回土地以及储备土地供应前的前期开发等土地储备开支，不得用于土地储备机构日常经费开支。土地储备机构所需的日常经费，应当与土地储备资金实行分账核算，不得相互混用。

土地储备资金的使用范围包括：

（一）征收、收购、优先购买或收回土地需要支付的土地价款或征地和拆迁补偿费用。包括土地补偿费和安置补助费、地上附着物和青苗补偿费、拆迁补偿费，以及依法需要支付的与征收、收购、优先购买或收回土地有关的其他费用。

（二）征收、收购、优先购买或收回土地后进行必要的前期土地开发费用。储备土地的前期开发，仅限于与储备宗地相关的道路、供水、供电、供气、排水、通讯、照明、绿化、土地平整等基础设施建设。各地不得借土地储备前期开发，搭车进行与储备宗地无关的上述相关基础设施建设。

（三）按照本通知规定需要偿还的土地储备存量贷款本金和利息支出。

（四）经同级财政部门批准的与土地储备有关的其他支出。包括土地储备工作中发生的地籍调查、土地登记、地价评估以及管护中围栏、围墙等建设等支出。

七、推动土地收储政府采购工作

地方国土资源主管部门应当积极探索政府购买土地征收、收购、收回涉及的拆迁安置补偿服务。土地储备机构应当积极探索通过政府采购实施储备土地的前期开发，包括与储备宗地相关的道路、供水、供电、供气、排水、通讯、照明、绿化、土地平整等基础设施建设。地方财政部门、国土资源主管部门应当会同辖区内土地储备机构制定项目管理办法，并向社会公布项目实施内容、承接主体或供应商条件、绩效评价标准、最终结果、取得成效等相关信息，严禁层层转包。项目承接主体或供应商应当严格履行合同义务，按合同约定数额获取报酬，不得与土地使用权出让收入挂钩，也不得以项目所涉及的土地名义融资或者变相融资。对于违反规定的行为，将按照《预算法》、《政府采购法》、《政府采购法实施条例》、《政府购买服务管理办法（暂行）》等规定进行处理。

八、加强土地储备项目收支预决算管理

土地储备机构应当于每年第三季度根据当地经济发展水平、上年度地方财力状况、近三年土地供应量、上年度地方政府债务限额、地方政府还款能力等因素，按照宗地编制下一年度土地储备资金收支项目预算，经主管部门审核后，报同级财政部门审定。其中：属于政府采购范围的应当按照规定编制政府采购预算，属于政府购买服务项目的应当同时编制政府购买服务预算，并严格按照有关规定执行。地方财政部门应当认真审核土地储备资金收支预算，统筹安排政府性基金预算、地方政府债券收入和存量贷款资金。土地储备支出首先从国有土地收益基金、土地出让收入、存量贷款资金中安排，不足部分再通过省级政府发行的地方政府债券筹集资金解决。财政部门应当及时批复土地储备机构土地储备项目收支预算。

土地储备机构应当严格按照同级财政部门批复的预算执行，并根据土地收购储备的工作进度，提出用款申请，经主管部门审核后，报同级财政部门审批。其中：

属于财政性资金的土地储备支出，按照财政国库管理制度的有关规定执行。土地储备机构需要调整土地储备资金收支项目预算的，应当按照规定编制预算调整方案，经主管部门审核后，按照规定程序报同级财政部门批准后执行。

每年年度终了，土地储备机构要按照同级财政部门规定，向同级财政部门报送土地储备资金收支项目决算，并详细提供宗地支出情况。土地储备资金收支项目决算由同级财政部门负责审核或者由具有良好信誉、执业质量高的会计师事务所等相关中介机构进行审核。

土地储备机构应当按照国家关于资产管理的有关规定，做好土地储备资产的登记、核算、评估等各项工作。

九、落实好相关部门责任

规范土地储备和资金管理行为，是进一步完善土地储备制度，促进土地储备健康发展的重要举措。各级财政、国土资源部门和人民银行分支机构、银监部门等要高度重视，密切合作，周密部署，强化督导，确保上述各项工作顺利实施。

财政部、国土资源部、人民银行、银监会将按照职责分工，会同有关部门抓紧修订《土地储备管理办法》、《土地储备资金财务管理暂行办法》、《土地储备资金会计核算办法（试行）》、《土地储备统计报表》等相关制度。

省级财政、国土资源主管部门和人民银行分支机构、银监部门应当加强对市县土地储备和资金管理工作的指导，督促市县相关部门认真贯彻落实本通知规定，并于2017年3月31日前，将本地区贯彻落实情况以书面形式报告财政部、国土资源部、人民银行和银监会。

此前土地储备和资金管理的相关规定与本通知规定不一致的，以本通知规定为准。

财政部
国土资源部
中国人民银行
银监会
二〇一六年二月二日

财政部　民航局关于民航发展基金预算管理有关问题的通知

(财建〔2016〕362号)

各省、自治区、直辖市、计划单列市财政厅（局），民航各地区管理局，财政部驻各省、自治区、直辖市、计划单列市财政监察专员办事处，各航空公司：

根据国务院关于适时完善民航发展基金使用政策和管理办法的要求，为充分发挥民航发展基金效益，规范资金管理，促进民航事业发展，更好地满足广大人民群众出行和国家经济社会发展需要，现就民航发展基金预算管理有关问题通知如下：

一、民航发展基金预算管理包括中央本级支出预算管理和转移支付管理。具体范围包括中国境内登记注册、持有经营许可证和运行合格证的机场（包括民用运输机场、军民合用机场、通勤机场和通用机场）、航空公司和通航企业，民航局行政事业单位及直属企业以及其他有关机构和单位。

二、民航发展基金资金安排的原则如下：

（一）符合国家和行业规划；

（二）重点保障民航安全运行；

（三）支出安排向中西部和老少边穷地区倾斜；

（四）资金管理使用安全、规范、高效。

三、民航发展基金具体支出范围包括：

（一）民航基础设施建设，包括机场飞行区、航站区、机场围界、民航安全、空中交通管制系统、通用航空、科教、信息、适航审定等基础设施。

（二）货运航空、支线航空、国际航线、中小机场、西藏机场补贴。

（三）通用航空发展，包括支持通航企业开展应急救援、农林飞行等作业项目，通航飞行员教育培训，通航设备更新、改造等。

（四）民航安全、教育、信息等事业发展。

（五）征管经费、代征手续费及国务院批准的其他支出。

四、民航发展基金预算支出标准，由民航局商财政部分类确定，具体标准根据经济社会及民航事业发展水平适时调整。

五、民航发展基金用于基础设施建设，采取投资补助、机场自主安排和对机场基建贴息方式安排。民航发展基金用于支持货运航空、支线航空、国际航线、通用航空和中小机场运营,采取运营补贴方式安排。民航发展基金用于安全、教育、信息等非基础设施项目,采取按项目补贴方式安排。

六、民航发展基金中央本级预算管理,按照部门预算管理程序办理。

民航发展基金转移支付管理,由所在省(自治区、直辖市、计划单列市)财政厅(局)初审并出具意见后,向民航地区管理局申请,民航地区管理局会同财政部驻所在省(自治区、直辖市、计划单列市)财政监察专员办事处复审后,分别将审核意见报民航局和财政部。民航局在此基础上提出民航发展基金转移支付分配建议方案报财政部。财政部根据专员办复审意见,对民航局资金分配建议方案审核后下达资金。

民航发展基金转移支付用于机场自主安排项目,由地方机场按上年向旅客征收部分50%的1.2倍向民航局申报自主安排项目和资金,民航局原则上按照上年向旅客征收部分50%核定机场自主安排资金,因项目储备不足或申报项目不符合规定条件而无法安排的额度,由民航局统筹调剂用于其他机场符合规定的项目。

民航发展基金转移支付用于中小机场补贴,由民航局根据补贴标准和统计数据直接予以审核。

七、民航发展基金中央本级预算,按照部门预算编制时间要求办理。

民航发展基金转移支付管理,民航局应于每年4月30日前将当年资金分配建议方案报财政部。提前下达下一年度民航发展基金转移支付,民航局应于每年9月底前将资金分配建议方案报财政部。

八、民航局应建立民航发展基金预算执行和绩效考核制度,年度绩效考核报告及时报送财政部。

九、国务院对民航发展基金管理另有要求的,按照国务院有关要求执行。

十、本通知自印发之日起施行。民航局相关管理规定与本通知不一致的,按本通知执行。《财政部 民航局关于印发〈民航节能减排专项资金管理暂行办法〉的通知》(财建〔2012〕547号)同时废止。

财政部
民航局
二〇一六年六月十六日

财政部关于印发《地方预决算公开操作规程》的通知

(财预〔2016〕143号)

各省、自治区、直辖市、计划单列市财政厅(局);财政部驻各省、自治区、直辖市、计划单列市财政监察专员办事处:

现将《地方预决算公开操作规程》印发给你们,请认真贯彻执行。

附件:地方预决算公开操作规程

财政部

二〇一六年十月二十七日

附件:

地方预决算公开操作规程

一、总　　则

第一条　为贯彻落实党的十八届三中全会关于建立全面规范、公开透明预算制度要求和党中央、国务院有关决策部署,进一步改进地方预决算公开工作,根据《中华人民共和国预算法》、《中华人民共和国政府信息公开条例》等法律法规定,制定本规程。

第二条　本规程所称地方预决算,是指经地方各级人民代表大会或其常务委员会批准的预算、预算调整、决算、预算执行情况的报告及报表(以下简称政府预决算),以及经地方各级政府财政部门批复的部门预算、决算及报表(以下简称部门预决算)。

第三条　地方预决算公开的原则是:以公开为常态,不公开为例外,依法依规公开预决算。除涉及国家秘密外,不得少公开、不公开应当公开的事项,保证公开内容全面、真实、完整。通过公开进一步促进财政改革,促进财税政策落实,促进财政管理规范,促进政府效能提高。

第四条　地方预决算公开的基本要求是:公开及时,内容准确,形式规范。坚持问题导向,重视公开实效,聚焦社会热点,回应公众关切。方便社会监督,公开内容公众找得着、看得懂、能监督。

二、预决算公开职责

第五条 地方各级财政部门在本级政府信息公开工作主管部门领导下,组织开展本地区政府预决算公开工作,制定本地区预决算公开的规定,负责向社会公开政府预决算;指导和督促本级各部门和下级财政部门预决算公开工作,向本级政府信息公开工作主管部门和上一级政府财政部门报告本地区预决算公开情况。

第六条 地方各部门在本级政府信息公开工作主管部门领导下,组织开展本部门预决算公开工作,制定本部门预决算公开规定,负责向社会公开本部门预决算,向本级政府信息公开工作主管部门和本级政府财政部门报告本部门预决算公开情况。

第七条 地方各级财政部门和各部门应当树立依法公开观念,增强主动公开意识,切实履行主动公开责任;加强沟通合作,相互配合,共同推进本地区预决算公开工作。

三、预决算公开时间

第八条 政府预决算应当在本级人民代表大会或其常务委员会批准后20日内向社会公开。地方各级财政部门必须在法律规定的时限内公开,鼓励公开时间适当提前。

第九条 部门预决算应当在本级政府财政部门批复后20日内向社会公开。地方各部门必须在法律规定的时限内公开,鼓励公开时间适当提前,原则上在同一天集中公开。

四、政府预决算公开内容

第十条 地方各级财政部门应当公开一般公共预算、政府性基金预算、国有资本经营预算、社会保险基金预算四本预算。涉及国家秘密的除外。

第十一条 地方一般公共预算原则上至少公开6张报表,包括:①一般公共预算收入表。②一般公共预算支出表。③一般公共预算本级支出表。④一般公共预算本级基本支出表。⑤一般公共预算税收返还和转移支付表。⑥政府一般债务限额和余额情况表。

地方本级汇总的一般公共预算"三公"经费,包括预算总额,以及因公出国(境)费、公务用车购置及运行费(区分公务用车购置费、公务用车运行费两项)、公务接待费分项数额,由地方各级财政部门负责公开,并对增减变化情况进行说明。

第十二条 地方政府性基金预算原则上至少公开4张报表,包括:①政府性基金收入表。②政府性基金支出表。③政府性基金转移支付表。④政府专项债务限额和余额情况表。

第十三条 地方国有资本经营预算原则上至少公开 2 张报表，包括：①国有资本经营预算收入表。②国有资本经营预算支出表。对下安排转移支付的应当公开国有资本经营预算转移支付表。

第十四条 地方社会保险基金预算原则上至少公开 2 张报表，包括：①社会保险基金收入表。②社会保险基金支出表。没有数据的表格应当列出空表并说明。

第十五条 地方一般公共预算、政府性基金预算、国有资本经营预算和社会保险基金预算报表中涉及本级支出的，应当公开到功能分类项级科目。一般公共预算基本支出应当公开到经济性质分类款级科目，专项转移支付应当分地区、分项目公开。

第十六条 地方各级财政部门在公开政府预决算时，应当对财政转移支付安排、举借政府债务、预算绩效工作开展情况等重要事项进行解释、说明。

五、部门预决算公开内容

第十七条 地方部门预决算公开的内容为地方各级财政部门批复的部门预决算及报表，包括部门收支总体情况和财政拨款收支情况，其中：财政拨款收支情况包括一般公共预算、政府性基金预算、国有资本经营预算拨款收支情况。涉及国家秘密的除外。

第十八条 部门收支总体情况原则上至少公开 3 张报表，包括：①部门收支总体情况表。②部门收入总体情况表。③部门支出总体情况表。

财政拨款收支情况原则上至少公开 5 张报表，包括：①财政拨款收支总体情况表。②一般公共预算支出情况表。③一般公共预算基本支出情况表。④一般公共预算"三公"经费支出情况表。⑤政府性基金预算支出情况表。没有数据的表格应当列出空表并说明。

第十九条 一般公共预算支出情况表公开到功能分类项级科目。一般公共预算基本支出表公开到经济性质分类款级科目。一般公共预算"三公"经费支出表按"因公出国（境）费"、"公务用车购置及运行费"、"公务接待费"公开，其中，"公务用车购置及运行费"应当细化到"公务用车购置费"、"公务用车运行费"两个项目。

第二十条 地方各部门公开预决算的同时，应当一并公开本部门的职责、机构设置情况、预决算收支增减变化、机关运行经费安排以及政府采购等情况的说明，并对专业性较强的名词进行解释。

各地区应结合工作进展情况，推动各部门逐步公开国有资产占用、重点项目预算的绩效目标和绩效评价结果等情况。

本条第一款所称机关运行经费，是指各部门的公用经费，包括办公及印刷费、邮电费、差旅费、会议费、福利费、日常维修费、专用材料及一般设备购置费、办公用房水电费、办公用房取暖费、办公用房物业管理费、公务用车运行维护费以及其他费用。

六、预决算公开方式

第二十一条 地方各级财政部门和各部门建有门户网站的，应当在门户网站公开预决算，并永久保留，其中当年预决算应当公开在网站醒目位置；没有门户网站的，应当采取措施在公开媒体公开预决算，并积极推动门户网站建设。

第二十二条 自2017年起，地方各级财政部门应当在本级政府或财政部门门户网站上设立预决算公开统一平台（或专栏），将政府预决算、部门预决算在平台（或专栏）上集中公开。对在统一平台公开政府预决算、部门预决算，应当编制目录，对公开内容进行分类、分级，方便公众查阅和监督。

七、涉密事项管理

第二十三条 地方各级财政部门和各部门应当建立健全预决算公开保密审查机制，严格依照《中华人民共和国保守国家秘密法》、《中华人民共和国政府信息公开条例》等法律法规规定进行审查。

第二十四条 地方各级财政部门和各部门在依法公开政府预决算、部门预决算时，对涉及国家秘密的内容不予公开。部分内容涉及国家秘密的，在确保安全的前提下，按照下列原则处理：

（一）同一功能分类款级科目下，大部分项级科目涉密的，仅公开到该款级科目；

（二）同一功能分类类级科目下，大部分款级科目涉密的，仅公开到该类级科目；

（三）个别功能分类款级科目或项级科目涉密的，除不公开该涉密科目外，同一级次的"其他支出"科目也不公开。

八、保障措施

第二十五条 地方各级财政部门应当加强对本地区预决算公开工作的指导，及时制定预决算公开规范，明确政府预决算和部门预决算公开时间、内容、程序，选择部分工作基础好的下级财政部门和有关部门制作公开模版，提供下级财政部门、本级各部门参照，提高本地区政府预决算、部门预决算公开的规范化水平。

第二十六条 地方各级财政部门要将预决算公开情况纳入地方财政工作考核范围，选择预决算公开的及时性、完整性、准确性、细化程度，以及公开形式是否规范、组织是否切实有效等指标，结合社会公众评价，对本级各部门和下级财政部门预决算公开情况进行考核。各部门要结合实际，将预决算公开纳入绩效考核范围，增强职能部门和相关人员责任。

第二十七条 地方各级财政部门应当在本级政府信息公开工作主管部门领导下,开展预决算公开检查。财政部驻各省、自治区、直辖市、计划单列市财政监察专员办事处(以下简称专员办)应当按照国务院要求,将地方预决算公开工作纳入日常监督范围,对地方预决算公开情况进行监督检查。

地方各级财政部门、专员办应当对预决算公开检查结果进行量化评价、排名,排名情况在系统内通报。检查中发现的问题要坚决曝光,监督整改。整改不力的可采取通报、约谈和现场督导等方式,督促整改到位。

第二十八条 地方预决算公开检查中发现依法应当追究责任的,应当移送政府信息公开工作主管部门和监察机关,建议其依照《中华人民共和国预算法》、《中华人民共和国政府信息公开条例》等法律法规的规定,对直接负责的主管人员和其他直接责任人员给予处分。

九、附　　则

第二十九条 本规程自印发之日起执行。地方各级财政部门可结合实际情况制定实施细则。

地方各级财政部门在执行中发现问题,应当及时向财政部报告。

财政部关于印发《地方政府一般债务预算管理办法》的通知

(财预〔2016〕154号)

各省、自治区、直辖市、计划单列市财政厅（局）：

根据《中华人民共和国预算法》、《国务院关于加强地方政府性债务管理的意见》（国发〔2014〕43号），我部制定了《地方政府一般债务预算管理办法》。现予印发，请认真贯彻执行。

附件：地方政府一般债务预算管理办法

财政部

二〇一六年十一月九日

附件：

地方政府一般债务预算管理办法

第一章 总 则

第一条 为规范地方政府一般债务预算管理，根据《中华人民共和国预算法》、《国务院关于加强地方政府性债务管理的意见》（国发〔2014〕43号）等有关规定，制定本办法。

第二条 本办法所称地方政府一般债务（以下简称一般债务），包括地方政府一般债券（以下简称一般债券）、地方政府负有偿还责任的国际金融组织和外国政府贷款转贷债务（以下简称外债转贷）、清理甄别认定的截至2014年12月31日非地方政府债券形式的存量一般债务（以下简称非债券形式一般债务）。

第三条 一般债务收入、安排的支出、还本付息、发行费用纳入一般公共预算管理。

第四条 除外债转贷外，一般债务收入通过发行一般债券方式筹措。

省、自治区、直辖市政府为一般债券的发行主体，具体发行工作由省级财政部门负责。设区的市、自治州，县、自治县、不设区的市、市辖区政府（以下简称市县级政府）确需发行一般债券的，应当纳入本省、自治区、直辖市一般债务预算管理，由省、自治区、直辖市政府统一发行并转贷给市县级政府。经省政府批准，计划单列市政府可以自办发行一般债券。

第五条 一般债务收入应当用于公益性资本支出，不得用于经常性支出。

第六条 一般债务应当有偿还计划和稳定的偿还资金来源。

一般债务本金通过一般公共预算收入（包含调入预算稳定调节基金和其他预算资金）、发行一般债券等偿还。

一般债务利息通过一般公共预算收入（包含调入预算稳定调节基金和其他预算资金）等偿还，不得通过发行一般债券偿还。

第七条 非债券形式一般债务应当在国务院规定的期限内置换成一般债券。

第八条 加强地方政府债务管理信息化建设，一般债务预算收支纳入本级财政预算管理信息系统，一般债务管理纳入全国统一的管理信息系统。

第九条 外债转贷预算管理办法由财政部另行制定。

第二章　一般债务限额和余额

第十条 财政部在全国人民代表大会或其常务委员会批准的一般债务限额内，根据债务风险、财力状况等因素并统筹考虑国家调控政策、各地区公益性项目建设需求等，提出分地区一般债务限额及当年新增一般债务限额方案，报国务院批准后下达省级财政部门。

省级财政部门应当于每年10月底前，提出本地区下一年度增加举借一般债务和安排公益性资本支出项目的建议，经省、自治区、直辖市政府批准后报财政部。

第十一条 省级财政部门在财政部下达的本地区一般债务限额内，根据债务风险、财力状况等因素并统筹考虑本地区公益性项目建设需求等，提出省本级及所辖各市县当年一般债务限额方案，报省、自治区、直辖市政府批准后下达市县级财政部门。

市县级财政部门应当提前提出省级代发一般债券和安排公益性资本支出项目的建议，经本级政府批准后按程序报省级财政部门。

第十二条 省、自治区、直辖市应当在一般债务限额内举借一般债务，一般债务余额不得超过本地区一般债务限额。

省、自治区、直辖市发行一般债券偿还到期一般债务本金计划，由省级财政部门统筹考虑本级和各市县实际需求提出，报省、自治区、直辖市政府批准后按规定组织实施。

第三章　预算编制和批复

第十三条 增加举借一般债务收入，以下内容应当列入预算调整方案：

（一）省、自治区、直辖市在新增一般债务限额内筹措的一般债券收入；

（二）市县级政府从上级政府转贷的一般债务收入。

一般债务收入应当在一般公共预算收入合计线下反映，省级列入"一般债务收入"下对应的预算科目，市县级列入"地方政府一般债务转贷收入"下对应的预算科目。

第十四条 增加举借一般债务安排的支出应当列入预算调整方案，包括本级支出和转贷下级支出。一般债务支出应当明确到具体项目，纳入财政支出预算项目库管理，并与中期财政规划相衔接。

一般债务安排本级的支出，应当在一般公共预算支出合计线上反映，根据支出用途列入相关预算科目；转贷下级支出应当在一般公共预算支出合计线下反映，列入"债务转贷支出"下对应的预算科目。

第十五条 一般债务还本支出应当根据当年到期一般债务规模、一般公共预算财力等因素合理预计、妥善安排，并列入年度预算草案。

一般债务还本支出应当在一般公共预算支出合计线下反映，列入"地方政府一般债务还本支出"下对应的预算科目。

第十六条 一般债务利息和发行费用应当根据一般债务规模、利率、费率等情况合理预计，并列入一般公共预算支出统筹安排。

一般债务利息、发行费用支出应当在一般公共预算支出合计线上反映。一般债务利息支出列入"地方政府一般债务付息支出"下对应的预算科目，发行费用支出列入"地方政府一般债务发行费用支出"下对应的预算科目。

第十七条 增加举借一般债务和相应安排的支出，财政部门负责具体编制一般公共预算调整方案，由本级政府提请本级人民代表大会常务委员会批准。

第十八条 一般债务转贷下级政府的，财政部门应当在本级人民代表大会或其常务委员会批准后，及时将一般债务转贷的预算下达有关市县级财政部门。

接受一般债务转贷的市县级政府在本级人民代表大会或其常务委员会批准后，应当及时与上级财政部门签订转贷协议。

第四章 预算执行和决算

第十九条 省级财政部门统筹考虑本级和市县情况，根据预算调整方案、偿还一般债务本金需求和债券市场状况等因素，制定全省一般债券发行计划，合理确定期限结构和发行时点。

第二十条 省级财政部门发行一般债券募集的资金，应当缴入省级国库，并根据预算安排和还本计划拨付资金。

代市县级政府发行一般债券募集的资金，由省级财政部门按照转贷协议及时拨付市县级财政部门。

第二十一条 省级财政部门应当按照规定做好一般债券发行的信息披露和信用

评级等相关工作。披露的信息应当包括一般公共预算财力情况、发行一般债券计划和安排支出项目方案、偿债计划和资金来源,以及其他按照规定应当公开的信息。

第二十二条 省级财政部门应当在发行一般债券后3个工作日内,将一般债券发行情况报财政部备案,并抄送财政部驻当地财政监察专员办事处(以下简称专员办)。

第二十三条 地方各级财政部门应当依据预算调整方案及一般债券发行规定的预算科目和用途,使用一般债券资金。确需调整支出用途的,应当按照规定程序办理。

第二十四条 省级财政部门应当按照合同约定,及时偿还全省、自治区、直辖市一般债券到期本金、利息以及支付发行费用。市县级财政部门应当按照转贷协议约定,及时向省级财政部门缴纳本地区或本级应当承担的还本付息、发行费用等资金。

第二十五条 市县级财政部门未按时足额向省级财政部门缴纳一般债券还本付息、发行费用等资金的,省级财政部门可以采取适当方式扣回,并将违约情况向市场披露。

第二十六条 预算年度终了,地方各级财政部门编制一般公共预算决算草案时,应当全面、准确反映一般债务收入、安排的支出、还本付息和发行费用等情况。

第五章 非债券形式一般债务纳入预算管理

第二十七条 县级以上地方各级财政部门应当将非债券形式一般债务纳入本地区一般债务限额,实行预算管理。

对非债券形式一般债务,应当由政府、债权人、债务人通过合同方式,约定在国务院规定的期限内置换成一般债券的时限,转移偿还义务。偿还义务转移给地方政府后,地方财政部门应当根据相关材料登记总预算会计账。

第二十八条 对非债券形式一般债务,债务人为地方政府及其部门的,应当在国务院规定的期限内置换成一般债券;债务人为企事业单位或个人,且债权人同意在国务院规定的期限内置换成一般债券的,地方政府应当予以置换,债权人不同意在国务院规定的期限内置换成一般债券的,不再计入地方政府债务,由债务人自行偿还,对应的一般债务限额由财政部按照程序予以调减。

第六章 监督管理

第二十九条 县级以上地方各级财政部门应当按照法律、法规和财政部规定,向社会公开一般债务限额、余额、期限结构、使用、偿还等情况,主动接受监督。

第三十条 县级以上地方各级财政部门应当建立和完善相关制度,加强对本地区一般债务的管理和监督。

第三十一条 专员办应当加强对所在地一般债务的监督，督促地方规范一般债务的举借、使用、偿还等行为，发现违反法律法规和财政管理规定的行为，及时报告财政部。

第三十二条 违反本办法规定情节严重的，财政部可以暂停相关地区一般债券发行资格。违反法律、行政法规的，依法追究有关人员责任；涉嫌犯罪的，移送司法机关依法处理。

第七章 附 则

第三十三条 省、自治区、直辖市可以根据本办法制定实施细则。

第三十四条 本办法由财政部负责解释。

第三十五条 本办法自印发之日起施行。

财政部关于印发《地方政府专项债务预算管理办法》的通知

(财预〔2016〕155号)

各省、自治区、直辖市、计划单列市财政厅（局）：

根据《中华人民共和国预算法》、《国务院关于加强地方政府性债务管理的意见》（国发〔2014〕43号），我部制定了《地方政府专项债务预算管理办法》。现予印发，请认真贯彻执行。

附件：地方政府专项债务预算管理办法

财政部

二〇一六年十一月九日

附件：

地方政府专项债务预算管理办法

第一章 总 则

第一条 为规范地方政府专项债务预算管理，根据《中华人民共和国预算法》、《国务院关于加强地方政府性债务管理的意见》（国发〔2014〕43号）等有关规定，制定本办法。

第二条 本办法所称地方政府专项债务（以下简称专项债务），包括地方政府专项债券（以下简称专项债券）、清理甄别认定的截至2014年12月31日非地方政府债券形式的存量专项债务（以下简称非债券形式专项债务）。

第三条 专项债务收入、安排的支出、还本付息、发行费用纳入政府性基金预算管理。

第四条 专项债务收入通过发行专项债券方式筹措。

省、自治区、直辖市政府为专项债券的发行主体，具体发行工作由省级财政部门负责。设区的市、自治州，县、自治县、不设区的市、市辖区政府（以下简称市县级政府）确需发行专项债券的，应当纳入本省、自治区、直辖市政府性基金预算管理，由省、自治区、直辖市政府统一发行并转贷给市县级政府。经省政府批准，计划单列市政府可以自办发行专项债券。

第五条　专项债务收入应当用于公益性资本支出，不得用于经常性支出。

第六条　专项债务应当有偿还计划和稳定的偿还资金来源。

专项债务本金通过对应的政府性基金收入、专项收入、发行专项债券等偿还。

专项债务利息通过对应的政府性基金收入、专项收入偿还，不得通过发行专项债券偿还。

第七条　专项债务收支应当按照对应的政府性基金收入、专项收入实现项目收支平衡，不同政府性基金科目之间不得调剂。执行中专项债务对应的政府性基金收入不足以偿还本金和利息的，可以从相应的公益性项目单位调入专项收入弥补。

第八条　非债券形式专项债务应当在国务院规定的期限内置换成专项债券。

第九条　加强地方政府债务管理信息化建设，专项债务预算收支纳入本级财政预算管理信息系统，专项债务管理纳入全国统一的管理信息系统。

第二章　专项债务限额和余额

第十条　财政部在全国人民代表大会或其常务委员会批准的专项债务限额内，根据债务风险、财力状况等因素并统筹考虑国家调控政策、各地区公益性项目建设需求等，提出分地区专项债务限额及当年新增专项债务限额方案，报国务院批准后下达省级财政部门。

省级财政部门应当于每年10月底前，提出本地区下一年度增加举借专项债务和安排公益性资本支出项目的建议，经省、自治区、直辖市政府批准后报财政部。

第十一条　省级财政部门在财政部下达的本地区专项债务限额内，根据债务风险、财力状况等因素并统筹考虑本地区公益性项目建设需求等，提出省本级及所辖各市县当年专项债务限额方案，报省、自治区、直辖市政府批准后下达市县级财政部门。

市县级财政部门应当提前提出省级代发专项债券和安排公益性资本支出项目的建议，经本级政府批准后按程序报省级财政部门。

第十二条　省、自治区、直辖市应当在专项债务限额内举借专项债务，专项债务余额不得超过本地区专项债务限额。

省、自治区、直辖市发行专项债券偿还到期专项债务本金计划，由省级财政部门统筹考虑本级和各市县实际需求提出，报省、自治区、直辖市政府批准后按规定组织实施。

第三章　预算编制和批复

第十三条　增加举借专项债务收入，以下内容应当列入预算调整方案：

（一）省、自治区、直辖市在新增专项债务限额内筹措的专项债券收入；

（二）市县级政府从上级政府转贷的专项债务收入。

专项债务收入应当在政府性基金预算收入合计线下反映，省级列入"专项债务收入"下对应的政府性基金债务收入科目，市县级列入"地方政府专项债务转贷收入"下对应的政府性基金债务转贷收入科目。

第十四条 增加举借专项债务安排的支出应当列入预算调整方案，包括本级支出和转贷下级支出。专项债务支出应当明确到具体项目，纳入财政支出预算项目库管理，并与中期财政规划相衔接。

专项债务安排本级的支出，应当在政府性基金预算支出合计线上反映，根据支出用途列入相关预算科目；转贷下级支出应当在政府性基金预算支出合计线下反映，列入"债务转贷支出"下对应的政府性基金债务转贷支出科目。

第十五条 专项债务还本支出应当根据当年到期专项债务规模、政府性基金财力、调入专项收入等因素合理预计、妥善安排，并列入年度预算草案。

专项债务还本支出应当在政府性基金预算支出合计线下反映，列入"地方政府专项债务还本支出"下对应的政府性基金债务还本支出科目。

第十六条 专项债务利息和发行费用应当根据专项债务规模、利率、费率等情况合理预计，并列入政府性基金预算支出统筹安排。

专项债务利息、发行费用支出应当在政府性基金预算支出合计线上反映。专项债务利息支出列入"地方政府专项债务付息支出"下对应的政府性基金债务付息支出科目，发行费用支出列入"地方政府专项债务发行费用支出"下对应的政府性基金债务发行费用支出科目。

第十七条 增加举借专项债务和相应安排的支出，财政部门负责具体编制政府性基金预算调整方案，由本级政府提请本级人民代表大会常务委员会批准。

第十八条 专项债务转贷下级政府的，财政部门应当在本级人民代表大会或其常务委员会批准后，及时将专项债务转贷的预算下达有关市县级财政部门。

接受专项债务转贷的市县级政府在本级人民代表大会或其常务委员会批准后，应当及时与上级财政部门签订转贷协议。

第四章 预算执行和决算

第十九条 省级财政部门统筹考虑本级和市县情况，根据预算调整方案、偿还专项债务本金需求和债券市场状况等因素，制定全省专项债券发行计划，合理确定期限结构和发行时点。

第二十条 省级财政部门发行专项债券募集的资金，应当缴入省级国库，并根据预算安排和还本计划拨付资金。

代市县级政府发行专项债券募集的资金，由省级财政部门按照转贷协议及时拨付市县级财政部门。

第二十一条　省级财政部门应当按照规定做好专项债券发行的信息披露和信用评级等相关工作。披露的信息应当包括政府性基金预算财力情况、发行专项债券计划和安排支出项目方案、偿债计划和资金来源，以及其他按照规定应当公开的信息。

第二十二条　省级财政部门应当在发行专项债券后3个工作日内，将专项债券发行情况报财政部备案，并抄送财政部驻当地财政监察专员办事处（以下简称专员办）。

第二十三条　地方各级财政部门应当依据预算调整方案及专项债券发行规定的预算科目和用途，使用专项债券资金。确需调整支出用途的，应当按照规定程序办理。

第二十四条　省级财政部门应当按照合同约定，及时偿还全省、自治区、直辖市专项债券到期本金、利息以及支付发行费用。市县级财政部门应当按照转贷协议约定，及时向省级财政部门缴纳本地区或本级应当承担的还本付息、发行费用等资金。

第二十五条　市县级财政部门未按时足额向省级财政部门缴纳专项债券还本付息、发行费用等资金的，省级财政部门可以采取适当方式扣回，并将违约情况向市场披露。

第二十六条　预算年度终了，地方各级财政部门编制政府性基金预算决算草案时，应当全面、准确反映专项债务收入、安排的支出、还本付息和发行费用等情况。

第五章　非债券形式专项债务纳入预算管理

第二十七条　县级以上地方各级财政部门应当将非债券形式专项债务纳入本地区专项债务限额，实行预算管理。

对非债券形式专项债务，应当由政府、债权人、债务人通过合同方式，约定在国务院规定的期限内置换成专项债券的时限，转移偿还义务。

偿还义务转移给地方政府后，地方财政部门应当根据相关材料登记总预算会计账。

第二十八条　对非债券形式专项债务，债务人为地方政府及其部门的，应当在国务院规定的期限内置换成专项债券；债务人为企事业单位或个人，且债权人同意在国务院规定的期限内置换成专项债券的，地方政府应当予以置换，债权人不同意在国务院规定的期限内置换成专项债券的，不再计入地方政府债务，由债务人自行偿还，对应的专项债务限额由财政部按照程序予以调减。

第六章　监　督　管　理

第二十九条　县级以上地方各级财政部门应当按照法律、法规和财政部规定，向社会公开专项债务限额、余额、期限结构、使用、项目收支、偿还等情况，主动接受监督。

第三十条　县级以上地方各级财政部门应当建立和完善相关制度，加强对本地区专项债务的管理和监督。

第三十一条　专员办应当加强对所在地专项债务的监督，督促地方规范专项债务的举借、使用、偿还等行为，发现违反法律法规和财政管理规定的行为，及时报告财政部。

第三十二条　违反本办法规定情节严重的，财政部可以暂停相关地区专项债券发行资格。违反法律、行政法规的，依法追究有关人员责任；涉嫌犯罪的，移送司法机关依法处理。

第七章　附　　则

第三十三条　省、自治区、直辖市可以根据本办法制定实施细则。

第三十四条　本办法由财政部负责解释。

第三十五条　本办法自印发之日起施行。

财政部关于印发《财政部驻各地财政监察专员办事处实施地方政府债务监督暂行办法》的通知

（财预〔2016〕175号）

各省、自治区、直辖市、计划单列市财政厅（局），财政部驻各地财政监察专员办事处：

为贯彻落实党中央、国务院决策部署，加强财政部对地方政府债务的监督，发挥财政部驻各地财政监察专员办事处的作用，防范财政金融风险，根据《中华人民共和国预算法》、《国务院关于加强地方政府性债务管理的意见》（国发〔2014〕43号）、《国务院办公厅关于印发地方政府性债务风险应急处置预案的通知》（国办函〔2016〕88号）等规定，我部制定了《财政部驻各地财政监察专员办事处实施地方政府债务监督暂行办法》。

现予印发，请遵照执行。

附件：财政部驻各地财政监察专员办事处实施地方政府债务监督暂行办法

财政部
二〇一六年十一月二十四日

附件：

财政部驻各地财政监察专员办事处实施地方政府债务监督暂行办法

第一章 总 则

第一条 为加强财政部对地方政府债务的监督，充分发挥财政部驻各地财政监察专员办事处（以下简称"专员办"）的作用，明确专员办监督责任和权力，规范监督行为，根据《中华人民共和国预算法》、《财政违法行为处罚处分条例》、《国务院关于加强地方政府性债务管理的意见》（国发〔2014〕43号）、《国务院办公厅关于印发地方政府性债务风险应急处置预案的通知》（国办函〔2016〕88号）等规定，制定本办法。

第二条　省、自治区、直辖市政府财政部门（以下简称省级财政部门）负责统一管理本地区政府债务。专员办根据财政部有关规定和要求对所在地政府债务实施日常监督。

第三条　专员办监督内容包括地方政府债务限额管理、预算管理、风险预警、应急处置，以及地方政府和融资平台公司融资行为。

第四条　专员办应当综合运用调研、核查、检查等手段，建立常态化的地方政府债务监督机制，必要时可延伸至相关政府部门、事业单位、融资平台公司、金融机构等单位。

专员办应当建立信息共享机制。专员办发现跨地区的违法违规线索，应当向相关地区专员办及时反馈。

第五条　专员办应当重点加强对政府债务高风险地区的监督，定期评估风险。专员办开展地方政府债务专项检查，应当遵循国务院"双随机、一公开"有关要求。

第六条　地方财政部门应当配合专员办工作，及时提供有关情况、资料和数据，并对其真实性、准确性和完整性负责。专员办延伸检查时，相关政府部门、事业单位、融资平台公司、金融机构等单位应当积极配合，及时提供融资合同、担保凭证、财务报表等相关资料。

省级财政部门下达省本级和市县政府的地方政府债务限额、新增限额，以及编制地方政府债务月报、年报和风险事件报告，应当抄送专员办。

第二章　地方政府债务预算管理和风险应急处置监督

第七条　专员办对地方政府债务限额管理情况进行监督，主要包括：

（一）新增地方政府债务限额情况。全省、自治区、直辖市每年新增一般债务余额、新增专项债务余额应当分别控制在财政部下达的新增一般债务限额、新增专项债务限额之内。

（二）地方政府债务年末余额情况。全省、自治区、直辖市年末一般债务余额、专项债务余额应当分别控制在财政部下达的一般债务限额、专项债务限额之内；地方政府负有偿还责任的国际金融组织和外国政府贷款转贷债务（以下简称外债转贷）应当控制在财政部下达的外债转贷额度之内。

（三）地方政府债务余额的增减变化情况。安排财政预算资金偿还存量政府债务、通过政府和社会资本合作方式化解存量政府债务等应当符合制度规定，严禁弄虚作假化解存量政府债务行为；存量或有债务转化为政府债务，应当符合《财政部关于对地方政府债务实行限额管理的实施意见》（财预〔2015〕225号）规定并报省级政府批准，及时置换成地方政府债券。

第八条　专员办对地方政府债务预算编制进行监督，主要包括：

（一）地方政府一般债券、地方政府负有偿还责任的外债转贷应当纳入一般公共预算管理，地方政府专项债券应当纳入政府性基金预算管理；

（二）存量政府债务应当按照规定纳入预算管理；

（三）地方政府债务还本付息支出、置换债券发行费用支出应当列入年度预算，并按财政部规定的政府收支分类科目列报；

（四）存量或有债务按照规定转化为政府债务后，其还本付息支出应当纳入预算管理。

第九条 专员办对地方政府债务预算调整进行监督，主要包括：

（一）新增政府债务应当列入预算调整方案；

（二）新增政府债务应当有明确对应的公益性资本支出项目、偿还计划和稳定的偿债资金来源，利息和发行费用安排应当符合规定。

第十条 专员办对地方政府债务预算执行进行监督，主要包括：

（一）新增政府债务应当用于预算批复的公益性资本支出项目，确需改变用途的应当按照规定程序办理；

（二）新增专项债务资金应当按照对应的政府性基金预算科目列报，调入的专项收入应当用于偿还对应的专项债务本息；

（三）地方政府债券置换存量债务应当履行规定程序，置换债券资金应当用于偿还清理甄别认定的截至2014年底的存量政府债务，以及按规定转化为政府债务的存量或有债务；

（四）地方政府一般债务利息支出应当按照规定通过一般公共预算收入支付，不得通过一般债券资金支付；

（五）地方政府专项债务利息支出应当按照规定通过政府性基金预算收入及调入专项收入等支付，不得通过专项债券资金支付；

（六）地方政府债券发行应当遵守发行制度规定、履行规定的程序，及时、准确、如实、完整披露债券发行信息等；

（七）地方政府债务举借、使用、偿还等情况，应当依法依规向社会公开。

第十一条 专员办对地方政府债务风险化解和应急处置进行监督，主要包括：

（一）地方各级政府应当建立地方政府债务风险管理与应急处置制度；

（二）列入风险提示或预警范围的高风险地区，应当制定并落实各项风险化解措施；

（三）发生地方政府债务风险事件的地区，应当按照国办函〔2016〕88号文件规定采取相应级别的应急响应措施；按照规定实施财政重整的地区，应当执行拓宽财源渠道、优化支出结构、处置政府资产等措施。

第三章 地方政府和融资平台公司融资行为监督

第十二条 专员办对地方政府融资行为进行监督，主要包括：

（一）除发行地方政府债券、外债转贷外，地方政府及其所属部门不得以任何方式举借债务，不得为任何单位和个人的债务以任何方式提供担保；

（二）地方政府及其所属部门参与社会资本合作项目，以及参与设立创业投资引导基金、产业投资引导基金等各类基金时，不得承诺回购其他出资人的投资本金，承担其他出资人投资本金的损失，或者向其他出资人承诺最低收益；

（三）地方政府及其所属部门、事业单位、社会团体，不得以机关事业单位及社会团体的国有资产为其他单位或企业融资进行抵押或质押；

（四）学校、幼儿园、医院等以公益为目的的事业单位、社会团体，不得以教育设施、医疗卫生设施和其他社会公益设施进行抵押融资；

（五）地方政府及其所属部门不得以政府债务对应的资产重复融资。

第十三条　专员办对融资平台公司融资行为进行监督，主要包括：

（一）地方政府及其所属部门将土地注入融资平台公司应当履行法定的出让或划拨程序，不得将公益性资产作为资本注入融资平台公司，不得将储备土地作为资产注入融资平台公司，不得承诺将储备土地预期出让收入作为融资平台公司偿债资金来源；

（二）只承担公益性项目建设或运营任务、主要依靠财政性资金偿还债务的融资平台公司，不得以财政性资金、国有资产抵（质）押或作为偿债来源进行融资（包括银行贷款、企业债券、公司债券、信托产品、中期票据、短期融资券等各种形式）；

（三）融资平台公司举借债务应当由企业决策机构决定，政府及其所属部门不得以文件、会议纪要、领导批示等任何形式要求或决定企业为政府举债或变相为政府举债；

（四）地方政府及其所属部门、公益目的事业单位和人民团体不得违反法律法规等规定，以出具担保函、承诺函、安慰函等任何形式为融资平台公司融资提供担保。

第十四条　专员办应当坚持"发现一起、查处一起、曝光一起"，及时制止地方政府和融资平台公司违法违规融资行为。

第四章　监督处理

第十五条　专员办开展地方政府债务日常监督发现违法违规线索，以及收到财政部、审计署等部门移交或反映的线索，应当于 5 个工作日内启动核查或检查工作。

第十六条　专员办查实地方政府债务违法违规问题，应当依据《中华人民共和国预算法》、《财政违法行为处罚处分条例》等法律法规和国家财政管理有关规定作出处理；其中属于依法应当追究有关政府及部门、单位人员责任的，专员办应当依法提出处理意见报财政部。

第五章 附 则

第十七条 财政部要求专员办参加全国性地方政府债务专项检查，应当纳入年度检查计划。

第十八条 专员办实施地方政府债务监督纳入专员办财政预算监管业务工作考核范围。

第十九条 专员办应当按季度向财政部报送地方政府债务监督情况的书面报告，发现重要情况及时报告。

第二十条 本办法自印发之日起执行。

财政部 交通运输部关于推进交通运输领域政府购买服务的指导意见

(财建〔2016〕34号)

各省、自治区、直辖市、计划单列市财政厅(局)、交通运输厅(局),交通运输部部属单位:

为积极稳妥、规范有序地推进公路水路交通运输领域政府购买服务工作,更好地发挥市场在资源配置中的决定作用,根据《国务院办公厅关于政府向社会力量购买服务的指导意见》(国办发〔2013〕96号)、《政府购买服务管理办法(暂行)》(财综〔2014〕96号)等规定,结合公路水路交通运输领域实际,提出以下实施意见。

一、重要意义

推进政府购买服务是中央对进一步转变职能、创新管理、深化改革作出的重大部署。交通运输是政府提供公共服务的重要领域之一,具有服务内容广泛、服务事项繁多、服务投入大等显著特点。通过引入市场机制,将公路水路交通运输领域部分政府公共服务事项从"直接提供"转为"购买服务",按照一定的方式和程序交由社会力量承担,有利于促进转变政府职能,加快推进交通运输治理体系和治理能力现代化;有利于激发市场活力,实现公共资源配置效率最大化,提高财政资金的使用效率;有利于调动社会力量参与交通运输领域治理、提供交通运输服务的积极性,构建多层次、多方式公路水路交通运输服务市场供给体系。

二、指导思想、工作目标和基本原则

(一)指导思想。

深入贯彻落实党的十八大和十八届三中、四中、五中全会精神,按照国务院推进政府购买服务部署要求,围绕"综合交通、智慧交通、绿色交通、平安交通"建设,加快转变政府职能,推进政事分开和政社分开,进一步放开服务市场准入,引入市场竞争机制,创新服务提供机制和方式,提高财政资金的使用效益,提升公共服务的效率和水平,推动公路水路交通运输服务体系建设,完善交通运输现代市场体系,努力为人民群众提供安全便捷、畅通高效、绿色智能的交通运输服务。

(二)工作目标。

到 2020 年,基本建立比较完善的公路水路交通运输领域政府购买服务制度,形成与交通运输部门管理职能相匹配、与交通运输发展水平相适应、高效合理的交通运输服务资源配置体系和供给体系,服务质量和水平显著提高。

(三)基本原则。

公路水路交通运输领域政府购买服务工作应遵循以下原则:

——积极稳妥,有序实施。立足公路水路交通运输发展的阶段性特征,准确把握交通运输服务的需求特点、供给格局和承接能力,充分发挥政府主导作用,逐步扩大购买服务范围,有序引导社会力量参与服务供给。

——科学规范,注重实效。建立公路水路交通运输领域政府购买服务的制度,明确购买的主体、内容、程序和机制,科学谋划、精打细算,明确权利与义务、责任与风险,引入服务对象评价与反馈机制,保障政府购买服务的针对性和有效性。

——公开择优,动态调整。按照公开、公平、公正原则,通过竞争择优的方式选择承接政府购买服务的社会力量,确保具备条件的社会力量平等参与竞争。加强公路水路交通运输领域政府购买服务的监督检查和科学评估,建立优胜劣汰的动态调整机制。

——改革创新,总结提升。清理和废除妨碍公平竞争的制度障碍,注重与事业单位分类改革相衔接,有效解决公路水路交通运输领域存在的服务产品短缺、服务质量效率不高等问题。及时总结改革实践经验,不断提升公路水路交通运输领域政府购买服务的工作水平。

三、主要工作

(一)购买主体。

政府向社会力量购买公路水路交通运输服务的主体为各级交通运输行政单位和具有行政管理职能的事业单位。

(二)承接主体。

承接政府向社会力量购买公路水路交通运输服务的主体主要为具备提供公路水路交通运输服务能力,依法在登记管理部门登记或经国务院批准免予登记的社会组织、按事业单位分类改革应划入公益二类或转为企业的事业单位,依法在工商管理或行业主管部门登记成立的企业、机构等社会力量。购买主体要结合本地实际和购买公路水路交通运输服务的内容、特点、标准和要求等,按照公开、公平、公正原则,科学选定承接主体。

(三)购买内容。

除法律法规另有规定,或涉及国家安全、保密事项等不适合向社会力量购买或者应当由行政事业单位直接提供的服务项目外,下列公路水路交通运输服务事项可通过政府购买方式，逐步交由社会力量承担：

1. 公路服务事项。包括农村公路建设与养护、政府收费还贷（债）高速公路服务区经营管理、公路桥梁隧道定期检查和检测、公路信息服务等服务事项。

2. 水路服务事项。包括公共航道维护性疏浚、清障扫床、整治建筑物维护、航道设备（除航标外）保养维护和维修、港口公用基础设施检测维护、水路信息服务等服务事项。

3. 运输服务事项。包括公路客运场站运营管理、农村客运渡口渡运服务、城市客运场站枢纽运营管理、城市公共交通运输服务、农村道路旅客运输服务、出租汽车综合服务区运营管理、客运公交信息服务、货物物流公共信息服务、交通运输服务监督电话系统信息服务与运行管理等服务事项。

4. 事务管理事项。包括公路水路领域调查和统计分析、标准规范研究、战略和政策研究、规划编制、课题研究、政策标准实施后评估、公路水路重大建设项目后评估、法律服务、监督检查中的专业技术支持、绩效评价、信息化建设与维护、业务培训、技术咨询评估（审查）、重大交通运输政策宣传和舆情监测、机关后勤服务、外事综合服务等技术性、辅助性服务事项。

购买主体向社会力量购买公路水路交通运输服务的范围应当根据职能性质确定，并与本地区社会经济发展水平相适应。交通运输部门纳入当地政府购买服务范围的事项，不得再交由所属公益一类事业单位承担。

（四）购买程序。

购买主体应按照方式灵活、程序规范、竞争有序、讲求绩效的原则建立健全政府购买公路水路交通运输服务机制。

公路水路交通运输领域政府购买服务应按照政府采购有关法律规定，统一纳入政府采购管理。购买主体根据服务的内容和特点、社会力量市场发育程度、各单位实际等因素，依法采用公开招标、邀请招标、竞争性谈判、竞争性磋商、单一来源采购等方式确定承接主体，加强政府与社会力量和社会资本合作，严禁转包行为。通过多种渠道向社会公开服务需求信息，鼓励社会机构积极参与，选择最佳项目方案。

购买主体要按照合同管理要求，与承接主体签订合同，明确所购买服务的范围、标的、数量、质量要求，以及服务期限、资金支付方式、双方权利义务和违约责任等。对于采购需求具有相对固定性、延续性且价格变化幅度小的服务项目，在年度预算资金能够保障的前提下，购买主体可以签订不超过三年履行期限的政府采购合同。

建立健全以项目预算、信息发布、组织采购、合同签订、项目监管、绩效评价、费用支付等为主要内容的规范的服务购买流程。加强对承接主体服务提供全过程的跟踪监管及对履约情况和服务成果的检查验收，鼓励引入服务对象参与验收工作。

（五）资金管理。

政府向社会力量购买服务所需资金列入财政预算，从部门预算经费或经批准的专项资金等既有预算中统筹安排。购买主体根据交通运输服务需求及预算安排，在编制年度预算时提出政府购买服务项目，确定购买内容和数量，纳入政府采购预算管理。按照"应买尽买、能买尽买"原则，凡具备条件的、适合以购买服务实现的，原则上都要通过政府购买服务方式实施。

（六）绩效管理。

加强交通运输领域政府购买服务绩效管理，强化责任和效率意识，健全绩效评价机制。在购买合同中明确政府购买服务的绩效目标，清晰反映政府购买服务的预期产出、效果和服务对象满意度等内容，并细化、量化为具体绩效指标，分类制定操作性强、具有公路水路交通运输领域特色的绩效指标体系。购买主体应依据确定的绩效目标及时开展绩效监控，确保绩效目标如期实现。加强绩效评价和结果应用，购买主体应在合同约定的绩效指标基础上，制定全面完整、科学规范、细化量化、简便易行的绩效评价指标体系，组织开展年度或定期绩效评价，必要时可委托第三方具体实施。评价结果向社会公布，并作为结算购买服务资金、编制以后年度项目预算、选择承接主体等的参考依据。对绩效低下或无效的，应限制或禁止相应的承接主体再次参与公路水路交通运输领域政府购买服务工作。

四、组织管理

（一）加强组织领导，做好政策宣传。

切实落实国务院、财政部关于政府购买服务各项规定，把政府购买服务工作列入重要议事日程，统一思想，明确任务，制定措施，落实职责。要广泛宣传政府购买服务工作的目的意义、目标任务和相关要求，做好政策解读，加强舆论引导，主动回应群众关切，充分调动社会参与的积极性。

（二）推进相关改革，形成改革合力。

转变财政支出方式，协同推进政府购买服务与事业单位改革和行业协会商会脱钩改革，对以承接购买服务方式获得财政资金支持的事业单位和行业协会商会，相应减少财政直接拨款，推动符合市场属性的事业单位和行业协会商会转为社会组织或企业，促进公共服务承接主体培育和市场竞争。

（三）总结购买经验，逐步深入推进。

根据领域特点和人民群众实际需求，按照点面结合、整体推进、重点突破的工作思路，选择部分公益性强、购买意愿足、市场供给条件比较成熟、社会力量能够承担的项目，开展政府购买服务工作。购买主体要不断总结经验，查找不足，完善工作方式，推动政府购买服务工作机制建设，逐步扩大购买服务范围，将具备条件的事项逐步转由社会力量承担。对于暂不具备实施条件的项目，通过转变政府职能、培育发展市场等方式积极创造实施条件，待条件具备后，转由社会力量承担。

对于应当由政府直接提供、不适合社会力量承担的服务项目,以及不属于政府职责范围的服务事项,不得向社会力量购买。

(四)提高透明度,推进信息公开。

按照政府采购信息公开的有关规定,购买主体应及时在财政部门指定的媒体上公开采购项目公告、采购文件、采购项目预算金额、采购结果等相关信息。购买主体在确定公共服务项目采购需求时,还应当征求社会公众的意见。购买活动结束后,应将验收结果于验收结束之日起2个工作日内向社会公告,自觉接受社会监督。

(五)严格执行规定,加强监督管理。

严格遵守有关规定,规范政府购买服务资金的管理和使用,建立健全内部监督管理制度。购买主体要积极联合有关部门,建立公路水路交通运输领域承接主体承接政府购买服务行为信用档案,实行联合惩戒制度。对在购买服务实施过程中,发现承接主体不符合资质要求、歪曲服务主旨、弄虚作假、骗取冒领财政资金等违法违规行为的,应依据相关法律法规进行处罚,对造成重大恶劣社会影响的,应当禁止其再次参与公路水路交通运输领域政府购买服务工作。此外,承接主体应严格遵守有关保密规定,不得对外泄露涉及国家秘密、商业秘密、个人隐私的信息。

财政部
交通运输部
二〇一六年二月二十二日

抄送:各省、自治区、直辖市、计划单列市财政监察专员办事处。

财政部 中央编办关于做好事业单位政府购买服务改革工作的意见

（财综〔2016〕53号）

各省、自治区、直辖市人民政府，国务院各部委、各直属机构：

推广政府购买服务是党中央、国务院作出的重要决策，对于创新公共服务提供方式，促进政府职能转变，提高公共服务质量和效率具有重要意义。事业单位是提供公共服务的重要力量，在促进经济社会发展、改善人民群众生活等方面发挥着重要作用，但也存在一些事业单位政事不分、事企不分，服务质量和效率不高等问题。为做好事业单位政府购买服务改革工作，通过政府购买服务改革支持事业单位分类改革和转型发展，增强事业单位提供公共服务能力，经国务院同意，现提出如下意见。

一、总体要求

（一）指导思想。全面贯彻党的十八大、十八届三中、四中、五中、六中全会和习近平总书记系列重要讲话精神，认真落实党中央、国务院决策部署，通过推进事业单位政府购买服务改革，推动政府职能转变，深化简政放权、放管结合、优化服务改革，改进政府提供公共服务方式，支持事业单位改革，促进公益事业发展，切实提高公共服务质量和水平。

（二）基本原则。一是坚持分类施策。依据现行政策，事业单位分为承担行政职能事业单位、公益一类事业单位、公益二类事业单位、生产经营类事业单位四类，按其类别及职能，合理定位参与政府购买服务的角色作用，明确相应要求。二是坚持问题导向。针对事业单位存在的问题，加快转变政府职能，创新财政支持方式，将政府购买服务作为推动事业单位改革发展的重要措施，强化事业单位公益属性，增强服务意识，激发内在活力。三是坚持公开透明。遵循公开、公平、公正原则推进事业单位政府购买服务改革，注重规范操作，鼓励竞争择优，营造良好的改革环境。四是坚持统筹协调。做好政府购买服务改革与事业单位分类改革有关经费保障、机构编制、人事制度、收入分配、养老保险等方面政策的衔接，形成改革合力。五是坚持稳妥推进。充分考虑事业单位改革的复杂性和艰巨性，对事业单位政府购买服务改革给予必要的支持政策，妥善处理改革发展稳定的关系，确保事业单位政府购买服务改革工作顺利推进。

（三）总体目标。到2020年底，事业单位政府购买服务改革工作全面推开，事业单位提供公共服务的能力和水平明显提升；现由公益二类事业单位承担并且适宜由社会力量提供的服务事项，全部转为通过政府购买服务方式提供；通过政府购买服务，促进建立公益二类事业单位财政经费保障与人员编制管理的协调约束机制。

二、分类定位

（一）完全或主要承担行政职能的事业单位可以比照政府行政部门，作为政府购买服务的购买主体。部分承担行政职能的事业单位完成剥离行政职能改革后，应当根据新的分类情况执行相应的政府购买服务政策。不承担行政职能的事业单位不属于政府购买服务的购买主体，因履职需要购买辅助性服务的，应当按照政府采购法律制度有关规定执行。

（二）承担义务教育、基础性科研、公共文化、公共卫生及基层的基本医疗服务等基本公益服务，不能或不宜由市场配置资源的公益一类事业单位，既不属于政府购买服务的购买主体，也不属于承接主体，不得参与承接政府购买服务。有关行政主管部门应当加强对所属公益一类事业单位的经费保障和管理，强化公益属性，有效发挥政府举办事业单位提供基本公共服务的职能作用。

（三）承担高等教育、非营利医疗等公益服务，可部分由市场配置资源的公益二类事业单位，可以作为政府购买服务的承接主体。现由公益二类事业单位承担并且适宜由社会力量提供的服务事项，应当纳入政府购买服务指导性目录，并根据条件逐步转为通过政府购买服务方式提供。有关行政主管部门应当创造条件积极支持公益二类事业单位与其他社会力量公平竞争参与承接政府购买服务，激发事业单位活力，增强提供公共服务能力。

（四）生产经营类事业单位可以作为政府购买服务的承接主体，在参与承接政府购买服务时，应当与社会力量平等竞争。

（五）尚未分类的事业单位，待明确分类后按上述定位实施改革。

三、主要措施

（一）推行政府向公益二类事业单位购买服务。2020年底前，凡是公益二类事业单位承担并且适宜由社会力量提供的服务事项，应当将财政拨款改为政府购买服务，可以由其行政主管部门直接委托给事业单位并实行合同化管理。其中，采取直接委托购买服务项目，属于政府采购集中采购目录以内或者采购限额标准以上的，通过单一来源采购方式实施；已经采用竞争性购买方式的，应当继续实行。政府新增用于公益二类事业单位的支出，应当优先通过政府购买服务方式安排。积极推进采用竞争择优方式向事业单位购买服务，逐步减少向公益二类事业单位直接委托的购买服务事项。

（二）探索建立与政府购买服务制度相适应的财政支持和人员编制管理制度。实施政府向事业单位购买服务的行政主管部门，应当将相关经费预算由事业单位调整至部门本级管理。积极探索建立事业单位财政经费与人员编制协调约束机制，创新事业单位财政经费与人员编制管理，推动事业单位改革逐步深入。

（三）将现由事业单位承担并且适宜由社会力量提供的服务事项纳入政府购买服务指导性目录。各行政主管部门要结合政府购买服务指导性目录编制工作，细化由本部门事业单位承担并且适宜由社会力量提供的服务事项，报经同级财政、机构编制等部门审核后纳入部门指导性目录，作为政府向事业单位购买服务的依据。

（四）落实税收等相关优惠政策。购买主体应当结合政府向事业单位购买服务项目特点和相关经费预算，综合物价、工资、税费等因素，合理测算安排项目所需支出。事业单位承接政府购买服务取得的收入，应当纳入事业单位预算统一核算，依法纳税并享受相关税收优惠等政策。税后收入由事业单位按相关政策规定进行支配。

（五）加强合同履约管理。购买主体应当做好对项目执行情况的跟踪，及时了解掌握购买项目实施进度及资金运作情况，督促承接服务的事业单位严格履行合同，确保服务质量，提高服务对象满意度。承接服务的事业单位履行合同约定后，购买主体应当及时组织对合同履行情况进行检查验收。购买主体向承接主体支付购买服务资金，应当根据合同约定和国库集中支付制度规定办理。

（六）推进绩效管理。购买主体应当会同财政部门建立全过程预算绩效管理机制，依据确定的绩效目标开展绩效管理。购买主体要结合购买服务合同履行情况，推进政府购买事业单位服务绩效评价工作，将绩效评价结果作为确定事业单位后续年度参与承接政府购买服务的考量因素，健全对事业单位的激励约束机制，提高财政资金使用效益和公共服务提供质量及效率。积极探索推进第三方评价。

（七）强化监督管理。各级财政部门要将政府向事业单位购买服务工作纳入财政监督范围，加强监督检查与绩效评价相结合，加大监督力度，保障政府购买服务工作规范开展。参与承接政府购买服务的事业单位应当自觉接受财政、审计和社会监督。

（八）做好信息公开。各级政府部门向事业单位购买服务，应当按照《中华人民共和国政府采购法》、《中华人民共和国政府信息公开条例》等相关规定，及时公开政府购买服务项目实施全过程相关信息，自觉接受社会监督。凡通过单一来源采购方式实施的政府向事业单位购买服务项目，要严格履行审批程序，需要事前公示的要按要求做好公示。积极推进政府向事业单位购买服务绩效信息公开。

四、工作要求

（一）落实工作责任。各省（区、市）财政、机构编制等部门要按照本意见要求，结合本地区实际制定事业单位政府购买服务改革工作实施方案，周密部署，认真组织做好本地区改革工作。各省（区、市）实施方案应于2016年12月底前送财政部、中央编办备案。各有关部门要做好本部门事业单位政府购买服务改革工作，指导推进本系统事业单位政府购买服务改革。

（二）扎实有效推进。2016年，财政部、中央编办将会同教育部、食品药品监管总局、中国残联在抓好典型项目政府购买服务改革试点工作中，认真探索政府向事业单位购买服务的有效做法和经验，及时研究完善相关政策；其他部门和地方要积极做好事业单位政府购买服务改革相关准备工作。2017年开始，各有关部门要根据本部门所属事业单位实际情况，推进事业单位政府购买服务改革，逐步增加公益二类事业单位实行政府购买服务的项目和金额；各省（区、市）要按照本地区改革实施方案，扎实推进事业单位政府购买服务改革，及时总结经验，完善政策，确保2020年底前完成本意见确定的事业单位政府购买服务改革目标任务。

（三）加强调研督导。事业单位政府购买服务改革涉及面广、政策性强，社会普遍关注，直接关系事业单位人员切身利益，各地区、各部门要切实加强对改革工作的领导，深入基层调研指导，及时研究并妥善处理改革中遇到的矛盾和问题。财政、机构编制部门要加强改革工作沟通协调，组织做好改革工作督导、专题调研、政策培训和经验推广，确保改革工作平稳有序推进。

财政部
中央编办
二〇一六年十一月三十日

财政部　民政部关于通过政府购买服务支持社会组织培育发展的指导意见

(财综〔2016〕54号)

各省、自治区、直辖市人民政府，国务院各部委、各直属机构：

为落实党中央、国务院的决策部署，加快转变政府职能，创新社会治理体制，促进社会组织健康有序发展，提升社会组织能力和专业化水平，改善公共服务供给，根据《国务院办公厅关于政府向社会力量购买服务的指导意见》（国办发〔2013〕96号）精神，经国务院同意，现就通过政府购买服务支持社会组织培育发展提出如下意见。

一、总体要求

（一）指导思想。全面贯彻党的十八大、十八届三中、四中、五中、六中全会和习近平总书记系列重要讲话精神，围绕供给侧结构性改革，结合"放管服"改革、事业单位改革和行业协会商会脱钩改革，充分发挥市场机制作用，大力推进政府向社会组织购买服务，引导社会组织专业化发展，促进提供公共服务能力持续提升，发挥社会组织的独特优势，优化公共服务供给，有效满足人民群众日益增长的公共服务需求。

（二）基本原则。一是坚持深化改革。加快转变政府职能，正确处理政府和社会的关系，推进政社分开，完善相关政策，为社会组织发展创造良好环境，凡适合社会组织提供的公共服务，尽可能交由社会组织承担。二是注重能力建设。通过政府向社会组织购买服务引导社会组织加强自身能力建设，优化内部管理，提升社会组织服务能力和水平，充分发挥社会组织提供公共服务的专业和成本优势，提高公共服务质量和效率。三是坚持公开择优。通过公开公平、竞争择优方式选择社会组织承接政府购买服务，促进优胜劣汰，激发社会组织内在活力，实现健康发展。四是注重分类指导。遵循社会组织发展规律，区分社会组织功能类别、发展程度，结合政府购买服务需求，因地制宜，分类施策，积极推进政府向社会组织购买服务。

（三）主要目标。"十三五"时期，政府向社会组织购买服务相关政策制度进一步完善，购买服务范围不断扩大，形成一批运作规范、公信力强、服务优质的社会组织，公共服务提供质量和效率显著提升。

二、主要政策

（四）切实改善准入环境。社会组织参与承接政府购买服务应当符合有关资质要求，但不应对社会组织成立年限做硬性规定。对成立未满三年，在遵守相关法律法规、按规定缴纳税收和社会保障资金、年检等方面无不良记录的社会组织，应当允许参与承接政府购买服务。积极探索建立公共服务需求征集机制，充分发挥社会组织在发现新增公共服务需求、促进供需衔接方面的积极作用。有条件的地方可以探索由行业协会商会搭建行业主管部门、相关职能部门与行业企业沟通交流平台，邀请社会组织参与社区及社会公益服务洽谈会等形式，及时收集、汇总公共服务需求信息，并向相关行业主管部门反馈。有关部门应当结合实际，按规定程序适时将新增公共服务需求纳入政府购买服务指导性目录并加强管理，在实践中逐步明确适宜由社会组织承接的具体服务项目，鼓励和支持社会组织参与承接。

（五）加强分类指导和重点支持。按照党的十八届三中全会关于重点培育、优先发展行业协会商会类、科技类、公益慈善类、城乡社区服务类社会组织的要求，各地方和有关部门应结合政府购买服务需求和社会组织专业化优势，明确政府向社会组织购买服务的支持重点。鼓励各级政府部门同等条件下优先向社会组织购买民生保障、社会治理、行业管理、公益慈善等领域的公共服务。各地可以结合本地区实际，具体确定向社会组织购买服务的重点领域或重点项目。要采取切实措施加大政府向社会组织购买服务的力度，逐步提高政府向社会组织购买服务的份额或比例。政府新增公共服务支出通过政府购买服务安排的部分，向社会组织购买的比例原则上不低于30%。有条件的地方和部门，可以制定政府购买服务操作指南并向社会公开，为社会组织等各类承接主体参与承接政府购买服务项目提供指导。

（六）完善采购环节管理。实施购买服务的各级政府部门（购买主体）应充分考虑公共服务项目特点，优化政府购买服务项目申报、预算编制、组织采购、项目监管、绩效评价等工作流程，提高工作效率。要综合考虑社会组织参与承接政府购买服务的质量标准和价格水平等因素，合理确定承接主体。研究适当提高服务项目采购限额标准和公开招标数额标准，简化政府购买服务采购方式变更的审核程序和申请材料要求，鼓励购买主体根据服务项目需求特点选择合理的采购方式。对购买内容相对固定、连续性强、经费来源稳定、价格变化较小的公共服务项目，购买主体与提供服务的社会组织签订的政府购买服务合同可适当延长履行期限，最长可以设定为3年。对有服务区域范围要求、市场竞争不充分的服务项目，购买主体可以按规定采取将大额项目拆分采购、新增项目向不同的社会组织采购等措施，促进建立良性的市场竞争关系。对市场竞争较为充分、服务内容具有排他性并可收费的项目，鼓励在依法确定多个承接主体的前提下采取凭单制形式购买服务，购买主体向符合条件的服务对象发放购买凭单，由领受者自主选择承接主体为其提供服务并以凭单支付。

（七）加强绩效管理。购买主体应当督促社会组织严格履行政府购买服务合同，及时掌握服务提供状况和服务对象满意度，发现并研究解决服务提供中遇到的问题，增强服务对象的获得感。加强绩效目标管理，合理设定绩效目标及指标，开展绩效目标执行监控。畅通社会反馈渠道，将服务对象满意度作为一项主要的绩效指标，务实开展绩效评价，尽量避免增加社会组织额外负担。鼓励运用新媒体、新技术辅助开展绩效评价。积极探索推进第三方评价，充分发挥专业机构在绩效评价中的作用。积极探索将绩效评价结果与合同资金支付挂钩，建立社会组织承接政府购买服务的激励约束机制。

（八）推进社会组织能力建设。加强社会组织承接政府购买服务培训和示范平台建设，采取孵化培育、人员培训、项目指导、公益创投等多种途径和方式，进一步支持社会组织培育发展。建立社会组织负责人培训制度，将社会组织人才纳入专业技术人才知识更新工程。推动社会组织以承接政府购买服务为契机专业化发展，完善内部治理，做好社会资源动员和整合，扩大社会影响，加强品牌建设，发展人才队伍，不断提升公共服务提供能力。鼓励在街道（乡镇）成立社区社会组织联合会，联合业务范围内的社区社会组织承接政府购买服务，带动社区社会组织健康有序发展。

（九）加强社会组织承接政府购买服务信用信息记录、使用和管理。民政部门要结合法人库和全国及各地信用信息共享平台建设，及时收录社会组织承接政府购买服务信用信息，推进信用信息记录公开和共享。购买主体向社会组织购买服务时，要提高大数据运用能力，通过有关平台查询并使用社会组织的信用信息，将其信用状况作为确定承接主体的重要依据。有关购买主体要依法依规对政府购买服务活动中的失信社会组织追究责任，并及时将其失信行为通报社会组织登记管理机关，有条件的要及时在信用中国网站公开。

三、保障措施

（十）加强组织领导。各级财政、民政部门要把政府向社会组织购买服务工作列入重要议事日程，会同有关部门加强统筹协调，扎实推进。加强政府向社会组织购买服务工作的指导、督促和检查，及时总结推广成功经验。充分利用报纸、杂志、广播、电视、网络等各类媒体，大力宣传通过政府购买服务支持社会组织培育发展的有关政策要求，营造良好的改革环境。

（十一）健全支持机制。民政部门要会同财政等部门推进社会组织承接政府购买服务的培训、反馈、示范等相关支持机制建设，鼓励购买主体结合绩效评价开展项目指导。财政部门要加强政府购买服务预算管理，结合经济社会发展和政府财力状况，科学、合理安排相关支出预算。购买主体应当结合政府向社会组织购买服务项目特点和相关经费预算，综合物价、工资、税费等因素，合理测算安排项目所需支出。中央财政将继续安排专项资金，有条件的地方可参照安排专项资金，通过政府购买服务等方式支持社会组织参与社会服务。

（十二）强化监督管理。有关购买主体应当按照《中华人民共和国政府采购法》、《中华人民共和国政府信息公开条例》等相关规定，及时公开政府购买服务项目相关信息，方便社会组织查询，自觉接受社会监督。凡通过单一来源采购方式实施的政府购买服务项目，要严格履行审批程序，该公示的要做好事前公示，加强项目成本核查和收益评估工作。民政等部门要按照职责分工将社会组织承接政府购买服务信用记录纳入年度检查（年度报告）、抽查审计、评估等监管体系。财政部门要加强对政府向社会组织购买服务的资金管理，确保购买服务资金规范管理和合理使用。有关部门要加强政府向社会组织购买服务的全过程监督，防止暗箱操作、层层转包等问题；加大政府向社会组织购买服务项目审计力度，及时处理涉及政府向社会组织购买服务的投诉举报，严肃查处借政府购买服务之名进行利益输送的各种违法违规行为。

财政部
民政部
二〇一六年十二月一日

财政部关于进一步加强政府采购需求和履约验收管理的指导意见

(财库〔2016〕205号)

党中央有关部门，国务院各部委、各直属机构，全国人大常委会办公厅，全国政协办公厅，高法院、高检院，各民主党派中央，有关人民团体，各省、自治区、直辖市、计划单列市财政厅（局），新疆生产建设兵团财务局：

近年来，各地区、各部门认真贯彻政府采购结果导向改革要求，落实《中华人民共和国政府采购法》及其实施条例有关规定，不断加强政府采购需求和履约验收管理，取得了初步成效。但从总体上看，政府采购需求和履约验收管理还存在认识不到位、责任不清晰、措施不细化等问题。为了进一步提高政府采购需求和履约验收管理的科学化、规范化水平，现就有关工作提出以下意见：

一、高度重视政府采购需求和履约验收管理

依法加强政府采购需求和履约验收管理，是深化政府采购制度改革、提高政府采购效率和质量的重要保证。科学合理确定采购需求是加强政府采购源头管理的重要内容，是执行政府采购预算、发挥采购政策功能、落实公平竞争交易规则的重要抓手，在采购活动整体流程中具有承上启下的重要作用。严格规范开展履约验收是加强政府采购结果管理的重要举措，是保证采购质量、开展绩效评价、形成闭环管理的重要环节，对实现采购与预算、资产及财务等管理工作协调联动具有重要意义。各地区、各部门要充分认识政府采购需求和履约验收管理的重要性和必要性，切实加强政府采购活动的源头和结果管理。

二、科学合理确定采购需求

（一）采购人负责确定采购需求。采购人负责组织确定本单位采购项目的采购需求。采购人委托采购代理机构编制采购需求的，应当在采购活动开始前对采购需求进行书面确认。

（二）采购需求应当合规、完整、明确。采购需求应当符合国家法律法规规定，执行国家相关标准、行业标准、地方标准等标准规范，落实政府采购支持节能环保、促进中小企业发展等政策要求。除因技术复杂或者性质特殊，不能确定详细规格或者具体要求外，采购需求应当完整、明确。必要时，应当就确定采购需求征求相关供应商、专家的意见。采购需求应当包括采购对象需实现的功能或者目标，满足项目需要的所有技术、服务、安全等要求，采购对象的数量、交付或实施的时间和地点，采购对象的验收标准等内容。采购需求描述应当清楚明了、规范表述、含义准确，能够通过客观指标量化的应当量化。

（三）加强需求论证和社会参与。采购人可以根据项目特点，结合预算编制、相关可行性论证和需求调研情况对采购需求进行论证。政府向社会公众提供的公共服务项目，采购人应当就确定采购需求征求社会公众的意见。需求复杂的采购项目可引入第三方专业机构和专家，吸纳社会力量参与采购需求编制及论证。

（四）严格依据采购需求编制采购文件及合同。采购文件及合同应当完整反映采购需求的有关内容。采购文件设定的评审因素应当与采购需求对应，采购需求相关指标有区间规定的，评审因素应当量化到相应区间。采购合同的具体条款应当包括项目的验收要求、与履约验收挂钩的资金支付条件及时间、争议处理规定、采购人及供应商各自权利义务等内容。采购需求、项目验收标准和程序应当作为采购合同的附件。

三、严格规范开展履约验收

（五）采购人应当依法组织履约验收工作。采购人应当根据采购项目的具体情况，自行组织项目验收或者委托采购代理机构验收。采购人委托采购代理机构进行履约验收的，应当对验收结果进行书面确认。

（六）完整细化编制验收方案。采购人或其委托的采购代理机构应当根据项目特点制定验收方案，明确履约验收的时间、方式、程序等内容。技术复杂、社会影响较大的货物类项目，可以根据需要设置出厂检验、到货检验、安装调试检验、配套服务检验等多重验收环节；服务类项目，可根据项目特点对服务期内的服务实施情况进行分期考核，结合考核情况和服务效果进行验收；工程类项目应当按照行业管理部门规定的标准、方法和内容进行验收。

（七）完善验收方式。对于采购人和使用人分离的采购项目，应当邀请实际使用人参与验收。采购人、采购代理机构可以邀请参加本项目的其他供应商或第三方专业机构及专家参与验收，相关验收意见作为验收书的参考资料。政府向社会公众提供的公共服务项目，验收时应当邀请服务对象参与并出具意见，验收结果应当向社会公告。

（八）严格按照采购合同开展履约验收。采购人或者采购代理机构应当成立验收小组，按照采购合同的约定对供应商履约情况进行验收。验收时，应当按照采购合同的约定对每一项技术、服务、安全标准的履约情况进行确认。验收结束后，应当出具验收书，列明各项标准的验收情况及项目总体评价，由验收双方共同签署。验收结果应当与采购合同约定的资金支付及履约保证金返还条件挂钩。履约验收的各项资料应当存档备查。

（九）严格落实履约验收责任。验收合格的项目，采购人应当根据采购合同的约定及时向供应商支付采购资金、退还履约保证金。验收不合格的项目，采购人应当依法及时处理。采购合同的履行、违约责任和解决争议的方式等适用《中华人民共和国合同法》。供应商在履约过程中有政府采购法律法规规定的违法违规情形的，采购人应当及时报告本级财政部门。

四、工作要求

（十）强化采购人对采购需求和履约验收的主体责任。采购人应当切实做好需求编制和履约验收工作，完善内部机制、强化内部监督、细化内部流程，把采购需求和履约验收嵌入本单位内控管理流程，加强相关工作的组织、人员和经费保障。

（十一）加强采购需求和履约验收的业务指导。各级财政部门应当按照结果导向的改革要求，积极研究制定通用产品需求标准和采购文件标准文本，探索建立供应商履约评价制度，推动在政府采购评审中应用履约验收和绩效评价结果。

（十二）细化相关制度规定。各地区、各部门可根据本意见精神，研究制定符合本地区、本部门实际情况的具体办法和工作细则，切实加强政府采购活动中的需求和履约验收管理。

财政部

二〇一六年十一月二十五日

财政部　水利部关于印发《中央财政水利发展资金使用管理办法》的通知

(财农〔2016〕181号)

农业部，各省、自治区、直辖市、计划单列市财政厅（局）、水利（水务）厅（局），新疆生产建设兵团财务局、水利局：

按照《国务院关于改革和完善中央对地方转移支付制度的意见》（国发〔2014〕71号）、《国务院关于印发推进财政资金统筹使用方案的通知》（国发〔2015〕35号）以及《中央对地方专项转移支付管理办法》（财预〔2015〕230号）等相关要求，为规范中央财政水利发展资金使用管理，财政部、水利部制定了《中央财政水利发展资金使用管理办法》。现予印发，请遵照执行。

附件：中央财政水利发展资金使用管理办法

财政部
水利部
二〇一六年十二月二日

附件：

中央财政水利发展资金使用管理办法

第一条 为加强中央财政水利发展资金管理，提高资金使用的规范性、安全性和有效性，促进水利改革发展，依据《预算法》和《中央对地方专项转移支付管理办法》（财预〔2015〕230号）等有关法律法规和制度规定，制定本办法。

第二条 本办法所称中央财政水利发展资金（以下简称水利发展资金），是指中央财政预算安排用于支持有关水利建设和改革的专项资金。水利发展资金的分配、使用、管理和监督适用本办法。

水利发展资金使用管理遵循科学规范、公开透明；统筹兼顾、突出重点；绩效管理、强化监督的原则。

纳入中央部门预算的水利发展资金按照部门预算管理有关规定执行。

第三条 水利发展资金由财政部会同水利部负责管理。

财政部负责编制资金预算，审核资金分配方案并下达预算，组织开展预算绩效管理工作，指导地方加强资金管理等相关工作。

水利部负责组织水利发展资金支持的相关规划或实施方案的编制和审核，研究提出资金分配和工作清单建议方案，协同做好预算绩效管理工作，指导地方做好项目和资金管理等相关工作。

地方财政部门主要负责水利发展资金的预算分解下达、资金审核拨付、资金使用监督检查以及预算绩效管理总体工作等。

地方水利部门主要负责水利发展资金相关规划或实施方案编制、项目审查筛选、项目组织实施和监督等，研究提出资金和工作清单分解安排建议方案，做好预算绩效管理具体工作。

第四条 水利发展资金支出范围包括：

（一）农田水利建设，主要用于农田及牧区饲草料地灌排工程设施建设（含"五小水利"、农村河塘清淤整治等）及配套机耕道、农业灌排电力设施、灌溉计量设施建设。

（二）地下水超采区综合治理，主要用于地下水超采区水利工程建设及体制机制创新等。

（三）中小河流治理及重点县综合整治，主要用于中小河流防洪治理及中小河流重点县的水系综合整治。

（四）小型水库建设及除险加固，主要用于新建小型水库及小型病险水库除险加固。

（五）水土保持工程建设，主要用于水土流失综合治理。

（六）淤地坝治理，主要用于病险淤地坝除险加固。

（七）河湖水系连通项目，主要用于江河湖库水系连通工程建设等。

（八）水资源节约与保护，主要用于国家水资源监控能力建设等水资源节约与保护。

（九）山洪灾害防治，主要用于山洪灾害非工程措施建设、重点山洪沟防洪治理等。

（十）水利工程设施维修养护，主要用于补助农田水利设施和县级及以下公益性水利工程维修养护、农业水价综合改革相关支出等。

水利发展资金不得用于征地移民、城市景观、财政补助单位人员经费和运转经费、交通工具和办公设备购置、楼堂馆所建设等支出。

县级可按照从严从紧的原则，在水利发展资金中列支勘测设计、工程监理、工程招标、工程验收等费用，费用上限比例由省级财政部门会同水利部门确定，省、市两级不得在水利发展资金中提取上述费用。

水利发展资金原则上不得用于中央基建投资已安排资金的水利项目。

第五条 水利发展资金实行中期财政规划管理。财政部会同水利部根据党中央、国务院决策部署，水利中长期发展目标，国家宏观调控总体要求和跨年度预算平衡需要，编制水利发展资金三年滚动规划和年度预算。

第六条 水利部汇总编制完成的以水利发展资金为主要资金渠道的相关规划或实施方案应商财政部同意后印发实施。地方水利部门在编制本地区水利发展资金相关规划和实施方案时，应充分征求地方同级财政部门意见。

第七条 中央对各省（自治区、直辖市、计划单列市，以下统称省）分配水利发展资金时，主要采取因素法。对党中央、国务院明确的重点建设项目以及水利建设任务较少的直辖市、计划单列市，可采取定额补助。因素法的分配因素及权重如下：

（一）目标任务（权重50%），以财政部、水利部根据党中央、国务院决策部署，确定的水利发展目标任务为依据，通过相关规划或实施方案明确的分省任务量（或投资额）测算。

（二）政策倾斜（权重20%），以全国贫困县、革命老区县（含中央苏区县）、民族县、边境县个数为依据。

（三）绩效因素（权重30%），以国务院最严格水资源管理制度考核结果，财政部、水利部组织开展的相关绩效评价结果，监督检查结果和预算执行进度等为依据。

省级对市级或县级分配水利发展资金的具体办法，由省级财政、水利部门自行确定。

第八条 财政部应当在每年10月31日前将下一年度水利发展资金预计数和工作清单初步安排情况提前下达省级财政部门，并抄送水利部、省级水利部门和财政部驻各地财政监察专员办事处（以下简称专员办）。财政部应当在全国人民代表大会审查批准中央预算后90日内印发下达水利发展资金预算文件，将水利发展资金正式预算、工作清单下达省级财政部门，批复区域绩效目标作为绩效评价依据，同时抄送水利部、省级水利部门和当地专员办。

工作清单主要包括水利发展资金支持的年度重点工作、支出方向、具体任务指标等，对党中央、国务院明确的重点任务或试点项目，可明确资金额度。

省级财政部门会同省级水利部门依据相关规划或实施方案等分解下达预算，在优先保证完成党中央、国务院确定的重点任务、试点项目和工作清单确定任务的基础上，可根据本地区情况统筹安排各支出方向的资金额度；根据财政部、水利部要求，在规定时间内，将汇总形成的全省绩效目标、分支出方向资金安排情况报财政部、水利部，并抄送当地专员办。

专员办督促地方财政、水利部门分解下达预算，审核区域绩效目标，并在收到省级财政、水利部门抄送的区域绩效目标的20日内，将区域绩效目标审核意见报财政部。

第九条 地方各级水利部门应当会同同级财政部门采取竞争立项、建立健全项目库等方式，及时将资金落实到具体项目。同时，督促项目单位提前做好项目前期工作，加快项目实施和预算执行进度。

第十条 水利发展资金鼓励采取先建后补、以奖代补、民办公助等方式，加大对农户、村组集体、农民专业合作组织等新型农业经营主体实施项目的支持力度；鼓励采用政府和社会资本合作（PPP）模式开展项目建设，创新项目投资运营机制；遵循"先建机制、后建工程"原则，坚持建管并重，支持农业水价综合改革和水利工程建管体制机制改革创新。具体办法由地方自行制定。

第十一条 各级财政部门应当会同同级水利部门按照财政部涉农资金统筹整合使用有关规定，加强水利发展资金统筹整合。分配给贫困县的水利发展资金，按照《国务院办公厅关于支持贫困县开展统筹整合使用财政涉农资金试点的意见》（国办发〔2016〕22号）有关规定执行。

第十二条 水利发展资金的支付按照国库集中支付制度有关规定执行。属于政府采购管理范围的，按照政府采购有关法律法规规定执行。结转结余的资金，按照《预算法》和其他有关结转结余资金管理的相关规定处理。属于政府和社会资本合作项目的，按照国家有关规定执行。

第十三条 各级财政部门应当会同同级水利部门加强水利发展资金预算绩效管理，建立健全全过程预算绩效管理机制，提高财政资金使用效益。水利发展资金绩效管理办法另行制定。

第十四条 财政部应当将水利发展资金分配结果在预算下达文件印发后20日内向社会公开。

第十五条 各级财政部门和水利部门都应加强水利发展资金的监督检查。专员办按照工作职责和财政部要求，开展水利发展资金预算监管工作。分配、管理、使用水利发展资金的部门、单位及个人，应当依法接受审计、纪检监察等部门监督，对发现的问题，应及时制定整改措施并落实。

第十六条 水利发展资金申报、使用管理中存在弄虚作假或挤占、挪用、滞留资金等财政违法行为的，对相关单位及个人，按照《预算法》和《财政违法行为处罚处分条例》进行处罚，情节严重的追究法律责任。

各级财政、水利等有关部门及其工作人员在水利发展资金分配、项目安排中，存在违反规定分配或使用资金，以及其他滥用职权、玩忽职守、徇私舞弊等违法违纪行为的，按照《预算法》、《公务员法》、《行政监察法》、《财政违法行为处罚处分条例》等国家有关规定追究相应责任；涉嫌犯罪的，移送司法机关处理。

第十七条 省级财政部门应当会同省级水利部门，根据本办法并结合本地区实际，制定水利发展资金使用管理实施细则，重点明确省级及以下的部门职责、支出范围、资金分配、支付管理、绩效管理、资金整合、机制创新、监督检查、责任追究等，抄送财政部、水利部及当地专员办。

第十八条 本办法自2017年1月1日起施行。《江河湖库水系综合整治资金使用管理暂行办法》（财农〔2016〕11号）、《农田水利设施建设和水土保持补助资金使用管理办法》（财农〔2015〕226号）、《中央财政山洪灾害防治经费使用管理办法》（财农〔2014〕1号）、《小Ⅱ型病险水库除险加固项目中央专项资金管理办法》（财建〔2013〕574号）、《重点小型病险水库除险加固项目和资金管理办法》（财建〔2010〕436号）、《重点小型病险水库除险加固项目财政专项补助资金管理暂行办法》（财建〔2007〕619号）同时废止。

国家发展改革委文件（18个）

《中央预算内投资补助和贴息项目管理办法》

国家发展和改革委员会令

第45号

《中央预算内投资补助和贴息项目管理办法》业经国家发展和改革委员会主任办公会讨论通过，现予发布。自2017年1月5日起施行。2013年发布的《中央预算内投资补助和贴息项目管理办法》（中华人民共和国国家发展和改革委员会令第3号）同时废止。

主任：徐绍史

二〇一六年十二月五日

中央预算内投资补助和贴息项目管理办法

第一章 总 则

第一条 为规范中央预算内投资补助和贴息项目的管理，提高中央预算内投资补助和贴息资金的使用效益，依据《中共中央国务院关于深化投融资体制改革的意见》、《国务院关于投资体制改革的决定》以及有关法律、行政法规，制定本办法。

第二条 以投资补助和贴息方式安排中央预算内投资的项目管理，适用本办法。

第三条 本办法所称投资补助，是指国家发展改革委对符合条件的地方政府投资项目和企业投资项目给予的投资资金补助。

本办法所称贴息，是指国家发展改革委对符合条件，使用了中长期贷款的投资项目给予的贷款利息补贴。

投资补助和贴息资金均为无偿投入。

第四条 投资补助和贴息资金重点用于市场不能有效配置资源，需要政府支持的经济和社会领域。具体包括：

（一）社会公益服务和公共基础设施；

（二）农业和农村；

（三）生态环境保护和修复；

（四）重大科技进步；

（五）社会管理和国家安全；

（六）符合国家有关规定的其他公共领域。

第五条 国家发展改革委应当按照宏观调控的要求，根据国务院确定的工作重点，严格遵守科学、民主、公开、公正、高效的原则，平等对待各类投资主体，会同相关行业部门统筹安排投资补助和贴息项目。对欠发达地区，特别是革命老区、民族地区、边疆地区和集中连片特殊困难地区的投资项目应当适当倾斜。

第六条 国家发展改革委安排投资补助和贴息项目，应当分专项制定工作方案或管理办法，明确投资补助和贴息的预定目标、实施周期、支持范围、资金安排方式、工作程序、监督管理等主要内容，并针对不同行业、不同地区、不同性质投资项目的具体情况，确定相应的投资补助、贴息标准，作为各专项投资补助和贴息项目管理的具体依据。

工作方案或管理办法应当符合国家有关法律法规、产业政策、专项规划和有关宏观调控政策的要求，凡不涉及保密内容的，均应当公开。

第七条 投资补助和贴息资金应当用于计划新开工或续建项目，原则上不得用于已完工项目。

项目的投资补助和贴息金额原则上应当一次性核定，对于已经足额安排的项目，不得重复申请。同一项目原则上不得重复申请不同专项资金。

第二章 申报和审核

第八条 申请投资补助或者贴息资金的项目，应当列入三年滚动投资计划，并通过投资项目在线审批监管平台（以下简称"在线平台"）完成审批、核准或备案程序（地方政府投资项目应完成项目可行性研究报告或者初步设计审批），并提交资金申请报告。

第九条 资金申请报告应当包括以下内容：

（一）项目单位的基本情况；

（二）项目的基本情况，包括在线平台生成的项目代码、建设内容、总投资及资金来源、建设条件落实情况等；

（三）项目列入三年滚动投资计划，并通过在线平台完成审批（核准、备案）

情况；

（四）申请投资补助或者贴息资金的主要理由和政策依据；

（五）工作方案或管理办法要求提供的其他内容。

项目单位应对所提交的资金申请报告内容的真实性负责。

第十条 资金申请报告由需要申请投资补助或者贴息资金的项目单位提出，按程序报送项目汇总申报单位。项目汇总申报单位应当对资金申请报告提出审核意见，并汇总报送国家发展改革委。资金申请报告可以单独报送，或者与年度投资计划申请合并报送。

各省、自治区、直辖市和计划单列市、新疆生产建设兵团发展改革委（以下简称省级发展改革委）、计划单列企业集团和中央管理企业等为项目汇总申报单位。

第十一条 项目汇总申报单位应当对资金申请报告的下列事项进行审核，并对审核结果和申报材料的真实性、合规性负责。

（一）符合本办法规定的资金投向和申请程序；

（二）符合有关专项工作方案或管理办法的要求；

（三）项目的主要建设条件基本落实；

（四）项目已经列入三年滚动投资计划，并通过在线平台完成审批（核准、备案）。

第三章 批复和下达

第十二条 国家发展改革委受理资金申请报告后，视具体情况对相关事项进行审查，确有必要时可以委托相关单位进行评审。

项目单位被列入联合惩戒合作备忘录黑名单的，国家发展改革委不予受理其资金申请报告。

第十三条 对于同意安排投资补助或者贴息资金的项目，国家发展改革委应当批复其资金申请报告。资金申请报告可以单独批复，或者在下达投资计划时合并批复。

第十四条 批复资金申请报告应当确定给予项目的投资补助或者贴息金额，并根据项目实施和资金安排情况，一次或者分次下达投资计划。

第十五条 采用贴息方式的，贴息资金总额根据项目符合贴息条件的贷款总额、当年贴息率和贴息年限计算确定。贴息率应当不高于当期银行中长期贷款利率的上限。

第十六条 对于补助地方的项目，数量多、范围广、单项资金少的和下达年度投资计划时无法明确到具体项目的，国家发展改革委可以打捆或切块下达年度投资计划。

打捆下达的年度投资计划仅下达同意安排的项目数量、投资补助和贴息总额，由省级发展改革委负责分解。切块下达的年度投资计划，应当明确投资目标、建设任务、补助标准和工作要求等，由省级发展改革委负责安排具体项目。

省级发展改革委应当对上述计划分解和安排的合规性负责，并在规定时限内通过在线平台报备相关项目信息。国家发展改革委应当加大监督检查工作力度。

第四章　项目实施管理

第十七条　使用投资补助和贴息资金的项目，应当严格执行国家有关政策要求，不得擅自改变主要建设内容和建设标准，严禁转移、侵占或者挪用投资补助和贴息资金。

第十八条　项目汇总申报单位应当定期组织调度已下达投资补助和贴息项目的下列实施情况，并按时通过在线平台向国家发展改革委报告。

（一）项目实际开竣工时间；
（二）项目资金到位、支付和投资完成情况；
（三）项目的主要建设内容；
（四）项目工程形象进度；
（五）存在的问题。

第十九条　因不能开工建设或者建设规模、标准和内容发生较大变化等情况，导致项目不能完成既定建设目标的，项目单位和项目汇总申报单位应当及时报告情况和原因，国家发展改革委可以根据具体情况进行相应调整。打捆和切块下达年度投资计划的项目由省级发展改革委调整，调整结果应当及时通过在线平台报备。

第二十条　国家发展改革委必要时可以对投资补助和贴息有关工作方案和政策等开展中期评估和后评价工作，并根据评估评价情况及时对有关工作方案和政策作出必要调整。

第二十一条　投资补助和贴息项目的财务管理，按照财政部门的有关财务管理规定执行。

第五章　监督检查和法律责任

第二十二条　不涉及保密要求的投资补助和贴息项目，应当按照有关规定公开。

国家发展改革委接受单位、个人对投资补助和贴息项目在审批、建设过程中违法违规行为的举报，并按照有关规定予以查处。

第二十三条　各级发展改革部门应当会同有关部门，依据职责分工，利用在线平台，对使用投资补助和贴息资金的项目加强监管，防止转移、侵占或者挪用投资补助和贴息资金，保证政府投资资金的合理使用和项目顺利建设实施。

第二十四条 各级发展改革部门应当按照有关规定对投资补助和贴息项目进行稽察,对稽察发现的问题按照有关规定及时作出处理,并将整改落实情况作为安排投资补助和贴息的重要依据。

第二十五条 各级发展改革部门、中央管理企业和项目单位应当自觉接受审计、监察、财政等部门依据职能分工进行的监督检查。

第二十六条 国家发展改革委工作人员有下列行为之一的,责令其限期整改,根据实际情况依纪依法追究有关责任人的党纪责任、行政责任;构成犯罪的,由司法机关依法追究刑事责任。

(一)违反《中国共产党纪律处分条例》、《行政机关公务员处分条例》相关规定的;

(二)违反规定受理资金申请报告的;

(三)违反规定的程序和原则安排投资补助和贴息的;

(四)其他违反本办法的行为。

第二十七条 项目汇总申报单位和地(市)、县(市)级发展改革部门有下列行为之一的,国家发展改革委可根据情节,在一定时期和范围内不再受理其报送的资金申请报告,或者调减其中央预算内投资安排规模。

(一)指令或授意项目单位提供虚假情况、骗取投资补助和贴息资金的;

(二)审核项目不严、造成投资补助和贴息资金损失的;

(三)对于打捆和切块下达的年度投资计划分解和安排出现严重失误的;

(四)所在地区或所属企业的项目存在较多问题且督促整改不到位的;

(五)未按要求通过在线平台报告相关项目信息的;

(六)其他违反本办法的行为。

第二十八条 项目单位有下列行为之一的,国家发展改革委(打捆和切块下达投资计划的项目由省级发展改革委)责令其限期整改;拒不整改或者整改后仍不符合要求的,应当核减、收回或者停止拨付投资补助和贴息资金,暂停其申报中央投资补助和贴息项目,将相关信息纳入全国信用信息共享平台和在"信用中国"网站公开,并可以根据情节轻重提请或者移交有关机关依法追究有关责任人的行政或者法律责任:

(一)提供虚假情况,骗取投资补助和贴息资金的;

(二)转移、侵占或者挪用投资补助和贴息资金的;

(三)擅自改变主要建设内容和建设标准的;

(四)项目建设规模、标准和内容发生较大变化而不及时报告的;

(五)无正当理由未及时建设实施的;

(六)拒不接受依法进行的稽察或者监督检查的;

(七)未按要求通过在线平台报告相关项目信息的;

(八)其他违反国家法律法规和本办法规定的行为。

第六章 附　　则

第二十九条 为了应对自然灾害和突发事件等不可预见事项，需要紧急下达投资补助或贴息的项目，不适用本办法。

第三十条 本办法由国家发展改革委负责解释。

第三十一条 本办法自 2017 年 1 月 5 日起施行。《中央预算内投资补助和贴息项目管理办法》（中华人民共和国国家发展和改革委员会令第 3 号）同时废止。

国家发展改革委关于切实做好传统基础设施领域政府和社会资本合作有关工作的通知

(发改投资〔2016〕1744号)

各省、自治区、直辖市及计划单列市发展改革委,新疆生产建设兵团发展改革委:

根据2016年7月7日国务院常务会议明确的政府和社会资本合作部门职责分工,按照《中共中央 国务院关于深化投融资体制改革的意见》(中发〔2016〕18号)、《国务院关于创新重点领域投融资机制鼓励社会投资的指导意见》(国发〔2014〕60号)等文件精神,现就进一步做好传统基础设施领域政府和社会资本合作(PPP)相关工作、积极鼓励和引导民间投资提出以下要求。

一、充分认识做好基础设施领域PPP工作的重要意义

上世纪80年代,我国就开始在基础设施领域引入PPP模式,经过30多年发展,为持续提高我国基础设施水平发挥了积极作用。经济新常态下,继续做好基础设施领域PPP有关工作,有利于推进结构性改革尤其是供给侧结构性改革,增加有效供给,实施创新驱动发展战略,促进稳增长、补短板、扩就业、惠民生;有利于打破基础设施领域准入限制,鼓励引导民间投资,提高基础设施项目建设、运营和管理效率,激发经济活力,增强发展动力;有利于创新投融资机制,推动各类资本相互融合、优势互补,积极发展混合所有制经济;有利于理顺政府与市场关系,加快政府职能转变,充分发挥市场配置资源的决定性作用和更好发挥政府作用。

各地发展改革部门要会同有关行业主管部门等,切实做好能源、交通运输、水利、环境保护、农业、林业以及重大市政工程等基础设施领域PPP推进工作,进一步加强协调配合,形成政策合力,确保政令统一、政策协同、组织高效、精准发力,共同推动政府和社会资本合作工作顺利开展。

二、加强项目储备

各地发展改革部门要会同有关行业主管部门,根据经济社会发展需要,按照项目合理布局、政府投资有效配置等原则,切实做好基础设施领域PPP项目的总体规划、综合平衡和储备管理等工作,充分掌握了解各行业PPP项目总体情况。要在投资项目在线审批监管平台及重大建设项目库基础上,建立基础设施PPP项目库,切

实做好项目储备、动态管理、实施监测等各项工作。

三、推行项目联审

积极推行多评合一、统一评审的工作模式，提高审核效率。各地发展改革部门要会同相关部门建立PPP项目联审机制，积极引入第三方评估机构，从项目建设的必要性、合规性、规划衔接性、PPP模式适用性、财务可负担性以及价格和收费的合理性等方面，对项目进行综合评估。

四、做好项目决策

加强项目可行性研究，依法依规履行投资管理程序。对拟采用PPP模式的项目，要将项目是否适用PPP模式的论证纳入项目可行性研究论证和决策。充分考虑项目的战略价值、经济价值、商务模式、可融资性以及管理能力，科学分析项目采用PPP模式的必要性和可行性，不断优化工程建设规模、建设内容、建设标准、技术方案及工程投资等。

五、建立合理投资回报机制

积极探索优化基础设施项目的多种付费模式，采取资本金注入、直接投资、投资补助、贷款贴息，以及政府投资股权少分红、不分红等多种方式支持项目实施，提高社会资本投资回报，增强项目吸引力。鼓励加大项目前期资本金投入，减轻项目运营期间政府支出压力。鼓励社会资本创新商业模式及体制机制，提高运营效率，降低项目成本。

推进基础设施领域的价格改革，合理确定价格收费标准，依法适当延长特许经营年限，提供广告、土地等资源配置，充分挖掘项目运营商业价值，建立使用者付费和可行性缺口补贴类项目的合理投资回报机制，既要使社会资本获得合理投资回报，也要有效防止政府和使用者负担过重。

六、规范项目实施

对确定采用PPP模式的项目，要按照《招标投标法》等法律法规，通过公开招标、邀请招标等多种方式，公平择优选择具有相应管理经验、专业能力、融资实力以及信用状况良好的社会资本作为合作伙伴。依法签订规范的项目合同，明确服务标准、价格管理、回报方式、风险分担、履约监督、信息披露等内容，细化完善合同文本，确保合同内容全面、规范、有效。项目实施期间社会投资人出现重大违约，或发生重大不可抗力等事项，需要政府提前回购的，要合理划分各方责任，妥善做好项目移交。项目结束后，适时对项目效率、效果、影响和可持续性等进行后评价，科学评价项目绩效，不断完善PPP模式制度体系。

七、构建多元化退出机制

政府和社会资本合作期满后，按照合同约定的移交形式、移交内容和移交标准，及时组织开展项目验收、资产交割等工作。推动PPP项目与资本市场深化发展相结合，依托各类产权、股权交易市场，通过股权转让、资产证券化等方式，丰富PPP项目投资退出渠道。提高PPP项目收费权等未来收益变现能力，为社会资本提供多元化、规范化、市场化的退出机制，增强PPP项目的流动性，提升项目价值，吸引更多社会资本参与。

八、积极发挥金融机构作用

各地发展改革部门要会同有关部门，与金融机构加强合作对接，完善保险资金等参与PPP项目的投资机制，鼓励金融机构通过债权、股权、资产支持计划等多种方式，支持基础设施PPP项目建设。发挥各类金融机构专业优势，鼓励金融机构向政府提供规划咨询、融资顾问、财务顾问等服务，提前介入并帮助各地做好PPP项目策划、融资方案设计、融资风险控制、社会资本引荐等工作，切实提高PPP项目融资效率。

九、鼓励引导民间投资和外商投资

树立平等合作观念，多推介含金量高的项目，给予各类投资主体公平参与机会，鼓励和引导民营企业、外资企业参与PPP项目。招标选择社会资本方时，要合理设定投标资格和评标标准，消除隐性壁垒，确保一视同仁、公平竞争。探索在PPP项目中发展混合所有制，组建国有资本、民营资本、外商资本共同参与的项目公司，发挥各自优势，推动项目顺利实施。引导民间资本、外商资本参与PPP基金等，拓宽民间资本、外商资本参与PPP项目渠道。鼓励不同类型的民营企业、外资企业，通过组建联合体等方式共同参与PPP项目。

十、优化信用环境

各地发展改革部门要会同有关部门，加快推进社会信用体系建设，建立健全投融资领域相关主体信用记录，强化并提升政府和投资者的契约意识和诚信意识，规范履约行为，形成守信激励、失信惩戒的约束机制，促使相关主体切实强化责任，履行法定义务。加强政务诚信建设，提高政府履约能力，优化社会资本参与PPP项目的信用环境。

各地发展改革部门要高度重视，切实加强组织领导，认真做好统筹规划、综合协调等工作，形成合力，抓好落实。进一步推进简政放权、放管结合、优化服务，对各类社会资本一视同仁。加强PPP政策解读和宣传力度，提高各方对PPP的认知程度，培育积极的合作理念，建立规范的合作机制，营造良好的合作氛围，充分发挥政府、市场和社会资本的合力，保障基础设施领域政府和社会资本合作模式顺利推进。对其他领域的政府和社会资本合作项目，要积极配合有关部门开展相关工作。

附件：传统基础设施领域推广 PPP 模式重点项目

国家发展改革委
二〇一六年八月十日

抄送：国土资源部、环境保护部、住房城乡建设部、交通运输部、水利部、农业部、林业局、旅游局、银监会、证监会、保监会、能源局、海洋局、铁路局、民航局、铁路总公司。

附件：

传统基础设施领域推广 PPP 模式重点项目

一、能源领域

电力及新能源类：供电/城市配电网建设改造、农村电网改造升级、资产界面清晰的输电项目、充电基础设施建设运营、分布式能源发电项目、微电网建设改造、智能电网项目、储能项目、光伏扶贫项目、水电站项目、热电联产、电能替代项目等。

石油和天然气类：油气管网主干/支线、城市配气管网和城市储气设施、液化天然气（LNG）接收站、石油和天然气储备设施等项目。

煤炭类：煤层气输气管网、压缩/液化站、储气库、瓦斯发电等项目。

二、交通运输领域

铁路运输类：列入中长期铁路网规划、国家批准的专项规划和区域规划的各类铁路项目。重点鼓励社会资本投资建设和运营城际铁路、市域（郊）铁路、资源开发性铁路以及支线铁路，鼓励社会资本参与投资铁路客货运输服务业务和铁路"走出去"项目。

道路运输类：公路建设、养护、运营和管理项目。城市地铁、轻轨、有轨电车等城市轨道交通项目。

水上运输类：港口码头、航道等水运基础设施建设、养护、运营和管理等项目。

航空运输类：民用运输机场、通用机场及配套基础设施建设等项目。

综合类：综合运输枢纽、物流园区、运输站场等建设、运营和管理项目，交通运输物流公共信息平台等项目。

三、水利领域

引调水工程、水生态治理工程、供水工程、江河湖泊治理工程、灌区工程、农业节水工程、水土保持等项目。

四、环境保护领域

水污染治理项目、大气污染治理项目、固体废物治理项目、危险废物治理项目、放射性废物治理项目、土壤污染治理项目。

湖泊、森林、海洋等生态建设、修复及保护项目。

五、农业领域

高标准农田、种子工程、易地扶贫搬迁、规模化大型沼气等三农基础设施建设项目。

现代渔港、农业废弃物资源化利用、示范园区、国家级农产品批发市场等项目。旅游农业、休闲农业基础设施建设等项目。

六、林业领域

京津风沙源治理工程、岩溶地区石漠化治理工程、重点防护林体系建设、国家储备林、湿地保护与修复工程、林木种质资源保护、森林公园等项目。

七、重大市政工程领域

采取特许经营方式建设的城市供水、供热、供气、污水垃圾处理、地下综合管廊、园区基础设施、道路桥梁以及公共停车场等项目。

国家发展改革委办公厅关于国家高速公路网新建政府和社会资本合作项目批复方式的通知

(发改办基础〔2016〕1818号)

各省、自治区、直辖市及计划单列市、新疆生产建设兵团发展改革委：

为贯彻落实国务院第110次常务会议关于高速公路审批改革的有关精神，切实转变政府投资管理职能、激发市场活力，积极推进公路交通领域采用PPP模式，根据《中共中央、国务院关于深化投融资体制改革的意见》（中发〔2016〕18号文）、《国务院关于创新重点领域投融资机制鼓励社会投资的指导意见》（国发〔2014〕60号）和《国家发展改革委关于开展政府和社会资本合作的指导意见》（发改投资〔2014〕2724号）等有关文件要求，现就采用政府和社会资本合作（Public-Private Partnership，简称PPP）模式建设的国家高速公路网新建项目批复方式的有关事项通知如下：

一、政府采用投资补助方式参与的国家高速公路网新建PPP项目按照核准制管理。政府采用资本金注入方式参与的国家高速公路网新建PPP项目仍按照审批制管理，直接报批可行性研究报告。

二、各省（区、市）发展改革部门在报送国家高速公路网新建PPP项目时，需在上报文件中说明政府参与方式，并按照有关规定，向我委提交相关申报材料，履行核准或审批程序。

三、各省（区、市）发展改革部门要严格按照上述要求，加强沟通、密切配合，扎实做好项目前期工作，并及时反映实际工作中存在的问题和有关建议。我委将逐步完善相关监督、管理和协调机制，进一步鼓励和引导社会资本在公路交通领域投资。

四、对于采用PPP模式建设的国家高速公路网改扩建等公路项目，各地可参照此执行。

国家发展改革委办公厅
二〇一六年八月十日

国家发展改革委办公厅关于请报送传统基础设施领域 PPP 项目典型案例的通知

(发改办投资〔2016〕1963 号)

各省、自治区、直辖市及计划单列市发展改革委,新疆生产建设兵团发展改革委,各有关单位:

为贯彻落实 2016 年 7 月 7 日国务院常务会议部署,总结传统基础设施领域推广 PPP 模式的成功经验和做法,引导有关方面学习借鉴,拟组织筛选 PPP 项目典型案例。现将有关事项通知如下。

一、申报条件

(一)项目范围

能源、交通运输、水利、环境保护、农业、林业以及重大市政工程等传统基础设施领域 2000 年以来投入运营或已签约在建的 PPP 项目。优先考虑民间资本参与的 PPP 项目,兼顾项目的行业和地域分布。

(二)实施方式

项目实施方式应具有代表性。优先考虑采用建设－运营－移交(BOT)、建设－拥有－运营－移交(BOOT)、设计－建设－融资－运营－移交(DBFOT)、转让－运营－移交(TOT)、改建－运营－移交(ROT)等模式的项目。鼓励推荐根据当地实际情况和项目特点进行模式创新的 PPP 项目。

(三)质量要求

项目应操作规范,符合有关政策法规,并在项目方案策划、交易结构设计、社会资本选择、投资回报创新、融资模式优化、项目风险规避、绩效评价实施等至少某一方面具有参考示范价值,适于向社会公开推广。

二、组织方式

为体现广泛性、代表性、创新性及可推广性,有关项目典型案例要通过发展改革系统推荐和社会公开征集两种渠道报送至国家发展改革委。

各省、自治区、直辖市及计划单列市发展改革委,新疆生产建设兵团发展改革委要认真做好本地区传统基础设施领域 PPP 项目典型案例征集工作,原则上各地报送案例项目不少于5个。

欢迎相关社会资本方、金融机构、咨询机构、项目实施单位、行业协会等积极推荐传统基础设施领域具有推广价值的典型项目。

三、材料要求

项目材料可参考国家发展改革委第一批13个项目典型案例（http：//tzs. ndrc. gov. cn/zttp/PPPxmk/pppxmal），篇幅原则上控制在5000字左右，内容真实、层次清晰、数据准确、观点明确。材料提纲参考如下：

（一）项目概况（1000字左右）

包括项目基本情况、建设内容和规模、项目背景和进展，社会资本方概况，提供融资服务的金融机构情况，承担PPP实施方案编制和评估任务的咨询机构情况。

（二）运作模式（2000字左右）

包括具体模式、实施流程、资金筹措、回报机制、主要权利义务的约定等内容。

（三）借鉴价值（2000字左右）

包括项目推动中的难点、创新点和重要经验等内容。

四、筛选与推广

国家发展改革委将组织专家进行评审和筛选，挑选出若干个典型项目。典型项目有关信息将在国家发展改革委官方网站"PPP专栏"正式发布，同时编辑出版《传统基础设施领域PPP项目典型案例汇编》，并通过多种方式进行宣传推广。

五、报送截止时间及方式

报送截止日期为2016年10月15日。请各地发展改革委将申报材料直接报送至国家发展改革委投资司。请社会资本方、咨询机构等单位将申报材料寄送至中国招标投标协会，电子版请发送至电子邮箱，由协会汇总后报送国家发展改革委投资司。

中国招标投标协会联系方式：刘捷，010 - 88653360，huiyuanbu1005@ 126. com

地址：北京市西城区月坛南街59号新华大厦10层

邮编：100045

国家发展改革委办公厅

二〇一六年九月二日

国家发展改革委 住房城乡建设部关于开展重大市政工程领域政府和社会资本合作（PPP）创新工作的通知

（发改投资〔2016〕2068号）

各省、自治区、直辖市发展改革委、住房城乡建设厅（建委），北京市城管委、水务局，天津市市容园林委、水务局，上海市绿化市容局、水务局，重庆市市政管委，海南省水务厅，新疆生产建设兵团发展改革委、建设局，计划单列市发展改革委：

按照《中共中央国务院关于深化投融资体制改革的意见》（中发〔2016〕18号）、《国务院关于创新重点领域投融资机制鼓励社会投资的指导意见》（国发〔2014〕60号）等文件精神，为更好推动PPP模式在新型城镇化中的运用，加大城市基础设施建设力度，现就重大市政工程领域开展PPP创新工作有关事宜通知如下。

一、深化中小城市PPP创新工作

国家发展改革委会同住房城乡建设部，从每个省份选择1个具有一定PPP工作基础、有较好项目储备和发展空间的中小城市，进行PPP模式创新工作。

（一）根据新型城镇化建设要求，结合当地城市基础设施现状和发展需求，筛选一批具备一定条件、适合采用PPP模式的项目，编制重大市政工程领域PPP项目规划，提高PPP项目质量和水平。

（二）从试点城市的重大市政工程领域PPP项目规划中，选择若干个不同行业、不同类型且具有代表意义的PPP项目，组织高水平的咨询公司和资深专家等，因地制宜、积极创新，精心设计项目实施方案、建立合理投资回报机制、制定规范合同文本，力争形成典型案例，供其他同类项目学习借鉴。

（三）利用国家发展改革委与金融机构的投融资合作对接机制以及与全国工商联的合作，向银行、保险等金融机构以及民营企业推介项目，引导金融资本和民间资本参与PPP项目投资。

二、深化市政领域相关行业PPP创新工作

住房城乡建设部会同国家发展改革委，在自愿报名的基础上，遴选2～3个省

份，每个省份选择 1~2 个相关市政行业，开展创新工作。

（一）开放市场，打破地域垄断。城市政府通过规划确定需求，采取招投标等方式遴选合作伙伴，政府通过合同管理、绩效考核、按效付费，实现全产业链和项目全生命周期的 PPP 合作。

（二）完善费价机制，设置平均行业基准利润率，给民间资本投资明确的市场预期，吸引民间资本参与。

（三）针对市政领域相关行业 PPP 项目小而散、不利于社会资本进入的问题，选择并支持若干家实力较强的省内外专业企业，通过并购、重组等方式，提高产业集中度。

（四）完善行业监管机制，重点对企业的绩效、运营成本、服务效率、产品质量进行监审。

（五）在总结实践基础上，形成可复制、可推广的经验模式，为向全国推广提供借鉴。

三、工作要求

各省（区、市）发展改革委、住房城乡建设厅（局）要高度重视重大市政工程领域 PPP 创新工作，加强协调配合，形成合力，抓好落实。对符合中央预算内投资、专项建设基金等支持方向的 PPP 创新项目，将合理安排有关资金予以支持。

请各省（区、市）发展改革部门、住房城乡建设部门于 2016 年 11 月 18 日前，将 PPP 创新工作申报材料联合行文报送国家发展改革委和住房城乡建设部。包括 PPP 创新工作中小城市名单、基本情况和工作设想，以及市政领域相关行业 PPP 模式发展现状、下一步工作计划等。

联系人：王国庆　010 - 68501404（国家发展改革委）
　　　　赵健溶　010 - 58933661（住房城乡建设部）

国家发展改革委

住房城乡建设部

二〇一六年九月二十八日

国家发展改革委关于印发《传统基础设施领域实施政府和社会资本合作项目工作导则》的通知

(发改投资〔2016〕2231号)

各省、自治区、直辖市及计划单列市发展改革委,新疆生产建设兵团发展改革委:

为进一步规范传统基础设施领域政府和社会资本合作(PPP)项目操作流程,现将《传统基础设施领域实施政府和社会资本合作项目工作导则》印发你们,请积极采取有力措施,加大工作力度,切实做好各项工作。

附件:传统基础设施领域实施政府和社会资本合作项目工作导则

国家发展改革委

二〇一六年十月二十四日

抄送:财政部、国土资源部、环境保护部、住房城乡建设部、交通运输部、水利部、农业部、工商总局、林业局、旅游局、银监会、证监会、保监会、海洋局、铁路局、民航局、铁路总公司。

附件:

传统基础设施领域实施政府和社会资本合作项目工作导则

第一章 总 则

第一条 目的和依据

为进一步规范传统基础设施领域政府和社会资本合作(PPP)项目操作流程,根据《中共中央 国务院关于深化投融资体制改革的意见》(中发〔2016〕18号)、《国务院关于创新重点领域投融资机制鼓励社会投资的指导意见》(国发〔2014〕60号)、《国务院办公厅转发财政部发展改革委人民银行关于在公共服务领域推广政府和社会资本合作模式指导意见的通知》(国办发〔2015〕42号)、《基础设施和公用事业特许经营管理办法》(国家发展改革委等部门令2015年第25号)、《国家发展改革委关于开展政府和社会资本合作的指导意见》(发改投资

〔2014〕2724号）等文件要求，制定本导则。

第二条 适用范围

按照国务院确定的部门职责分工，本导则适用于在能源、交通运输、水利、环境保护、农业、林业以及重大市政工程等传统基础设施领域采用PPP模式的项目。具体项目范围参见《国家发展改革委关于切实做好传统基础设施领域政府和社会资本合作有关工作的通知》（发改投资〔2016〕1744号）。

第三条 实施方式

政府和社会资本合作模式主要包括特许经营和政府购买服务两类。新建项目优先采用建设－运营－移交（BOT）、建设－拥有－运营－移交（BOOT）、设计－建设－融资－运营－移交（DBFOT）、建设－拥有－运营（BOO）等方式。存量项目优先采用改建－运营－移交（ROT）方式。同时，各地区可根据当地实际情况及项目特点，积极探索、大胆创新，灵活运用多种方式，切实提高项目运作效率。

第四条 适用要求

各级发展改革部门应按照本导则明确的程序要求和工作内容，本着"简捷高效、科学规范、兼容并包、创新务实"原则，会同有关部门，加强协调配合，形成合力，共同促进本地区传统基础设施领域PPP模式规范健康发展。国家发展改革委将加强指导和监督，促进PPP工作稳步推进。

第二章 项 目 储 备

第五条 加强规划政策引导

要重视发挥发展规划、投资政策的战略引领与统筹协调作用，按照国民经济和社会发展总体规划、区域规划、专项规划及相关政策，依据传统基础设施领域的建设目标、重点任务、实施步骤等，明确推广应用PPP模式的统一部署及具体要求。

第六条 建立PPP项目库

各级发展改革部门要会同有关行业主管部门，在投资项目在线审批监管平台（重大建设项目库）基础上，建立各地区各行业传统基础设施PPP项目库，并统一纳入国家发展改革委传统基础设施PPP项目库，建立贯通各地区各部门的传统基础设施PPP项目信息平台。入库情况将作为安排政府投资、确定与调整价格、发行企业债券及享受政府和社会资本合作专项政策的重要依据。

第七条 纳入年度实施计划

列入各地区各行业传统基础设施PPP项目库的项目，实行动态管理、滚动实施、分批推进。对于需要当年推进实施的PPP项目，应纳入各地区各行业PPP项目年度实施计划。需要使用各类政府投资资金的传统基础设施PPP项目，应当纳入三年滚动政府投资计划。

第八条 确定实施机构和政府出资人代表

对于列入年度实施计划的PPP项目，应根据项目性质和行业特点，由当地政府行业主管部门或其委托的相关单位作为PPP项目实施机构，负责项目准备及实施等工作。鼓励地方政府采用资本金注入方式投资传统基础设施PPP项目，并明确政府出资人代表，参与项目准备及实施工作。

第三章 项目论证

第九条 PPP项目实施方案编制

纳入年度实施计划的PPP项目，应编制PPP项目实施方案。PPP项目实施方案由实施机构组织编制，内容包括项目概况、运作方式、社会资本方遴选方案、投融资和财务方案、建设运营和移交方案、合同结构与主要内容、风险分担、保障与监管措施等。为提高工作效率，对于一般性政府投资项目，各地可在可行性研究报告中包括PPP项目实施专章，内容可以适当简化，不再单独编写PPP项目实施方案。

实施方案编制过程中，应重视征询潜在社会资本方的意见和建议。要重视引导社会资本方形成合理的收益预期，建立主要依靠市场的投资回报机制。如果项目涉及向使用者收取费用，要取得价格主管部门出具的相关意见。

第十条 项目审批、核准或备案

政府投资项目的可行性研究报告应由具有相应项目审批职能的投资主管部门等审批。可行性研究报告审批后，实施机构根据经批准的可行性研究报告有关要求，完善并确定PPP项目实施方案。重大基础设施政府投资项目，应重视项目初步设计方案的深化研究，细化工程技术方案和投资概算等内容，作为确定PPP项目实施方案的重要依据。

实行核准制或备案制的企业投资项目，应根据《政府核准的投资项目目录》及相关规定，由相应的核准或备案机关履行核准、备案手续。项目核准或备案后，实施机构依据相关要求完善和确定PPP项目实施方案。

纳入PPP项目库的投资项目，应在批复可行性研究报告或核准项目申请报告时，明确规定可以根据社会资本方选择结果依法变更项目法人。

第十一条 PPP项目实施方案审查审批

鼓励地方政府建立PPP项目实施方案联审机制。按照"多评合一，统一评审"的要求，由发展改革部门和有关行业主管部门牵头，会同项目涉及到的财政、规划、国土、价格、公共资源交易管理、审计、法制等政府相关部门，对PPP项目实施方案进行联合评审。必要时可先组织相关专家进行评议或委托第三方专业机构出具评估意见，然后再进行联合评审。

一般性政府投资项目可行性研究报告中的PPP项目实施专章，可结合可行性研究报告审批一并审查。

通过实施方案审查的PPP项目，可以开展下一步工作；按规定需报当地政府批准的，应报当地政府批准同意后开展下一步工作。未通过审查的，可在调整实施方案后重新审查；经重新审查仍不能通过的，不再采用PPP模式。

第十二条　合同草案起草

PPP项目实施机构依据审查批准的实施方案，组织起草PPP合同草案，包括PPP项目主合同和相关附属合同（如项目公司股东协议和章程、配套建设条件落实协议等）。PPP项目合同主要内容参考国家发展改革委发布的《政府和社会资本合作项目通用合同指南（2014年版）》。

第四章　社会资本方选择

第十三条　社会资本方遴选

依法通过公开招标、邀请招标、两阶段招标、竞争性谈判等方式，公平择优选择具有相应投资能力、管理经验、专业水平、融资实力以及信用状况良好的社会资本方作为合作伙伴。其中，拟由社会资本方自行承担工程项目勘察、设计、施工、监理以及与工程建设有关的重要设备、材料等采购的，必须按照《招标投标法》的规定，通过招标方式选择社会资本方。

在遴选社会资本方资格要求及评标标准设定等方面，要客观、公正、详细、透明，禁止排斥、限制或歧视民间资本和外商投资。鼓励社会资本方成立联合体投标。鼓励设立混合所有制项目公司。社会资本方遴选结果要及时公告或公示，并明确申诉渠道和方式。

各地要积极创造条件，采用多种方式保障PPP项目建设用地。如果项目建设用地涉及土地招拍挂，鼓励相关工作与社会资本方招标、评标等工作同时开展。

第十四条　PPP合同确认谈判

PPP项目实施机构根据需要组织项目谈判小组，必要时邀请第三方专业机构提供专业支持。

谈判小组按照候选社会资本方的排名，依次与候选社会资本方进行合同确认谈判，率先达成一致的即为中选社会资本方。项目实施机构应与中选社会资本方签署确认谈判备忘录，并根据信息公开相关规定，公示合同文本及相关文件。

第十五条　PPP项目合同签订

PPP项目实施机构应按相关规定做好公示期间异议的解释、澄清和回复等工作。公示期满无异议的，由项目实施机构会同当地投资主管部门将PPP项目合同报送当地政府审核。政府审核同意后，由项目实施机构与中选社会资本方正式签署PPP项目合同。

需要设立项目公司的，待项目公司正式设立后，由实施机构与项目公司正式签署PPP项目合同，或签署关于承继PPP项目合同的补充合同。

第五章　项目执行

第十六条　项目公司设立

社会资本方可依法设立项目公司。政府指定了出资人代表的，项目公司由政府出资人代表与社会资本方共同成立。项目公司应按照PPP合同中的股东协议、公司章程等设立。

项目公司负责按PPP项目合同承担设计、融资、建设、运营等责任，自主经营，自负盈亏。除PPP项目合同另有约定外，项目公司的股权及经营权未经政府同意不得变更。

第十七条 项目法人变更

PPP项目法人选择确定后，如与审批、核准、备案时的项目法人不一致，应按照有关规定依法办理项目法人变更手续。

第十八条 项目融资及建设

PPP项目融资责任由项目公司或社会资本方承担，当地政府及其相关部门不应为项目公司或社会资本方的融资提供担保。项目公司或社会资本方未按照PPP项目合同约定完成融资的，政府方可依法提出履约要求，必要时可提出终止PPP项目合同。

PPP项目建设应符合工程建设管理的相关规定。工程建设成本、质量、进度等风险应由项目公司或社会资本方承担。政府方及政府相关部门应根据PPP项目合同及有关规定，对项目公司或社会资本方履行PPP项目建设责任进行监督。

第十九条 运营绩效评价

PPP项目合同中应包含PPP项目运营服务绩效标准。项目实施机构应会同行业主管部门，根据PPP项目合同约定，定期对项目运营服务进行绩效评价，绩效评价结果应作为项目公司或社会资本方取得项目回报的依据。

项目实施机构应会同行业主管部门，自行组织或委托第三方专业机构对项目进行中期评估，及时发现存在的问题，制订应对措施，推动项目绩效目标顺利完成。

第二十条 项目临时接管和提前终止

在PPP项目合作期限内，如出现重大违约或者不可抗力导致项目运营持续恶化，危及公共安全或重大公共利益时，政府要及时采取应对措施，必要时可指定项目实施机构等临时接管项目，切实保障公共安全和重大公共利益，直至项目恢复正常运营。不能恢复正常运营的，要提前终止，并按PPP合同约定妥善做好后续工作。

第二十一条 项目移交

对于PPP项目合同约定期满移交的项目，政府应与项目公司或社会资本方在合作期结束前一段时间（过渡期）共同组织成立移交工作组，启动移交准备工作。

移交工作组按照PPP项目合同约定的移交标准，组织进行资产评估和性能测试，保证项目处于良好运营和维护状态。项目公司应按PPP项目合同要求及有关规定完成移交工作并办理移交手续。

第二十二条 PPP项目后评价

项目移交完成后，地方政府有关部门可组织开展PPP项目后评价，对PPP项目全生命周期的效率、效果、影响和可持续性等进行评价。评价结果应及时反馈给项目利益相关方，并按有关规定公开。

第二十三条　信息公开及社会监督

各地要建立PPP项目信息公开机制，依法及时、充分披露PPP项目基本信息、招标投标、采购文件、项目合同、工程进展、运营绩效等，切实保障公众知情权。涉及国家秘密的有关内容不得公开；涉及商业秘密的有关内容经申请可以不公开。

建立社会监督机制，鼓励公众对PPP项目实施情况进行监督，切实维护公共利益。

第六章　附　　则

第二十四条　本导则由国家发展改革委负责解释。

第二十五条　本导则自印发之日起施行。

国家发展改革委 国家林业局关于运用政府和社会资本合作模式推进林业建设的指导意见

(发改农经〔2016〕2455号)

各省、自治区、直辖市、新疆生产建设兵团发展改革委、林业厅(局):

林业是重要的公益事业和基础产业，承担着生态产品供给和生态服务的重要任务。运用政府和社会资本合作(PPP)模式推进林业建设，有利于创新林业投融资机制，拓宽社会资本投资渠道，促进投资主体多元化；有利于转变政府职能，提高林业项目建设管理水平，加快林业供给侧结构性改革；有利于深化国有林区、国有林场改革，完善集体林权制度，加快林区经济转型发展。根据《中共中央国务院关于深化投融资体制改革的意见》(中发〔2016〕18号)、《国务院关于创新重点领域投融资机制鼓励社会投资的指导意见》(国发〔2014〕60号)，以及国家发展改革委《关于切实做好传统基础设施领域政府和社会资本合作有关工作的通知》(发改投资〔2016〕1744号)、《关于印发〈传统基础设施领域实施政府和社会资本合作项目工作导则〉的通知》(发改投资〔2016〕2231号)等有关文件要求，现就运用政府和社会资本合作模式推进林业建设提出如下意见。

一、总体要求

(一)指导思想。全面贯彻落实党的十八大和十八届三中、四中、五中全会精神，坚持"五位一体"总体布局和"四个全面"战略布局，牢固树立创新、协调、绿色、开放、共享的发展理念，按照党中央、国务院决策部署，借鉴国内外成熟经验，立足林业发展实际，充分发挥市场在资源配置中的决定性作用和更好发挥政府作用，创新林业产权模式和投融资机制，引导鼓励社会资本积极参与林业建设，为广大人民群众提供优质高效的林业生态产品和服务，不断提升林业现代化水平。

(二)基本原则。

——坚持政府组织，诚信守约。转变政府职能，集中力量做好政策制定、项目审核、指导服务和监督管理等工作，并根据国家有关规定，公开择优选择社会资本开展项目建设和管理。要在平等协商、依法合规的基础上订立项目合同，保证合作双方的合法权益。项目合同一经签署必须严格执行，无故违约必须承担相应责任。

——坚持因地制宜，创新模式。在保护好自然生态系统的前提下，根据本地区林业发展实际，遴选前期工作成熟、具有长远盈利预期、较大规模的林业项目，通过授予特许经营权、给予投资补助、政府购买服务等稳定社会资本收益预期，开展社会资本参与林业建设合作试点。在总结试点经验基础上，形成可复制、可推广的经验模式，为向全国推广提供借鉴。

——坚持公开透明，规范运行。按照国家相关规定组织项目论证、选择合作伙伴，制定和履行各类项目合同，组织绩效评价，完善相关制度设计，营造良好政策环境，接受各方监督，确保项目实施决策科学、程序规范、过程公开、责任明确、稳妥推进。

二、重点实施领域

（一）林业重大生态工程。鼓励社会资本参与天然林资源保护、"三北"及长江流域等重点防护林体系建设、京津风沙源治理、岩溶地区石漠化治理等林业重大生态工程建设，以生产绿色生态林产品为导向，通过植树造林、防沙治沙、荒漠化和石漠化综合治理等多种措施，积极培育混交林，发展木本油料、特色经济林和林下经济，加快建成一批规范化生产基地，有效盘活森林资源等多种生态资产。

（二）国家储备林建设。鼓励社会资本根据国家储备林建设的布局重点和目标要求，通过新造林、森林抚育、更新改造、立体复合经营等措施，着力培育大径级材和珍贵树种，营造生态稳定、结构优良、长短结合、高效集约经营的国家木材储备基地，增强高品质木材等林产品和优质生态产品供给能力。

（三）林区基础设施建设。鼓励社会资本参与国有林区和国有林场的交通、教育、医疗卫生、供水供电、垃圾及污水处理等基础设施建设，鼓励社会资本参与兼并重组，充分发挥国有林区和国有林场各类自然资源和人力资源优势，通过规模化经营、市场化运作，推进林区经济转型发展。

（四）林业保护设施建设。在保持生态系统完整性和稳定性的前提下，鼓励社会资本参与森林公园、湿地公园、沙漠公园等园区保护站（点）、宣传教育设施，交通和旅游服务设施建设，采取使用权入股、联营、租赁等多种形式参与保护地的经营活动，提高保护和管理水平，为社会提供更好的生态服务。

（五）野生动植物保护及利用。鼓励社会资本参与林木种质资源保护、野生动植物野外资源保护公益事业，探索引入专业民间组织新建或托管自然保护小区，在政府监管下发展民间自然保护小区（地）。鼓励社会资本参与野生动物园、野生植物园的建设、运营和管理，增强生态保护宣传、科普、教育等功能。

三、规范项目管理

（一）加强项目储备。各地发展改革部门要会同林业主管部门，根据林业发展需要，按照项目合理布局、政府投资有效配置等原则，切实做好林业PPP项目的总体谋划，明确建设目标、重点任务、实施步骤。要在投资项目在线审批监管平台

（重大建设项目库）基础上，建立和完善本地区林业PPP项目库，并统一纳入国家发展改革委传统基础设施PPP项目库，切实做好项目储备、动态管理、实施监测等各项工作。

（二）确定实施机构和政府出资人代表。林业PPP项目应根据项目性质和行业特点，由当地政府林业主管部门或其委托的相关单位作为PPP项目实施机构，负责项目准备及实施等工作。鼓励地方政府采用资本金注入方式投资林业PPP项目，并明确政府出资人代表，参与项目准备及实施工作。

（三）PPP项目实施方案编制与审核。林业PPP项目应由实施机构组织编制实施方案。实行审批制的政府投资项目，林业PPP项目实施方案可在可行性研究报告编写专章，并结合可行性研究报告审批一并审查。实行核准制或备案制的企业投资项目，要单独编制实施方案，并在项目核准或备案后，依据相关要求完善和确定PPP项目实施方案。实施方案编制过程中，应重视征询潜在社会资本方的意见和建议，以及引导社会资本方形成合理的收益预期，建立主要依靠市场的投资回报机制。

（四）项目融资及建设。林业PPP项目融资责任由项目公司或社会资本方承担，当地政府及其相关部门不应提供融资担保。项目公司或社会资本方未按照合同约定完成融资的，政府方可依法提出履约要求，必要时可提出终止PPP项目合同。林业PPP项目建设应符合工程建设管理的相关规定。工程建设成本、质量、进度等风险应由项目公司或社会资本方承担。

（五）落实监管责任。政府方及政府相关部门应根据PPP项目合同及有关规定，对项目公司或社会资本方履行PPP项目融资及建设责任进行监督。发展改革和林业部门要加强沟通协调，督促社会资本完善法人治理结构和管理制度，认真履行投资经营权利义务，并由项目实施机构根据PPP项目合同约定，定期对项目运营服务进行绩效评价，加强项目运行有效监管，及时发现存在的问题，制订应对措施，保证项目实施效果。

四、完善扶持政策

（一）保障社会资本合法权益。除现有法律、法规、规章特殊规定的情形外，林业建设项目向社会资本开放，并优先考虑社会资本参与。社会资本投资建设或运营管理的项目，与政府投资项目享有同等政策待遇，不另设附加条件；可按协议约定依法转让、转租、抵押其相关权益；征收、征用或占用的，要按照国家有关规定或约定给予补偿或赔偿。

（二）加大政府扶持。允许社会资本投资建设或运营管理的项目，统筹利用中央和地方政府投资。对同类项目，中央和地方政府投资要积极支持引入社会资本的项目。对社会资本参与的项目，按政策规定予以贷款贴息、减免企业所得税、享受森林保险保费补贴，降低林业PPP项目风险，增强项目收益能力。鼓励社会资本在贫困地区、革命老区通过建立利益联结机制，逐步形成林业脱贫攻坚的长效机制。

（三）创新金融支持。加大开发性、政策性贷款支持力度，完善林业贷款贴息政策。鼓励社保基金、保险基金等大型机构投资者投资林业，探索利用信托融资、项目融资、融资租赁、绿色金融债券等多种融资方式和工具，搭建社会资本投资林业的投融资平台。鼓励有条件的地方政府和社会资本共同发起区域性林业绿色发展基金，支持地方林业生态保护和产业发展。

（四）深化林业改革。加快推进集体林地三权分置，稳定承包权、放活经营权；改革人工商品林采伐限额管理，放活对集体人工商品林的采伐管理，实行林木采伐审批公示制度，简化审批程序，提供便捷服务。加快林地、林木流转制度建设，鼓励流转和经营方式创新，建立健全产权交易平台，支持公开市场交易，保障林权有序流转。

（五）完善土地政策。社会资本投资建设生态林等连片面积达到一定规模的，允许在符合土地管理法律法规和土地利用总体规划、依法办理建设用地审批手续、坚持节约集约用地的前提下，利用一定比例的土地开展观光和休闲度假旅游、加工流通等经营活动。

五、抓好组织实施

（一）加强组织领导。各地要结合本地区实际情况，抓紧制订鼓励和引导社会资本参与林业建设生态项目的具体实施办法和配套政策措施，组织实施好林业建设PPP项目，确保国家相关政策措施落实。

（二）支持探索创新。国家林业局会同国家发展改革委在各地自愿报名的基础上，遴选4~5个省份，每个省份选择1~2个林业PPP项目，优先安排中央预算内投资支持创新工作，加强跟踪指导，及时总结经验，推动完善相关政策。同时，鼓励各地开展林业PPP项目创新工作，发挥示范带动作用，争取尽快探索形成一批可复制、可推广的典型经验。

（三）积极宣传引导。各地要大力宣传吸引社会资本参与林业建设项目的政策措施，宣传社会资本在促进生态修复、国土绿化，特别是在重大林业工程建设运营方面的积极作用，引导市场预期，为社会资本参与林业建设营造良好的社会环境和舆论氛围。

国家发展改革委
国家林业局
二〇一六年十一月二十一日

国家发展改革委 农业部关于推进农业领域政府和社会资本合作的指导意见

(发改农经〔2016〕2574号)

各省(区、市)发展改革委、农业(农牧、农机、畜牧、兽医、农垦、渔业)厅(局、委、办)、新疆生产建设兵团发展改革委、农业局:

农业承担着保障国家粮食安全和重要农产品供给,促进农民增收的重要任务。深化农业投融资体制改革,加强农业领域政府与社会资本合作,对于多渠道增加农业投入,推动农业供给侧结构性改革,促进农业持续健康发展具有重要意义。根据《中共中央国务院关于深化投融资体制改革的意见》(中发〔2016〕18号)、《国务院关于创新重点领域投融资机制鼓励社会投资的指导意见》(国发〔2014〕60号)等文件要求,现就推进农业领域政府和社会资本合作提出如下意见:

一、总体要求

(一)指导思想。深入贯彻党的十八大和十八届三中、四中、五中全会精神,按照党中央、国务院决策部署,以创新、协调、绿色、开放、共享发展理念为指导,充分发挥市场在资源配置中的决定性作用和更好地发挥政府作用,健全配套政策体系,创新农业基础设施建设投入体制机制,大力推进农业领域政府和社会资本合作(简称PPP),提升农业投资整体效率与效益,为加快农业现代化提供有力支撑。

(二)基本原则。

——政府引导,公益导向。各级政府做好政策制定、发展规划、指导服务和市场监管,加快从农业领域公共产品的直接"提供者",向社会资本"合作者"和项目"监管者"转变。在明确政府职能的前提下,以增强农业农村基础设施和公共服务供给能力为目标,积极引入社会资本合作,强化绩效评价和项目监管,实现公共利益最大化。

——市场运作,公平竞争。注重市场的资源配置功能,明确社会资本平等的市场主体地位,通过市场机制吸引社会资本合作。降低社会资本准入门槛,破除企业进入、退出农业基础设施和公共服务领域的壁垒,营造宽松、规范的政策环境。

——因地制宜,试点先行。根据农业项目特点,通过合理约定,建立风险分担和投资回报机制,确保社会资本投入回报,推进社会资本参与农业项目投融资、建设和管护。选择重点领域、重点项目先行试点探索,及时总结经验,完善相关政策,形成可复制、可推广的合作模式。

二、重点领域与路径

(一)重点领域。拓宽社会资本参与现代农业建设的领域和范围,重点支持社会资本开展高标准农田、种子工程、现代渔港、农产品质量安全检测及追溯体系、动植物保护等农业基础设施建设和公共服务;引导社会资本参与农业废弃物资源化利用、农业面源污染治理、规模化大型沼气、农业资源环境保护与可持续发展等项目;鼓励社会资本参与现代农业示范区、农业物联网与信息化、农产品批发市场、旅游休闲农业发展。

(二)明确规程。地方政府从当地经济社会与现代农业发展需要出发,根据"十三五"全国农业现代化规划,确定本地区政府和社会资本合作的重点领域及其模式。根据具体项目的性质和特点,由当地政府主管部门或其委托的相关单位作为PPP项目实施机构,负责项目的准备及实施。科学界定政府与社会资本的权利职责,规范项目投资管理和实施程序,明确操作规则与机制。鼓励地方政府采用资本金注入的方式投资农业领域PPP项目,并明确出资人代表,参与项目准备及实施工作。

(三)合作责任。地方政府主导推动开展工作,建立农业领域PPP项目建设的部门协调推进机制,强化政策指导与服务;积极推进体制机制创新与政策创设,为社会资本获得合理回报创造条件。各类符合条件的国有企业、民营企业、外商投资企业、混合所有制企业,以及其他投资、经营主体均享有依法依规平等参与的权利;开展合作后要进一步依法完善企业法人治理结构,不断增强法制意识和履约能力,提升运营效率。

三、项目管理

(一)项目储备。各地发展改革部门会同农业部门,对重大农业项目进行分类汇总,在投资项目在线审批监管平台(重大建设项目库)基础上,建立本地区农业PPP项目储备库,建立贯通各地区、各部门的农业PPP项目信息平台。入库情况作为安排政府投资、确定与调整价格、发行企业债券及享受专项优惠政策的重要依据。

(二)审批流程。各地发展改革部门、农业部门会同相关部门建立农业PPP项目实施方案联评联审机制,对提出申请的农业建设项目从项目建设必要性、PPP模式适用性、价格合理性等方面进行审查,必要时组织相关专家进行评议或委托第三方专业机构出具评估意见。一般性政府投资项目,其PPP实施方案可结合可研报告审批一并审查审批;实行核准制或备案制的企业投资项目,在完成核准或备案后,实施机构依据相关要求完善和确定 PPP 实施方案，再进行审查审批。通过实施方案审查的项目，可以开展下一步工作；按规定需报当地政府批准的，在当地政府批准后开展下一步工作。

（三）合作伙伴选择。严格依据《招标投标法》、《政府采购法》相关法律法规，采取公开招标、邀请招标、竞争性谈判等多种形式，择优选择具有相应运营管理经验、专业水平、投融资能力以及信用状况良好的社会资本方作为合作伙伴，组织项目实施。社会资本方遴选结果要及时公告或公示，并明确申诉渠道和方式。社会资本方可依法设立项目公司。政府指定了出资人代表的，项目公司由政府出资人代表与社会资本方共同成立。

（四）加强项目监管。政府及其部门应根据 PPP 项目合同及有关规定，建立项目全生命周期管理机制，实行全过程管理。加强可行性研究、招标投标、合同签订、项目建设和运营等方面的全程监督，监督内容包括项目公司或社会资本方履行 PPP 项目建设责任等，确保项目建设质量。提升项目管理水平，切实做好项目分类管理、动态监测、及时更新等各项工作。

（五）开展绩效评价。鼓励引进第三方评价机构，制定 PPP 项目绩效评价方案，对项目建设运营质量以及资金使用效率等方面进行综合评价。绩效评价结果应作为项目公司或社会资本方取得项目回报的依据。项目移交完成之后，适时开展项目后评价工作，评价结果及时反馈给项目利益相关方，并按有关规定公开。

（六）规范退出程序。项目建设过程中，如遇不可抗力或违约事件导致项目提前终止时，项目实施机构要及时做好接管，保障项目设施持续运行。政府和社会资本合作期满后，按照合同约定，妥善做好项目移交。积极构建多元化退出机制，为社会资本提供规范化、市场化的退出方式。

四、政策支持

（一）加强政府农业投资引导。转变政府农业投入方式，积极探索通过投资补助、资本金注入等方式支持农业 PPP 项目，强化政府投资的撬动和引导作用。对同类农业项目，在同等条件下中央投资按照有关管理办法和程序要求，积极支持引入社会资本的 PPP 项目。使用各类政府投资的农业基础设施 PPP 项目，应纳入三年滚动政府投资计划。

（二）加快农村集体产权制度改革。着力推进农村集体资产清产核资、确权到户和股份合作制改革。对已建成的重大农业基础设施开展确权试点，政府投资形成的资产归农村集体经济组织成员集体所有，社会资本投资的资产归投资者所有。建立健全农村产权流转交易市场，引导农村土地、集体资产及农业设施等产权规范流转交易。开展经营性集体资产折股量化到户试点，探索农村基础设施集体所有和发展股份合作经营的有效实现形式。

（三）创新金融服务与支持方式。着力提高农业 PPP 项目投融资效率，鼓励金融机构通过债权、股权、资产支持计划等多种方式,支持农业PPP项目。鼓励金融机构加大金融产品和服务创新力度,开展投贷联动、投贷保贴一体化等投融资模式试点;探索以项目预期收益或整体资产用作贷款抵(质)押担保。

(四)建立合理投资回报机制。积极探索优化准公益性与公益性农业项目的多种付费模式。采取资本金注入、直接投资、投资补助、贷款贴息等多种方式,实现社会资本的合理投资回报。完善农业基础设施使用价格制定与调整机制,合理确定价格收费标准。

(五)完善风险防控和分担机制。建立分工明确的风险防控机制,政府负责防范和化解政策风险,项目公司或社会资本方承担工程建设成本、质量、进度等风险,自然灾害等不可抗力风险由政府和社会资本共同承担。逐步建立完善全生命周期风险防控与识别体系,鼓励保险机构根据项目建设、运营的需求开发相应保险产品。加快完善农业生产经营保险,探索开展特色优势农产品价格指数保险,以及贷款保证保险和信用保险等业务。鼓励有条件的地方对设施农业、农机具等保险保费予以补贴。

(六)保障项目用地需要。加强耕地资源的保护与利用,各地要在土地利用总体规划中统筹考虑项目建设需要。鼓励社会资本通过整理复垦增加耕地面积,落实耕地占补平衡,合理安排项目建设用地供给。

五、试点示范

(一)确定试点示范领域。鼓励各地围绕重点领域,选择适合当地特点、对农业发展有示范带动作用、需求长期稳定的农业基础设施建设和公共服务项目开展试点,探索合作机制。

(二)抓好试点示范关键环节。地方政府要加强对试点项目实施必要性、可行性和具体操作模式的论证,明确项目实施主体和责任,建立合理的投资回报和风险分担机制,构建高效的监管模式。

(三)做好试点项目评价总结。及时做好试点项目后评价和绩效评价,总结成功经验,形成可复制模式,逐步推广。试点情况要及时报送国家发展改革委、农业部。

六、组织保障

(一)加强组织领导。各地要切实提高认识,把农业领域政府与社会资本合作作为创新农业投融资机制的一项重要任务来抓。各级发改、农业等部门要明确各自职责分工,抓好工作部署,落实工作责任,及时研究解决合作项目建设运行中的重大问题。各地要依据当地实际情况制定实施细则,并抄送国家发展改革委与农业部。

(二)优化政策环境。各地要细化落实各项扶持政策,切实为社会资本进入农业领域创造公平有序的市场环境和保障有力的政策支持体系。切实加大对农业投入力度，加快涉农投资整合，强化农业领域信用体系建设，优化投资环境。根据项目实施情况，探索创设适合区域特点的具体政策，进一步提高社会资本进入农业领域的积极性。

（三）加强宣传引导。积极宣传引导社会资本参与农业领域项目建设，为相关责任主体和实施主体做好政策解释。认真总结试点经验与典型案例，营造良好的社会环境和舆论氛围，推动农业领域政府与社会资本合作。

国家发展改革委
农业部
二〇一六年十二月六日

国家发展改革委 中国证监会关于推进传统基础设施领域政府和社会资本合作（PPP）项目资产证券化相关工作的通知

（发改投资〔2016〕2698号）

各省、自治区、直辖市、计划单列市发展改革委，新疆生产建设兵团发展改革委，中国证监会各派出机构，上海证券交易所、深圳证券交易所，中国证券业协会，中国证券投资基金业协会：

为贯彻落实《中共中央国务院关于深化投融资体制改革的意见》（中发〔2016〕18号）、《国务院关于创新重点领域投融资机制鼓励社会投资的指导意见》（国发〔2014〕60号）等文件精神，推动政府和社会资本合作（PPP）项目融资方式创新，更好吸引社会资本参与，现就推进传统基础设施领域PPP项目资产证券化工作通知如下。

一、充分认识PPP项目资产证券化的重要意义

（一）PPP项目资产证券化是保障PPP持续健康发展的重要机制。资产证券化是基础设施领域重要融资方式之一，对盘活PPP项目存量资产、加快社会投资者的资金回收、吸引更多社会资本参与PPP项目建设具有重要意义。各省级发展改革委与中国证监会当地派出机构及上海、深圳证券交易所等单位应加强合作，充分依托资本市场，积极推进符合条件的PPP项目通过资产证券化方式实现市场化融资，提高资金使用效率，更好地支持传统基础设施项目建设。

二、各省级发展改革部门应大力推动传统基础设施领域PPP项目资产证券化

（二）明确重点推动资产证券化的PPP项目范围。各省级发展改革委应当会同相关行业主管部门，重点推动符合下列条件的PPP项目在上海证券交易所、深圳证券交易所开展资产证券化融资：一是项目已严格履行审批、核准、备案手续和实施方案审查审批程序，并签订规范有效的PPP项目合同，政府、社会资本及项目各参与方合作顺畅；二是项目工程建设质量符合相关标准，能持续安全稳定运营，项目履约能力较强；三是项目已建成并正常运营2年以上，已建立合理的投资回报机制，并已产生持续、稳定的现金流；四是原始权益人信用稳健，内部控制制度健

全，具有持续经营能力，最近三年未发生重大违约或虚假信息披露，无不良信用记录。

（三）优先鼓励符合国家发展战略的PPP项目开展资产证券化。各省级发展改革委应当优先选取主要社会资本参与方为行业龙头企业，处于市场发育程度高、政府负债水平低、社会资本相对充裕的地区，以及具有稳定投资收益和良好社会效益的优质PPP项目开展资产证券化示范工作。鼓励支持"一带一路"建设、京津冀协同发展、长江经济带建设，以及新一轮东北地区等老工业基地振兴等国家发展战略的项目开展资产证券化。

（四）积极做好PPP项目管理和配合资产证券化尽职调查等工作。项目实施单位要严格执行PPP项目合同，保障项目实施质量，切实履行资产证券化法律文件约定的基础资产移交与隔离、现金流归集、信息披露、提供增信措施等相关义务，并积极配合相关中介机构做好PPP项目资产证券化业务尽职调查。各地发展改革部门和相关行业主管部门等要按职责分工加强监督管理，督促项目实施单位做好相关工作。

三、证券监管部门及自律组织应积极支持PPP项目资产证券化

（五）着力优化PPP项目资产证券化审核程序。上海证券交易所、深圳证券交易所、中国证券投资基金业协会应按照规定对申报的PPP项目资产证券化产品进行审核、备案和持续监管。证券交易所、中国证券投资基金业协会等单位应建立专门的业务受理、审核及备案绿色通道，专人专岗负责，提高国家发展改革委优选的PPP项目相关资产证券化产品审核、挂牌和备案的工作效率。

（六）引导市场主体建立合规风控体系。中国证监会系统相关单位应积极配合发展改革部门加大PPP项目资产证券化业务的宣传和培训力度，普及资产证券化业务规则及监管要求等相关知识，推动PPP项目相关责任方建立健全资产证券化业务的合规、风控与管理体系。

（七）鼓励中介机构依法合规开展PPP项目资产证券化业务。中国证监会鼓励支持相关中介机构积极参与PPP项目资产证券化业务，并督促其勤勉尽责，严格遵守执业规范和监管要求，切实履行尽职调查、保障基础资产安全、现金流归集、收益分配、信息披露等管理人职责，在强化内部控制与风险管理的基础上，不断提高执业质量和服务能力。

四、营造良好的政策环境

（八）共同培育和积极引进多元化投资者。国家发展改革委与中国证监会将共同努力，积极引入城镇化建设基金、基础设施投资基金、产业投资基金、不动产基金以及证券投资基金、证券资产管理产品等各类市场资金投资PPP项目资产证券化产品，推进建立多元化、可持续的PPP项目资产证券化的资金支持机制。中国证监

会将积极研究推出主要投资于资产支持证券的证券投资基金,并会同国家发展改革委及有关部门共同推动不动产投资信托基金(REITs),进一步支持传统基础设施项目建设。

(九)建立完善沟通协作机制。国家发展改革委与中国证监会将加强沟通协作,及时共享PPP项目信息,协调解决资产证券化过程中存在的问题与困难。中国证监会、国家发展改革委及相关部门将共同推动建立针对PPP项目资产证券化的风险监测、违约处置机制和市场化增信机制,研究完善相关信息披露及存续期管理要求,确保资产证券化的PPP项目信息披露公开透明,项目有序实施,接受社会和市场监督。各省级发展改革委与中国证监会当地派出机构应当建立信息共享及违约处置的联席工作机制,推动PPP项目证券化产品稳定运营。

五、近期工作安排

请各省级发展改革委于2017年2月17日前,推荐1~3个首批拟进行证券化融资的传统基础设施领域PPP项目,正式行文报送国家发展改革委。国家发展改革委将从中选取符合条件的PPP项目,加强支持辅导,力争尽快发行PPP项目证券化产品,并及时总结经验、交流推广。

请中国证监会各派出机构、上海证券交易所、深圳证券交易所、中国证券业协会、中国证券投资基金业协会等有关部门单位做好支持配合工作,推动传统基础设施领域PPP项目资产证券化融资平稳健康发展,并依据传统基础设施领域PPP项目资产证券化执行情况,不断完善资产证券化备案及负面清单管理。

国家发展改革委
中国证监会
二〇一六年十二月二十一日

国家发展改革委办公厅印发传统基础设施领域政府和社会资本合作（PPP）项目库管理办法（试行）

第一章 总 则

第一条 为进一步规范传统基础设施领域政府和社会资本合作（PPP）项目操作流程，结合投资项目在线审批监管平台（重大建设项目库）使用要求，制定本办法。

第二条 各级发展改革部门建立 PPP 项目库，适用本办法。

第三条 本办法所称 PPP 项目是指各行业部门、事业单位、各类企业主体等在投资项目在线审批监管平台中填报并拟采用 PPP 模式实施的项目。

第四条 项目库建设和管理遵循"统一建设、分级管理、资源共享、规范使用"的原则。

第五条 国家发展改革委负责项目库的统一建设，各级发展改革委是本级项目库的管理部门，负责本级项目库的使用和管理工作，并会同行业主管部门做好项目的分类汇总、审核、跟踪推进等相关工作。

国家信息中心受国家发展改革委投资司委托，承担项目库的日常运营及技术维护工作，负责项目库指标设定、修改等。

第二章 项目的入库和填报程序

第六条 各行业部门、事业单位、各类企业主体等是 PPP 项目的填报单位，填报单位进行项目填报前，需要在重大建设项目库（http：//kpp.ndrc.gov.cn）填写有关基本信息进行用户注册。填报单位必须是法人机构，注册时需提供组织机构代码证。其中，填报单位应根据归口情况选择本级发展改革部门作为审核单位。填报单位在各项信息填写齐备后完成注册，并通过注册邮箱进行身份验证，完成账户激活。未激活账户的单位可以开展信息填报工作，但不能上报信息。

第七条 PPP 项目库依托重大建设项目库"储备项目"模块运行，填报单位在"填报区"通过"新增"录入"基本信息"、"投资情况"、"前期工作"、"PPP 项目"等信息。其中,"PPP 项目"板块是专为填报 PPP 有关信息而设置。填报单位在项目选择拟采用 PPP 模式后,可执行录入 PPP 有关信息并保存的操作,对于已保存的项目,通过"修改"功能进行补充完善。

入库项目应当符合使用国家重大建设项目库加强政府投资项目储备等相关管理要求。

第八条 PPP 项目库填报信息按照项目实施程序分为基础信息、实施方案编制、实施方案审查及确定、社会资本方遴选、合同签订等五个部分,填报单位在填报时应确保信息准确。填报单位在完成一项或多项工作的信息填报后,可通过"报送"功能提交给注册时选择的归口审核单位进行审核。填报单位可以在"已报区"查看已报送的项目,未经审核单位锁定的阶段信息可再次进行补充或修改。

第九条 填报单位根据项目实施进度,完成相应阶段的信息填写。在 PPP 项目进行储备时,完成 PPP 项目基础信息的填写;在完成实施方案编制后,填写实施方案编制阶段的有关信息;在获得实施方案批复后,填写实施方案审查及确定阶段的有关信息;在选定社会资本方后,填写社会资本方遴选阶段的有关信息;在签署正式合同后,填写合同签订阶段的有关信息。

第三章 项目库的使用管理

第十条 各级发展改革部门作为 PPP 项目的归口审核单位,通过预置用户名和密码登陆国家电子政务外网(http://kpp.cegn.cn)进行项目库的使用和管理。在"储备项目审核"模块的"审核区"中,定期对填报单位(或下级用户)提交的 PPP 项目信息进行初审。对符合本地区储备原则与范围的项目,使用"入本级库"的功能完成初审,将其纳入本级 PPP 项目储备库;对于不符合要求的项目,使用"退回"功能退回填报单位(或下级用户)。

各级发展改革部门在"本级 PPP 项目库"中,定期组织对入库项目审查,在填报单位按项目实施阶段完成信息填报后,对入库项目信息的真实性和完整性进行复核。复核时,各级发展改革部门可对填报的 PPP 项目信息进行修改编辑,对通过复核的 PPP 阶段信息栏目进行锁定。一经锁定,填报单位不能对该阶段项目信息进行编辑。如需修改,可向审核单位申请将项目退回或授权修改。

第十一条 各级发展改革部门根据自身需求使用项目库的推介功能,推介项目应当符合地区产业政策和发展规划,具备 PPP 谈判条件。对应项目库填报阶段,原则上应在实施方案编制完成后。

第十二条 对签订合同后正式进入实施阶段的项目,由各级发展改革部门确认其进入实施阶段,并按年度完善相关进展信息。

第十三条 项目库实行动态管理,对项目推进过程中确定不再采用 PPP 模式的项目,由各级发展改革部门确认其取消实施 PPP,已填报的项目信息继续在项目库中保存。

第四章 附 则

第十四条 项目库建设、管理和使用单位有责任和义务保障项目库的信息安全。严禁私自复制、下载、泄露、转让或出售项目库中的信息和资料。

第十五条 因项目库建设、管理和使用单位工作人员个人的违法、违规等行为对有关单位造成损失的，应当由本人承担相应的责任。

第十六条 本办法自发布之日起施行。

国家发展改革委办公厅　交通运输部办公厅
关于进一步做好收费公路政府和社会资本
合作项目前期工作的通知

(发改办基础〔2016〕2851号)

各省、自治区、直辖市及计划单列市、新疆生产建设兵团发展改革委、交通运输部厅(委、局)：

为推动收费公路领域开展政府和社会资本合作(Public–Private Partnership，简称PPP)，2015年12月，交通运输部印发了《关于印发〈收费公路政府和社会资本合作操作指南(试行)〉的通知》(交办财审〔2015〕192号)(以下简称《指南》)，提出了收费公路PPP项目操作的试行流程。今年10月，国家发展改革委印发了《关于印发〈传统基础设施领域实施政府和社会资本合作项目工作导则〉的通知》(发改投资〔2016〕2231号)(以下简称《导则》)，进一步规范了传统基础设施领域PPP项目操作流程。为做好收费公路PPP项目前期工作，优化工作流程，加强行业管理，国家发展改革委和交通运输部将对收费公路PPP项目的前期工作管理作相应调整。现将有关事项通知如下：

一、对于2016年10月24日前已完成下列工作之一的项目，按过渡期项目进行管理，前期工作继续按《指南》有关规定执行。

(一)已完成社会资本方遴选的项目。

(二)已公开发布社会资本方招标公告的项目。

(三)交通运输部已出具资金安排意向函或出具委托咨询评估通知书的项目。

二、对于不属于上述情况的收费公路PPP项目，按《导则》有关规定执行。其中，已纳入交通运输部"十三五"发展规划和三年滚动计划的收费公路PPP项目具体操作流程如下：

(一)地方政府确定的项目实施机构在编制完成项目实施方案后，向发展改革部门提交项目可行性研究报告(含相关附件，下同)或项目申请报告履行项目审批(核准)程序。其中，需要交通运输部进行行业审查的项目，同步向交通运输部报送可行性研究报告或项目申请报告等相关材料，并在上报文件中提出政府支持方式。交通运输部按程序出具行业审查(核准)意见，对于符合国家投资政策和车购税资金安排规定的项目，将同时明确车购税资金的安排上限和支持方式。

（二）项目审批或核准后，项目实施单位根据审批或核准意见对项目实施方案进行完善，并按有关规定做好项目物有所值评估和财政承受能力论证。有关部门应对PPP项目实施方案进行联合评审。

（三）项目确定社会资本方并正式签署PPP项目合同后，由省级交通主管部门组织向交通运输部报送项目车购税资金申请函。对于所提材料通过交通运输部审查并且符合条件的项目，交通运输部将出具资金安排确认函，明确车购税资金具体安排数额。

（四）项目法人选择确定后，如与审批、核准时的项目法人不一致，应按照有关规定办理项目法人变更手续。

三、各级发展改革、交通运输部门要根据《导则》和本通知完善配套政策，确保收费公路PPP项目前期工作平稳有序推进，并及时反映实际操作过程中存在的问题和建议。对于地方规划的收费公路PPP项目，请按照《导则》要求，及时做好与本级人民政府或其委托单位的沟通协调工作，尽快明确各地方收费公路PPP项目前期工作管理办法。

国家发展改革委办公厅
交通运输部办公厅
二〇一六年十二月三十日

国家发展改革委关于加快美丽特色小（城）镇建设的指导意见

（发改规划〔2016〕2125号）

各省、自治区、直辖市、计划单列市发展改革委，新疆生产建设兵团发展改革委：

特色小（城）镇包括特色小镇、小城镇两种形态。特色小镇主要指聚焦特色产业和新兴产业，集聚发展要素，不同于行政建制镇和产业园区的创新创业平台。特色小城镇是指以传统行政区划为单元，特色产业鲜明、具有一定人口和经济规模的建制镇。特色小镇和小城镇相得益彰、互为支撑。发展美丽特色小（城）镇是推进供给侧结构性改革的重要平台，是深入推进新型城镇化的重要抓手，有利于推动经济转型升级和发展动能转换，有利于促进大中小城市和小城镇协调发展，有利于充分发挥城镇化对新农村建设的辐射带动作用。为深入贯彻落实习近平总书记、李克强总理等党中央、国务院领导同志关于特色小镇、小城镇建设的重要批示指示精神，现就加快美丽特色小（城）镇建设提出如下意见。

一、总体要求

全面贯彻党的十八大和十八届三中、四中、五中全会精神，深入学习贯彻习近平总书记系列重要讲话精神，牢固树立和贯彻落实创新、协调、绿色、开放、共享的发展理念，按照党中央、国务院的部署，深入推进供给侧结构性改革，以人为本、因地制宜、突出特色、创新机制，夯实城镇产业基础，完善城镇服务功能，优化城镇生态环境，提升城镇发展品质，建设美丽特色新型小（城）镇，有机对接美丽乡村建设，促进城乡发展一体化。

——坚持创新探索。创新美丽特色小（城）镇的思路、方法、机制，着力培育供给侧小镇经济，防止"新瓶装旧酒"、"穿新鞋走老路"，努力走出一条特色鲜明、产城融合、惠及群众的新型小城镇之路。

——坚持因地制宜。从各地实际出发，遵循客观规律，挖掘特色优势，体现区域差异性，提倡形态多样性，彰显小（城）镇独特魅力，防止照搬照抄、"东施效颦"、一哄而上。

——坚持产业建镇。根据区域要素禀赋和比较优势，挖掘本地最有基础、最具潜力、最能成长的特色产业，做精做强主导特色产业，打造具有持续竞争力和可持续发展特征的独特产业生态,防止千镇一面。

——坚持以人为本。围绕人的城镇化,统筹生产、生活、生态空间布局,完善城镇功能,补齐城镇基础设施、公共服务、生态环境短板,打造宜居宜业环境,提高人民群众获得感和幸福感,防止形象工程。

——坚持市场主导。按照政府引导、企业主体、市场化运作的要求,创新建设模式、管理方式和服务手段,提高多元化主体共同推动美丽特色小(城)镇发展的积极性。发挥好政府制定规划政策、提供公共服务等作用,防止大包大揽。

二、分类施策,探索城镇发展新路径

总结推广浙江等地特色小镇发展模式,立足产业"特而强"、功能"聚而合"、形态"小而美"、机制"新而活",将创新性供给与个性化需求有效对接,打造创新创业发展平台和新型城镇化有效载体。

按照控制数量、提高质量,节约用地、体现特色的要求,推动小(城)镇发展与疏解大城市中心城区功能相结合、与特色产业发展相结合、与服务"三农"相结合。大城市周边的重点镇,要加强与城市发展的统筹规划与功能配套,逐步发展成为卫星城。具有特色资源、区位优势的小城镇,要通过规划引导、市场运作,培育成为休闲旅游、商贸物流、智能制造、科技教育、民俗文化传承的专业特色镇。远离中心城市的小城镇,要完善基础设施和公共服务,发展成为服务农村、带动周边的综合性小城镇。

统筹地域、功能、特色三大重点,以镇区常住人口 5 万以上的特大镇、镇区常住人口 3 万以上的专业特色镇为重点,兼顾多类型多形态的特色小镇,因地制宜建设美丽特色小(城)镇。

三、突出特色,打造产业发展新平台

产业是小城镇发展的生命力,特色是产业发展的竞争力。要立足资源禀赋、区位环境、历史文化、产业集聚等特色,加快发展特色优势主导产业,延伸产业链、提升价值链,促进产业跨界融合发展,在差异定位和领域细分中构建小镇大产业,扩大就业,集聚人口,实现特色产业立镇、强镇、富镇。

有条件的小城镇特别是中心城市和都市圈周边的小城镇,要积极吸引高端要素集聚,发展先进制造业和现代服务业。鼓励外出农民工回乡创业定居。强化校企合作、产研融合、产教融合,积极依托职业院校、成人教育学院、继续教育学院等院校建设就业技能培训基地,培育特色产业发展所需各类人才。

四、创业创新,培育经济发展新动能

创新是小城镇持续健康发展的根本动力。要发挥小城镇创业创新成本低、进入门槛低、各项束缚少、生态环境好的优势,打造大众创业、万众创新的有效平台和载体。鼓励特色小（城）镇发展面向大众、服务小微企业的低成本、便利化、开放式服务平台，构建富有活力的创业创新生态圈，集聚创业者、风投资本、孵化器等高端要素，促进产业链、创新链、人才链的耦合；依托互联网拓宽市场资源、社会需求与创业创新对接通道，推进专业空间、网络平台和企业内部众创，推动新技术、新产业、新业态蓬勃发展。

营造吸引各类人才、激发企业家活力的创新环境，为初创期、中小微企业和创业者提供便利、完善的"双创"服务；鼓励企业家构筑创新平台、集聚创新资源；深化投资便利化、商事仲裁、负面清单管理等改革创新，打造有利于创新创业的营商环境，推动形成一批集聚高端要素、新兴产业和现代服务业特色鲜明、富有活力和竞争力的新型小城镇。

五、完善功能，强化基础设施新支撑

便捷完善的基础设施是小城镇集聚产业的基础条件。要按照适度超前、综合配套、集约利用的原则，加强小城镇道路、供水、供电、通信、污水垃圾处理、物流等基础设施建设。建设高速通畅、质优价廉、服务便捷的宽带网络基础设施和服务设施，以人为本推动信息惠民，加强小城镇信息基础设施建设，加速光纤入户进程，建设智慧小镇。加强步行和自行车等慢行交通设施建设，做好慢行交通系统与公共交通系统的衔接。

强化城镇与交通干线、交通枢纽城市的连接，提高公路技术等级和通行能力，改善交通条件，提升服务水平。推进大城市市域（郊）铁路发展，形成多层次轨道交通骨干网络，高效衔接大中小城市和小城镇，促进互联互通。鼓励综合开发，形成集交通、商业、休闲等为一体的开放式小城镇功能区。推进公共停车场建设。鼓励建设开放式住宅小区，提升微循环能力。鼓励有条件的小城镇开发利用地下空间，提高土地利用效率。

六、提升质量，增加公共服务新供给

完善的公共服务特别是较高质量的教育医疗资源供给是增强小城镇人口集聚能力的重要因素。要推动公共服务从按行政等级配置向按常住人口规模配置转变，根据城镇常住人口增长趋势和空间分布，统筹布局建设学校、医疗卫生机构、文化体育场所等公共服务设施，大力提高教育卫生等公共服务的质量和水平，使群众在特色小（城）镇能够享受更有质量的教育、医疗等公共服务。要聚焦居民日常需求，提升社区服务功能，加快构建便捷"生活圈"、完善"服务圈"和繁荣"商业圈"。

镇区人口10万以上的特大镇要按同等城市标准配置教育和医疗资源，其他城镇要不断缩小与城市基本公共服务差距。实施医疗卫生服务能力提升计划，参照县级医院水平提高硬件设施和诊疗水平，鼓励在有条件的小城镇布局三级医院。大力提高教育质量，加快推进义务教育学校标准化建设，推动市县知名中小学和城镇中

小学联合办学，扩大优质教育资源覆盖面。

七、绿色引领，建设美丽宜居新城镇

优美宜居的生态环境是人民群众对城镇生活的新期待。要牢固树立"绿水青山就是金山银山"的发展理念，保护城镇特色景观资源，加强环境综合整治，构建生态网络。深入开展大气污染、水污染、土壤污染防治行动，溯源倒逼、系统治理，带动城镇生态环境质量全面改善。有机协调城镇内外绿地、河湖、林地、耕地，推动生态保护与旅游发展互促共融、新型城镇化与旅游业有机结合，打造宜居宜业宜游的优美环境。鼓励有条件的小城镇按照不低于3A级景区的标准规划建设特色旅游景区，将美丽资源转化为"美丽经济"。

加强历史文化名城名镇名村、历史文化街区、民族风情小镇等的保护，保护独特风貌，挖掘文化内涵，彰显乡愁特色，建设有历史记忆、文化脉络、地域风貌、民族特点的美丽小（城）镇。

八、主体多元，打造共建共享新模式

创新社会治理模式是建设美丽特色小（城）镇的重要内容。要统筹政府、社会、市民三大主体积极性，推动政府、社会、市民同心同向行动。充分发挥社会力量作用，最大限度激发市场主体活力和企业家创造力，鼓励企业、其他社会组织和市民积极参与城镇投资、建设、运营和管理，成为美丽特色小（城）镇建设的主力军。积极调动市民参与美丽特色小（城）镇建设热情，促进其致富增收，让发展成果惠及广大群众。逐步形成多方主体参与、良性互动的现代城镇治理模式。

政府主要负责提供美丽特色小（城）镇制度供给、设施配套、要素保障、生态环境保护、安全生产监管等管理和服务，营造更加公平、开放的市场环境，深化"放管服"改革，简化审批环节，减少行政干预。

九、城乡联动，拓展要素配置新通道

美丽特色小（城）镇是辐射带动新农村的重要载体。要统筹规划城乡基础设施网络，健全农村基础设施投入长效机制，促进水电路气信等基础设施城乡联网、生态环保设施城乡统一布局建设。推进城乡配电网建设改造，加快农村宽带网络和快递网络建设，以美丽特色小（城）镇为节点，推进农村电商发展和"快递下乡"。推动城镇公共服务向农村延伸，逐步实现城乡基本公共服务制度并轨、标准统一。

搭建农村一二三产业融合发展服务平台，推进农业与旅游、教育、文化、健康养老等产业深度融合，大力发展农业新型业态。依托优势资源，积极探索承接产业转移新模式，引导城镇资金、信息、人才、管理等要素向农村流动，推动城乡产业链双向延伸对接。促进城乡劳动力、土地、资本和创新要素高效配置。

十、创新机制，激发城镇发展新活力

释放美丽特色小（城）镇的内生动力关键要靠体制机制创新。要全面放开小城镇落户限制，全面落实居住证制度，不断拓展公共服务范围。积极盘活存量土地，建立低效用地再开发激励机制。建立健全进城落户农民农村土地承包权、宅基地使用权、集体收益分配权自愿有偿流转和退出机制。创新特色小（城）镇建设投融资机制，大力推进政府和社会资本合作，鼓励利用财政资金撬动社会资金，共同发起设立美丽特色小（城）镇建设基金。研究设立国家新型城镇化建设基金，倾斜支持美丽特色小（城）镇开发建设。鼓励开发银行、农业发展银行、农业银行和其他金融机构加大金融支持力度。鼓励有条件的小城镇通过发行债券等多种方式拓宽融资渠道。

按照"小政府、大服务"模式，推行大部门制，降低行政成本，提高行政效率。深入推进强镇扩权，赋予镇区人口 10 万以上的特大镇县级管理职能和权限，强化事权、财权、人事权和用地指标等保障。推动具备条件的特大镇有序设市。

各级发展改革部门要把加快建设美丽特色小（城）镇作为落实新型城镇化战略部署和推进供给侧结构性改革的重要抓手，坚持用改革的思路、创新的举措发挥统筹协调作用，借鉴浙江等地采取创建制培育特色小镇的经验，整合各方面力量，加强分类指导，结合地方实际研究出台配套政策，努力打造一批新兴产业集聚、传统产业升级、体制机制灵活、人文气息浓厚、生态环境优美的美丽特色小（城）镇。国家发展改革委将加强统筹协调，加大项目、资金、政策等的支持力度，及时总结推广各地典型经验，推动美丽特色小（城）镇持续健康发展。

国家发展改革委
二〇一六年十月八日

国家发展改革委　国家开发银行　中国光大银行　中国企业联合会　中国企业家协会　中国城镇化促进会关于实施"千企千镇工程"推进美丽特色小（城）镇建设的通知

（发改规划〔2016〕2604号）

各省、自治区、直辖市及计划单列市发展改革委、企业联合会、企业家协会，国家开发银行、中国光大银行各分行，新疆生产建设兵团发展改革委：

为深入贯彻落实习近平总书记、李克强总理等党中央、国务院领导同志关于加强特色小镇、小城镇建设的重要批示指示精神，按照《国家发展改革委关于加快美丽特色小（城）镇建设的指导意见》要求，在总结近年来企业参与城镇建设运营行之有效的经验基础上，国家发展改革委、国家开发银行、中国光大银行、中国企业联合会、中国企业家协会、中国城镇化促进会拟组织实施美丽特色小（城）镇建设"千企千镇工程"。有关事项通知如下：

一、主要目的

"千企千镇工程"，是指根据"政府引导、企业主体、市场化运作"的新型小（城）镇创建模式，搭建小（城）镇与企业主体有效对接平台，引导社会资本参与美丽特色小（城）镇建设，促进镇企融合发展、共同成长。

实施"千企千镇工程"，有利于充分发挥优质企业与特色小（城）镇的双重资源优势，开拓企业成长空间，树立城镇特色品牌，实现镇企互利共赢；有利于培育供给侧小镇经济，有效对接新消费新需求，增强小（城）镇可持续发展能力和竞争力；有利于创新小（城）镇建设管理运营模式，充分发挥市场配置资源的决定性作用，更好发挥政府规划引导和提供公共服务等作用，防止政府大包大揽。

二、主要内容

牢固树立和贯彻落实创新、协调、绿色、开放、共享的发展理念，深入推进供给侧结构性改革，以建设特色鲜明、产城融合、充满魅力的美丽特色小（城）镇为目标，以探索形成政府引导、市场主导、多元主体参与的特色小（城）镇建设运营模式为方向，加强政企银合作，拓宽城镇建设投融资渠道，加快城镇功能提升。坚持自主自愿、互利互惠，不搞"拉郎配"，不搞目标责任制，通过搭建平台更多依靠市场力量引导企业等市场主体参与特色小（城）镇建设。

（一）聚焦重点领域。围绕产业发展和城镇功能提升两个重点，深化镇企合作。引导企业从区域要素禀赋和比较优势出发，培育壮大休闲旅游、商贸物流、信息产业、智能制造、科技教育、民俗文化传承等特色优势主导产业，扩大就业，集聚人口。推动"产、城、人、文"融合发展，完善基础设施，扩大公共服务，挖掘文化内涵，促进绿色发展，打造宜居宜业的环境，提高人民群众获得感和幸福感。

（二）建立信息服务平台。运用云计算、大数据等信息技术手段，建设"千企千镇服务网"，开发企业产业转移及转型升级数据库和全国特色小（城）镇数据库，为推动企业等社会资本与特色小（城）镇对接提供基础支撑。

（三）搭建镇企合作平台。定期举办"中国特色小（城）镇发展论坛"，召开多形式的特色小（城）镇建设交流研讨会、项目推介会等，加强企业等社会资本和特色小（城）镇的沟通合作与互动交流。

（四）镇企结对树品牌。依托信息服务平台和镇企合作平台，企业根据自身经营方向，优选最佳合作城镇，城镇发挥资源优势，吸引企业落户，实现供需对接、双向选择，共同打造镇企合作品牌。

（五）推广典型经验。每年推出一批企业等社会资本与特色小（城）镇成功合作的典型案例，总结提炼可复制、可推广的经验，供各地区参考借鉴。

三、组织实施

（一）强化协同推进。"千企千镇工程"由国家发展改革委、国家开发银行、中国光大银行、中国企业联合会、中国企业家协会、中国城镇化促进会等单位共同组织实施。中国城镇化促进会要充分发挥在平台搭建、信息交流、经验总结等方面的积极作用，承担工程实施的具体工作。

（二）完善支持政策。"千企千镇工程"的典型地区和企业，可优先享受有关部门关于特色小（城）镇建设的各项支持政策，优先纳入有关部门开展的新型城镇化领域试点示范。国家开发银行、中国光大银行将通过多元化金融产品及模式对典型地区和企业给予融资支持，鼓励引导其他金融机构积极参与。政府有关部门和行业协会等社会组织将加强服务和指导，帮助解决"千企千镇工程"实施中的重点难点问题。

（三）积极宣传引导。充分发挥主流媒体、自媒体等舆论引导作用，持续跟踪报道"千企千镇工程"实施情况，总结好经验好做法，发现新情况新问题，形成全社会关心、关注、支持特色小（城）镇发展的良好氛围。

四、工作要求

（一）各地发展改革部门要强化对特色小（城）镇建设工作的指导和推进力度，积极组织引导特色小（城）镇参与结对工程建设，做好本地区镇企对接统筹协调。

（二）国家开发银行、中国光大银行各地分行要把特色小（城）镇建设作为推进新型城镇化建设的突破口，对带头实施"千企千镇工程"的企业等市场主体和特色小（城）镇重点帮扶，优先支持。

（三）各地企业联合会、企业家协会要充分发挥社会组织的作用，动员和组织本地企业与特色小（城）镇结对，以市场为导向，以产城融合为目标，把企业转型升级与特色小（城）镇建设有机结合起来。

联系人及电话：中国城镇化促进会杨子健（010-68518601）

国家发展改革委

国家开发银行

中国光大银行

中国企业联合会

中国企业家协会

中国城镇化促进会

二〇一六年十二月十二日

国家发展改革委 国家旅游局关于实施旅游休闲重大工程的通知

（发改社会〔2016〕2550号）

各省、自治区、直辖市及计划单列市、新疆生产建设兵团、黑龙江农垦总局发展改革委、旅游委（局）：

为贯彻落实《国务院关于促进旅游业改革发展的若干意见》（国发〔2014〕31号）、《国务院办公厅关于进一步促进旅游投资和消费的若干意见》（国办发〔2015〕62号）精神，国家发展改革委、国家旅游局决定实施旅游休闲重大工程，积极引导社会资本投资旅游业，不断完善旅游基础设施和公共服务体系，丰富旅游产品和服务，迎接正在兴起的大众休闲旅游时代。现就有关事项通知如下：

一、充分认识实施旅游休闲重大工程的重要意义

旅游业是现代服务业的重要组成部分，带动作用大。我国旅游休闲消费具有巨大的市场需求和发展空间，但基础设施和公共服务水平亟待提高。实施旅游休闲重大工程，是适应人民群众消费升级和产业结构调整的必然要求，对于扩就业、增收入，推动中西部发展和贫困地区脱贫致富，促进经济平稳增长和生态环境改善意义重大，对于提高人民生活质量、培育和践行社会主义核心价值观也具有重要作用。

二、实施旅游休闲重大工程的基本原则和目标

（一）基本原则

统筹布局、突出重点。根据区位条件、资源禀赋、交通布局、产业水平等情况，结合国家重大区域发展战略，因地制宜、分类指导，统筹布局一批旅游休闲重大项目，培育各具特色的旅游目的地。

政府引导、市场主导。发挥好政府资金"四两拨千斤"的引导作用，加快推进旅游基础设施和公共服务设施建设，突出企业的主体地位，最大程度的调动社会资本投资旅游发展、分享旅游红利的积极性。

改革创新、合力推进。建立健全工作协调机制，优化投融资等旅游供给侧结构性改革，优化投资结构，着力解决制约社会资本投资旅游的体制机制障碍，为社会资本创造良好的投资条件，营造良好的投资环境。

提升质量、优化结构。积极引导旅游投资方向和领域，优化旅游产品结构，支持建设一批满足大众化、多样化、个性化消费需求的观光、休闲、度假等旅游产品，提升旅游产业质量，优化产业结构。

（二）实施目标

到2020年，依托旅游休闲重大工程的实施，基本建立与大众旅游时代相匹配的基础完善、城乡一体，结构优化、供需合理，机制科学、规范有序的现代旅游业发展格局。

旅游基础设施和公共服务设施水平全面提升。到2020年，重点旅游目的地的旅游基础设施和公共服务体系基本健全，生态环境保护能力显著增强，接待能力大幅增强，公共服务水平有效提升，游客满意度水平明显提高。

旅游供给的结构性矛盾逐步缓解。打造1000家新的自然生态环境良好、文化科普教育功能完善、在国内外具有较强吸引力的精品景区，使主要热门景区长期高负荷运行、游客数量超过环境容量、游览品质无法保障的现象得到有效改观，游览品质得到提高，科普教育功能明显增强。

旅游企业的发展能力明显增强。旅游企业综合化、专业化能力进一步提高，信息化和现代化管理水平明显提升，形成100家左右具有国际一流水平的龙头型、创新型的综合旅游企业集团和旅游服务品牌。

旅游业对国民经济的贡献明显提高。全国旅游直接投资年均增长20%，到2020年，实现旅游投资总额达到2万亿元；旅游消费总额达到7万亿元，旅游业对国民经济增长的综合贡献超过10%；旅游就业总量达到5000万人，旅游业就业对社会就业的贡献率超过10%，实现每年约200万贫困人口通过发展旅游实现精准脱贫。

三、实施旅游休闲重大工程的任务安排

（一）主要任务

1. 加强旅游基础设施和公共服务设施建设。在重点旅游城市之间、城市到国家4A级旅游景区之间、城市和重点乡村旅游目的地之间，实现交通畅通，消除景区"断头路"；在A级旅游景区、旅游度假区、重点乡村旅游区、旅游扶贫重点村等地新建和改扩建一批旅游厕所、停车场、交通引导标识、游客服务中心等旅游基础设施和公共服务设施。

2. 加快旅游产品开发。完善提升观光旅游景区、乡村旅游景区，引导布局国家级、省级旅游度假区及自驾车房车露营基地、国际特色旅游目的地和低空旅游示范区，支持打造一批城市旅游休闲街（区）和环城市旅游休闲带。鼓励发展海岛旅游、体育旅游、邮轮旅游、研学旅游、温泉旅游、冰雪旅游、健康旅游等新兴旅游产品。

3. 积极推动乡村旅游和旅游扶贫。支持乡村旅游重点村的步行道、停车场、厕所、供水供电、应急救援、旅游标识标牌、综合环境整治等旅游基础设施和公共服务设施建设，以满足基本的旅游接待条件。

4. 稳步推进重点旅游区发展。推进海南国际旅游岛、平潭国际旅游岛、长江黄金旅游带、桂林国际旅游胜地、皖南国际文化旅游示范区建设。培育一批生态旅游协作区、国际生态旅游目的地、生态旅游重点景区和国家生态风景道。

5. 扎实推进全域旅游。建立各级部门齐抓共管、全体居民共同参与、各类要素全面利用的全域旅游发展模式，着力提供全过程、全时空、全方位的旅游体验。打破封闭式景点景区建设和经营模式，城乡规划、设施布局、公共服务体系建设等统筹考虑旅游发展需要。

6. 大力推动旅游创业创新。引导和支持旅游创业创新，建设一批科技旅游示范基地，推进智慧旅游景区建设，鼓励大型互联网企业进军旅游业，推动旅游线上线下深度融合发展。大力提升旅游基础设施和信息服务的互联网化水平，积极发展基于互联网的旅游服务新业态。

（二）重点建设项目。

重点引导企业开展以下 8 个领域项目建设：

1. 旅游公共服务保障工程。建设重点旅游目的地机场、火车站、汽车站、码头、高速公路服务区、商业集中区等游客聚集区域的旅游咨询中心；区域性的旅游应急救援基地；游客集散中心、集散分中心及集散点；旅游交通引导标识系统；旅游数据中心。

2. 重点景区建设工程。建设景区到交通干线的连接路，景区内的道路、步行道、停车场、厕所、供水供电设施、垃圾污水处理设施、消防设施、安防监控设施、解说教育系统、应急救援设施、游客信息服务设施以及环境整治等。

3. 旅游扶贫工程。建设乡村旅游富民工程重点村的道路、步行道、停车场、厕所、农副土特产销售中心、供水供电设施、垃圾污水处理设施、消防设施以及环境整治等。

4. 红色旅游发展工程。建设全国红色旅游经典景区到交通干线的连接路，景区内道路、步行道、停车场、厕所、供水供电设施、垃圾污水处理设施、消防设施、安防监控设施、展陈场馆、解说教育系统、游客信息服务设施以及环境整治等，国家级抗战纪念设施、遗址的必要维修保护。

5. 贫困户乡村旅游"三改一整"工程。对乡村旅游扶贫重点村的农家乐等，重点支持实施"三改一整"工程（即改厨、改厕、改房间、修整院落）项目，改善贫困户旅游接待条件。

6. 新兴旅游业态培育工程：引导建设自驾车房车旅游、邮轮游艇旅游、温泉旅游、滑雪旅游、体育旅游、森林旅游、海洋旅游、研学旅行、健康旅游、旅游小城镇、城镇特色旅游街区、旅游演艺、国际特色旅游目的地、环城游憩带等休闲度假产品配套设施建设项目。

7. 旅游创业创新工程。重点支持全域旅游示范区、旅游产业园区、乡村旅游创客基地、跨境旅游合作区和边境旅游试验区、智慧旅游景区等项目。

8. 绿色旅游引导工程。重点支持旅游景区、民宿客栈等节水节电、绿色低碳升级改造项目。

四、实施旅游休闲重大工程的保障措施

（一）加强旅游休闲重大工程实施的组织协调。各地发展改革部门、旅游部门要会同相关部门建立"旅游休闲重大工程"项目建设协调机制和绿色审核通道，加强横向联动、有机衔接，形成工作合力，协调解决重大工程项目推进中面临的困难和问题，为项目顺利实施创造良好条件。

（二）加大对重大工程项目的政策支持力度。各省（区、市）要多渠道增加旅游休闲重大工程投入，引导银行业金融机构加大对旅游投资企业的信贷支持，为重大项目建设提供更便利的融资服务。支持企业通过发行公司债券、非金融企业债务融资工具、企业债券和上市等多种方式拓宽融资渠道，开展重大项目建设。国家发展改革委、国家旅游局通过中央预算内投资、专项建设基金、旅游发展基金等方式对旅游休闲重大工程项目给予支持。积极协调有关部门在政策允许的范围内对列入旅游休闲重大工程的项目给予一定土地、规划等政策支持。

（三）加强重大工程项目监督检查。国家发展改革委、国家旅游局将统筹利用月度调度、项目稽查和专项检查等方式，加大对旅游休闲重大工程实施情况的监督检查。加大对项目进展缓慢、调度协调不力的地方的督办力度，研究建立推进旅游休闲重大工程成效与安排中央预算内投资额度相挂钩的机制。

各省（区、市）发展改革部门、旅游部门要充分认识实施旅游休闲重大工程对促进旅游业改革发展的重要意义，积极采取有力措施，抓紧部署实施，确保列入旅游休闲重大工程的项目建设有序推进。

国家发展改革委
国家旅游局
二〇一六年十二月五日

国家发展和改革委员会办公厅　国家卫生和计划生育委员会办公厅　国家中医药管理局办公室印发中央预算内投资补助地方医疗卫生领域建设项目管理办法

(发改办社会规〔2016〕2056号)

为加强和规范中央预算内投资补助地方医疗卫生领域建设项目管理，提高中央投资效益，根据有关法律法规和规章，特制定《中央预算内投资补助地方医疗卫生领域建设项目管理办法》，现印发你们，请按照执行。

特此通知。

附件：中央预算内投资补助地方医疗卫生领域建设项目管理办法

附件：

中央预算内投资补助地方医疗卫生领域建设项目管理办法

第一章　总　则

第一条　为加强和规范中央预算内投资补助地方医疗卫生领域建设项目管理，提高中央投资效益，根据《中央预算内投资补助和贴息项目管理办法》(国家发展改革委第3号令)、《中央预算内投资监督管理暂行办法》(发改投资〔2015〕525号)、《中央预算内投资计划编制管理暂行办法》(发改投资〔2015〕3092号)，制定本办法。

第二条　本办法所称医疗卫生领域建设项目，是指"十三五"期间国家发展改革委分年度安排中央预算内投资补助支持建设的地方医疗卫生机构建设项目。

第三条　医疗卫生领域建设项目应完成可行性研究报告或初步设计、实施方案审批，年度投资规模根据工程建设进度和中央预算内投资可能等因素合理确定，计划执行进展情况通过投资项目在线审批监管平台(重大建设项目库模块)调度和监管。

第四条　医疗卫生领域项目建设应当坚持依法决策、科学决策、民主决策和集体决策，严格执行各类建设标准和基本建设财务制度，加强工程管理。

第二章 前期工作

第五条 国家发展改革委会同国家卫生计生委、国家中医药管理局依据国家"十三五"规划《纲要》、《全国医疗卫生服务体系规划纲要（2016—2020年）》、《中医药发展战略规划纲要（2016—2030年）》，按照深化医药卫生体制改革方向，结合经济社会发展阶段性特征、疾病谱变化等因素，制订"十三五"医疗卫生领域中央预算内投资建设专项，支持各地医疗卫生领域项目建设。

第六条 省级发展改革、卫生计生和中医药管理部门按照国家制定的专项建设规划总体要求，结合本地实际需求，根据项目前期工作进展、工程建设进度、工期等情况，合理确定项目储备库，并及时将项目储备库中符合条件的项目纳入投资项目在线审批监管平台（重大建设项目库模块）和三年滚动投资计划。未列入项目储备库和三年滚动投资计划的项目不得申请年度中央预算内投资。

第七条 申请年度中央预算内投资的医疗卫生领域建设项目必须具备以下条件：

（一）项目符合区域卫生规划和卫生计生（含中医药）事业发展规划，规模适当、功能布局合理、流程科学。

（二）项目已经开工建设或前期工作准备成熟。计划新开工项目已批复可行性研究报告，并已办理规划、用地、环保、节能等手续，投资计划下达后当年即可开工建设。

（三）地方资金落实。

（四）已纳入投资项目在线审批监管平台（重大建设项目库模块）和三年滚动投资计划。

（五）在同一规划期内，同一项目此前未获得中央预算内投资或为分年度展期执行的续建项目。

第三章 投资安排和项目管理

第八条 国家发展改革委会同国家卫生计生委、国家中医药管理局综合考虑中央和地方事权划分原则、所在区域经济社会发展水平等情况，实行差别化补助政策，中央预算内投资原则上按照东、中、西部地区分别不超过总投资的30%、60%和80%的比例进行补助（定额补助项目除外），西藏自治区和南疆四地州、四省藏区项目建设资金全部由中央投资安排解决，享受特殊区域发展政策地区按照具体政策要求执行。所有项目中央补助投资实行最高限额控制，最高限额和定额补助额度按照医疗卫生领域建设专项明确的标准执行。

第九条 地方各级政府是医疗卫生领域建设项目责任主体，负责开展本级项目前期工作，落实项目建设用地，筹集项目建设资金，提出中央预算内投资需求，组织项目实施，确保完成建设任务。

第十条 省级发展改革部门会同同级卫生计生、中医药管理部门，联衔向国家报送医疗卫生领域建设项目年度中央预算内投资建议计划。报送建议计划要在投资项目在线审批监管平台（重大建设项目库模块）内将所报送项目关联相应的文号后，同步推送至国家发展改革委。正式文件所附的项目信息应与项目库内保持一致。具体按照《国家发展改革委关于加强政府投资项目储备编制三年滚动投资计划的通知》和《国家发展改革委办公厅关于使用国家重大建设项目库加强项目储备编制三年滚动投资计划有关问题的通知》有关要求办理。

第十一条 国家发展改革委会同国家卫生计生委、国家中医药管理局对各地提出的年度中央预算内投资建议计划进行审核和综合平衡后，分地区下达医疗卫生领域年度中央预算内投资计划，明确相关工作要求等。

中央预算内投资补助地方医疗卫生领域建设工程项目投资为补助性质，由地方按规定包干使用，超支不补。

第十二条 中央投资计划下达后，省级发展改革部门根据国家下达的投资计划分解下达本省（区、市）项目年度投资计划。对于国家已经明确具体项目的投资计划，省级发展改革部门须在收文后10个工作日内转发下达；国家切块交由地方具体安排的投资计划，省级发展改革部门须在收文后20个工作日内分解落实到具体项目并下达投资计划，并报国家备案。省级发展改革部门对上述计划分解和安排的合规性负责。国家发展改革委负责监督检查。

各地在分解下达中央投资计划时要加强财力统筹，及时足额落实地方建设资金。

第十三条 中央预算内年度投资计划执行过程中需要调整的，应按照投资计划调整、存量资金调整的有关规定，及时调整用于符合专项建设规划要求的其他项目。

第十四条 医疗卫生领域建设项目按规定实行项目单位责任制、招标投标制、建设监理制、合同管理制、竣工验收制等建设管理制度，加强质量、进度、成本、安全控制。

第十五条 各地要加强资金使用管理，中央预算内专项投资及地方配套资金要纳入财政或财政委托的部门专门账户储存、管理，按照工程进度及时拨付到位，确保资金安全，专款专用，杜绝挤占、挪用和截留现象发生。中央预算内投资不得用于房屋购置、征地等费用，或偿还拖欠工程款。

第四章 监督检查

第十六条 省级发展改革、卫生计生和中医药管理部门要严格落实医疗卫生领域中央预算内投资计划执行和项目监管的主体责任，采取有关部门和项目单位自查、复核检查、实地查看、在线监管等多种方式，加大对下达投资计划、项目落地实施、工程建设管理、计划执行进度、资金使用与拨付等计划执行重点关键环节的监督检查力度,发现问题及时研究解决,切实履行好监管职责。每年安排的中央预算内投资监督检查应不少于1次。

第十七条 国家发展改革委、国家卫生计生委、国家中医药管理局将采取稽察、专项检查、在线监管、年度考核等多种方式,对各地区的医疗卫生领域建设项目进度、质量、资金管理使用等进行抽查和重点检查,并将监督检查和年度考核结果作为后续中央预算内投资安排的重要参考。对监管检查中发现的问题,将按照有关规定及时提出整改要求和处理意见,责令限期改正;情节严重的,依法追究有关单位和人员的责任。

第十八条 项目单位或工程管理单位和有关设计、施工、监理等单位应当自觉接受发展改革、卫生计生、中医药、审计等部门的监督检查。

第十九条 各地要通过投资项目在线审批监管平台(重大项目库模块)对医疗卫生领域建设项目年度中央预算内投资计划执行情况进行调度,由有关项目单位于每月10日前在线填报计划项目开工情况、投资完成情况、工程形象进度等数据。

第五章 附 则

第二十条 本办法由国家发展改革委、国家卫生计生委、国家中医药管理局负责解释。

第二十一条 本办法自 2016 年 10 月 1 日起施行。有效期至 2020 年 12 月 31 日。

国家发展改革委 财政部 民政部关于印发《养老服务体系建设中央补助激励支持实施办法》的通知

(发改社会〔2016〕2776号)

各省、自治区、直辖市、新疆生产建设兵团、黑龙江农垦总局发展改革委、财政厅(局)、民政厅(局):

根据《国务院办公厅关于对真抓实干成效明显地方加大激励支持力度的通知》(国办发〔2016〕82号)要求,现将第二十二条任务"对落实养老服务业支持政策积极主动、养老服务体系建设成效明显的省(区、市),在安排中央补助及有关基础设施建设资金、遴选相关试点项目方面给予倾斜支持"的实施办法(见附件)印发给你们,请遵照执行。

下一步,国家发展改革委、财政部、民政部将遴选出拟表彰省市名单统一报送至国务院办公厅,同时在中央有关补助中对表彰省市予以资金倾斜支持。

联系人及联系方式:

国家发展改革委社会发展司　南哲　010-68502617,nanzhe@ndrc.gov.cn,张明　010-68501667;

财政部社会保障司　王晖　010-68551292,wanghui@mof.gov.cn;

民政部规划财务司　罗海平　010-58123306,nkfengyun@126.com;

民政部社会福利司　马雅欣　010-58123250,laonianrenchu@163.com。

附件:养老服务体系建设中央补助激励支持实施办法

国家发展改革委

财政部

民政部

二〇一六年十二月二十八日

附件：

养老服务体系建设中央补助激励支持实施办法

为落实《国务院办公厅关于对真抓实干成效明显地方加大激励支持力度的通知》（国办发〔2016〕82号）要求，客观、全面、准确地反映地方工作成效，充分体现鼓励真抓实干、主动作为的政策导向，现制定养老服务体系建设中央补助激励支持实施办法如下：

一、考核内容

（一）中央预算内投资支持领域

1. 重点建设任务

按照"十三五"养老服务体系（设施）建设要求（国家发展改革委、民政部即将印发相关文件），拟到2020年进一步健全完善以居家为基础、社区为依托、机构为补充、医养结合的养老服务体系，建设任务投资由中央和地方共同筹措解决，中央预算内投资重点建设任务是：

（1）支持老年养护院、荣誉军人休养院、符合要求的医养结合养老设施（综合性养老设施，具备医疗功能，但不包括单独医疗或以医疗为主的卫生设施）建设。床均面积42.5~50平方米之间，每个设施建设床位控制在500张以内，建设规模控制在21250平方米以内。

（2）支持光荣院、特困人员供养服务设施（敬老院）建设。床均面积26.5~32.5平方米之间，每个设施建设床位控制在300张以内，建设规模控制在8000平方米以内。

（3）支持配置设备包。建设老年养护院、荣誉军人休养院、光荣院、特困人员供养服务设施（敬老院）项目（含改扩建项目），可同时申请设备补助，设备包配置标准参照《老年养护院建设标准（建标144—2010）》。

"十三五"项目中央预算内投资补助标准见"十三五"养老服务体系（设施）建设要求（国家发展改革委、民政部即将印发相关文件）。"十二五"项目建设要求参照《社会养老服务体系建设规划（2011—2015年）》执行。

2. 激励支持办法

（1）评价指标。

指标1（单位：%）：每千名老年人拥有的养老床位数与全国平均值（30）的比例。重点考核养老服务体系健全完善情况。

指标2（单位：%）：养老床位中护理型床位比例。重点考核养老服务资源结构合理情况。

指标3（单位：%）：本地区民办养老机构数在养老机构总量中的占比情况

(含公建民营项目)。重点考核社会力量参与程度情况。

指标4（单位：%）：前两年建设项目完工率。重点考核项目实施进展和完成质量情况。

指标5（单位：%）：当年建设项目开工率。重点考核项目前期工作成熟情况，以及配套资金落实情况。

（2）评价办法。

设置5个指标，权重均为0.2，在此基础上测算得出各地评价系数，以评价系数最高值为满分50分，各地分值＝各地评价系数/评价系数最高值×50，计算得出各地分值。

（二）福利彩票公益金支持领域

1. 重点建设任务

建立健全促进养老服务业发展的制度体系，不断完善居家为基础、社区为依托、机构为补充、医养结合的养老服务格局，创新养老服务运营管理模式，提升养老服务质量。加快养老服务设施建设，扩大护理型养老床位、民办养老机构床位比例，完善社区养老服务设施网络，大力培育居家服务组织和机构，提高城乡居家和社区养老服务覆盖率，建立健全经济困难的高龄、失能老年人等补贴制度，加强基本养老服务保障。

2. 激励支持办法

（1）评价指标。

指标1（10分）：失能老年人入住率，具体是指失能老年人入住总数占总养老床位总数的比例。

指标2（10分）：城市社区日间照料覆盖率，具体是指辖区内至少有1个社区老年人日间照料中心（或居家养老服务机构）的居委会占居委会总数的比例。社区老年人日间照料中心是指符合国家标准《社区老年人日间照料中心服务基本要求》的养老服务设施。

指标3（10分）：农村社区日间照料覆盖率，具体是指在辖区内，至少有1个社区老年人日间照料中心（互助养老幸福院或居家养老服务机构）的村委会占村委会总数的比例。社区老年人日间照料中心是指符合国家标准《社区老年人日间照料中心服务基本要求》的养老服务设施。

指标4（10分）：民办养老机构床位比重，具体是指民办养老机构（含公建民营机构）床位数占养老机构床位总数的比例。

指标5（5分）：医养结合的养老机构比例，具体是指内设医务室成为医保定点的养老机构占有内设医务室的养老机构的比例。

指标6（5分）：老年福利补贴覆盖率，具体是指发放经济困难的高龄、失能等老年人补贴的县级行政区数量占本省份所有县级行政区数量的比例。

（2）评价办法。

指标1（10分）：失能老年人入住率达到40%及以上的为满分10分，每减少1个百分点，扣0.5分。

指标2（10分）：城市社区日间照料覆盖率达到80%及以上的为满分10分，每减少1个百分点，扣0.5分。

指标3（10分）：农村社区日间照料覆盖率达到40%及以上的为满分10分，每减少1个百分点，扣0.5分。

指标4（10分）：民办养老机构床位比重达到50%及以上的为满分10分，每减少1个百分点，扣0.5分。

指标5（5分）：医养结合的养老机构比例达到40%及以上的为满分5分，每减少2个百分点，扣0.5分。

指标6（5分）：老年福利补贴覆盖率中，将各类福利补贴综合为一项制度发放的，覆盖率达到100%为满分5分，每减少10%，扣0.5分；各类福利补贴分别出台发放的，高龄津贴覆盖率达到100%为满分1.5分，每减少30%扣0.5分；护理补贴覆盖率达到100%为满分2分，每减少30%扣0.5分；服务补贴覆盖率达到100%为满分1.5分，每减少30%扣0.5分。以上共计6个指标，总分50分。

二、奖励办法

（一）名单表彰

国家发展改革委、财政部、民政部三部委将依据以上考核办法，计算各地两项分数，相加得出各地总分。在此基础上，遴选出西部地区前2名的省市、中部地区前2名的省市、东部地区前2名的省市，纳入拟予表彰名单，统一报送国务院办公厅。

（二）资金奖励

国家发展改革委、民政部将在安排下一年度养老服务体系（设施）建设中央预算内投资计划时，从该专项中央预算内投资总量中单独切出一部分，对表彰省市予以资金倾斜。

财政部、民政部在安排下一年度民政部本级彩票公益金补助地方老年人福利类项目时，通过工作绩效因素（占10%权重），对表彰省份予以资金倾斜。

三、申报要求

（一）请各地发展改革、民政部门按照要求，统计并汇总本地区指标情况，并请于每年12月填写《养老服务体系建设中央预算内投资支持领域评价指标表》（见附件1），12月20日前报送至国家发展改革委（社会发展司）、民政部（规划财务司）。(2016年情况请于2017年1月5日前报送)

（二）请各地财政、民政部门按照要求，统计并汇总本地区指标情况，并请于每年12月填写《养老服务体系建设福利彩票公益金支持领域评价指标表》（见附件2），12月20日前报送至财政部（社会保障司）、民政部（社会福利和慈善事业促

进司）。(2016 年情况请于 2017 年 1 月 5 日前报送)

四、监督管理

下一步，国家发展改革委、财政部、民政部将持续做好指导服务和监督检查工作，督促各地加强领导，确保数据真实、及时上报，评选过程中如发现把关不严、弄虚作假等问题，将取消当年评选资格，并予以通报批评。

该办法自 2016 年 12 月起实施，国家发展改革委、财政部、民政部将根据实施情况适时调整相关内容。

附件：1. 养老服务体系建设中央预算内投资支持领域评价指标表（略）

2. 养老服务体系建设福利彩票公益金支持领域评价指标表（略）

国家发展改革委关于印发《政府出资产业投资基金管理暂行办法》的通知

(发改财金规〔2016〕2800号)

中央和国家机关有关部委、直属机构，各省、自治区、直辖市及计划单列市、新疆生产建设兵团发展改革委：

为全面贯彻党的十八大和十八届三中、四中、五中全会精神，优化政府投资方式，发挥政府资金的引导作用和放大效应，提高政府资金使用效率，吸引社会资金投入政府支持领域和产业，根据《公司法》、《合伙企业法》、《中共中央国务院关于深化投融资体制改革的意见》（中发〔2016〕18号）、《国务院关于促进创业投资持续健康发展的若干意见》（国发〔2016〕53号）、《国务院关于创新重点领域投融资机制 鼓励社会投资的指导意见》（国发〔2014〕60号）等法律法规和有关文件精神，我们制定了《政府出资产业投资基金管理暂行办法》。现印发给你们，请认真贯彻执行。

附件：政府出资产业投资基金管理暂行办法

国家发展改革委
二〇一六年十二月三十日

附件：

政府出资产业投资基金管理暂行办法

第一章 总 则

第一条 为促进国民经济持续健康发展，优化政府投资方式，发挥政府资金的引导作用和放大效应，提高政府资金使用效率，吸引社会资金投入政府支持领域和产业，根据《公司法》、《合伙企业法》、《中共中央国务院关于深化投融资体制改革的意见》（中发〔2016〕18号）、《国务院关于促进创业投资持续健康发展的若干意见》（国发〔2016〕53号）、《国务院关于创新重点领域投融资机制 鼓励社会投资的指导意见》（国发〔2014〕60号）等法律法规和有关文件精神，制定本办法。

第二条 本办法所称政府出资产业投资基金，是指有政府出资，主要投资于非公开交易企业股权的股权投资基金和创业投资基金。

第三条 政府出资资金来源包括财政预算内投资、中央和地方各类专项建设基金及其他财政性资金。

第四条 政府出资产业投资基金可以采用公司制、合伙制、契约制等组织形式。

第五条 政府出资产业投资基金由基金管理人管理基金资产，由基金托管人托管基金资产。

第六条 政府出资产业投资基金应坚持市场化运作、专业化管理原则，政府出资人不得参与基金日常管理事务。

第七条 政府出资产业投资基金可以综合运用参股基金、联合投资、融资担保、政府出资适当让利等多种方式，充分发挥基金在贯彻产业政策、引导民间投资、稳定经济增长等方面的作用。

第八条 国家发展改革委会同地方发展改革部门对政府出资产业投资基金业务活动实施事中事后管理，负责推动政府出资产业投资基金行业信用体系建设，定期发布行业发展报告，维护有利于行业持续健康发展的良好市场秩序。

第二章 政府出资产业投资基金的募集和登记管理

第九条 政府向产业投资基金出资，可以采取全部由政府出资、与社会资本共同出资或向符合条件的已有产业投资基金投资等形式。

第十条 政府出资产业投资基金社会资金部分应当采取私募方式募集，募集行为应符合相关法律法规及国家有关部门规定。

第十一条 除政府外的其他基金投资者为具备一定风险识别和承受能力的合格机构投资者。

第十二条 国家发展改革委建立全国政府出资产业投资基金信用信息登记系统，并指导地方发展改革部门建立本区域政府出资产业投资基金信用信息登记子系统。中央各部门及其直属机构出资设立的产业投资基金募集完毕后二十个工作日内，应在全国政府出资产业投资基金信用信息登记系统登记。地方政府或所属部门、直属机构出资设立的产业投资基金募集完毕后二十个工作日内，应在本区域政府出资产业投资基金信用信息登记子系统登记。发展改革部门应于报送材料齐备后五个工作日内予以登记。

第十三条 政府出资产业投资基金的投资方向，应符合区域规划、区域政策、产业政策、投资政策及其他国家宏观管理政策，能够充分发挥政府资金在特定领域的引导作用和放大效应，有效提高政府资金使用效率。

第十四条 政府出资产业投资基金在信用信息登记系统登记后,由发展改革部门根据登记信息在三十个工作日内对基金投向进行产业政策符合性审查,并在信用信息登记系统予以公开。对于未通过产业政策符合性审查的政府出资产业投资基金,各级发展改革部门应及时出具整改建议书,并抄送相关政府或部门。

第十五条 国家发展改革委负责中央各部门及其直属机构政府出资设立的产业投资基金材料完备性和产业政策符合性审查。地方各级发展改革部门负责本级政府或所属部门、直属机构政府出资设立的产业投资基金材料完备性和产业政策符合性审查。以下情况除外:

(一)各级地方政府或所属部门、直属机构出资额50亿元人民币(或等值外币)及以上的,由国家发展改革委负责材料完备性和产业政策符合性审查;

(二)50亿元人民币(或等值外币)以下超过一定规模的县、市地方政府或所属部门、直属机构出资,由省级发展改革部门负责材料完备性和产业政策符合性审查,具体规模由各省(自治区、直辖市)发展改革部门确定。

第十六条 政府出资产业投资基金信用信息登记主要包括以下基本信息:

(一)相关批复和基金组建方案;

(二)基金章程、合伙协议或基金协议;

(三)基金管理协议(如适用);

(四)基金托管协议;

(五)基金管理人的章程或合伙协议;

(六)基金管理人高级管理人员的简历和过往业绩;

(七)基金投资人向基金出资的资金证明文件;

(八)其他资料。

第十七条 新发起设立政府出资产业投资基金,基金组建方案应包括:

(一)拟设基金主要发起人、管理人和托管人基本情况;

(二)拟设基金治理结构和组织架构;

(三)主要发起人和政府资金来源、出资额度;

(四)拟在基金章程、合伙协议或基金协议中确定的投资产业领域、投资方式、风险防控措施、激励机制、基金存续期限等;

(五)政府出资退出条件和方式;

(六)其他资料。

第十八条 政府向已设立产业投资基金出资,基金组建方案应包括:

(一)基金主要发起人、管理人和托管人基本情况;

(二)基金前期运行情况;

(三)基金治理结构和组织架构;

(四)基金章程、合伙协议或基金协议中确定的投资产业领域、投资方式、风险防控措施、激励机制等;

（五）其他资料。

第十九条 政府出资产业投资基金管理人履行下列职责：

（一）制定投资方案，并对所投企业进行监督、管理；

（二）按基金公司章程规定向基金投资者披露基金投资运作、基金管理信息服务等信息。定期编制基金财务报告，经有资质的会计师事务所审计后，向基金董事会（持有人大会）报告；

（三）基金公司章程、基金管理协议中确定的其他职责。

第二十条 基金管理人应符合以下条件：

（一）在中国大陆依法设立的公司或合伙企业，实收资本不低于1000万元人民币；

（二）至少有3名具备3年以上资产管理工作经验的高级管理人员；

（三）产业投资基金管理人及其董事、监事、高级管理人员及其他从业人员在最近三年无重大违法行为；

（四）有符合要求的营业场所、安全防范设施和与基金管理业务有关的其他设施；

（五）有良好的内部治理结构和风险控制制度。

第二十一条 基金应将基金资产委托给在中国境内设立的商业银行进行托管。基金与托管人签订托管协议，托管人按照协议约定对基金托管专户进行管理。政府出资产业投资基金托管人履行下列职责：

（一）安全保管所托管基金的全部资产；

（二）执行基金管理人发出的投资指令，负责基金名下的资金往来；

（三）依据托管协议，发现基金管理人违反国家法律法规、基金公司章程或基金董事会（持有人大会）决议的，不予执行；

（四）出具基金托管报告，向基金董事会（持有人大会）报告并向主管部门提交年度报告；

（五）基金公司章程、基金托管协议中规定的其他职责。

第二十二条 已登记并通过产业政策符合性审查的各级地方政府或所属部门、直属机构出资设立的产业投资基金，可以按规定取得中央各部门及其直属机构设立的政府出资产业投资基金母基金支持。

第二十三条 已登记并通过产业政策符合性审查的政府出资产业投资基金除政府外的其他股东或有限合伙人可以按规定申请发行企业债券，扩大资本规模，增强投资能力。

第三章 政府出资产业投资基金的投资运作和终止

第二十四条 政府出资产业投资基金应主要投资于以下领域：

（一）非基本公共服务领域。着力解决非基本公共服务结构性供需不匹配，因缺乏竞争激励机制而制约质量效率，体制机制创新不足等问题，切实提高非基本公共服务共建能力和共享水平。

（二）基础设施领域。着力解决经济社会发展中偏远地区基础设施建设滞后，结构性供需不匹配等问题，提高公共产品供给质量和效率，切实推进城乡、区域、人群基本服务均等化。

（三）住房保障领域。着力解决城镇住房困难家庭及新市民住房问题，完善住房保障供应方式，加快推进棚户区改造，完善保障性安居工程配套基础设施，有序推进旧住宅小区综合整治、危旧住房和非成套住房改造，切实增强政府住房保障可持续提供能力。

（四）生态环境领域。着力解决生态环境保护中存在的污染物排放量大面广，环境污染严重，山水林田湖缺乏保护，生态损害大，生态环境脆弱、风险高等问题，切实推进生态环境质量改善。

（五）区域发展领域。着力解决区域发展差距特别是东西差距拉大，城镇化仍滞后于工业化，区域产业结构趋同化等问题，落实区域合作的资金保障机制，切实推进区域协调协同发展。

（六）战略性新兴产业和先进制造业领域。着力解决战略性新兴产业和先进制造业在经济社会发展中的产业政策环境不完善，供给体系质量和效率偏低，供给和需求衔接不紧密等问题，切实推进看得准、有机遇的重点技术和产业领域实现突破。

（七）创业创新领域。着力解决创业创新在经济社会发展中的市场环境亟待改善，创投市场资金供给不足，企业创新动能较弱等问题，切实推进大众创业、万众创新。

投资于基金章程、合伙协议或基金协议中约定产业领域的比例不得低于基金募集规模或承诺出资额的60%。

国家发展改革委将根据区域规划、区域政策、产业政策、投资政策及其他国家宏观管理政策适时调整并不定期发布基金投资领域指导意见。

第二十五条 政府出资产业投资基金应投资于：

（一）未上市企业股权，包括以法人形式设立的基础设施项目、重大工程项目等未上市企业的股权；

（二）参与上市公司定向增发、并购重组和私有化等股权交易形成的股份；

（三）经基金章程、合伙协议或基金协议明确或约定的符合国家产业政策的其他投资形式。基金闲置资金只能投资于银行存款、国债、地方政府债、政策性金融债和政府支持债券等安全性和流动性较好的固定收益类资产。

第二十六条 政府出资产业投资基金对单个企业的投资额不得超过基金资产总值的20%，且不得从事下列业务：

（一）名股实债等变相增加政府债务的行为；

（二）公开交易类股票投资，但以并购重组为目的的除外；

（三）直接或间接从事期货等衍生品交易；

（四）为企业提供担保，但为被投资企业提供担保的除外；

（五）承担无限责任的投资。

第二十七条 政府出资产业投资基金应在章程、委托管理协议等法律文件中，明确基金的分配方式、业绩报酬、管理费用和托管费用标准。

第二十八条 政府出资产业投资基金章程应当加强被投资企业的资金使用监管，防范财务风险。

第二十九条 基金一般应在存续期满后终止，确需延长存续期的，应报经政府基金设立批准部门同意后，与其他投资方按约定办理。

第四章 政府出资产业投资基金的绩效评价

第三十条 国家发展改革委建立并完善政府出资产业投资基金绩效评价指标体系。评价指标主要包括：

（一）基金实缴资本占认缴资本的比例；

（二）基金投向是否符合区域规划、区域政策、产业政策、投资政策及其他国家宏观管理政策，综合评估政府资金的引导作用和放大效应、资金使用效率及对所投产业的拉动效果等；

（三）基金投资是否存在名股实债等变相增加政府债务的行为；

（四）是否存在违反法律、行政法规等行为。

第三十一条 国家发展改革委每年根据评价指标对政府出资产业投资基金绩效进行系统性评分，并将评分结果适当予以公告。有关评价办法由国家发展改革委另行制定。金融机构可以根据评分结果对登记的政府出资产业投资基金给予差异化的信贷政策。

第三十二条 国家发展改革委建立并完善基金管理人绩效评价指标体系。评价指标主要包括：

（一）基金管理人实际管理的资产总规模；

（二）基金管理人过往投资业绩；

（三）基金管理人过往投资领域是否符合政府产业政策导向；

（四）基金管理人管理的基金运作是否存在公开宣传、向非合格机构投资者销售、违反职业道德底线等违规行为；

（五）基金管理人及其管理团队是否受到监管机构的行政处罚，是否被纳入全国信用信息共享平台失信名单；

（六）是否存在违反法律、行政法规等行为。

第三十三条 国家发展改革委每年根据评价指标对基金管理人绩效进行系统性评分，并将评分结果适当予以公告。有关评价办法由国家发展改革委另行制定。各级政府部门可以根据评分结果选择基金管理人。

第五章 政府出资产业投资基金行业信用建设

第三十四条 国家发展改革委会同有关部门加强政府出资产业投资基金行业信用体系建设，在政府出资产业投资基金信用信息登记系统建立基金、基金管理人和从业人员信用记录，并纳入全国信用信息共享平台。

第三十五条 地方发展改革部门会同地方有关部门负责区域内政府出资产业投资基金行业信用体系建设，并通过政府出资产业投资基金信用信息登记系统报送基金、基金管理人和从业人员有关信息。报送内容包括但不限于工商信息、行业信息、经营信息和风险信息等。

第三十六条 对有不良信用记录的基金、基金管理人和从业人员，国家发展改革委通过"信用中国"网站统一向社会公布。地方发展改革部门可以根据各地实际情况，将区域内失信基金、基金管理人和从业人员名单以适当方式予以公告。

发展改革部门会同有关部门依据所适用的法律法规及多部门签署的联合惩戒备忘录等对列入失信联合惩戒名单的基金、基金管理人和从业人员开展联合惩戒，惩戒措施包括但不限于市场禁入、限制作为供应商参加政府采购活动、限制财政补助补贴性资金支持、从严审核发行企业债券等。

第三十七条 国家发展改革委在"信用中国"网站设立政府出资产业投资基金行业信用建设专栏，公布失信基金、基金管理人和从业人员名单，及时更新名单目录及惩戒处罚等信息，并开展联合惩戒的跟踪、监测、统计和评估工作。

第六章 政府出资产业投资基金的监督管理

第三十八条 国家发展改革委会同地方发展改革部门严格履行基金的信用信息监管责任，建立健全政府出资产业投资基金信用信息登记系统，建立完善政府出资产业投资基金绩效评价制度，加快推进政府出资产业投资基金行业信用体系建设，加强对政府出资产业投资基金的监督管理。

第三十九条 对未登记的政府出资产业投资基金及其受托管理机构，发展改革部门应当督促其在二十个工作日内申请办理登记。逾期未登记的，将其作为"规避登记政府出资产业投资基金"、"规避登记受托管理机构"，并以适当方式予以公告。

第四十条 中央各部门及其直属机构出资设立的产业投资基金的基金管理人应当于每个会计年度结束后四个月内，向国家发展改革委提交基金及基金管理人的年度业务报告、经有资质的会计师事务所审计的年度财务报告和托管报告，并及时报告投资运作过程中的重大事项。

地方政府或所属部门、直属机构出资设立的产业投资基金的基金管理人应当于每个会计年度结束后四个月内，向本级发展改革部门提交基金及基金管理人的年度业务报告、经有资质的会计师事务所审计的年度财务报告和托管报告,并及时报告投资运作过程中的重大事项。

重大事项包括但不限于公司章程修订、资本增减、高级管理人员变更、合并、清算等。

第四十一条　发展改革部门通过现场和非现场"双随机"抽查,会同有关部门对政府出资产业投资基金进行业务指导,促进基金规范运作,有效防范风险。基金有关当事人应积极配合有关部门对政府出资产业投资基金合规性审查,提供有关文件、账簿及其他资料,不得以任何理由阻扰、拒绝检查。

第四十二条　对未按本办法规范运作的政府出资产业投资基金及其基金管理机构、托管机构,发展改革部门可以会同有关部门出具监管建议函,视情节轻重对其采取责令改正、监管谈话、出具警示函、取消登记等措施,并适当予以公告。

第四十三条　建立政府出资产业投资基金重大项目稽察制度,健全政府投资责任追究制度。完善社会监督机制,鼓励公众和媒体监督。

第四十四条　各级发展改革部门应当自觉接受审计、监察等部门依据职能分工进行的监督检查。各级发展改革部门工作人员有徇私舞弊、滥用职权、弄虚作假、玩忽职守、未依法履行职责的,依法给予处分;构成犯罪的,依法追究刑事责任。

第七章　附　　则

第四十五条　本办法由国家发展改革委负责解释。

第四十六条　政府出资产业投资基金投资境外企业,按照境外投资有关规定办理。

第四十七条　本办法自 2017 年 4 月 1 日起施行,具体登记办法由国家发展改革委另行制定。本办法施行前设立的政府出资产业投资基金及其受托管理机构,应当在本办法施行后两个月内按照本办法有关规定到发展改革部门登记。

国家能源局关于在能源领域积极推广政府和社会资本合作模式的通知

(国能法改〔2016〕96号)

各省(区、市)、新疆生产建设兵团发展改革委(能源局):

为贯彻落实《国务院关于创新重点领域投融资机制鼓励社会投资的指导意见》(国发〔2014〕60号)和《国务院办公厅转发财政部发展改革委人民银行关于在公共服务领域推广政府和社会资本合作模式指导意见的通知》(国办发〔2015〕42号),鼓励和引导社会资本投资能源领域,现就在能源领域积极推广政府和社会资本合作模式(Public – Private Partnership,PPP)的有关事宜通知如下:

一、重要意义

在能源领域推广政府和社会资本合作,有利于打破社会资本进入能源基础设施和公共服务领域不合理限制,引入社会资本创新机制,提高供给效率;有利于理顺政府与市场关系,深化行政体制改革,切实转变政府职能,充分发挥市场配置资源的决定性作用;有利于改善地区能源公共服务水平,让人民群众更多享受到能源改革和发展的成果。

二、总体要求

(一)总体目标

通过运用政府和社会资本合作模式,改革创新能源领域公共服务供给机制,拓宽投融资渠道,充分调动社会资本参与能源领域项目建设的积极性,有效提高能源领域公共服务水平,满足人民群众对能源安全、可靠、清洁供应的要求。

(二)基本原则

鼓励进入。积极丰富PPP能源项目储备,加大项目发起力度,积极营造舆论氛围,充分调动社会资本参与能源领域项目建设的积极性。

政策扶持。积极协调有关部门完善能源领域PPP项目土地使用、税收优惠、价格调整、信贷扶持等机制,创造良好政策环境。

优化服务。在项目审批、政策资金申请、国家现有财政政策落实等方面主动作为、优化服务,保障符合条件的PPP能源项目顺利开展。

惠及民生。加强监管，将政府的政策目标、社会目标和社会资本的运营效率、技术进步有机结合，促进社会资本竞争和创新，确保公共利益最大化。

三、适用范围

各级能源主管部门在能源领域推广政府和社会资本合作模式，应做好项目前期调研，依法组织项目实施、按照约定履行协议、严格绩效监管等工作。

能源领域推广PPP主要适用于政府负有提供责任又适宜市场化运作的公共服务、基础设施类项目。能源领域推广PPP的范围包括但不局限于下列项目：

电力及新能源类项目：供电/城市配电网建设改造、农村电网改造升级、资产界面清晰的输电项目、充电基础设施建设运营、分布式能源发电项目、微电网建设改造、智能电网项目、储能项目、光伏扶贫项目、水电站项目、热电联产、电能替代项目、核电设备研制与服务领域等。

石油和天然气类项目：油气管网主干/支线、城市配气管网和城市储气设施、液化天然气（LNG）接收站、石油和天然气储备设施等。

煤炭类项目：煤层气输气管网、压缩/液化站、储气库、瓦斯发电等。

四、丰富项目储备

各级能源主管部门要按照项目合理布局、政府投资有效配置的原则，认真梳理、科学甄别，积极从符合能源规划和产业政策的新建、改建项目或存量公共资产中筛选适合PPP模式的潜在项目，纳入国家发展改革委全国PPP项目库，并与财政部PPP综合信息平台做好对接。不断探索拓宽能源PPP项目范围，及时丰富项目储备，并定期在网上更新发布。

五、规范有序推进项目

各级能源主管部门应根据国家发展改革委、财政部关于PPP工作的相关管理办法组织项目实施。对需要实施特许经营的项目，应按照《基础设施和公用事业特许经营管理办法》（国家发展改革委25号令）执行，规范有序地推进能源领域PPP项目。应从PPP项目储备库中，选择条件成熟的能源建设项目作为备选项目，委托招标机构拟定招标文书，采取公开招投标、竞争性谈判、竞争性磋商等方式，确定项目承担单位。

六、政策保障措施

（一）简化PPP项目审批

在能源PPP项目审批方面建立绿色通道。加快项目审批，简化审核内容，优化办理流程，缩短办理时限。涉及规划、国土、环保等审批事项的，应积极推动相关部门建立PPP项目联审机制。加快开通项目审批网上平台，公开项目全流程审批信息，进一步提高行政服务效率。

（二）推进能源价格改革

根据《中共中央 国务院关于推进价格机制改革的若干意见》（中发〔2015〕28号）精神，到2017年，基本放开竞争性领域和环节价格。尽快全面理顺天然气价格，加快放开天然气气源和销售价格，有序放开上网电价和公益性以外的销售电价，建立主要由市场决定能源价格的机制，为社会资本投资能源领域创造有利条件。

（三）探索创新财政补贴机制

对可再生能源及分布式光伏发电、天然气分布式能源及供热、农村电网改造升级、光伏扶贫、页岩气开发、煤层气抽采利用等PPP项目，符合财政投资补贴条件的，各级能源主管部门应积极探索机制创新和政策创新，鼓励财政补贴向上述PPP项目倾斜。

（四）加强金融合作

各级能源主管部门应积极主动帮助项目承担单位与各级PPP融资支持基金进行对接，提高项目融资的可获得性。加强与银行等金融机构的沟通合作，加大对能源领域PPP项目的信贷支持力度。

（五）适时开展第三方评估

充分发挥工商联联系民营企业的作用。推进能源领域政府和社会资本合作，要充分听取工商联和民营企业的意见和建议。根据项目进展情况，可委托工商联等第三方中介机构对能源领域PPP项目开展实施评估。

七、示范推广和总结提高

做好能源领域PPP项目是一件新生事物。各级能源主管部门要积极探索、大胆尝试，鼓励社会资本投资能源PPP项目。对项目实施过程中遇到的难点和问题，要积极研究和协调解决。国家能源局将及时总结各地探索的经验，选择好的做法在全国示范推广，不断创新和提高能源领域政府和社会资本的合作水平。

国家能源局
二〇一六年三月三十一日

其他部门文件（9个）

住房城乡建设部等部门关于进一步加强城市生活垃圾焚烧处理工作的意见

（建城〔2016〕227号）

各省、自治区住房城乡建设厅、发展改革委（经信委）、国土资源厅、环境保护厅，直辖市城市管理委（市容园林委、绿化市容局、市政委）、发展改革委、规划国土委（规划局、国土房管局）、环境保护局：

为切实加强城市生活垃圾焚烧处理设施的规划建设管理工作，提高生活垃圾处理水平，改善城市人居环境，现提出以下意见：

一、深刻认识城市生活垃圾焚烧处理工作的重要意义

近年来，我国城市生活垃圾处理设施建设明显加快，处理能力和水平不断提高，城市环境卫生有了较大改善。但随着城镇化快速发展，设施处理能力总体不足，普遍存在超负荷运行现象，仍有部分生活垃圾未得到有效处理。生活垃圾焚烧处理技术具有占地较省、减量效果明显、余热可以利用等特点，在发达国家和地区得到广泛应用，在我国也有近30年应用历史。目前，垃圾焚烧处理技术装备日趋成熟，产业链条、骨干企业和建设运行管理模式逐步形成，已成为城市生活垃圾处理的重要方式。各地要充分认识垃圾焚烧处理工作的紧迫性、重要性和复杂性，提前谋划，科学评估，规划先行，加快建设，尽快补上城市生活垃圾处理短板。

二、明确"十三五"工作目标

贯彻落实创新、协调、绿色、开放、共享的发展理念，按照中央城市工作会议和《中共中央国务院关于进一步加强城市规划建设管理工作的若干意见》要求，将垃圾焚烧处理设施建设作为维护公共安全、推进生态文明建设、提高政府治理能力和加强城市规划建设管理工作的重点。到2017年底，建立符合我国国情的生活垃圾清洁焚烧标准和评价体系。到2020年底，全国设市城市垃圾焚烧处理能力占总

处理能力50%以上，全部达到清洁焚烧标准。

三、提前谋划，加强焚烧设施选址管理

（一）加强规划引导。牢固树立规划先行理念，遵循城乡发展客观规律，综合考虑经济发展、城乡建设、土地利用以及生态环境影响和公众诉求，科学编制生活垃圾处理设施规划，统筹安排生活垃圾处理设施的布局和用地，并纳入城市总体规划和近期建设规划，做好与土地利用总体规划、生态环境保护规划的衔接，公开相关信息。项目用地纳入城市黄线保护范围，规划用途有明显标示。强化规划刚性，维护政府公信力，严禁擅自占用或者随意改变用途，严格控制设施周边的开发建设活动。根据焚烧厂服务区域现状和预测的垃圾产生量，适度超前确定设施处理规模，推进区域性垃圾焚烧飞灰配套处置工程建设。选择以垃圾焚烧发电作为主要处理方案的地区，要提出垃圾处理的其他备用方案。

（二）统筹解决选址问题。焚烧设施选址应符合相关政策和标准的要求，并重点考虑对周边居民影响、配套设施情况、垃圾运输条件及灰渣处理的便利性等因素。优先安排垃圾焚烧处理设施用地计划指标，地方国土资源管理部门可根据当地实际单列，并合理安排必要的配套项目建设用地，确保项目落地。加强区域统筹，实现焚烧设施共享。鼓励利用现有垃圾处理设施用地改建或扩建焚烧设施。

（三）扩大设施控制范围。可将焚烧设施控制区域分为核心区、防护区和缓冲区。核心区的建设内容为焚烧项目的主体工程、配套工程、生产管理与生活服务设施，占地面积按照《生活垃圾焚烧处理工程项目建设标准》要求核定。防护区为园林绿化等建设内容，占地面积按核心区周边不小于300米考虑。

四、建设高标准清洁焚烧项目

（一）选择先进适用技术。遵循安全、可靠、经济、环保原则，以垃圾焚烧锅炉、垃圾抓斗起重机、汽轮发电机组、自动控制系统、主变压器为主设备，综合评价焚烧技术装备对自然条件和垃圾特性的适应性、长期运行可靠性、能源利用效率和资源消耗水平、污染物排放水平。应根据环境容量，充分考虑基本工艺达标性、设备可靠性以及运行管理经验等因素，优化污染治理技术的选择，污染物排放应满足国家、地方相关标准及环评批复要求。

（二）推进产业园区建设。积极开展静脉产业园区、循环经济产业园区、静脉特色小镇等建设，统筹生活垃圾、建筑垃圾、餐厨垃圾等不同类型垃圾处理，形成一体化项目群，降低选址难度和建设投入。优化配置焚烧、填埋、生物处理等不同种类处理工艺，整合渗滤液等污染物处理环节，实现各种垃圾在园区内有效治理，提高能源综合利用效率。

（三）严控工程建设质量。生活垃圾焚烧项目建设应满足《生活垃圾焚烧处理工程技术规范》等相关标准规范以及地方标准的要求，落实建设单位主体责任，完

善各项管理制度、技术措施及工作程序。项目建设各方要正确处理质量与进度、成本之间的关系，合理控制项目成本和建设周期，实现专业化管理，文明施工。严禁通过降低工程和采购设备质量、缩短工期、以次充好、偷工减料等恶意降低建设成本。

（四）合理确定补贴费用。分析项目投资与运行费用，应明确处理规模、建设期、建设水平、工艺设备配置、垃圾热值、分期建设、运营期限、余热利用方式等边界条件，充分考虑烟气、渗滤液和灰渣的处理要求。垃圾处理补贴评价内容包括工程分析、垃圾处理补贴费用分析、其他成本节约与合法收益分析三部分。工程分析要根据工程技术要求，对主设备质量成本、建设水平、运行数据等进行客观评价。垃圾处理补贴费用分析按《建设项目经济评价方法与参数》进行，其中基准收益率可参照行业平均水平分析计取，以进厂垃圾量计算，吨垃圾售电超过280千瓦时的部分按当地标杆电价计算。其他成本节约与合法收益分析应考虑建设期和成本变化等因素影响。

（五）加强飞灰污染防治。在生活垃圾设施规划建设运行过程中，应当充分考虑飞灰处置出路。鼓励跨区域合作，统筹生活垃圾焚烧与飞灰处置设施建设，并开展飞灰资源化利用技术的研发与应用。严格按照危险废物管理制度要求，加强对飞灰产生、利用和处置的执法监管。

五、深入细致做好相关工作

（一）深入调研摸清底数。在垃圾焚烧项目前期，要在项目属地入社区、入村广泛开展调研，与村社干部、群众代表等深入交流座谈，认真倾听群众意见，系统分析各方诉求。对疑虑和误解，应耐心做好沟通解释工作，要充分考虑其合理诉求，积极研究解决措施；对采取不当方式表达不合理要求的，应依法依规坚决予以制止。

（二）周密组织发挥合力。在项目建设过程中，各部门要加强协同配合。项目主管部门做好统筹安排，城市规划、发展改革、国土资源、环境保护等部门各负其责，与项目属地政府统一思想，切实形成合力，市场主体做好相关配合保障。根据建设任务和时间要求，将基本建设程序和开展群众工作紧密结合。要抓好工作细节，注重方式方法的针对性，注重群众工作实效。对推进生活垃圾处理工作不力，影响社会发展和稳定的，要追究有关责任。

（三）广泛发动赢得支持。要围绕群众关注的问题深入开展解疑释惑工作，将考察焚烧厂的所见所闻、焚烧技术装备、污染控制等内容制作成视频宣传片和画册，连续播放、广泛宣传，打消顾虑，争取群众对项目建设的信任和理解。充分发挥学校作用，组织师生学习有关垃圾焚烧处理知识、焚烧厂项目建设有关做法等，建立广泛牢固的群众基础。

六、集中整治，提高设施运行水平

（一）集中开展整治工作。结合生活垃圾处理设施的考核评价工作，对现有垃圾焚烧厂的技术工艺、设施设备、运行管理等集中开展专项整治。焚烧炉必须设置烟气净化系统并安装烟气在线监测装置。对未按照《生活垃圾焚烧污染控制标准》要求开展在线监测和焚烧炉运行工况在线监测的焚烧厂，应及时整改到位，并通过企业网站、在厂区周边显著位置设置显示屏等方式对外公开在线监测数据，接受公众监督。对于不能连续稳定达标排放的设施，要及时停产整顿，认真分析存在的问题和原因，采取针对性措施予以解决。对于生产使用中的问题，要按照《生活垃圾焚烧厂运行维护与安全技术规程》要求，严格控制燃烧室内焚烧烟气的温度、停留时间与气流扰动工况，设置活性炭粉等吸附剂喷入装置，有效去除烟气中的污染物。对于设备老化和工艺落后问题，要尽快组织实施改造，保证设施达标排放。对整治后仍不能达标排放的设施，依法进行关停处理。对故意编造、篡改排放数据的违法企业，依法加大处罚力度。

（二）实施精细化运行管理。加强对垃圾焚烧过程中烟气污染物、恶臭、飞灰、渗滤液的产生和排放情况监管，控制二次污染。落实运行管理责任制度和应急管理预案，明确突发状况上报和处理程序，有效应对各种突发事件。建立清洁焚烧评价指标体系，加强设备寿命期管理，推行完好率、合格率与投入率等指标管理，推进节能减排与能源效率管理，达到适宜的水利用率、厂用电率、物料消耗量和能源效率，有效实现碳减排。

（三）构建"邻利型"服务设施。在落实环境防护距离基础上，面向周边居民设立共享区域，因地制宜配套绿化、体育和休闲设施，实施优惠供水、供热、供电服务，安排群众就近就业，将短期补偿转化为长期可持续行为，努力让垃圾焚烧设施与居民、社区形成利益共同体。变"邻避效应"为"邻利效益"，实现共享发展。

七、创新方式，全面加强监管

（一）严格招投标管理。加强市场准入管理，严格设定投资建设运行处理企业的技术、人员、业绩等条件。培育公平竞争的市场环境，鼓励推广政府和社会资本合作（PPP）模式。完善市场退出机制，加快信用体系建设，建立失信惩戒和黑名单制度，鼓励和引导专业化规模化企业规范建设和诚信运行。对于中标价格明显低于预期的企业要给予重点关注，加大监管频次。对于中标企业恶意违约或不能履约的情况，依照特许经营合同或相关法律法规，给予严厉的经济惩罚或行政处罚，必要时终止特许经营合同。

（二）加强监管能力建设。建立全过程、多层级风险防范体系，杜绝违法排放和造假行为。焚烧厂运行主体要向社会定期公布运行基本情况，公示污染物排放数据，接受公众监督。通过驻场监管、公众监督、经济杠杆等手段进行监管，采用信息化、"互联网+"、开发APP等方式实现全过程监管。加强全国城镇生活垃圾处理管理信息系统上报工作，所有规划、在建和运行的焚烧项目情况必须将相关信息录入系统并及时更新。强化设施运行监管，按照《生活垃圾焚烧厂运行监管标准》和《生活垃圾焚烧厂评价标准》要求，完善生活垃圾处理设施考核评价工作。

（三）推进实现共同治理。在设施规划建设管理过程中，要落实各有关部门、社会单位和公众以及相关机构的责任，共同开展相关工作。社会单位和公众是产生垃圾的责任主体，要树立节约观念，减少垃圾产生，依法依规参与焚烧厂规划建设运行监督。要积极开展第三方专业机构监管，提高监管的科学水平。依托AAA级垃圾焚烧厂等标杆设施，在保证正常安全运行基础上，完善公众参观通道，开展宣传教育基地建设，向社会公众开放，定期组织中小学生参观学习，形成有效的交流、宣传和咨询平台。充分发挥新闻媒体作用，引导全社会客观认识生活垃圾处理问题，凝聚共识，营造良好舆论氛围。

住房和城乡建设部
国家发展和改革委员会
国土资源部
环境保护部
二〇一六年十月二十二日

住房城乡建设部　财政部关于印发建设工程质量保证金管理办法的通知

（建质〔2016〕295号）

各省、自治区住房城乡建设厅、财政厅，直辖市建委、财政局，新疆生产建设兵团建设局、财务局，国务院有关部门：

为贯彻落实《国务院办公厅关于清理规范工程建设领域保证金的通知》（国办发〔2016〕49号）精神，规范建设工程质量保证金管理，住房城乡建设部、财政部制定了《建设工程质量保证金管理办法》。现印发给你们，请结合本地区、本部门实际认真贯彻执行。

住房和城乡建设部
财政部
二〇一六年十二月二十七日

建设工程质量保证金管理办法

第一条　为规范建设工程质量保证金管理，落实工程在缺陷责任期内的维修责任，根据《中华人民共和国建筑法》、《建设工程质量管理条例》、《国务院办公厅关于清理规范工程建设领域保证金的通知》和《基本建设财务管理规则》等相关规定，制定本办法。

第二条　本办法所称建设工程质量保证金（以下简称保证金）是指发包人与承包人在建设工程承包合同中约定，从应付的工程款中预留，用以保证承包人在缺陷责任期内对建设工程出现的缺陷进行维修的资金。

缺陷是指建设工程质量不符合工程建设强制性标准、设计文件，以及承包合同的约定。

缺陷责任期一般为1年，最长不超过2年，由发、承包双方在合同中约定。

第三条　发包人应当在招标文件中明确保证金预留、返还等内容，并与承包人在合同条款中对涉及保证金的下列事项进行约定：

（一）保证金预留、返还方式；
（二）保证金预留比例、期限；
（三）保证金是否计付利息，如计付利息，利息的计算方式；
（四）缺陷责任期的期限及计算方式；
（五）保证金预留、返还及工程维修质量、费用等争议的处理程序；
（六）缺陷责任期内出现缺陷的索赔方式；
（七）逾期返还保证金的违约金支付办法及违约责任。

第四条 缺陷责任期内，实行国库集中支付的政府投资项目，保证金的管理应按国库集中支付的有关规定执行。其他政府投资项目，保证金可以预留在财政部门或发包方。缺陷责任期内，如发包方被撤销，保证金随交付使用资产一并移交使用单位管理，由使用单位代行发包人职责。

社会投资项目采用预留保证金方式的，发、承包双方可以约定将保证金交由第三方金融机构托管。

第五条 推行银行保函制度，承包人可以银行保函替代预留保证金。

第六条 在工程项目竣工前，已经缴纳履约保证金的，发包人不得同时预留工程质量保证金。

采用工程质量保证担保、工程质量保险等其他保证方式的，发包人不得再预留保证金。

第七条 发包人应按照合同约定方式预留保证金，保证金总预留比例不得高于工程价款结算总额的5%。合同约定由承包人以银行保函替代预留保证金的，保函金额不得高于工程价款结算总额的5%。

第八条 缺陷责任期从工程通过竣工验收之日起计。由于承包人原因导致工程无法按规定期限进行竣工验收的，缺陷责任期从实际通过竣工验收之日起计。由于发包人原因导致工程无法按规定期限进行竣工验收的，在承包人提交竣工验收报告90天后，工程自动进入缺陷责任期。

第九条 缺陷责任期内，由承包人原因造成的缺陷，承包人应负责维修，并承担鉴定及维修费用。如承包人不维修也不承担费用，发包人可按合同约定从保证金或银行保函中扣除，费用超出保证金额的，发包人可按合同约定向承包人进行索赔。承包人维修并承担相应费用后，不免除对工程的损失赔偿责任。

由他人原因造成的缺陷，发包人负责组织维修，承包人不承担费用，且发包人不得从保证金中扣除费用。

第十条 缺陷责任期内，承包人认真履行合同约定的责任，到期后，承包人向发包人申请返还保证金。

第十一条 发包人在接到承包人返还保证金申请后，应于14天内会同承包人按照合同约定的内容进行核实。如无异议，发包人应当按照约定将保证金返还给承包人。对返还期限没有约定或者约定不明确的，发包人应当在核实后14天内将保证金返还承包人，逾期未返还的，依法承担违约责任。发包人在接到承包人返还保证金申请后 14 天内不予答复，经催告后 14 天内仍不予答复，视同认可承包人的返还保证金申请。

第十二条　发包人和承包人对保证金预留、返还以及工程维修质量、费用有争议的，按承包合同约定的争议和纠纷解决程序处理。

第十三条　建设工程实行工程总承包的，总承包单位与分包单位有关保证金的权利与义务的约定，参照本办法关于发包人与承包人相应权利与义务的约定执行。

第十四条　本办法由住房城乡建设部、财政部负责解释。

第十五条　本办法自公布之日起施行，原《建设工程质量保证金管理暂行办法》（建质〔2005〕7 号）同时废止。

文化部办公厅关于做好第三批政府与社会资本合作示范项目申报筛选工作的补充通知

(办产函〔2016〕247号)

各省、自治区、直辖市文化厅(局),新疆生产建设兵团文化广播电视局,各计划单列市文化广电新闻出版局:

2016年6月8日,财政部联合文化部等部委印发了《关于组织开展第三批政府和社会资本合作示范项目申报筛选工作的通知》(财金函〔2016〕47号)。为推广文化领域的政府与社会资本合作(PPP)模式,做好第三批政府与社会资本合作示范项目的申报工作,现将有关工作布置如下:

一、基本情况

推广政府与社会资本合作模式是推进供给侧结构性改革的重要任务,是国家推进投融资体制改革的重要内容,是增加文化产品服务有效供给的重要手段,也是当前促进民间投资,贯彻中央稳增长、调结构、促改革、惠民生要求的重要抓手。财政部首次联合文化部正式面向文化领域征集政府与社会资本合作项目,有利于引导和鼓励社会力量、社会资本投入文化领域,拓宽文化领域建设资金来源,把政府的政策导向和民间资本的管理运营优势结合,提高文化产品和服务的供给质量,满足人民群众多样化的文化需求。

二、政策扶持措施

按照财政部《关于实施政府和社会资本合作项目以奖代补政策的通知》(财金〔2015〕158号)要求,财政部将对政府与社会资本合作示范项目按照项目投资规模给予以奖代补奖励。以奖代补资金将从中央财政普惠金融发展专项资金中支出。其中,投资规模3亿元以下的项目奖励300万元,3亿元(含3亿元)至10亿元的项目奖励500万元,10亿元以上(含10亿元)的项目奖励800万元。奖励资金由财政部门统筹用于项目全生命周期过程中的各项财政支出,主要包括项目前期费用补助、运营补贴等。此外,对符合条件、规范实施的转型为PPP项目的地方融资平台存量项目,财政部将在择优评选后,按照项目转型实际化解地方政府存量债务规模的2%给予奖励。不少地方的财政部门还安排了相关配套的以奖代补资金。

在做好以奖代补资金支持的同时，中央财政引导设立了中国政府和社会资本合作融资支持基金，基金总规模1800亿元，为政府与社会资本合作项目提供配套的融资服务，为项目融资提供增信支持，降低项目融资成本。该基金已于2015年末组建完毕，并已开始项目运作。

三、具体工作要求

按照财政部要求，第三批政府与社会资本合作示范项目的申报筛选工作将由财政部与相关行业部委横向联合开展，并由各部门推荐行业专家进行评审。地方项目由各级财政部门会同本级行业部门联合组织初选，通过初选的项目由省级财政部门统一汇总，经全国PPP综合信息平台线上（http://www.cpppc.org/）填报并书面上报财政部，同时抄报相关行业部委。各地文化厅局要充分认识到文化系统首次正式参与筛选申报政府与社会资本合作示范项目对于引导社会资本投入文化领域，拓宽文化领域建设资金渠道的重要意义，尽快启动项目的筛选申报工作。具体要求如下：

1. 坚持社会效益优先，社会效益和经济效益相统一的导向，发挥文化行政部门贴近文化企业、贴近文化项目的优势，及时通知符合条件的企业和项目积极申报，加强与财政厅（局）金融处的协调，为项目申报提供便利，争取更多的文化项目纳入支持范围。有条件的地区应借此次申报的契机建设本地区文化领域政府和社会资本合作模式项目库，建立与专业咨询机构、金融机构的长期密切联系。

2. 各地文化厅（局）应争取将"十三五"期间文化改革与发展重点任务、重点项目与本次申报有机衔接，加大对具有行业引领、区域带动和创新意义项目的支持力度，积极将采取PPP模式的文化基础设施、文化旅游项目、文化金融服务中心、文化资源保护与利用项目等纳入支持范围。

3. 严格把握项目标准。合作期限低于10年，采取建设－移交（BT）方式，通过保底承诺、回购安排等方式进行变相融资的项目不得申报。

4. 按照财政部的要求，请于2016年7月25日前提交示范项目申报材料，逾期不再受理。请各地文化厅（局）与当地财政厅（局）做好衔接，掌握本地区申报受理时效，并及时反映申报过程中的问题、困难及政策建议。请各地于7月30前将项目申报情况报送文化部汇总。

联系人及联系方式：
文化部文化产业司　　陈桦楠　　010－59881877
特此通知。
附件：财政部、文化部等《关于组织开展第三批政府和社会资本合作示范项目申报筛选工作的通知》（财金函〔2016〕47号）（略）

文化部办公厅
二〇一六年六月二十七日

民航局关于鼓励社会资本投资建设运营民用机场的意见

(民航发〔2016〕117号)

各省、自治区、直辖市、计划单列市人民政府办公厅,民航各地区管理局,各航空运输、服务保障企业,各机场公司,局属各单位:

民用机场是航空运输和城市发展的重要基础设施,是综合交通运输体系的重要组成部分。为进一步转变政府职能,激发市场活力,加大对重点领域和薄弱环节的投资力度,积极吸引社会资本参与民用机场建设和运营,提升机场服务质量和效率,依法保障社会资本的合法权益,按照《中共中央国务院关于深化投融资体制改革的意见》(中发〔2016〕18号)、《国务院关于创新重点领域投融资机制鼓励社会投资的指导意见》(国发〔2014〕60号)等文件精神,结合民航实际,现就鼓励社会资本投资建设运营民用机场提出以下意见。

一、全面放开民用机场建设和运营市场

(一)符合全国民用运输机场布局规划、国家批准的专项规划和区域规划以及行业发展规划的运输机场项目,均向社会资本开放。

(二)减少国有或国有控股的运输机场数量。除枢纽机场和具有战略意义的运输机场保持国有或国有控股外,其他运输机场对国有股比不作限制。进一步放开运输机场对公共航空运输企业和包括航空油料供应在内的服务保障企业的投资限制。

(三)全面放开通用机场建设,对投资主体不作限制。全面放开通用机场和其他市场主体之间的投资限制。

(四)放开民航中介服务市场,扩大民用机场专业领域从业主体规模,符合相应资质要求的国有企业、民营企业、外商投资企业、混合所有制企业以及其他投资经营主体,可单独或组成项目联合体全面参与民用机场咨询、设计、建设、运营、维护等业务。

二、创新民用机场建设和运营投融资方式

(五)通过特许经营、经营权转让、股权出让、委托运营、整合改制等资本运作方式,广泛吸引社会资本参与民用机场及其服务配套设施项目的建设和运营。

(六)社会资本可通过专项信托计划、认购股权投资基金等方式参与民用机场投资活动。

（七）社会资本可通过综合开发民用机场周边用地或临空经济区范围内土地、物业、商业、广告等资源的方式建设运营机场服务配套设施。

三、加大政府和社会资本合作的政策支持

（八）深化简政放权、放管结合、优化服务改革，进一步简化社会资本投资民用机场及其服务配套设施项目的审批程序，取消民间资本投资民用机场（军民合用机场除外）航站楼、货运仓储、地面服务、航空配餐、旅客过夜用房、停车场、能源保障、航空运输销售代理、航空燃油储运加注等经营性项目的投资核准。

（九）深化机场收费改革，完善机场收费价格形成机制，积极有序放开民用机场竞争性领域或环节的价格，创新价格管理方式，激发社会资本活力。

（十）对于社会资本参与的新建、改扩建机场项目，与政府投资机场项目享受同等政策待遇，按照民航固定资产投资补助政策享受民航发展基金补助；对于社会资本投资运营的民用机场项目，依据政策规定享受民航局运营补贴。

（十一）社会资本投资民用机场项目符合《公共基础设施项目企业所得税优惠目录》等规定条件的，享受企业所得税减免优惠政策。

（十二）向社会公开发布民用机场发展规划、行业政策、技术标准、建设项目等信息，保障社会资本及时享有相关信息。依法加强对社会资本投资建设运营民用机场及相关活动的监督管理，维护公平竞争秩序，建立健全守法信用体系，强化质量、安全监督，依法开展检查、验收和责任追究。

中国民用航空局
二〇一六年十月二十五日

交通运输部关于深化改革加快推进道路客运转型升级的指导意见

(交运发〔2016〕240号)

各省、自治区、直辖市、新疆生产建设兵团交通运输厅(局、委):

为充分发挥道路客运比较优势,进一步提升综合运输整体服务效能,更好满足经济社会发展和人民群众出行需要,现就深化改革加快推进道路客运转型升级提出以下意见。

一、总体要求

(一)指导思想。

深入贯彻落实党的十八大和十八届三中、四中、五中、六中全会精神,按照全面建成小康社会的总体要求和中央全面深化改革的总体部署,牢固树立和贯彻落实创新、协调、绿色、开放、共享发展理念,围绕"四个交通"建设要求,以满足人民群众多样化出行需求为目标,重点推进道路客运供给侧结构性改革、资源配置改革和监管制度改革,提升道路客运发展质量、服务效能和综合治理能力,努力打造道路客运升级版,让人民群众共享更安全、更便捷、更经济、更舒适的出行服务。

(二)基本原则。

合理定位、综合协调。适应综合交通运输体系发展需要,科学确立道路客运发展定位,立足基础性、衔接性和保障性,优化道路客运资源配置方式,推进道路客运线网和结构调整,实现道路客运与其他运输方式有机衔接和差异化发展。

服务为先、保障安全。坚持以人民为中心,适应人民群众出行的新期待和新需求,改进提升道路客运安全和服务水平。严格落实安全生产制度,筑牢道路客运安全基础。优化道路客运事前准入和事中事后监管,保障人民群众安全便捷出行。

改革创新、激发活力。坚持市场在资源配置中的决定性地位,充分发挥政府的引导与推动作用,扎实推进"简政放权、放管结合、优化服务",扩大企业经营自主权,积极稳妥推进道路客运重点领域改革,有效激发市场活力。

科技引领、绿色高效。牢固树立绿色发展理念,推广应用先进技术装备和高效完善的组织模式。充分发挥科技引领和支撑作用,不断增强企业核心竞争力。促进移动互联网与道路客运行业的深度融合,为行业发展提供新动力。

(三)发展目标。

到2020年,基本建成安全、可靠、经济、高效、衔接顺畅、服务优质的道路客运服务体系。主要包括:一是安全生产水平明显提升。坚决杜绝特大群死群伤责任事故,坚决遏制重特大安全责任事故,群众出行安全更有保障。二是行业集约经营水平明显提升。形成一批道路客运龙头骨干企业,企业抗风险能力显著增强。道路客运比较优势充分发挥,在综合交通运输体系中合理定位和分工、有效衔接。三是社会满意度明显提升。城际客运和城乡客运衔接更加顺畅,运输服务品质更加适应公众多样化出行需要。四是行业治理能力明显提升。事前准入与事中事后监管机制基本完善,统一开放、公平竞争、优胜劣汰、诚实守信的市场环境基本形成。

二、重点任务

(一)提升道路客运创新发展能力。

1. 扩大道路客运企业经营自主权。对于成立线路公司的道路客运班线或者实行区域经营的,由道路客运企业在保证基本服务标准的前提下,自主确定道路客运班线运力投放(含新增、更新和调配运力)、班次增减(含加班车)和途经站点,报原许可机关备案,并提前向社会公布。对于变更道路客运班线起讫地内相关起讫站点的,由道路客运企业和有关客运场站协商一致后,报原许可机关备案。

2. 简化和优化行政审批程序。既有省际客运班线在本省辖区内变更途经地和中途停靠站点及车辆更新、延续经营等事项,由本省道路运输管理机构审批,不需征求目的地省份道路运输管理机构意见。申请或者变更毗邻市、毗邻县间道路客运班线的,由毗邻市、毗邻县道路运输管理机构协商一致后,由相应的许可机关履行审批手续。

3. 全面推行道路客运服务质量招投标。新增客运班线和包车客运运力原则上采取服务质量招投标方式确定经营主体。不符合招投标条件的,可择优确定客运经营者。既有道路客运班线经营权到期后,鼓励通过组建线路公司、实施资产置换或者兼并重组等方式,实行集约化经营。

4. 推进道路客运经营主体结构调整。鼓励道路客运企业加强市场资源整合,扩大经营规模,提高抗风险能力。支持骨干道路客运企业整合资源成立股份制公司和异地设立子公司、分公司,推进道路客运网络化运营。探索政府和社会资本合作(PPP)模式,吸引社会资本参与道路客运服务、站场建设和运营服务。

(二)提升道路客运综合服务能力。

5. 完善道路客运服务网络。加快构建与铁路、民航、水路等相衔接的道路客运集疏运网络,形成与其他运输方式优势互补、差异化服务的市场格局。积极培育火车站、机场开往周边区域的中短途道路客运市场,积极发展高铁和城际轨道交通尚未覆盖区域的道路客运网络。

6. 大力发展旅游客运和包车客运。建立旅游客运和旅游产业协调发展机制,推进旅行社、导游和旅游客运企业及驾驶员等信息共享，支持汽车客运站拓展旅游集散功能。积极引导并规范开展通勤班车（包车）、旅游客运专线、机场或高铁快线、商务快客、短途驳载等特色业务。支持道路班线客运剩余运力依法转为包车客运。对从事定线通勤包车，可使用定期（月、季、年）包车客运标志牌。对从事线路固定的机场、高铁快线以及短途驳载且单程运营里程在100公里以内，在确保安全的前提下，不受凌晨2～5时通行限制。

7. 科学规划设立道路客运站点。稳步推进在大型市场、产业园区、学校聚集区、旅游风景区等客源密集区域建设适宜的道路客运停靠站点。在有条件的高速公路服务区或公路沿线，经综合评估后可以建设道路客运停靠站点。加强运输方式的衔接，优化城市客运枢纽的规划、布局。科学规划建设"规模适中、标准适宜、安全实用"的城乡客运站点，推进城市公共交通和农村客运停靠站点资源共享。综合考虑农村邮政、快递和物流发展需要，完善乡镇综合交通运输服务网点。道路客运场站建设纳入交通固定资产年度投资计划，逐步建立道路客运场站公益性设施维护费用保障机制。

8. 积极推进长途客运接驳运输。完善接驳运输服务网络，科学规划接驳站点，加快公用型接驳站点建设。鼓励在长途客运班线沿途合理设置接驳站点，实施分段式接驳运输。实施分段式接驳运输的，客车运行过程中可以只配备1名驾驶员，接驳时间和通行时间不受限制。积极推动长途客运接驳运输联盟发展，推进联盟内企业资源共享或者整合。

9. 提升农村客运公共服务水平。建立完善农村客运发展扶持政策，提高农村客运普遍服务水平。灵活采取通班车、公交车或者提供预约定制服务等多种方式方便居民出行。积极推进农村客运公交化改造，统一服务标准、车型配置、外观标志和车内配套设施。鼓励有条件的地区推进城市公交向乡镇及全域延伸，并享受城市公共交通扶持、优惠政策。推广农村客运经济适用车型。采取公交化运营的客运班线，经当地政府组织评估后，符合要求的可使用未设置乘客站立区的公共汽车。

（三）提升道路客运安全生产能力。

10. 落实道路客运企业安全生产主体责任。积极推行道路客运企业统一招聘和管理驾驶员，统一签订劳动合同，统一支付劳动报酬，统一购置、调度和维护运营车辆，统一承担安全生产风险。加快执行道路客运驾驶员职业化培养，严把大中型客车驾驶员培训关、从业资格考试关和发证关，提升道路客运驾驶员职业素质和驾驶技能。严格落实《道路运输车辆动态监督管理办法》，督促道路客运企业落实动态监控人员岗位职责和企业主体责任。通过技术、政策和经济等多种方式，加速淘汰卧铺客运车辆。

11. 严格落实道路客运安全监管制度。督促汽车客运站严格落实"三不进站、六不出站"安全生产源头管理责任。加快实施省际、市际道路客运班线实名制售检票制度。督促道路客运企业严格执行发车前安全告知制度，提升乘客安全带佩戴使用意识。督促道路客运企业针对性加强旅游客运等营运车辆安全技术维护和驾驶员的安全教育管理。严格落实农村客运线路审批规则。严格实施省际包车客运标志牌信息化备案管理,并逐步将省内旅游包车纳入信息化管理。

12. 建立双随机抽查和重点检查相结合的动态监管制度。推进安全监督检查常态化、标准化,将质量信誉和诚信等级低、发生过安全生产责任事故的道路客运企业作为重点监管对象,提升监督检查针对性。按照谁审批、谁监管的原则,开展双随机抽查和重点检查。

(四) 推进道路客运价格市场化改革。

13. 完善道路客运价格形成机制。加快推进市场化改革。具备竞争条件的道路客运班线(农村客运除外),票价由道路客运企业依据运营成本、与其他运输方式的比价关系、市场供求状况和服务品质等因素依法自主确定。完善旅游客运企业与旅行社的价格协商制度,遏制道路旅游客运不正当竞争行为。

14. 稳步推进道路客运站收费机制改革。完善道路客运站收费规则,道路客运站收费标准与服务项目、服务内容和服务质量综合考评结果挂钩。推进客运站收费市场化改革,具备竞争条件的地方和环节,由道路客运企业和客运站依据服务项目和服务品质协商确定服务收费标准。

(五) 推进建设与互联网融合的智慧服务系统。

15. 加快道路客运联网售票系统建设。深化推广省域道路客运联网售票系统,逐步实现全国联网售票。积极推行道路客运电子客票和非现金支付方式,并逐步与铁路、民航、水运等售票系统对接,探索推进联程联运和一票制服务。

16. 规范发展道路客运定制服务。充分发挥移动互联网等信息技术作用,鼓励开展灵活、快速、小批量的道路客运定制服务。提供道路客运定制服务的,企业应当具备道路客运经营资格,驾驶员应当取得相应从业资格,车辆原则上应当使用7座及以上的营运客车。对提供出行信息服务的互联网平台,加强科学引导和规范管理。互联网平台运营商不得组织非营运车辆和未取得相应从业资格的驾驶员从事旅客运输。

三、保障措施

(一) 加强组织领导。

各地交通运输部门要充分认识道路客运转型发展的重要意义,加强统筹协调,明确责任分工,落实改革举措。要结合本地实际,制定深化改革推进道路客运转型升级的实施细则,并及时研究改革过程中的新情况和新问题,为道路客运转型升级提供保障。

(二) 加大政策支持。

各地交通运输部门要积极争取当地人民政府和有关部门支持,加大对道路客运资源整合、车辆更新、信息化建设、客运站公益设施维护、安全设施投入等方面的支持力度。各省级交通运输主管部门要按照部的部署安排，组织开展城乡交通运输一体化建设示范工程，加快基础设施和信息化建设，将重大项目及时纳入交通固定资产投资计划。

（三）强化舆论引导。

各地交通运输部门要高度重视舆论引导工作，加强政策解读，大力宣传道路客运行业改革措施。加强社会沟通，畅通利益诉求渠道，及时回应社会关切，确保改革推进过程中行业稳定。深入总结各地改革取得的成效和经验，发挥先进典型的示范引领作用。

交通运输部
二〇一六年十二月三十一日

抄送：国家发展改革委、公安部、各省、自治区、直辖市、新疆生产建设兵团道路运输管理局（处），部规划研究院、部科学研究院、部公路科学研究院，中国交通报社，中国道路运输协会，部办公厅、政研室、法制司、规划司、公路局、安质司、科技司。

国土资源部关于修改《建设用地审查报批管理办法》的决定

中华人民共和国国土资源部令

第 69 号

《国土资源部关于修改〈建设用地审查报批管理办法〉的决定》，已经 2016 年 11 月 25 日国土资源部第 4 次部务会议审议通过，现予发布，自 2017 年 1 月 1 日起施行。

部长 姜大明

二〇一六年十一月二十九日

国土资源部关于修改《建设用地审查报批管理办法》的决定

为进一步简化建设用地审批程序，减少审批要件，提高审批效率，决定对《建设用地审查报批管理办法》（国土资源部令第 3 号）作出如下修改：

一、将第四条修改为："在建设项目审批、核准、备案阶段，建设单位应当向建设项目批准机关的同级国土资源主管部门提出建设项目用地预审申请。

"受理预审申请的国土资源主管部门应当依据土地利用总体规划、土地使用标准和国家土地供应政策，对建设项目的有关事项进行预审，出具建设项目用地预审意见。"

二、将第五条第二款修改为："建设单位提出用地申请时，应当填写《建设用地申请表》，并附具下列材料：

"（一）建设项目用地预审意见；

"（二）建设项目批准、核准或者备案文件；

"（三）建设项目初步设计批准或者审核文件。"

增加一款，作为第三款："建设项目拟占用耕地的，还应当提出补充耕地方案；建设项目位于地质灾害易发区的，还应当提供地质灾害危险性评估报告。"

三、增加一条，作为第六条："国家重点建设项目中的控制工期的单体工程和因工期紧或者受季节影响急需动工建设的其他工程，可以由省、自治区、直辖市国土资源主管部门向国土资源部申请先行用地。

"申请先行用地，应当提交下列材料：

"（一）省、自治区、直辖市国土资源主管部门先行用地申请；

"（二）建设项目用地预审意见；

"（三）建设项目批准、核准或者备案文件；

"（四）建设项目初步设计批准文件、审核文件或者有关部门确认工程建设的文件；

"（五）国土资源部规定的其他材料。

"经批准先行用地的，应当在规定期限内完成用地报批手续。"

四、将第七条改为第八条，增加一款，作为第三款："报国务院批准的城市建设用地，农用地转用方案、补充耕地方案和征收土地方案可以合并编制，一年申报一次；国务院批准城市建设用地后，由省、自治区、直辖市人民政府对设区的市人民政府分期分批申报的农用地转用和征收土地实施方案进行审核并回复。"

五、将第九条改为第十条，删除第（四）项，将第（五）项改为第（四）项。

六、将第十条改为第十一条，修改为："农用地转用方案，应当包括占用农用地的种类、面积、质量等，以及符合规划计划、基本农田占用补划等情况。

"补充耕地方案，应当包括补充耕地的位置、面积、质量，补充的期限，资金落实情况等，以及补充耕地项目备案信息。

"征收土地方案，应当包括征收土地的范围、种类、面积、权属，土地补偿费和安置补助费标准，需要安置人员的安置途径等。

"供地方案，应当包括供地方式、面积、用途等。"

七、将第十五条改为第十六条，删除第（三）项、第（四）项，将第（五）项改为第（三）项。

八、将第十六条改为第十七条，将第二款修改为："未按规定缴纳新增建设用地土地有偿使用费的，不予批复建设用地。其中，报国务院批准的城市建设用地，省、自治区、直辖市人民政府在设区的市人民政府按照有关规定缴纳新增建设用地土地有偿使用费后办理回复文件。"

九、将第十九条改为第二十条，将第一款和第二款合并，修改为："征收土地公告和征地补偿、安置方案公告，按照《征收土地公告办法》的有关规定执行。"

将第三款改为第二款。

十、将第三条、第六条、第八条、第十一条、第十二条、第十三条、第十四条、第十八条、第十九条、第二十条、第二十一条、第二十二条中的"土地行政主管部门"修改为"国土资源主管部门"。

本决定自2017年1月1日起施行。

《建设用地审查报批管理办法》根据本决定作相应修改后，重新发布。

国土资源部办公厅关于印发《产业用地政策实施工作指引》的通知

(国土资厅发〔2016〕38号)

各省、自治区、直辖市国土资源主管部门，新疆生产建设兵团国土资源局：

为进一步深入贯彻落实党中央、国务院关于保持经济中高速增长、推动产业迈向中高端水平的决策部署，促进地方各级特别是市、县国土资源主管部门更好落实产业用地政策，依据国家和部已经制定出台的各项支持新经济、新产业、新业态、新模式发展用地政策，部研究形成了《产业用地政策实施工作指引》（以下简称《指引》），现予印发，并就有关事项通知如下：

一、充分认识产业用地政策的重要意义

产业用地政策是国土资源主管部门认识新常态、适应新常态、引领新常态的主动作为；是优化土地资源配置，推动大众创业、万众创新，释放新需求、创造新供给，推动新产业、新业态蓬勃发展的重要动力；是认真履行国土资源职责新定位，以土地利用方式转变促进经济发展方式转变和结构优化的重大举措。地方各级国土资源主管部门要进一步将落实产业用地政策作为各项工作的重中之重，更加主动地服务国家稳增长、促改革、调结构、扩就业经济社会发展大局。

二、进一步加大产业发展用地保障工作力度

地方各级国土资源主管部门要对照《指引》，进一步深入学习领会党中央、国务院关于促进产业发展的政策文件精神，主动对接产业用地新需求，优化土地供应结构、调整土地供应时序，保障产业发展及时落地。准确把握鼓励盘活现有建设用地发展相关产业的政策要义，主动提供优质服务，促进产业结构和土地利用结构双调整双优化。

三、进一步营造公平竞争的土地市场环境

落实产业用地政策要坚持按用途管理、平等对待用地主体的原则，依法依规保障各种所有制经济主体依法平等使用土地、公平参与市场竞争的权利。要采取更加积极的措施，进一步做好大、中、小、微企业发展用地需求保障工作，促进社会投资、民间投资健康发展。

四、进一步深化土地管理供给侧改革

地方各级国土资源主管部门要依据国家产业用地政策，结合地方实际，不断完善实施措施，打通政策落实的"最后一公里"。省级国土资源主管部门要切实加强对市、县的培训与指导，市、县国土资源主管部门要在依法依规的前提下，落实"去产能、去库存、去杠杆、降成本、补短板"工作要求。对新经济、新产业、新业态、新模式发展中遇到的新情况、新问题，要及时研究报告、上下联动、及时解决，促进政策落地。

五、加强产业用地政策的宣传

各地要采取多种方式，向产业行业主管部门、用地主体宣传产业用地政策，做到广而告之。要注意发现、总结落实产业用地政策的成功经验、典型做法，并加强宣传、交流，营造更加良好的舆论氛围和市场环境，提升落实产业用地政策能力水平。

二〇一六年十月二十八日

产业用地政策实施工作指引

为优化土地要素配置，培育发展新动力，支持稳增长、调结构、促就业，依据国家和部关于新经济、新产业、新业态、新模式发展的用地政策，制定本指引，供地方各级特别是市、县国土资源主管部门在工作中使用。

第一章 总 则

第一条 （产业用地政策含义）产业用地政策是指国务院、国土资源部针对特定行业制定的专项用地政策。相关政策清单见附录，并可在中国政府网（www.gov.cn）和国土资源部门户网站（www.mlr.gov.cn）查询。

上述"特定行业"，不包括房地产业。

本指引适用于上述特定行业涉及的土地供应、开发利用和土地利用年度计划、土地供应计划编制及登记等工作。

第二条 （基本原则）地方各级国土资源主管部门执行产业用地政策时，应当遵守国家有关法律法规，符合国家产业政策，符合土地利用总体规划和城乡规划，符合用地分类国家标准和土地使用标准，坚持规划确定用途、用途确定供应方式、

市场确定供应价格、用地主体一视同仁原则。

第三条 （本指引的细化与更新）地方各级国土资源主管部门可按照本指引，根据本地区实际情况，细化实施措施，推进产业用地政策落实。

对本指引印发后国家和部新出台的产业用地政策，地方各级国土资源主管部门可自行纳入本指引适用范围。

第二章 产业用地政策实施

第四条 （可按原地类管理的情形）根据《国务院关于促进光伏产业健康发展的若干意见》（国发〔2013〕24号）和《关于支持新产业新业态发展促进大众创业万众创新用地的意见》（国土资规〔2015〕5号），光伏发电站项目使用未利用地布设光伏方阵的，可按原地类认定和管理。其中的未利用地按照土地调查成果认定，光伏方阵用地面积按照《光伏发电站工程项目用地控制指标》（国土资规〔2015〕11号）核定。

根据现行土地管理法律法规和《关于支持旅游业发展用地政策的意见》（国土资规〔2015〕10号），土地利用总体规划确定的城镇建设用地规模边界外的旅游项目中的自然景观用地及农牧渔业种植、养殖用地，可按原地类认定和管理。

第五条 （优先安排计划指标的原则和层级）对产业发展较快的地区、集聚区及使用未利用地发展产业的，要优先安排用地计划指标。地方各级国土资源主管部门在编制下达土地利用计划时，要根据国家产业政策和当地产业发展情况，统筹安排用地计划指标，确保符合产业政策的项目用地，促进产业健康协调发展。

第六条 （优先安排供应计划的行业类型）市、县国土资源主管部门编制国有建设用地供应计划时，应根据产业用地政策相关要求，按照《国有建设用地供应计划编制规范（试行）》（国土资发〔2010〕117号），优先安排下列产业用地供应：

（一）国务院及其职能部门发布的产业发展规划中明确的重点产业。

（二）国务院及其职能部门发布的产业促进政策中明确的重点产业。

（三）县级以上地方人民政府依据前述规划、政策明确的本地区重点产业。

各地制定供应计划，要按照《国务院关于进一步支持小型微型企业健康发展的意见》（国发〔2012〕14号）要求，积极保障小企业创业基地、科技孵化器、商贸企业集聚区用地。中西部地区要按照《国务院关于促进外贸回稳向好的若干意见》（国发〔2016〕27号）要求，加大加工企业用地供应。

第七条 （土地用途的确定）市、县国土资源主管部门在组织新供产业用地时，应当依据规划部门给出的规划条件，确定土地供应用途。

对于现行国标分类中没有明确定义的新产业、新业态类型，市、县国土资源主管部门可按照国土资规〔2015〕5号文件规定，结合现有土地供应政策要求和当地产业发展实际需要，主动商同级城乡规划、产业主管部门提出规划用途的建议意见，促进项目落地。

市、县国土资源主管部门在签订《国有建设用地使用权出让合同》时，合同中的宗地用途按《土地利用现状分类》（中华人民共和国国家标准 GB/T21010-2007）规定的土地二级类填写；规划部门给出的规划条件在《土地利用现状分类》中无直接对应类型的，市、县国土资源主管部门经内部会商后，按《土地利用现状分类》规定的土地二级类填写，必要时可征求规划、投资部门意见。

根据国土资规〔2015〕5号文件规定，新产业新业态发展中工业用地、科教用地兼容相关用途设施建筑面积不超过15%的，仍按工业、科教用途管理。其他情形下，同一宗土地上兼容两种以上用途的，应确定主用途并依据主用途确定供应方式；主用途可以依据建筑面积占比确定，也可以依据功能的重要性确定，确定主用途的结论和理由应当写入供地方案，经批准后实施。

第八条（土地使用方式的确定）各类产业用地均可采取长期租赁、先租后让、租让结合方式使用土地。

以长期租赁方式使用土地的，应按照《规范国有土地租赁若干意见》（国土资发〔1999〕222号）执行，租赁期限按照《合同法》规定，不得超过二十年。

根据《国务院办公厅关于加强鲜活农产品流通体系建设的意见》（国办发〔2011〕59号）和《关于加快发展公共租赁住房的指导意见》（建保〔2010〕87号，经国务院同意），现阶段仅政府投资建设不以营利为目的、具有公益性质的农产品批发市场和公共租赁住房两类项目用地可以作价出资（入股）方式使用新供建设用地。作价出资（入股）土地应当以市、县人民政府作为出资人，制定作价出资或者入股方案，经市、县人民政府批准后实施。

第九条（土地供应方式的确定）以先租后让、租让结合方式供应产业用地的，市、县国土资源主管部门会同城乡规划、建设、房产部门拟定方案时，应提请同级政府同意，邀请投资、产业等主管部门参加供应方案拟定工作，明确租赁土地转为出让土地的条件，报有批准权的人民政府批准后实施。按用途依法需采取招标拍卖挂牌方式出让的土地，招标拍卖挂牌工作可在租赁环节实施；在承租方使用租赁土地达到合同约定条件后需办理出让手续时，可采取协议方式。

根据《国务院关于深化流通体制改革加快流通产业发展的意见》（国发〔2012〕39号）、《国务院办公厅关于促进内贸流通健康发展的若干意见》（国办发〔2014〕51号）、《国务院办公厅关于推进城区老工业区搬迁改造的指导意见》（国办发〔2014〕9号）、《国土资源部关于进一步落实工业用地出让制度的通知》（国土资发〔2009〕101号），对旧城区改建需异地搬迁改造的城区商品批发市场等流通业用地、工业用地，在收回原国有建设用地使用权后，经批准可以协议出让方式为原土地使用权人安排用地，有土地使用标准要求的，应按标准安排同类用途用地。

根据《国务院办公厅转发财政部发展改革委人民银行关于在公共服务领域推广

政府和社会资本合作模式指导意见的通知》（国办发〔2015〕42号）、《国务院办公厅关于支持铁路建设实施土地综合开发的意见》（国办发〔2014〕37号）、国土资规〔2015〕10号文件，下列情形可将通过竞争方式确定项目投资主体和用地者的环节合并实施：

（一）采用政府和社会资本合作方式实施项目建设时，相关用地需要有偿使用的；

（二）通过招标方式确定新建铁路项目投资主体和土地综合开发权中标人的；

（三）政府将收回和征收的历史遗留损毁土地复垦并用于旅游项目建设的。

以合并竞争方式确定项目投资主体和用地者的，市、县国土资源主管部门应依法独立履行编制供地方案、签订供应合同和实施用地供后监管等法定职责。

第十条　（关于配套建设）根据《国务院办公厅关于加快新能源汽车推广应用的指导意见》（国办发〔2014〕35号）、《养老服务设施用地指导意见》（国土资厅发〔2014〕11号）、国土资规〔2015〕5号、国土资规〔2015〕10号、《关于支持电影发展若干经济政策的通知》（财教〔2014〕56号）等文件规定，对新能源汽车充电设施、无线通讯基站、分布式光伏发电设施、社区养老（医疗、体育、文化）服务设施、电影院（影厅）、旅游厕所等布点分散、单体规模小、对其他建筑物构筑物有密切依附关系的产业配套设施，允许在新供其他建设项目用地时，将其建设要求纳入供地条件。

市、县国土资源主管部门应主动告知相关部门上述配建政策，相关部门提出配套建设要求的，市、县国土资源主管部门应注意与提出要求的部门共同商城乡规划主管部门，依法先将配建要求纳入规划条件后，再行纳入供地条件，并明确建成后资产移交和运营管理要求。

第十一条　（关于地役权）根据《物权法》和国办发〔2014〕35号、国土资规〔2015〕5号等法律和文件规定，地役权适用于在已有使用权人的土地、建筑物、构筑物上布设新能源汽车充电设施、无线通讯基站、分布式光伏发电设施等小型设施的情形。设立地役权，应执行《物权法》第十四章规定。

第十二条　（关于过渡期政策）对于产业用地政策中明确，利用存量房产、土地资源发展国家支持产业、行业的，可享受在一定年期内不改变用地主体和规划条件的过渡期支持政策的情形，过渡期满需办理改变用地主体和规划条件的手续时，除符合《划拨用地目录》的可保留划拨外，其余可以协议方式办理。

产业用地政策对"暂不变更"的时限没有明确规定的，时限及后续管理可参照执行国土资规〔2015〕5号文件，或由地方国土资源主管部门会同相关部门制定实施细则。

第十三条　（土地供应价格的确定）各省（区、市）确定的优先发展产业且用地集约的工业项目，以农、林、牧、渔业产品初加工为主的工业项目，在确定土地出让底价时可按不低于所在地土地等别相对应《全国工业用地出让最低价标准》的

70%执行。按比例计算后低于该项目实际土地取得成本、土地前期开发成本和按规定应收取的相关费用之和的,应按不低于实际各项成本费用之和的原则确定出让底价。中西部地区省级国土资源主管部门应向相关部门建议,按照国发〔2016〕27号文件要求,将加工贸易相关的工业项目纳入本省(区、市)优先发展的工业项目。

根据国土资规〔2015〕10号文件,旅游相关建设项目中的人造景观用地应根据具体行业市场经营情况,客观评估确定供应底价。

根据《国务院办公厅关于促进物流业健康发展政策措施的意见》(国办发〔2011〕38号),农产品批发市场用地作为经营性商业用地,应以招标拍卖挂牌方式供应,所在区域有工业用地交易地价的,可以参照市场地价水平、所在区域基准地价和工业用地最低价标准等确定出让底价。

第十四条 (依法使用集体建设用地)产业用地政策允许依法使用集体建设用地的,除农村集体经营性建设用地入市改革试点地区外,其他地区应按《土地管理法》相关规定执行,应以农村集体经济组织自行使用,或农村集体经济组织以土地使用权入股、联营等方式与其他单位、个人共同举办企业的方式使用土地。在此前提下,各地可依法探索完善集体建设用地使用权入股、联营的管理方式。

依据《旅游法》规定和各省(区、市)制定的管理办法,乡村居民可以利用自有住宅或者其他条件依法从事旅游经营。

第三章 改进完善管理方式

第十五条 (安排供应计划)按照国土资发〔2010〕117号文件规定,市、县国土资源主管部门测算计划期国有建设用地需求量时,应当主动征求本地区重点发展产业主管部门意见,确定需优先保障的重要产业国有建设用地需求量。

第十六条 (项目认定)下列情形中,市、县国土资源主管部门应会商产业主管部门,对项目性质予以认定:

(一)落实产业用地政策时,对相关项目是否属于国家支持发展产业难以确认的;

(二)建设单位认为自身拟建项目符合《划拨用地目录》,对项目是否属于非营利性项目性质难以确认的。

产业主管部门能够就上述事项提供证明文件的,市、县国土资源主管部门应依据证明文件、按相关产业用地政策执行。产业主管部门不能就上述事项提供证明文件的,市、县国土资源主管部门可在与产业主管部门商议达成共识的基础上,共同提出对项目用地适用政策的建议,报请有批准权的政府批准后实施。

第十七条 (关于供应前置条件)对政策允许将产业类型、生产技术、产业标准、产品品质、节地技术等要求作为土地供应前置条件的,设置供应前置条件时,市、县国土资源主管部门应当商请提出供应前置条件的部门，书面明确设置土地供应前置条件的理由或必要性、具体内容表述及条件履约监管主体、监管措施、违约处理方式。在制定供地方案和签署供地文件时，除将相关内容写入外，还应当将提出前置条件部门出具的上述书面文件作为附件一并收入，并在向土地供应集体决策机构汇报时专门作出说明。

市、县国土资源主管部门应积极向本地区相关部门和产业发展、土地供应集体决策机构宣传国土资源部会同发展改革委、科技部、工业信息化部、住房城乡建设部、商务部共同下发的国土资规〔2015〕5号文件，落实其中将项目用地产业发展承诺书作为签订土地供应合同前提条件的规定，提醒提出关联条件部门监督承诺书履行情况。

第十八条 （限制改变用途与分割转让）对于落实产业用地政策供应的宗地，相关规范性文件有限制改变用途、限制转让或分割转让等规定的，原则上应当将限制要求写入划拨决定书或有偿使用合同，并记载到不动产登记簿和不动产权利证书，在分割转让审批、不动产统一登记管理等环节予以落实。

第十九条 （卷宗与台账管理）市、县国土资源主管部门要加强产业用地政策实施的精准性、时效性管理，加强事前、事中、事后的全程跟踪服务和监管。适用的产业用地政策文件应当纳入土地使用权供应档案卷宗长期妥善保存。

市、县国土资源主管部门可根据需要建立产业用地政策适用项目台账，记录项目基本情况、适用产业用地政策、供后投资建设情况、过渡期起始时间及期满处理情况等。

第二十条 （监管责任）市、县国土资源主管部门要加强与产业主管部门的协调配合，依据土地供应合同、划拨决定书、产业主管部门出具的证明文件、前置条件文件、项目用地产业发展承诺书等约定的用地条件、用地责任、监管责任，强化用地供后联合监管。重大事项要及时向市、县人民政府或相关机构报告。

国土资源部关于印发《关于深入推进城镇低效用地再开发的指导意见（试行）》的通知

（国土资发〔2016〕147号）

各省、自治区、直辖市人民政府，新疆生产建设兵团，国务院有关部委、直属机构：

《关于深入推进城镇低效用地再开发的指导意见（试行）》已经中央全面深化改革领导小组和国务院审定。现印发你们，请认真贯彻执行。

二〇一六年十一月十一日

关于深入推进城镇低效用地再开发的指导意见（试行）

根据《中华人民共和国土地管理法》及有关规定，按照《国家新型城镇化规划（2014—2020年）》等要求，为健全节约集约用地制度，盘活建设用地存量，提高土地利用效率，现就深入推进城镇低效用地再开发提出以下意见：

一、总体要求

（一）指导思想。全面贯彻党的十八大和十八届三中、四中、五中、六中全会精神，深入学习贯彻习近平总书记系列重要讲话精神，紧紧围绕统筹推进"五位一体"的总体布局和协调推进"四个全面"的战略布局，按照党中央、国务院决策部署，牢固树立创新、协调、绿色、开放、共享的发展理念，推进供给侧结构性改革，坚持最严格的耕地保护制度和最严格的节约用地制度，坚持以人为本，促进新型城镇化发展，鼓励土地权利人自主改造开发，鼓励社会资本积极进入，规范推进城镇低效用地再开发，促进城镇更新改造和产业转型升级，优化土地利用结构，提升城镇建设用地人口、产业承载能力，建设和谐宜居城镇。

（二）基本原则。坚持政府引导、规划先行。建立健全政府引导、部门协同、公众参与的工作机制，加强统筹协调，形成工作合力；坚持规划先行，对改造开发的规模、时序等进行统筹安排，确保改造开发工作稳步有序开展。

坚持市场取向、因势利导。按照市场在资源配置中起决定性作用的要求，鼓励土地权利人、集体经济组织等市场主体和社会力量参与改造开发，形成形式多样的改造开发模式，增强改造开发的动力。

坚持公众参与、平等协商。充分尊重土地权利人的意愿，提高改造开发工作的公开性和透明度，保障土地权利人的知情权、参与权、受益权；建立健全平等协商机制，妥善解决群众利益诉求，做到公平公正，实现和谐开发。

坚持利益共享、多方共赢。建立完善经济激励机制，协调好政府、改造方、土地权利人等各方利益，实现共同开发、利益共享；严格保护历史文化遗产、特色风貌和保障公益性用地，统筹安排产业用地，实现经济发展、民生改善、文化传承多赢。

坚持因地制宜、规范运作。充分考虑当地经济社会发展水平、发展定位等，依据城市总体发展布局，合理确定改造开发的方向和目标，分类实施；严格遵循改造开发要求和程序，切实加强监管，保证改造开发工作规范运作、有序推进。

（三）总体目标。城镇低效用地再开发规范推进，土地集约利用水平明显提高，城镇建设用地有效供给得到增强；城镇用地结构明显优化，产业转型升级逐渐加快，投资消费有效增长；城镇基础设施和公共服务设施明显改善，城镇化质量显著提高，经济社会可持续发展能力不断提升。

二、加强统筹引导

（四）明确改造开发范围。本文件规定的城镇低效用地，是指经第二次全国土地调查已确定为建设用地中的布局散乱、利用粗放、用途不合理、建筑危旧的城镇存量建设用地，权属清晰、不存在争议。国家产业政策规定的禁止类、淘汰类产业用地；不符合安全生产和环保要求的用地；"退二进三"产业用地；布局散乱、设施落后，规划确定改造的老城区、城中村、棚户区、老工业区等，可列入改造开发范围。现状为闲置土地、不符合土地利用总体规划的历史遗留建设用地等，不得列入改造开发范围。市县人民政府要组织国土资源部门会同有关部门，提出城镇低效用地的标准，严格控制改造开发范围，对弄虚作假的，将严肃追究有关人员责任。

（五）推进调查摸底和标图建库。开展低效用地改造开发的城镇，要充分利用土地调查成果，开展城镇存量建设用地调查，摸清城镇低效用地的现状和改造开发潜力，查清土地权属关系，了解土地权利人意愿。拟定城镇低效用地再开发范围后，要将拟列入改造开发范围的城镇低效用地标注在遥感影像图、地籍图和土地利用总体规划图上，建立城镇低效用地数据库，夯实管理基础。

（六）强化规划统筹和方案实施。市县国土资源部门要会同有关部门，依据土地利用总体规划和城镇规划，组织编制城镇低效用地再开发专项规划，明确改造利用的目标任务、性质用途、规模布局和时序安排，优先安排基础设施、公益设施等用地，统筹城镇功能再造、产业结构调整、生态环境保护、历史人文传承等，确保城镇低效用地再开发健康有序推进。专项规划经上一级国土资源部门核定,报同级人民政府批准后实施。

按照专项规划,项目实施单位负责编制项目实施方案,确定改造开发项目规模、开发强度、利用方向、资金平衡等,报所在市县人民政府批准后实施。

经批准的专项规划和项目实施方案均向社会公示。

三、完善激励机制

(七)鼓励原国有土地使用权人进行改造开发。除有关法律法规,以及国有土地划拨决定书、国有土地使用权出让合同明确规定或者约定应当由政府收回土地使用权的土地外,在符合规划的前提下,原国有土地使用权人可通过自主、联营、入股、转让等多种方式对其使用的国有建设用地进行改造开发。原划拨土地改造开发后用途仍符合《划拨用地目录》的,可继续按划拨方式使用。改造开发土地需办理有偿使用手续,符合协议出让条件的,可依法采取协议方式。原依法取得的工业用地改造开发后提高厂房容积率但不改变用途的,可不再增缴土地价款。利用现有工业用地,兴办先进制造业、生产性及高科技服务业、创业创新平台等国家支持的新产业、新业态建设项目的,经市县人民政府批准,可继续按原用途使用,过渡期为5年,过渡期满后,依法按新用途办理用地手续。改造开发需变更原土地用途的,应当依法办理规划修改和用地手续。

原国有土地使用权人有开发意愿,但没有开发能力的,可由政府依法收回土地使用权进行招拍挂,并给予原国有土地使用权人合理补偿;涉及国有土地上房屋征收的,应当严格按照《国有土地上房屋征收与补偿条例》规定的条件、程序、补偿标准等执行。

(八)积极引导城中村集体建设用地改造开发。城中村集体建设用地可依法征收后进行改造开发,各地要根据实际制定相关优惠政策,鼓励农村集体经济组织和原集体建设用地使用权人积极参与;集体经营性建设用地入市改革试点地区,可按照改革试点要求,采取自主、联营、入股等方式进行改造开发。

(九)鼓励产业转型升级优化用地结构。各地要制定鼓励引导工业企业"退二进三"的政策措施,调动其参与改造开发积极性,促进产业转型升级,提高土地利用效率。对企业迁址重建的,除享受改造开发政策外,要在用地选址、土地审批、用地规模与计划安排等方面给予积极支持。

(十)鼓励集中成片开发。鼓励市场主体收购相邻多宗低效利用地块,申请集中改造开发;市县国土资源部门可根据申请,依法依规将分散的土地合并登记。城镇低效用地再开发涉及边角地、夹心地、插花地等难以独立开发的零星土地,可一并进行改造开发,但单宗零星用地面积原则上不超过3亩,且累计面积不超过改造开发项目总面积的10%。低效用地成片改造开发涉及的零星新增建设用地及土地利用总体规划修改,可纳入城市批次用地依法报批,涉及的新增用地计划指标由各省

（区、市）在国家下达的计划指标内安排。

（十一）加强公共设施和民生项目建设。在改造开发中要优先安排一定比例用地，用于基础设施、市政设施、公益事业等公共设施建设，促进文化遗产和历史文化建筑保护。对涉及经营性房地产开发的改造项目，可根据实际配建保障性住房或公益设施，按合同或协议约定移交当地政府统筹安排。对参与改造开发，履行公共性、公益性义务的，可给予适当政策奖励。

四、妥善处理各类历史遗留建设用地问题

（十二）实施分类处理。在城镇低效用地再开发专项规划范围内、符合土地利用总体规划、经第二次全国土地调查确定为建设用地但没有合法用地手续的历史遗留建设用地，按照依法依规、尊重历史的原则进行分类处理。各地要严格审查把关，防止随意扩大历史遗留建设用地范围和处理适用政策。

用地行为发生在1986年12月31日之前的，由市、县人民政府土地行政部门出具符合土地利用总体规划的审核意见书，依照原国家土地管理局发布的《确定土地所有权和使用权的若干规定》进行确权后，由市县人民政府办理土地确权登记发证手续。

用地行为发生在1987年1月1日至1998年12月31日之间的，符合土地利用总体规划，已与农村集体经济组织或农户签订征地协议并已落实，且未因征地补偿安置等问题引发纠纷、迄今被征地农民无不同意见的，依照1988年修订的《土地管理法》有关规定，落实处理（处罚）措施后按土地现状办理征收手续。

用地行为发生在1999年1月1日至2009年12月31日之间的，符合土地利用总体规划，已与农村集体经济组织或农户签订征地协议并已落实，且未因征地补偿安置等问题引发纠纷、迄今被征地农民无不同意见的，按照1998年修订的《土地管理法》有关规定，缴纳耕地开垦费和新增建设用地土地有偿使用费，落实处理（处罚）措施后办理土地转用征收手续。

五、完善保障措施

（十三）加强组织领导。地方各级人民政府要加强对城镇低效用地再开发工作的组织领导和统筹协调，积极稳妥推进。地方各级国土资源部门要加强与相关部门的沟通协调，密切协同配合，形成工作合力，落实好城镇低效用地再开发各项政策。

（十四）健全协商和社会监督机制。建立公开畅通的沟通渠道，充分了解和妥善解决群众利益诉求，做好民意调查，充分尊重原土地使用权人的意愿，未征得原土地使用权人同意的，不得进行改造开发。建立项目信息公开制度，对改造开发涉及的各个环节实行全过程公开，切实保障群众的知情权、参与权、监督权。严格执行土地出让相关程序，规范土地市场秩序，涉及出让的必须开展地价评估、集体决

策、结果公示。

（十五）强化实施管理。各省级国土资源部门要根据本地实际，研究制定实施细则，细化各项政策措施，加强对市县相关工作的督促检查和指导支持；市县国土资源部门要明确具体操作办法，加强对改造开发实施监管。地方各级国土资源部门要增强服务意识，加快审查报批，积极服务改造开发工作，及时做好项目审批、实施、竣工验收等及其上图入库。

（十六）严守廉政纪律。建立责任追究机制，加强廉政风险排查，扎好笼子、定好规矩；规范资金管理，项目收益要公开透明，确保资金使用安全高效；严格城镇低效用地再开发监督管理，加强项目实施跟踪评估，保证改造开发工作规范健康开展；切实增强廉政意识，确保廉洁自律。

（十七）加强宣传引导。密切跟踪政策实施进展情况，强化风险评估，做好政策解读，加强舆论引导，回应社会关切，营造有利于改造开发工作的良好氛围。加强总结评估，对于政策实施中出现的问题，要及时研究解决。

本意见自下发之日起施行，有效期5年。

国土资源部关于改进和优化建设项目
用地预审和用地审查的通知

(国土资规〔2016〕16号)

各省、自治区、直辖市及计划单列市国土资源主管部门，新疆生产建设兵团国土资源局，解放军土地管理局，各派驻地方的国家土地督察局，部机关各司局：

为贯彻落实"简政放权、放管结合、优化服务"改革要求，进一步改进和优化建设项目用地预审和用地审查报批工作，现就有关事项通知如下：

一、认真贯彻党中央、国务院决策部署，高度重视改进和优化建设用地审批工作

（一）切实增强改进和优化建设用地审批工作的责任感和紧迫感。以用途管制为核心，以用地预审和用地审查为主要内容的现行建设用地审批制度，在严守耕地红线、保障发展需求、维护群众权益等方面发挥了长期重要的作用，但也存在着审查内容重复、时序结构不尽合理、报件准备周期长、标准化程度不够等问题。改进和优化建设用地审批制度，是贯彻落实党中央、国务院决策部署，适应把握引领经济发展新常态，积极推进供给侧结构性改革的内在要求；是深入落实"简政放权、放管结合、优化服务"的具体体现；是优化发展环境，激发市场活力，降低制度性交易成本，增强发展动能的务实举措；是回应社会关切，进一步提升国土资源服务效能的迫切需要。各级国土资源主管部门要充分认识改进和优化建设用地审批制度的重要意义，以思想的统一促行动上的自觉，以敬民之心，行简政之道，扎实抓好改进优化工作。

（二）准确把握改进和优化建设用地审批制度的总体要求。按照"明确定位、突出重点、系统梳理、减少重复、统筹衔接、强化协同、放管结合、优化服务"的原则，以依法依规、方便行政相对人为导向，部修正了《建设项目用地预审管理办法》和《建设用地审查报批管理办法》，通过去枝强干、调整时序、简化内容、优化流程等，实现建设用地审批"材料简化、时间缩短、难度降低"的目标。各级国土资源主管部门要准确把握改进和优化建设用地审批制度的方向目标和总体要求，全面理解掌握修正后部门规章的各项规定，尽快调整适应和改进用地报批审查工作，切实提高用地保障的服务能力水平。

二、简化改进审查内容，切实提高建设用地审批效率

（三）简化对符合土地利用总体规划和土地使用标准的审查。严格土地利用总体规划管理，强化建设项目用地规划审查，建设项目必须依据规划布局确定选址，不得随意修改规划。属于《土地管理法》第二十六条规定情形（包括占用基本农田情形），确需修改土地利用总体规划的，必须对修改规划的必要性和可行性进行论证说明，在用地预审阶段编制规划修改方案（包括基本农田补划内容），并在建设项目用地报批前完成规划修改听证、规划实施影响评估和专家论证等工作。已通过用地预审的建设项目，在用地报批阶段原则上不再重复审查是否符合土地利用总体规划、是否符合土地使用标准等情况，但项目用地位置、规模、功能分区发生变化的，应依据土地利用总体规划和土地使用标准进行复核。在用地预审通过后、可行性研究报告批准或核准前，建设项目选址发生局部调整，不符合土地利用总体规划或者用地总规模超过土地使用标准的，应重新申请用地预审。

（四）简化对补充耕地和征地补偿等的审查。用地预审阶段，不再对补充耕地和征地补偿费用、矿山项目土地复垦资金安排情况进行审查，相应审查在用地报批阶段进行。但地方人民政府应切实履行保护耕地的法定职责、维护权利人的合法权益，建设单位必须承诺将补充耕地、征地补偿、土地复垦等相关费用纳入工程概算，省级国土资源主管部门承诺督促落实。对于地方有关部门批准立项、地方人民政府审批农用地转用，但土地征收需报国务院批准的建设项目，部在用地审查时不再审核农用地转用方案与补充耕地方案，只审查土地征收方案与土地供应方案。

（五）改进地质灾害危险性评估的审查。用地预审阶段，不再对单独选址的审批类建设项目是否开展地质灾害危险性评估进行审查。在用地报批阶段，部对地质灾害危险性评估情况进行形式性审查，地方国土资源主管部门应核实建设项目是否位于地质灾害易发区，位于地质灾害易发区的，应进一步核实建设单位是否按规定进行了地质灾害危险性评估；省级国土资源主管部门在提交建设项目用地审查报告时，应对是否进行地质灾害危险性评估进行说明。未按规定开展地质灾害危险性评估的，不得批准建设用地。

（六）改进压覆重要矿产资源的审查。用地预审阶段，不再对单独选址的审批类建设项目是否压覆重要矿产资源进行审查。在用地报批阶段，建设项目涉及压覆重要矿产资源的，在建设单位说明已与矿业权人就压矿补偿问题进行协商、有关市县人民政府承诺做好压矿补偿协调工作的前提下，可办理用地审批手续；同时，省级国土资源主管部门应督促建设单位与矿业权人签订补偿协议，按规定办理压覆矿产资源审批和登记手续。对未签订补偿协议、未办理压覆矿产资源审批登记手续的，省级人民政府不得转发用地批复、市（县）人民政府不得供地。

（七）组织开展项目用地踏勘论证和节地评价。国家重点项目、线性工程等应避让基本农田，尽量不占或少占。确需占用基本农田或占用其他耕地规模较大（线

性工程占用耕地 100 公顷以上、块状工程 70 公顷以上或占用耕地达到用地总面积 50% 以上，不包括水库类项目）的建设项目，省级国土资源主管部门应组织踏勘论证。对国家和地方尚未颁布土地使用标准和建设标准的建设项目，以及确需突破土地使用标准确定的规模和功能分区的建设项目，应按要求组织开展建设项目节地评价。同时需要开展踏勘论证和建设项目节地评价的建设项目，可将两项工作合并开展，出具踏勘论证和节地评价报告。

（八）改进城市建设用地的审查报批。报国务院批准用地的 106 个城市，按照"国家批规模、控结构，地方管项目、落用地"的原则，组织用地申报。报国务院审批农用地转用和土地征收时，不再报送标注用地位置的土地利用总体规划图，具体用地是否符合土地利用总体规划由省级审核农用地转用和土地征收实施方案时把关，不符合土地利用总体规划的实施方案，不得审核同意。

（九）适当缩小用地预审范围。不涉及新增建设用地，在土地利用总体规划确定的城镇建设用地范围内使用已批准建设用地进行建设的项目，可不进行建设项目用地预审。

三、加强事中事后监管，进一步提升服务保障水平

（十）强化实质性审查责任。地方国土资源主管部门对部只进行形式性审查的事项，要积极履行职责，加强实质性审查，做到权责一致，保证审查意见的真实、准确。

（十一）提高规范化水平。项目建设单位和省级国土资源主管部门应按照部统一规范的建设项目用地预审和用地报批申报材料格式（见附件），做好组卷工作，提高报件质量。部将更新后的用地预审和用地报批电子报盘软件下发后（国土资源部门户网站下载），省级以下国土资源主管部门要按照新要求组卷报批；不符合新要求的，部政务大厅不予接收报件。部适时开展用地预审和用地审查集中培训，省级国土资源主管部门要加强业务指导，及时开展培训，确保各地全面掌握政策要求，提高业务能力水平。

（十二）加强实施监管。实行报件质量统计制度，对报部用地预审和用地审查项目报件质量差、补正多、不据实上报等情况，建立统计台账，并采取提醒、通报、约谈等方式，督促省级国土资源主管部门严格把关，确保报件质量。按照"谁审批、谁监管"的原则，严格落实监管责任，创新监管方式，提升监管能力，采取批后抽查、实地督察、部门联动等多种方式，对各地审查把关是否到位、是否存在未批先用、承诺事项是否落实等情况进行监督，发现问题及时提出整改意见，切实加强监督管理。加快完善用地审批业务系统与规划、供地、利用、卫片执法检查等系统的互联互通，完善综合监管体系，运用"大数据"分析技术，加强建设用地审批事中事后监管。

（十三）提升服务能力。大力推进用地预审和用地报批网上申报、受理、查询、

批复等信息化建设，加快实现建设用地远程报批。积极做好政策解读宣传，回应社会关切，帮助行政相对人及时了解掌握相关政策和办事流程，方便行政相对人。做好政策过渡期间的有效衔接，实现制度、流程、系统的顺利过渡。与相关部门加强沟通联动，提前介入了解情况，积极履职，主动服务，及时协调解决重点建设项目用地中存在的问题。

本通知自2017年1月1日起执行，有效期5年。各地可依据《建设项目用地预审管理办法》《建设项目用地审查报批管理办法》和本通知要求，结合当地实际，制订相应的实施细则。

国土资源部
二〇一六年十一月三十日

附件：1. 报国土资源部建设项目用地预审材料目录（略）

2. 建设项目用地预审申请表格式（略）

3. 报国土资源部建设项目用地预审建设单位申请文本格式（略）

4. 报国土资源部建设项目用地预审省级国土资源主管部门初审报告文本格式（略）

5. 报国务院批准农用地转用和土地征收的单独选址建设项目用地报批材料目录（略）

6. 报国务院批准土地征收的单独选址建设项目用地报批材料目录（略）

7. 报国务院批准单独选址建设项目用地省级国土资源主管部门审查报告文本格式（略）

8. 建设用地项目呈报材料"一书四方案"（略）

9. 报国务院批准城市建设用地报批材料目录（略）

10. 报国务院批准城市建设用地省级国土资源主管部门审查报告文本格式（略）

11. 国务院批准建设用地城市农用地转用土地征收补充耕地方案申报汇总表（略）

第四部分
司法部门文件（1个）

最高人民法院 国家发展改革委员会 工业和信息化部 住房和城乡建设部 交通运输部 水利部 商务部 国家铁路局 中国民用航空局关于在招标投标活动中对失信被执行人实施联合惩戒的通知

(法〔2016〕285号)

为贯彻党的十八届三中、四中、五中全会精神,落实《中央政法委关于切实解决人民法院执行难问题的通知》(政法〔2005〕52号)、《国务院关于促进市场公平竞争维护市场正常秩序的若干意见》(国发〔2014〕20号)、《国务院关于印发社会信用体系建设规划纲要(2014—2020年)的通知》(国发〔2014〕21号)、《关于对失信被执行人实施联合惩戒的合作备忘录》(发改财金〔2016〕141号)要求,加快推进社会信用体系建设,健全跨部门失信联合惩戒机制,促进招标投标市场健康有序发展,现就在招标投标活动中对失信被执行人实施联合惩戒的有关事项通知如下。

一、充分认识在招标投标活动中实施联合惩戒的重要性

诚实信用是招标投标活动的基本原则之一。在招标投标活动中对失信被执行人开展联合惩戒,有利于规范招标投标活动中当事人的行为,促进招标投标市场健康有序发展;有利于建立健全"一处失信,处处受限"的信用联合惩戒机制,推进社会信用体系建设;有利于维护司法权威,提升司法公信力,在全社会形成尊重司法、诚实守信的良好氛围。各有关单位要进一步提高认识,在招标投标活动中对失信被执行人实施联合惩戒,有效应用失信被执行人信息,推动招标投标活动规范、高效、透明。

二、联合惩戒对象

联合惩戒对象为被人民法院列为失信被执行人的下列人员:投标人、招标代理机构、评标专家以及其他招标从业人员。

三、失信被执行人信息查询内容及方式

（一）查询内容

失信被执行人（法人或者其他组织）的名称、统一社会信用代码（或组织机构代码）、法定代表人或者负责人姓名；失信被执行人（自然人）的姓名、性别、年龄、身份证号码；生效法律文书确定的义务和被执行人的履行情况；失信被执行人失信行为的具体情形；执行依据的制作单位和文号、执行案号、立案时间、执行法院；人民法院认为应当记载和公布的不涉及国家秘密、商业秘密、个人隐私的其他事项。

（二）推送及查询方式

最高人民法院将失信被执行人信息推送到全国信用信息共享平台和"信用中国"网站，并负责及时更新。

招标人、招标代理机构、有关单位应当通过"信用中国"网站（www.creditchina.gov.cn）或各级信用信息共享平台查询相关主体是否为失信被执行人，并采取必要方式做好失信被执行人信息查询记录和证据留存。投标人可通过"信用中国"网站查询相关主体是否为失信被执行人。

国家公共资源交易平台、中国招标投标公共服务平台、各省级信用信息共享平台通过全国信用信息共享平台共享失信被执行人信息，各省级公共资源交易平台通过国家公共资源交易平台共享失信被执行人信息，逐步实现失信被执行人信息推送、接收、查询、应用的自动化。

四、联合惩戒措施

各相关部门应依据《中华人民共和国民事诉讼法》《中华人民共和国招标投标法》《中华人民共和国招标投标法实施条例》《最高人民法院关于公布失信被执行人名单信息的若干规定》等相关法律法规，依法对失信被执行人在招标投标活动中采取限制措施。

（一）限制失信被执行人的投标活动

依法必须进行招标的工程建设项目，招标人应当在资格预审公告、招标公告、投标邀请书及资格预审文件、招标文件中明确规定对失信被执行人的处理方法和评标标准，在评标阶段，招标人或者招标代理机构、评标专家委员会应当查询投标人是否为失信被执行人，对属于失信被执行人的投标活动依法予以限制。

两个以上的自然人、法人或者其他组织组成一个联合体，以一个投标人的身份共同参加投标活动的，应当对所有联合体成员进行失信被执行人信息查询。联合体中有一个或一个以上成员属于失信被执行人的，联合体视为失信被执行人。

（二）限制失信被执行人的招标代理活动

招标人委托招标代理机构开展招标事宜的，应当查询其失信被执行人信息，鼓

励优先选择无失信记录的招标代理机构。

（三）限制失信被执行人的评标活动

依法建立的评标专家库管理单位在对评标专家聘用审核及日常管理时，应当查询有关失信被执行人信息，不得聘用失信被执行人为评标专家。对评标专家在聘用期间成为失信被执行人的，应及时清退。

（四）限制失信被执行人招标从业活动

招标人、招标代理机构在聘用招标从业人员前，应当明确规定对失信被执行人的处理办法，查询相关人员的失信被执行人信息，对属于失信被执行人的招标从业人员应按照规定进行处理。

以上限制自失信被执行人从最高人民法院失信被执行人信息库中删除之时起终止。

五、工作要求

（一）有关单位要根据本《通知》，共同推动在招标投标活动中对失信被执行人开展联合惩戒工作，指导、督促各地、各部门落实联合惩戒工作要求，确保联合惩戒工作规范有序进行。

（二）有关单位应在规范招标投标活动中，建立相关单位和个人违法失信行为信用记录，通过全国信用信息共享平台、国家公共资源交易平台和中国招标投标公共服务平台实现信用信息交换共享和动态更新，并按照有关规定及时在"信用中国"网站予以公开。

（三）有关单位应当妥善保管失信被执行人信息，不得用于招标投标以外的事项，不得泄露企业经营秘密和相关个人隐私。

最高人民法院

国家发展和改革委员会

工业和信息化部

住房和城乡建设部

交通运输部

水利部

商务部

国家铁路局

中国民用航空局

二〇一六年八月三十日

下 篇
地方层面文件（53个）

北京市文件（6个）

北京市发展和改革委员会关于进一步明确特许经营污水处理厂污水处理服务费价格政策的通知

（京发改〔2016〕206号）

各有关单位：

根据北京市发展和改革委员会《关于印发〈北京市定价目录〉的通知》（京发改规〔2015〕1号）有关规定，污水处理厂的污水处理服务费不属于政府定价范围。自2016年1月1日起，本市卢沟桥、北苑、肖家河等污水处理厂特许经营项目的污水处理服务费标准按照特许经营协议约定执行，市水务行业管理部门要做好相应监管工作，及时将污水处理服务费标准变动情况抄送我委，无需报我委批准。

特此通知。

北京市发展和改革委员会
二〇一六年一月二十九日

北京市财政局 北京市发展和改革委员会关于公开征集政府和社会资本合作（PPP）领域专家的通知

(京财经二〔2016〕603号)

各相关单位：

为落实《关于在公共服务领域推广政府和社会资本合作模式的实施意见》（京政办发〔2015〕52号），充分利用专家资源提供智力支持，大力推广PPP模式，市财政局、市发展改革委拟面向社会公开征集PPP领域专家，组建北京市PPP专家库。现将有关事项通知如下：

一、征集目的

本次公开征集的专家应熟悉PPP政策，精通PPP理论知识，具有PPP项目实践经验。建立专家库的目的主要是适应当前大力推广PPP模式工作需要，为市区财政局、发展改革委及行业主管部门、项目单位等提供PPP领域专家资源信息，便于相关部门借助专家力量，开展PPP政策研究及业务咨询，创新公共服务领域推广PPP模式，推进PPP项目顺利实施。

二、征集专家条件

1. 在高等院校、科研院所及其他研究机构任职的，应具有良好的理论素质，具有副高级及以上职称或同等专业技术水平，近三年出版过PPP专著或在核心期刊发表过三篇以上PPP论文，在本专业领域享有一定声誉。
2. 在专业咨询机构、资产评估所、律师事务所等社会机构任职的，应具有良好的专业素质，担任该机构高级管理人员或高级研究人员，近三年至少参与三个以上PPP项目的咨询顾问，具有丰富实践经验。
3. 原则上本次专家征集地域范围为北京地区，外埠专家需能保证在北京地区进行咨询服务等工作需求。

三、征集方式

本次专家征集采取专家自荐、单位推荐两种方式。其中：在高等院校、科研所及其他研究机构任职的专家，可自荐报名；在专业咨询机构、资产评估所、律师事务所等社会机构任职的专家，一般通过所在单位推荐报名，原则上每单位推荐人数不超过5人。

四、征集程序及要求

1. 符合条件的PPP领域专家可填报《专家基本情况表》（参见附件），采取单位推荐的请加盖单位公章，于2016年5月31日前邮寄至北京市财政局政府和社会资本合作（PPP）促进中心（地址：北京市海淀区阜成路15号301室，邮政编码：100037），电子版请发送至邮箱liushen@bjcz.gov.cn。

2. 市财政局、市发展改革委组织评议后，确定北京市PPP专家库名单，以一定形式予以公布，并根据工作需要不定期增补专家。

3. 市财政局、市发展改革委对入库专家参与PPP项目等情况进行动态评估，依据评估结果进行动态管理。

附件：北京市政府和社会资本合作（PPP）专家基本情况表

北京市财政局
北京市发展和改革委员会
二〇一六年四月十八日

附件：

北京市政府和社会资本合作（PPP）专家基本情况表

姓名		身份证号	
工作单位			
职务		职称	
执业资格			
报名方式	单位推荐 □	专家自荐 □	
联系电话	手机：	办公：	
PPP领域主要工作业绩、实践经验、研究成果等情况（包括课题、论著、PPP项目参与情况等） 本人签名： （单位公章） 　年　月　日			

北京市财政局转发财政部等部委关于组织开展第三批政府和社会资本合作示范项目申报筛选工作的通知

(京财经二〔2016〕1205号)

各区人民政府,各市级相关单位:

现将财政部等部委《关于组织开展第三批政府和社会资本合作示范项目申报筛选工作的通知》(财金函〔2016〕47号)转发给你们,并补充通知如下,请组织落实。

一、请市、区各部门根据申报条件等要求,认真梳理本部门、本区PPP项目,筛选出规范性强、有创新示范效应的PPP项目进行申报。

二、请市、区各部门按照申报材料清单准备项目资料,并按要求将项目信息录入全国PPP综合信息平台(由市区财政部门汇总录入)。

三、请于2016年7月20日前,将申报项目名单及相关材料报送市财政局。各区项目由区财政局汇总申报,市级项目由各委办局分别申报。

四、市、区各部门要高度重视全国PPP示范项目申报工作,发挥示范项目的引导作用,推广运用PPP模式。各区、各部门筛选申报的PPP项目,可作为我市PPP示范项目,在奖补资金、融资支持等方面给予支持。

附件:《关于组织开展第三批政府和社会资本合作示范项目申报筛选工作的通知》(财金函〔2016〕47号)(略)

北京市财政局

二〇一六年七月十二日

北京市财政局 北京市发展改革委转发关于进一步共同做好政府和社会资本合作（PPP）有关工作的通知

(京财经二〔2016〕1172号)

各区财政局、发展改革委，北京经济技术开发区财政局、发展改革委：

现将《财政部 发展改革委关于进一步共同做好政府和社会资本合作（PPP）有关工作的通知》（财金〔2016〕32号）转发给你们，并补充通知如下，请遵照执行。

各区财政局、发展改革委应进一步加强协调配合，与行业主管部门密切沟通，共享PPP项目信息，完善机构和人员配备，建立健全区级推广PPP模式的体制机制，形成工作合力，切实推动PPP模式持续健康发展。

附件：《财政部 发展改革委关于进一步共同做好政府和社会资本合作（PPP）有关工作的通知》（财金〔2016〕32号）（略）

北京市财政局
北京市发展和改革委员会
二〇一六年七月十六日

北京市财政局 北京市规划和国土资源管理委员会关于政府和社会资本合作（PPP）项目用地有关事项的通知

（京财经二〔2016〕2520号）

市级各相关单位，各区财政局、国土分局，开发区财政局、国土分局：

为推广运用政府和社会资本合作（PPP）模式，加快PPP项目建设，规范PPP项目用地政策，根据财政部、国土资源部有关规定，现就PPP项目土地供应等事项通知如下，请遵照执行。

一、PPP项目用地应当符合土地利用总体规划和年度计划，依法办理建设用地审批手续。在实施建设用地供应时，不得直接以PPP项目为单位打包或成片供应土地，应当依据区域控制性详细规划确定的各宗地范围、用途和规划建设条件，分别确定各宗地的供应方式：

1. 符合《划拨用地目录》的，可以划拨方式供应；

2. 不符合《划拨用地目录》的，除公共租赁住房和政府投资建设不以盈利为目的、具有公益性质的农产品批发市场用地可以作价出资方式供应外，其余土地均应以出让或租赁方式供应，及时足额收取土地有偿使用收入；

3. 依法需要以招标拍卖挂牌方式供应土地使用权的宗地或地块，在市、区国土资源主管部门编制供地方案、签订宗地出让（出租）合同、开展用地供后监管的前提下，可将通过竞争方式确定项目投资方和用地者的环节合并实施。

二、PPP项目主体或其他社会资本，除通过规范的土地市场取得合法土地权益外，不得违规取得未供应的土地使用权或变相取得土地收益，不得作为项目主体参与土地收储和前期开发等工作，不得借未供应的土地进行融资；PPP项目的资金来源与未来收益及清偿责任，不得与土地出让收入挂钩。

特此通知。

北京市财政局
北京市规划和国土资源管理委员会
二〇一六年十一月二十三日

北京市卫生和计划生育委员会 北京市财政局关于印发《北京市公立医院特许经营管理指南（试行）》的通知

(京卫规划〔2016〕9号)

市中医局、市医管局，各区卫生计生委、财政局：

经市政府同意，现将《北京市公立医院特许经营管理指南（试行）》印发给你们，请遵照执行。

北京市卫生和计划生育委员会
北京市财政局
二〇一六年三月一日

北京市公立医院特许经营管理指南（试行）

一、总则

（一）按照《国务院关于创新重点领域投融资机制鼓励社会投资的指导意见》（国发〔2014〕60号）精神，为落实《北京市人民政府关于促进健康服务业发展的实施意见》（京政发〔2014〕29号），规范北京市公立医院与社会资本特许经营合作行为，保障国有非经营性资产安全和医疗服务品质，促进北京市健康服务业健康、有序发展，制定本管理指南。

（二）本管理指南适用于北京市、区政府办公立医院（以下简称政府办公立医院）与社会资本合作办医情况。其他公立医院可按隶属关系参考执行。

（三）本管理指南中的特许经营是指经授权的政府办公立医院（以下简称"特许方"）依规将公立医院品牌、商标、专利等无形资产以及技术、服务、管理等以特许经营协议的形式提供给社会资本举办的医疗机构（以下简称"被特许方"）使用，被特许方按照特许经营协议约定，在特定的期限内以统一的经营、管理方式和服务流程向社会提供健康服务，并向特许方支付特许经营费用的活动。

（四）特许经营应当遵循公开、透明、自愿、平等、互利、注重提高服务质量和效率的原则。优先鼓励社会资本在我市儿科、产科、康复、护理等资源短缺的专科领域与政府办公立医院展开特许经营。

二、合作主体

（五）被特许方应符合当地卫生相关规划要求。特许方应在区域内或者行业内具有较为知名的品牌，具有规范、健全、系统的管理方式、服务规范和标准。

（六）特许方在取得本级卫生计生部门和财政部门同意并授权的前提下，方可与被特许方签署特许经营协议。在特许经营谈判或者招标之前，特许方应参考本管理指南组织编制协议文本，并将其作为谈判或招标文件的组成部分。

（七）被特许方应具备独立法人资格、相应的资金实力，能够满足医疗服务需求的人力资源及设施、设备等基本条件，在行业内具有一定信誉、诚信良好。

（八）特许经营双方应切实维护国有资产安全和公共利益，保障医疗质量与安全，尊重患者权利和保护隐私。

（九）特许经营双方应明确特许经营合作的范围，双方责任、权利和义务，明确合作阶段无形资产的归属，明确合作的起讫时间、特定地点和重要节点。如有必要，可以约定各方的履约担保事项。

（十）品牌所有权等归特许方举办者所有，且被特许方未经特许方允许不得在其他地点或其分支机构使用。

（十一）被特许方的冠名方式在不违反现有法律、法规的前提下由特许经营双方协商确定。为维护和提升品牌价值，特许经营双方应在服务、技术和管理标准上保持一致，双方协商、协调管理体系、运行机制。

（十二）特许经营双方应建立并实行完备的信息披露制度。双方提供的信息应当真实、准确、完整，不得隐瞒有关信息，或者提供虚假信息。所提供的信息发生重大变更的，应当及时通知对方。

三、启动与终止

（十三）特许方拟与社会资本开展特许经营属于"三重一大"事项，决策程序要民主、透明、合法、合规、合理，须按照"三重一大"制度的相关规定程序和要求执行，落实相关请示报告制度。特许方应在保障本部医疗质量和安全的前提下，统筹考虑开展特许经营的数量和规模。

（十四）被特许方的选定应采用公开招标、邀请招标、竞争性谈判、竞争性磋商等方式进行。特许方应当根据特许经营项目的需求特点，依法选择适当方式。

（十五）特许经营期限由双方商定，原则上不超过10年。如被特许方为新建医院，特许经营期可到15年。如需延续，双方应在自愿平等协商并通过相关部门核准后续签协议，延续期一般为5~10年。

（十六）双方商谈基本达成一致后，特许方在特许经营协议签署前应履行以下规定程序：

1. 应聘请具有资质的第三方专业机构对无形资产进行资产评估和可行性论证，以评估结果和可行性论证作为特许经营管理、决策的参考依据，并做好专家论证、风险评估、合法性审查等工作；

2. 须按照"三重一大"规定要求履行程序；

3. 根据隶属关系报同级卫生计生部门和财政部门并取得核准。

（十七）特许方应按照隶属关系向本级卫生计生部门（市属公立医院还需报市医院管理局）及财政部门提供以下信息：

1. 开展特许经营申请；

2. 专家论证报告、风险评估报告、合法性审查报告及可行性研究报告；

3. 被特许方举办者的企业法人营业执照或社会团体法人登记证书；

4. 被特许方医疗机构资质证书，近三年的财务状况报告及审计报告。被特许方如为新建医院可免提供财务及审计内容；

5. 被特许方基本情况，包括：服务范围、医保资质、专科特色、设施设备、人力资源、技术能力、医疗服务量、制度规范等相关信息；

6. 双方协议商定的主要内容，包括：特许经营期限、特许经营范围及费用收益、特许方提供特许经营服务的具体内容、被特许方的投资、双方合作后经营管理权限安排等内容；

7. 规范、系统的管理方式和服务规范与标准；

8. 卫生计生部门、财政部门要求的其他信息。

各部门应自接到申请之日起不超过 30 个工作日内，以书面形式做出是否核准的决定。

（十八）特许方应在协议内约定特许经营终止内容，包括但不限于：

1. 双方未按照协议约定事项履行责任；

2. 受法律法规或国家政策调整等变化，导致一方无法继续履行协议；

3. 由于前期认定的不可抗力导致一方无法继续履行约定；

4. 特许经营到期自行中止；

5. 一方隐瞒有关信息或者提供虚假信息的，造成另一方重大损失或者严重决策失误；

6. 被特许方有严重违规行为造成恶劣社会影响，或有重大违法行为；

7. 被特许方被取消医疗机构合法资质。

四、运营与服务

（十九）特许经营协议应从维护公共利益、改善服务品质、提高运营效率、保障医疗安全、节约运营成本等角度，约定医疗服务、管理、流程标准。详细内容可在协议附件中描述。

（二十）特许经营协议应约定运营期间服务标准和要求的变更安排。如变更触发条件、变更程序、责任划分、利益调整方法等。

（二十一）特许经营协议应明确在特许经营期间，被特许方所承担的独立民事行为能力及责任不变。

（二十二）对于运营期间需要进行更新改造和追加投资的合作项目，应对更新改造和追加投资的范围、触发条件、实施方式、投资控制、补偿方案等进行约定。

（二十三）卫生计生及财政部门依据职能分工依法对特许经营项目进行监管。鼓励行业协会、学会、专业质控中心等社会第三方加强行业自律和监督管理，加强对双方的外部监督。

五、收益与分配

（二十四）特许经营收益分为两部分。第一部分是被特许方使用品牌应向特许方缴纳的相对固定费用（品牌费）；第二部分是由于被特许方经营收益增加或专业领域的影响及社会形象的提升，根据协议约定由被特许方向特许方缴纳的费用（管理费）。原则上，特许经营收益由公立医院与被特许方共同商议，并需按上述协议规定程序取得核准。

特许经营期间，授权特许方派出到被特许方的管理和技术专家及人员的待遇、奖励等不包括在特许经营收益中，其标准由双方商定。待遇及奖励原则上不低于授权特许方原有医院的同级别待遇和奖励水平。

（二十五）卫生计生部门、财政部门、市医院管理局按照职责分工，对特许经营费用商定过程给予指导、监督。

（二十六）公立医院通过特许经营开展医疗服务获得的收益，应按照公立医院隶属关系，根据现行预算管理制度规定上缴同级财政。

六、附则

（二十七）被特许方的机构设置和审批按照属地管理原则，依照现行法定程序执行。

（二十八）特许经营活动中涉及商标许可、专利许可的，依照有关商标、专利的法律、行政法规的规定办理。

（二十九）本管理指南如有不能覆盖的事项，可在具体合作协议中增加相关内容。

（三十）本管理指南施行前已经从事特许经营活动的公立医院，应当自本管理指南施行之日起3个月内，按隶属关系向卫生计生主管部门及财政部门报告并依据本管理指南内容提供材料。

（三十一）本管理指南由北京市卫生计生委、北京市财政局依据职能分工负责解释。

（三十二）本管理指南自发布之日起施行。

河北省文件（4个）

河北省发展和改革委员会关于发布我省第三批交通能源市政公共服务等领域鼓励社会投资（含PPP）项目清单的通知

为激发社会投资活力，通过采取PPP模式等多种方式鼓励和引导社会资本进入我省交通、能源、市政和公共服务等领域，推进投资主体多元化，经省政府同意，省发改委印发了《关于印发我省交通能源市政公共服务等领域鼓励社会投资（含PPP）项目清单（第三批）和重点PPP示范推广项目的通知》（冀发改投资〔2015〕1530号），现将我省第三批交通能源市政公共服务等领域鼓励社会投资（含PPP）项目清单向社会发布。

附件：河北省交通能源市政公共服务等领域鼓励社会投资（含PPP）项目清单（第三批）

河北省发展和改革委员会
二〇一六年一月二十一日

附件：

河北省交通能源市政公共服务等领域鼓励社会投资（含PPP）项目清单（第三批）

单位：亿元

序号	项目名称	业主单位	建设性质	投资规模	建设内容	起止年限	项目进展情况	社会投资比例及进入方式	联系人及电话
	合计	（234项）		4528.99					
一	交通基础设施	（50项）		2968.7					
1	张承高速公路崇礼至张承界段	省高速公路管理局	在建	78.16	路线全长102.0公里，采用双向四车道高速标准建设，连接线4条52.2公里	2012—2015	计划2015年建成通车	独资、合资、参股、经营权出让、TOT等	杨亮 0311-66620527
2	张承高速公路承德段	省高速公路管理局	在建	258.2	路线全长203.7公里，采用双向四车道高速标准建设，连接线6条146.1公里	2012—2016	张承界至凤山段计划2015年建成通车，凤山至承德段2016年建成通车	独资、合资、参股、经营权出让、TOT等	杨亮 0311-66620527
3	承唐高速公路承德段	省高速公路管理局	已建	64.9	路线全长82.28公里，采用双向六车道高速标准建设	2007—2010	已通车	独资、合资、参股、经营权出让、TOT等	杨亮 0311-66620527
4	长深高速公路平泉（辽冀界）至承德段	省高速公路管理局	已建	67.39	路线全长118.28公里，起点至东营子和双峰寺至终点段113.75公里采用双向四车道高速标准建设，东营子至双峰寺段4.53公里采用双向六车道高速公路标准建设。连接线29.78公里	2007—2010	已通车	独资、合资、参股、经营权出让、ROT等	杨亮 0311-66620527
5	津石高速津廊界至石保界段	河北省交通投资集团	新建	216	起于廊坊大城县（津廊界），止于曲阳县（石保界），全长169公里	2016—2019	计划2015年完成投资人招标，2016年开工建设	独资、合资、参股、BOT等	张钰伟 0311-86633980

续表

序号	项目名称	业主单位	建设性质	投资规模	建设内容	起止年限	项目进展情况	社会投资比例及进入方式	联系人及电话
6	新乐至元氏高速拐角铺以北段	河北省交通投资集团	新建	14	路线全长36.864公里，其中起点至拐角铺枢纽互通（K253+894）路基宽度采用34.5米，路线长度为22.449公里；拐角铺枢纽互通至终点维持原路基宽度27米不变。路段长度为14.415公里	2016—2017	计划2015年完成投资人招标，2017年开工建设	独资、合资、参股、BOT等	张钰伟 0311-86633981
7	围场至御道口高速	河北省交通投资集团	新建	69.2	接大广高速围场支线，终于御道口镇冀蒙界，全长91.83公里	待定	前期谋划阶段	独资、合资、参股、BOT等	张钰伟 0311-86633982
8	京蔚高速	河北省交通投资集团	新建	55	起于涿鹿（京冀界），终于张家口蔚县，全长65.596公里	2017—2020	计划2015年完成投资人招标，2017年开工建设	独资、合资、参股、BOT等	张钰伟 0311-86633983
9	石林高速邢台段	河北省交通投资集团	新建	100	起于沙河皇，终于武安（邢邯界），全长94.421公里	2017—2020	计划2015年完成投资人招标，2018年开工建设	独资、合资、参股、BOT等	张钰伟 0311-86633984
10	石林高速邯郸段	河北省交通投资集团	新建	71	起于武安（邢邯界），终于涉县（冀豫界），全长66公里	待定	前期谋划阶段	独资、合资、参股、BOT等	张钰伟 0311-86633985
11	京秦高速遵化至冀辽界段项目	河北省交通投资集团	新建	293	起于遵化，与清东陵高速相连，向东延伸至冀辽界，全长236公里	待定	前期谋划阶段	独资、合资、参股、BOT等	张钰伟 0311-86633986

续表

序号	项目名称	业主单位	建设性质	投资规模	建设内容	起止年限	项目进展情况	社会投资比例及进入方式	联系人及电话
12	石家庄市城市轨道交通2号线一期工程	石家庄市轨道交通有限责任公司	新建	123.72	石家庄市城市轨道交通2号线一期工程自西古城至嘉华，投资129.6亿元，线路全长16.2公里，全部为地下线，共设车站17座，平均站间距1.09公里	2015—2020	可研已批复	拟采用PPP模式	刘蓓 18503257929
13	平赞高速项目	石家庄市交通局	新建	157.48	主线起自井陉县小作镇，与京昆高速石太北线相交，向西经井陉矿区、井陉县、元氏县、赞皇县，在南峪村南达终点邢台界，主线全长85.248公里。支线起自石家庄西南环互通，与石家庄西南绕城高速公路衔接，向西南经鹿泉区、元氏县，在北正乡东侧的北正板纽互通与平山至赞皇高速公路主线相接，长约23.778公里	2016—2018	准备重新立项	拟采用PPP模式	甄京山 13932102158
14	石衡高速（石家庄段）	石家庄市交通局	新建	69	主线起自邢衡高速，向西经南朱里、北位、枣营庄、营里，经南花与大郝庄等，经南坊相交，衡井公路相交，继续向西与石家庄南绕城高速在曹家庄南顺接，路线全长约68公里	2016—2018	准备重新立项	拟采用PPP模式	赵付安 13731100312

续表

序号	项目名称	业主单位	建设性质	投资规模	建设内容	起止年限	项目进展情况	社会投资比例及进入方式	联系人及电话
15	津石高速（石家庄段）	石家庄市交通局	新建	60	项目主线起自京石高速与京昆高速支线交叉的拐角铺枢纽互通，向东经京港澳高速交叉进入无极境内，继续向东跨越木刀沟进入深泽达石家庄保定市界。主线全长约49公里	2016—2018	准备重新立项	拟采用PPP模式	李彦伟 13931865186
16	西阜高速（石家庄段）	石家庄市交通局	新建	48	项目起自西柏坡高速苏家庄互通，经灵寿、保定平山与保阜高速相接，石家庄市境内34公里	2016—2018	准备重新立项	拟采用PPP模式	耿淑泽 13703297060
17	石家庄市快速公交2号线	石家庄市交通局	新建	6.63	连接南焦客运枢纽与正定新区，沿体育大街、旅游路布设，全长约27公里。改造南焦公交枢纽站、正定园博园首末站（新增8亩用地），配建3个公交场站	2016—2017	已编制初步设计	拟采用PPP模式	白金元 0311-87817397
18	承德机场	承德机场建设开发有限责任公司	在建	15.9	承德机场项目飞行区等级4C级，跑道长度2800米，航站楼面积5000平方米，5个机位（1B4C），停车场面积7278平方米，配套建设1149.56平方米的航管楼（含塔台）及1785平方米的综合办公楼，以及供电、供水、供油、消防救援辅助生产生活设施。可以运营CRJ200、B737、A319/320等机型	2013—2016	已完成全部土石方岩土工程填筑，道槽区土面区平整工作已接近尾声，7月份进行跑道道面施工建设。航站区主体工程已完成60%，航站楼混凝土工程基本完成进入钢结构施工阶段，预计8月份可实现封顶	拟采用PPP模式	李睿 0314-5908011

续表

序号	项目名称	业主单位	建设性质	投资规模	建设内容	起止年限	项目进展情况	社会投资比例及进入方式	联系人及电话
19	秦皇岛西港搬迁改造项目	西港搬迁改造项目公司	新建、改扩建	404.71	西港区开发和东扩港区建设两大部分，西港区开发包括北片区（现状老城区）、南片区开发（老港区）和公共设施建设包括征地拆迁、港口经营设施建设和配套设施建设	2013—2020	各项规划编制工作基本完成	合资、股权合作	常钰 0335-3911688 18033572000
20	大巫岗至冷口（秦唐界）公路工程	青龙县交通局	新建	30.62	建设63.12公里一级公路	2016—2018	前期手续全部办理完毕	合资、合作	张福生 18533572609
21	秦皇岛港山海关港区起步工程	秦皇岛经济技术开发区港务有限公司	续建	8.99	建设2个3.5万吨级通用散货泊位，年度设计通过能力324万吨，岸线570米	2015—2016	已立项，正在办理前期手续	合资、合作	孙跃峰 1530343018
22	国道G102线卢龙城关至十八里铺改线工程	卢龙县交通运输局	新建	4.88	建设11.4公里一级公路，路基、路面、桥梁、涵洞、附属设施	2015—2016	已完成初步设计批复	80%，合资	寇利 13930320396
23	秦皇岛市山海关一级渔港扩建项目	秦皇岛市山海关渔港（公司）	续建	11.00	水工码头部分总投资5362万元（不含征地拆迁费），主要包括建设码头429米；防波堤1465.82米；护岸826米；港区道路1010.80平方米；堆场6014.98平方米；新建综合执法办证中心522平方米、港池疏浚12万立方米等	2015—2017	已立项，正在开展前期工作	90%，合资	田志新 0335-5136411 15333333781

续表

序号	项目名称	业主单位	建设性质	投资规模	建设内容	起止年限	项目进展情况	社会投资比例及进入方式	联系人及电话
24	长深公路遵化（承唐界）至南小营段高速公路	唐山市交通运输局	新建	35.49	高速公路42.8公里	2015—2017	已完工	拟采用PPP模式	孙廷钧 13931518880
25	唐山西外环高速加宽改造工程	唐山市交通运输局	续建	19.7	高速公路36.7公里	2015—2017	项目建议书阶段	拟采用PPP模式	孙廷钧 13931518880
26	承唐高速一期（丰润段）	唐山市交通运输局	新建	4.9	高速公路18.46公里	2015—2017	已完工	拟采用PPP模式	孙廷钧 13931518880
27	唐港高速公路	唐山市交通运输局	新建	16.5	高速公路80.2公里	2015—2017	已完工	拟采用PPP模式	孙廷钧 13931518880
28	唐山市曹妃甸工业区河北二路（石家庄西段）	曹妃甸工业区住建局	新建	0.95	道路位于西港路与北通大街之间，路长2.1公里，红线宽45米	2015—2016	正进行施工图设计	拟采用PPP模式	孙海 0315－8820582
29	唐山市海港开发区聂庄至东港站增二线及东港站改造工程	唐山海港城市发展有限公司	新建	8.8	改造东港站普通到发场8条线；新建铁路专用线5条	2016—2017	施工图设计已完成	拟采用PPP模式	陈剑涛 0315－2917936
30	三抚公路	唐山市三抚公路投资管理有限责任公司	新建	19.68	一级收费公路，全长56公里	2015—2016	已完工并运营收费	经营权出让或合资	韦景瑞 13931488124
31	京秦高速公路迁西支线	唐山市京秦高速公路迁西支线投资管理有限责任公司	续建	27.4	高速公路，全长38.456公里，含一条10公里连接线	2015—2017	主线已完工并已运营收费，张庄子收费站及连接线需工程资金到位方可完工	经营权出让或合资	杨陈进 13703255256

续表

序号	项目名称	业主单位	建设性质	投资规模	建设内容	起止年限	项目进展情况	社会投资比例及进入方式	联系人及电话
32	唐山湾国际旅游岛三贝明珠码头客运中心整体运营项目	唐山湾国际旅游岛	新建	10	项目位于旅游岛核心区，包括码头、港池、客运中心、停车场、商业广场、景观广场等设施，是旅游岛游客集散中心和海上客运交通枢纽。码头按照日客运量2万人次设计，可泊船200艘，泊车1700辆，2015年4月完工并投入使用。项目公司参与三贝明珠码头客运中心的运营，以船票收入、商业出租等经营性项目收入作为前期投入的资金收益	2015—2016	该码头目前已完工	拟采用PPP模式	刘清宇 15931505103
33	唐山湾国际旅游岛通用机场及配套设施项目	唐山湾国际旅游岛	新建	2	项目位于陆域大清河以西、滨海大道以北，规划占地1000亩。建设包括能起降小型通用飞机的航空跑道、飞机停机坪、航站楼及配套设施。主要用于商务通航、旅游观光、紧急救援、飞机驾驶员培训。项目公司进行运营，以驾驶员培训、飞机起降、停机服务等收入作为前期投入的资金收益	2015—2016	项目地块均已实现七通一平	拟采用PPP模式	刘清宇 15931505103
34	丰南沿海工业区疏港铁路项目	唐山市丰南建设投资有限公司	新建	24	该项目建设专用线项目长约27公里	2016—2019	前期准备	70%合资	李素丽 0315-8112218

续表

序号	项目名称	业主单位	建设性质	投资规模	建设内容	起止年限	项目进展情况	社会投资比例及进入方式	联系人及电话
35	赤曹公路唐秦界至G205国道段工程	迁安市交通运输局	新建	25	路线全长51公里，按一级路标准进行建设，设计速度80公里/时，路基宽24.5米	2016—2017	正在编制可行性研究报告	合资、合作	徐庆生 0315-7603942
36	迁安市城市轨道交通项目	迁安市交通运输局	新建	35	建设56公里长的轨道交通线	2016—2020	正在编制项目方案	拟采用PPP模式	徐庆生 0315-7603942
37	北京新机场场前联络线	廊坊市交通局	新建	32	廊坊段约16.9公里	2017—2019	拟建项目，路线方案研究	拟采用PPP模式	冯志强 0316-2119005
38	北京新机场南出口高速	廊坊市交通局	新建	50	廊坊段42.7公里	2017—2019	拟建项目，路线方案研究	拟采用PPP模式	冯志强 2119005
39	保定市涞水县保野路核心区段升级改造	保定市涞水县	新建	1.90	长度约11.2公里，宽度24.5米，由双向两车道升级为双向六车道	2016—2017	土地已征正在组织拆迁工作	拟采用PPP模式	张海文 13832238053
40	黄骅港河口港区疏港路（北段）工程	沧州港务集团有限公司	新建	4.15	主线部分6.74公里，直线部分3.07公里	2015—2016	已批复项目建议书	拟采用PPP模式	辛冰川 0317-7558031
41	黄骅综合大港一期回购工程	沧州港务集团有限公司	建成	52.18	将河北渤海港务有限公司建设的5万吨级航道、10万吨级航道、防波堤工程及工作船码头予以回购	2015—2017	已完工	拟采用PPP模式	辛冰川 0317-7558032
42	黄骅港综合港区、散货港区20万吨级航道工程	沧州港务集团有限公司	建成	42	建设一条满足20万吨级船舶通行的航道，长56.8公里，宽250米，设计标高-18.3米	2015—2017	已完工	拟采用PPP模式	辛冰川 0317-7558033
43	黄骅港综合港区、散货港区防波堤延伸工程	沧州港务集团有限公司	建成	5.2	在现有防波堤基础上沿航道平行延伸至-8米水深处，建设长度8.8公里	2015—2016	已完工	拟采用PPP模式	辛冰川 0317-7558034

续表

序号	项目名称	业主单位	建设性质	投资规模	建设内容	起止年限	项目进展情况	社会投资比例及进入方式	联系人及电话
44	保沧公路沧州西至小园段改建工程	沧州市交通运输局	新建	7.81	路基路面桥涵工程	2016—2018	可研阶段	拟采用PPP模式	邹卫红 0317-8695889
45	沧州市九河路贯通工程（浮阳大道-王御史小路）	沧州市建设投资集团有限公司	新建	8.65	内容：道路排水工程规模道路全长2691.9米，红线宽50米，占地约260.75亩	2016—2018	可研阶段	拟采用PPP模式	高建民 0317-3201920
46	国道307沧州市南绕城	沧州市交通运输局	新建	14.25	路基路面桥涵工程	2016—2018	可研阶段	拟采用PPP模式	邹卫红 0317-8695889
47	邯港高速公路沧州段	沧州市交通运输局	新建	146	路基路面桥涵工程	2016—2018	可研阶段	拟采用PPP模式	边龙彪 0317-8695519
48	曲港高速公路	沧州市交通运输局	新建	125	路基路面桥涵工程	2016—2018	谋划	拟采用PPP模式	边龙彪 0317-8695519
49	黄骅港综合港区港前西路一期工程	河北渤海投资有限公司集团有限公司	拟建	2.39	道路位于港区综合服务区与综合物流园区之间，连接东疏港路和南疏港二路，呈L布置，全长3669.91米，道路宽34米	2016—2018	已完成可行性研究报告	合资、合作	张春亮 0317-7558096
50	石衡高速衡水段	衡水市交通运输局	新建	19.97	路基路面24公里	2015—2018	正在开展前期工作	拟采用PPP模式	张广顺、刘钢领 0318-2103087 0318-2123859
二	能源工程	（3项）		43.29					
1	张家口市崇礼县集中太阳能供热站研发与建设项目	中国科学院电工研究所，达华工程管理（集团）有限公司	新建	21.29	崇礼县100万平方米建筑零碳供暖、规模和技术水平将居全球第一。建设地点在崇礼县二道沟	2016—2018	目前，项目建议书已编制完成	拟采用PPP模式	郭岩伟 0313-4612751

续表

序号	项目名称	业主单位	建设性质	投资规模	建设内容	起止年限	项目进展情况	社会投资比例及进入方式	联系人及电话
2	保定市蠡县热电联产项目	广东长青（集团）蠡县热电有限公司	新建	15.00	拟定于蠡镇与辛兴镇交界处。供热范围包括留史镇、辛兴镇、百尺镇、蠡吾镇、小陈乡的110家企业，小吨换小吨位燃煤锅炉600蒸吨。项目建设规模年供汽150万吨	2016—2018	前期工作	合资、合作、参股	张国慈 13833226129
3	邢台市巨鹿县垃圾焚烧发电项目	北京桑德环境资源股份有限公司	新建	7	占地280亩，设计规模日处理生活垃圾1200吨	2014—2016	正在做环评	独资、合资、参股、BOT等	窦国华 13932945021
三	市政公用设施 （93项）			420.25					
1	石家庄市正定古城保护工程	正定县政府	改建	18.27	实施整治古城环境，建设旅游接待中心、大型停车场、旅游厕所等	2016—2019	部分项目已开工	拟采用PPP模式	李印贵 13931870666
2	石家庄市正定高新技术产业开发区污水处理厂及配套管网建设工程	正定县政府	新建	1.15	建构筑物12113平方米，道路广场面积6460平方米，绿化面积12063平方米，计划日处理污水4万吨	2016—2017	正在办理前期手续	拟采用PPP模式	王玉河 18631153853
3	石家庄市平山县西柏坡污水处理厂及管网配套工程	西柏坡管理局	新建	1.31	日处理污水能力7000吨，铺设污水管网61公里，配套污水提升泵站20座	2013—2016	完成项目建设的全部审批手续，完成厂区平整工程，完成全部施工图设计，完成厂区工程量清单及标底编制，现正在进行厂区标底评审	拟采用PPP模式	薛兵 18503255326

续表

序号	项目名称	业主单位	建设性质	投资规模	建设内容	起止年限	项目进展情况	社会投资比例及进入方式	联系人及电话
4	石家庄市井陉县城区集中供热管网扩容工程	井陉县集中供热公司	新建	1.59	建长21323米供热管网	2015—2016	正在开展前期工作	拟采用PPP模式	张保辉 0311-82030969
5	承德市平泉县城乡垃圾一体化集中处理项目	平泉县城市管理行政执法局	新建	1.15	新建杨树岭和榆树林子镇两座垃圾处理场和19座压缩式垃圾中转站（19个乡镇每个乡镇1座）	2016—2018	完成项目核准正在开展前期工作	拟采用PPP模式	平泉县城市管理行政执法局 0314-6032956
6	承德市平泉县城污水厂二期工程	平泉县水务局	新建	0.65	污水处理规模2.0万立方米/日，服务范围为平泉县城生活污水及工业废水。工程建设近期拟定为2年。工艺采用"悬链曝气"工艺，建设内容主要包括综合处理池、提升泵站、变配电间、储泥池、D型滤池、辅助工房、管理用房等生产性建筑物	2016—2018	可研完成，正在进行环评工作	拟采用PPP模式	平泉县水务局 0314-6022311
7	张家口市阳原县城华阳集中供热项目	阳原县华阳集中供热有限公司	新建	0.99	新建热源厂一座，安装4台39MW热水锅炉，配套供电，供水工程及附属设施；新建热力站10座，供热管网10.11公里，供热面积150万平方米	2015—2016	2012年办理建设项目选址意见书；2013年10月办理营业执照、组织机构代码证、税务登记证，取得了核准证。截至目前，该项目新建热源厂一座，购置供电供水设施，完成供电供水设施工程及附属设施，已改造2个热力站，建设一次管网2公里，二次管网1公里，供热面积30万平方米	合资	王和平 13503137633

续表

序号	项目名称	业主单位	建设性质	投资规模	建设内容	起止年限	项目进展情况	社会投资比例及进入方式	联系人及电话
8	河北怀安工业园区迎宾路南延道路建设工程	河北怀安工业园区管理委员会	续建	0.66	建设道路2.44公里，配套雨水、污水管网及道路绿化亮化工程	2015—2016	已完成0.9公里建设	合资、合作	梁海军 13933759419
9	国家公共安全应急产业创新（怀安）基地基础设施建设项目	河北怀安工业园区管理委员会	新建	23.3	新建37.9公里主干道路工程投资6.7亿元，日供水20万吨供水工程投资3亿元，县城污水工程扩建工程投资5亿元，园区110KV输变电工程投资1.3亿元，崛仓屯沙河综合治理工程投资3.7亿元，主供热管网、换热站、供气工程3.6亿元	2015—2017	正在开展前期工作	合资、合作	梁海军 13933756419
10	张家口市察北经济开发区配套基础设施	察北飞腾园区投资开发有限公司	续建	2	园区内供水供电及道路等其他基础设施建设	2015—2017	正在开展前期工作	60%，经营权出让	杨鹏飞 15030304055
11	秦皇岛市北戴河新区污水处理厂及配套管网工程	秦皇岛市排水有限责任公司	新建	6.24	新建近期（2015年）处理规模10万吨/日污水处理厂一座，出水水质达到《城镇污水处理厂污染物排放标准》中的一级A标准。新建配套污水管径为D800－D2000配套污水管23.4公里，以及提升泵站三座	2015—2017	年底前完工	拟采用PPP模式	宁彦文 13633359165

下篇 地方层面文件（53个）

地方层面文件

续表

序号	项目名称	业主单位	建设性质	投资规模	建设内容	起止年限	项目进展情况	社会投资比例及进入方式	联系人及电话
12	秦皇岛市海港区西部污水处理厂及配套管网工程	秦皇岛市排水有限责任公司	新建	6.55	新建近期污水处理规模12万吨/日，排放标准为一级A的污水处理厂一座；新建配套污水管网共计约47.99公里以及泵站两座、改造泵站一座	2015—2017	厂区：前期手续基本完备，已完成工程施工招标，正在进行监理二次招标工作。管网：1.已完成前期手续，一期工程施工许可证已办结，已进场施工	拟采用PPP模式	宁彦文 13633359165
13	秦皇岛市北部片区污水处理厂及配套管网工程	秦皇岛市排水有限责任公司	新建	3.31	新建污水处理规模近期（2015）5万吨/日污水处理厂一座，出水水质达到《城镇污水处理厂污染物排放标准》GB18918－2002中的一级A标准	2015	厂区：工程前期手续基本完成，已完成建设施工、监理招标。管网：1.已完成建设内容和投资的批复；2.已完成环评手续审批；3.工程规划许可证已办理完成；4.正在进行监理招标工作	拟采用PPP模式	宁彦文 13633359165
14	秦皇岛市餐厨垃圾处理项目	秦皇岛市城市管理局	新建	0.97	生产厂房、管理区、工艺设备安装、工艺构筑物、厂区道路、绿化安防、消防、送配电、围墙土方	2015—2016	已完工，正在试运行	不超过50%采用PPP模式	陈海波 15703309333
15	秦皇岛市抚宁县东部城区供热工程	抚宁县天马热力供应有限公司	新建	2.17	建设200万平方米采暖换热首站及200万平方米供热管网，两台75吨/小时锅炉	2015—2016	可研、节能报告书编制完毕	合资	赵静伟 18630331853

续表

序号	项目名称	业主单位	建设性质	投资规模	建设内容	起止年限	项目进展情况	社会投资比例及进入方式	联系人及电话
16	唐山市新水源地供水工程	唐山市水务局	新建	25.26	日供水105万吨,拟初按日供水60万吨配置机泵建一用水泵站,建设输水管线66.7公里,进行库底清淤、生态湿地建设,库区封闭围栏等	2016—2018	正在开展前期工作	拟采用PPP模式	于小玲 13932502993
17	唐山市曹妃甸工业区装备制造园区A2路南段及附属市政管线	曹妃甸工业区住建局	新建	0.61	滨海大街一北三路,红线宽度45米,长度683.166米	2016—2018	正编制工程量清单	拟采用PPP模式	孙海 0315-8820582
18	唐山市曹妃甸区湿地双龙河两岸景观一期工程	唐山曹妃甸湿地旅游开发有限公司	新建	6.42	工程起于河鲜渔村与双龙河交汇处北口到唐海零点渔港,总长约6.5公里。总用地面积127万平方米	2016—2018	已完成初步设计批复	拟采用PPP模式	孙海 0315-8820582
19	唐山市迁西县北岸新区污水处理厂项目	迁西县住建局	新建	0.4	建设日处理污水1.5立方米的污水处理厂一座,项目分期建设,一期处理能力0.5万立方米,出水水质达到国家城镇污水处理厂污染物排放标准的一级A标准	2015—2016	已发布招标公告	拟采用PPP方式	付海涛 5614404
20	唐山市迁西县城区新水源地及新自来水厂项目	迁西县住建局	新建	1.3	包括新水源地、新自来水厂、供水管网及相关配套设施工程的勘察、设计、建设和运营,自来水厂日供水能力约6万吨,分两期建设,一期日供水能力约3万吨	2016—2017	已发布招标公告	拟采用PPP方式	付海涛 5614404

续表

序号	项目名称	业主单位	建设性质	投资规模	建设内容	起止年限	项目进展情况	社会投资比例及进入方式	联系人及电话
21	唐山湾国际旅游岛污水处理项目	唐山湾国际旅游岛	新建	1.2	一期工程主要建设污水处理厂及污水管网，污水处理厂日处理能力5000立方米/日，建设污水管网20公里，二期工程污水日处理能力13000立方米/日，建设污水管网10公里	2015—2018	项目地块已实现七通一平	拟采用PPP模式	刘清宇 15931505103
22	唐山市丰南临港经济开发区基础设施建设项目	唐山市丰南建设投资有限公司	新建	37.92	主要建设临港经济开发区西扩区、化工产业区、二起步区三个区域的基础设施及供水厂一座	2016—2019	前期准备	70%，合资	李素丽 8112218
23	廊坊市文安县董村生活垃圾处理场	文安县城管局	新建	0.8	填埋库区、渗滤液处理站、办公区等	2014—2017	已完成项目选址	经营权出让	王建军 13833651508
24	廊坊市新兴产业示范区龙湖供热站	廊坊市国开兴安投资有限公司	新建	3.01	建设面积15000平方米	2012—2014	锅炉房基础和烟囱已完成，锅炉房钢结构和设备基础施工已经完成	30%合资	刘汉斌 8669817
25	廊坊市热电联产集中供热管网工程	廊坊市恒阳热电供热有限责任公司	新建	6.75	敷设供热管网，总长59890米	2014—2016	正在进行项目立项	30%，参股，合作	赵辉 13831668850
26	廊坊市城区污水管网改造工程	廊坊市城市建设投资开发有限公司	新建	13.00	建设污水管网52430米（主管道40430米，过路管12000米）	2008—2011	主体管道已完成，管道分支尚未建设	拟采用PPP模式	董鹏飞 0316-2228092
27	保定市望都县地表水厂工程	保定市望都县水务局	续建	0.47	主要建设净水厂一座，日供水2.5万立方米	2014—2016	完成配水管网长度20公里	拟采用PPP模式	崔会东 13833036101

续表

序号	项目名称	业主单位	建设性质	投资规模	建设内容	起止年限	项目进展情况	社会投资比例及进入方式	联系人及电话
28	保定市望都开发区基础设施建设项目	保定市望都县开发区管委会	续建	15.20	开发区范围内按规划标准施工	2014—2017	已完成九安路地下管网铺设1009米	拟采用PPP模式	李根良 13603223555
29	保定市污水处理厂升级改造工程	保定市污水处理厂	续建	2.13	建设内容：改造原有的A/O工艺的生物反应池，新建加药间、三座生物反应池、纤维转盘滤池、活性砂滤池等构筑物，从而进一步提高污水处理厂出水水质，使污水厂出水水质达到国标GB18918-2002《城镇污水处理厂污染物排放标准》中的一级A标准要求。规模：27万立方米/日	2010—2016	投资额完成60%	拟采用PPP模式	郭仲伟 0312-5098006
30	保定市第二地表水厂建设	保定市供水公司	新建	8.00	水厂拟建总规模60万吨/日，分两期建设，每期建设30万吨/日	2016—2018	正在办理备案等相关手续	拟采用PPP模式	吴玉良 0312-7912412
31	保定市望都县城区中供热建设工程	保定市望都县住建局	新建	3.50	项目占地约60亩，总建筑面积24000平方米，供暖面积560万平方米	2015—2016	锅炉炉排安装完成。完成锅炉烟囱本体浇筑12米，完成烟囱、引风机基础浇筑	拟采用PPP模式	付超 15030200896
32	保定市定兴县西城集中供热项目	保定市定兴县住建局	新建	3.21	新建集中供热站一座，供热面积400万平方米	2016—2017	已批复项目建议书，完成规划选址等前期手续，确定项目投资主体	拟采用PPP模式	徐晓军 13932261639
33	保定市涞水县集中供热项目	保定市涞水县住建局	续建	3.40	铺设供热管道45488米，换热站45个，总计供热面积270万平方米	2012—2015	已完成锅炉房建设，建设锅炉站28座，铺设热管网33000米	拟采用PPP模式	张文月 15333267376

续表

序号	项目名称	业主单位	建设性质	投资规模	建设内容	起止年限	项目进展情况	社会投资比例及投入方式	联系人及电话
34	保定市涞水县城西污水处理厂扩建工程项目	保定市涞水县城西污水处理厂	新建	0.50	扩建处理能力2万吨/日,处理工艺CAST工艺,占地50亩	2015—2017	正在初步设计	拟采用PPP模式	陈艳东 0312-4899805
35	保定市涞水县老城区绿化景观升级改造	保定市涞水县住建局	新建	2.00	涞水县充值到接,涞阳路,德成路绿化景观改造	2013—2017	可研阶段	拟采用PPP模式	吕德宁 0312-4522433
36	保定市涞水县京涞新城核心起步区污水处理厂	保定市涞水县住建局	新建	0.70	项目规划占地5000平方米,建设日处理5000吨污水处理厂一座	2016—2017	规划及土地意见已出,环评报告已出正在公示,等立项批复	拟采用PPP模式	张海文 13832238053
37	保定市涞水县京涞新城核心起步区垃圾处理厂	保定市涞水县住建局	新建	0.80	项目规划占地23亩,总建筑面积4000平方米	2016—2017	办理前期手续中	拟采用PPP模式	张海文 13832238053
38	保定市阜平县南北溪河路工程及管廊建设	保定市阜平县住建局	新建	0.80	全长3.6公里	2015—2016	正在委托相关单位办理可研编制,环评报告,防洪评价报告	拟采用PPP模式	张辰 0312-7223857
39	保定市阜平县城东污水处理厂一期	保定市阜平县住建局	新建	0.79	规模1.25万吨/日,占地28亩	2015—2017	已完成可研批复	拟采用PPP模式	张辰 0312-7223858
40	保定市阜平县生活垃圾处理场	保定市阜平县住建局	新建	1.11	占地22公顷,库容218.8万立方米,300吨/日	2015—2016	正在委托相关单位办理可研编制,水土保持方案,环评报告,国土勘测定界,水文地质勘查	拟采用PPP模式	张辰 0312-7223859
41	保定市阜平县城西新水厂	保定市阜平县住建局	新建	0.46	2.5万吨/日,占地24亩	2015—2016	正在委托相关单位办理可研编制,环评报告	拟采用PPP模式	张辰 0312-7223860

续表

序号	项目名称	业主单位	建设性质	投资规模	建设内容	起止年限	项目进展情况	社会投资比例及进入方式	联系人及电话
42	保定市阜平县城东水厂及配套管网	保定市阜平县住建局	新建	0.66	城东供水能力2.0万吨/日，占地24亩	2015—2016	正在委托相关单位办理可研编制、环评报告	拟采用PPP模式	张辰 0312-7223861
43	安国市第二污水处理厂	保定市安国市住建局	新建	1.20	日处理污水5万吨，建设厂内工程污水管网	2016—2018	正在编制项目申请报告	拟采用PPP模式	陈玉欣 0312-3552209
44	安国市第三污水处理厂	保定市安国市住建局	新建	1.30	日处理污水6万吨，建设厂内工程污水管网	2015—2017	已完成项目核准、环评、规划、选址等，用得部分用地指标	拟采用PPP模式	陈玉欣 0312-3552209
45	高碑店市"南水北调"地表水厂项目	保定市高碑店市住建局	新建	1.04	日供水9万方。新建进水格栅及配水井、机械混合池、平流沉淀池、V型滤池、清水池、送水泵房、加药间加氯间及相关设施	2015—2016	已完成项目核准、初步设计批复、施工图设计，已完成PPP模式社会资本招标	拟采用PPP模式	王海涛 13831284800
46	高碑店市垃圾处理厂二期扩建项目	保定市高碑店市住建局	新建	0.53	日处理垃圾量490吨，总填埋量180.05万立方米，建填埋库区、调节池、渗滤液处理站	2016—2017	已完成可研	拟采用PPP模式	15033307339
47	保定市蠡县留史镇污水治理项目	蠡县留史污水处理有限公司	新建	0.98	工程建设内容包括三项：2万吨/日的留史镇污水处理厂和800吨/日蠡金利喷浆污水处理厂提升改造，新建1万吨/日留史忠正忠葆染污水处理厂	2016—2018	前期工作	拟采用PPP模式	张国慈 13833226129

续表

序号	项目名称	业主单位	建设性质	投资规模	建设内容	起止年限	项目进展情况	社会投资比例及进入方式	联系人及电话
48	保定市蠡县城镇供水项目	蠡县住建局	新建	0.84	建设日供水6万吨地表水厂一座及配套供水管网，分两期建设，近期建设4万吨/天，远期建设6万吨/天	2015—2016	项目单位招投标已完成，项目单位组建，正在注册公司蠡县中洲水业有限公司	拟采用PPP模式	刘文会 13603282869
49	保定市雄县自来水公司雄县地表水厂供水工程项目	保定市雄县住建局	新建	0.74	建设大型地表水厂一座日供水能力3.5万平方米/日	2015—2016	完成审批、环评、规划和国土手续，土建工程已完成80%	拟采用PPP模式	刘克学 13703287778
50	保定市雄县县城西污水处理厂项目	保定市雄县住建局	新建	0.75	城西污水处理厂规模1万立方米/日	2016—2019	正在编制可研报告	拟采用PPP模式	朱喜城 15511271999
51	献县污水处理厂项目	献县城市管理行政执法局	新建	0.5	新建日处理1.5万吨污水处理设施一座，配套相关设备设施，并与污水处理一期工程所有配套设施现完整对接	2015—2017	目前正在进行征地和项目前期的可行性研究报告，初步设计和施工设计等准备工作，预计9月份开工建设	拟采用PPP模式	陈怡伟 15131756818
52	沧州市献县城区供水工程	献县自来水公司	新建	1.95	输水管道工程、净水厂工程、配水管网工程	2014—2016	净水厂主体工程已完工；输水管道和配水管网工程正在办理前期手续	拟采用PPP模式	王树旺 0317-4636296
53	盐山城市集中供热项目	盐山昊天节能热力有限公司	新建	3.76	①热源为2×29MW+3×58MW链条炉燃煤热水锅炉房，供热面积486.51万平方米。②铺设管网长度23113米	2015—2017	正在进行项目前期	拟采用PPP模式	陈建国 13931170810

344

续表

序号	项目名称	业主单位	建设性质	投资规模	建设内容	起止年限	项目进展情况	社会投资比例及进入方式	联系人及电话
54	沧州市南皮县城区集中供热一期工程	南皮县正和热力有限责任公司	新建	2.24	建设热源1座，安装3×46MW高温热水锅炉，规模为138MW。拟征地面积31.47亩，总建筑物面积为11077平方米。热水管网共设36座水—水热力站，管道长度为14.41公里，最大管径为DN900，供热半径为5.30公里，供热面积为303万平方米		已完成地勘、地基处理、围墙及场地等项目，已完成管网的路由设计、换热站选址等工作。	拟采用PPP模式	鄢福勇 18233659688
55	沧州市海兴县农场高新园区项目	海兴县农场	新建	3	路网框架、供水、供热、供气、污水	2015—2017	已完成施工图设计，正在行组织物有所值论证，财政承受能力论证	拟采用PPP模式	杨卫东 13582723929
56	沧州市河间市污水处理厂项目	河间市城乡投资发展集团有限公司	新建	2.2	第一污水处理厂占地70亩，2010年投入运行，日处理污水4万吨；第二污水处理厂占地70亩，2014年投入运行，日处理污水1万吨	2010—2014	已竣工投入运行	拟采用PPP模式	城投公司 0317-3688588 李政 15203376026
57	沧州市黄骅市水务局城乡供水项目	黄骅市水务局	新建	6.9	拟建设城市供水管网系统和乡镇供水系统	2015—2017	正在开展项目前期工作	股权合作	刘爱民 13111778888
58	渤海新区物流产业园区基础设施项目	黄骅市羊二庄镇政府	新建	11.24	园区供电、供水、绿化、管网工程和路网建设	2015—2020	前期	拟采用PPP模式	王友海 0317-5652004

续表

序号	项目名称	业主单位	建设性质	投资规模	建设内容	起止年限	项目进展情况	社会投资比例及进入方式	联系人及电话
59	黄骅经济开发区吕桥工业园污水处理厂建设项目	黄骅市吕桥镇政府	新建	0.47	污水处理厂设计、建造、运营	2015—2016	前期	拟采用PPP模式	贾有堂 0317-5888061
60	黄骅经济开发区基础设施建设项目	黄骅经济开发区管委会	扩建	70	建设集中供热、供排水等市政设施建设项目，污水处理厂扩容建设工程	2015—2020	前期	拟采用PPP模式	王学农 0317-8881816
61	黄骅市旧城工业园基础设施建设项目	黄骅市旧城镇政府	新建	5.6	土地平整、道路、排水、供电、燃气、污水泵站、建设旧城工业园20万平方米标准化厂房项目	2015—2020	前期	拟采用PPP模式	李玉鹏 0317-5625103
62	黄骅市城区管廊及城乡供水一体化项目	黄骅市自来水公司	新建	6.9	黄骅市自来水公司原经营的业务范围和城区供水设施新增及改造，城乡供水一体化工程建设、污水处理业务建设	2015—2017	前期	拟采用PPP模式	李树连 0317-5222068
63	沧州市孟村城区集中供热项目	孟村住建局	新建	2	城区200万平方米集中供热	2015—2016	正在进行征地项目立项等前期手续	拟采用PPP模式	13931706602
64	沧州市东光县城北污水处理厂	东光县县政府	新建	0.7	日处理工业污水2万吨	2015—2017	正在开展项目前期工作	拟采用PPP模式	赵希建 0317-7724519
65	沧州市肃宁毛皮循环科技示范园污水处理厂项目	肃宁尚村村镇政府	新建	0.45	占地30亩，建成后日处理污水约3600吨	2015—2017	正进行污水处理工艺及方案设计，8月12日评标	拟采用PPP模式	石万新 18932765678
66	沧州市故城县东阳工业园区污水处理厂	衡水市故城县高新技术开发区管委会	新建	0.58	工业污水处理设施及相关辅助设施。日处理工业污水1万吨	2015—2016	办理前期手续	拟采用PPP模式	刘子才 1383185 3186

续表

序号	项目名称	业主单位	建设性质	投资规模	建设内容	起止年限	项目进展情况	社会投资比例及进入方式	联系人及电话
67	衡水市滏阳水厂升级改造工程	衡水市水务集团	续建	1.24	改造原有10万立方米/日的常规处理系统，增设深度处理系统	2015—2017	办理前期手续	合资、合作	宋鹏飞 13623288969
68	衡水市故城县给水管网整体改扩建项目	衡水市故城县自来水公司	续建	1.20	改扩建总长137公里，供水面积39平方公里，日最大供水量12万吨	2015—2016	办理前期手续	合资	李凤来 13932853165
69	衡水市榕花大街人行天桥工程	衡水市城市建设集团有限公司	新建	0.51	对衡水市榕花大街道路及和平路—滏阳新河北大堤（高速北出口—大庆路段）改造提升工程，在大庆路口、和平路口、胜利路口、教育园区等处建设6座人行过街天桥	2014—2017	前期手续办理	拟采用PPP模式	高明红 0318-2638800 18833869916
70	榕花大街道路改造提升工程	衡水市城市建设集团有限公司	续建	1.67	自高速北出口至大庆路及和平路至滏阳新河北大堤进行提升改造，设计标准为城市主干路，设计车速60公里/时，全长10.132公里	2015—2016	项目基本完工	40%，合资	高明红 0318-2638800 18833869916
71	衡水市榕花大街铁路高架桥工程	衡水市城市建设集团有限公司	新建	2.36	在衡水市榕花大街（和平路—大庆路）上跨京九、石德铁路高架桥，道路改造提升长度1.27公里，高架桥长度0.62公里	2015—2017	正在施工	40%，合资	高明红 0318-2638800 18833869916
72	衡水市滏阳路道路改造工程	衡水市城市管理局	新建	3.81	改造顺平街—景和大街路段，红线宽度45米，长度8015米	2015—2016	正在办理前期	40%，合资	高明红 0318-2638800 18833869916

续表

序号	项目名称	业主单位	建设性质	投资规模	建设内容	起止年限	项目进展情况	社会投资比例及进入方式	联系人及电话
73	衡水市滏阳一路	衡水市城市管理局	新建	2.08	新建中湖大道—前进街段及东湖大道—景和大街路段，红线宽度50米，长度6072米	2015—2016	中湖大道—前进街段批复初步设计；东湖大道—景和大街批复可研报告	40%，合资	高明红 0318－2638800 18832869916
74	衡水市滏阳二路	衡水市城市管理局	新建	7.12	新建中湖大道—东湖大道路段，长度6753米	2015—2016	批复项目可研报告	40%，合资	高明红 0318－2638800 18832869916
75	衡水市枣强县新污水处理工程	衡水市枣强县新屯镇政府	新建	0.68	项目占地35亩，新建污水处理厂一座。建成后日处理污水1.0万吨	2015—2017	正在做施工图纸，地勘将要出示范性	拟采用PPP模式	李立夫 13642018153
76	衡水市城市道路地下综合管廊项目	衡水市城市管理局	新建	16.81	在衡水市南部新区"6纵7横"共13条主干道下施工，总长度约39.6公里，断面为4.2米×7.9米（双舱设计），工程估算包含混凝土工程、土方工程、材料口、排风口、监控业务用房、监控设备、工器具购置等	2015—2018	正在进行深入研究，已初步提出示范性建设实施方案	拟采用PPP模式	高明红 0318－2638800 18832869916
77	衡水市景县集中供热项目	景县住房和城乡建设局	新建	1.2	供热面积240万平方米，热源点装机规模160MW，一次高温管网30kW，换热站16个	2015—2017	正在办理前期手续	60%，合资	刘延飞 0318－7155905
78	邢台市桥西区园区路网道路、排水工程	邢台市桥西区生态农业文化园区管委会	新建	6.08	建设南水北调以西、生态文化园区范围内23条道路建设工程，全长45910米，包括道路、排水工程	2013—2020	已完成杆白街等4条道路7000米建设	合资，合作	张小磊 0319－2616655

续表

序号	项目名称	业主单位	建设性质	投资规模	建设内容	起止年限	项目进展情况	社会投资比例及进入方式	联系人及电话
79	邢台市开发区污水处理厂及旭水厂项目	河北邢台县旭阳经济开发区	新建	5	建设1万吨污水处理厂及2万吨自来水厂	2016—2017	已编制可研报告，正在与合作单位就合作细节进一步协商	拟采用PPP模式	张文奎 15131970588
80	邢台市平乡县集中供热项目	平乡县热力总公司	新建	3.3	大型环保锅炉及配套供热管网建设	2014—2017	目前已完成县城中西部管网已铺设完并投入使用，正在做县城中东部管网前期手续	独资、合资、参股	霍文忠 13323198686
81	邢台市广宗县集中供热工程	广宗县金腾热力有限公司	新建	2.45	城区热源点建设，居民采暖建设，包括热交换首站、管道施工、运行调度楼及营业厅等配套设施；年内完成一期工程，实现集中供热40万平方米	2013—2018	正在施工，年内完成投资7000万元，铺设管网20公里，交换站8座	独资、合资、参股	胡斌 18730987727
82	邢台县龙冈经济开发区园区道路建设	邢台县龙冈经济开发区管委会	新建	3.28	园区规划道路	2015—2016	正在开展前期工作	合资、合作	金亮 15632900777
83	邢台市桥西区生态文化园区污水处理厂建设工程	邢台市桥西区生态农业文化园区管委会	新建	0.86	仁义路与八一大街交叉口东北角建设污水处理厂，面积2.9公顷	2015—2017	正在办理前期手续	拟采用PPP模式	张小磊 0319-2616655
84	南宫市地表水厂工程项目	邢台水业集团南宫水务有限公司	新建	1.38	提升泵房、机械搅拌池、小网格反应池、停留沉淀池等	2012—2015	已完工，正在进行设备调试	拟采用PPP模式	王庆东 13932911969
85	南和县省级开发区污水处理工程	南和县供水有限责任公司	新建	0.51	占地2.7公顷，日处理污水1.5万吨，配套管网20公里	2014—2015	已完成总工程量92%	拟采用PPP模式	王华 15932299868

续表

序号	项目名称	业主单位	建设性质	投资规模	建设内容	起止年限	项目进展情况	社会投资比例及进入方式	联系人及反电话
86	邯郸市河北蓝保馆陶县能源服务中心供热项目	邯郸市省陶县住房和城乡规划建设局	新建	12	占地155亩，供热能力250MW，供热面积500万平方米，铺设热力管网27595米	2014—2017	正在征地，图纸设计	拟采用PPP模式	李建庆 13832080466
87	磁县南水北调新建水厂项目	邯郸市磁县住建局	新建	0.79	该项目占地约56亩，总建筑面积1926平方米，供水能力8.4万平方米/日。主要建设絮凝平流沉淀池、均质滤料池、反冲洗泵房、清水池、吸水井、加药消毒车间、供水泵房、综合楼、配电室等，铺设管网5.5公里及其他配套建筑，购置专用设备	2012—2016	在建	拟采用PPP模式	葛保良 13932096889
88	邯郸市鸡泽县城区集中供热项目	邯郸市鸡泽县住建局	新建	1.8	新建集中供热站1座	2015—2017	正在开展前期工作	拟采用PPP模式	张建印 13831038565
89	邯郸市肥乡县污水处理厂	邯郸市肥乡县住建局	新建	0.7	新建一座污水处理厂，占地48亩，日处理能力3万吨，铺设污水管道20.3公里	2015—2017	正在开展前期工作	拟采用PPP模式	胡静 18931002002
90	邯郸市峰峰矿区污水处理厂三期	河北省邯郸市峰峰矿区	新建	0.45	2万吨/日	2015—2017	正在开展前期工作	拟采用PPP模式	武英 13932075766
91	定州市中心停车场	定州市和力房地产开发有限公司	新建	1.4	停车楼，建筑面积5万平方米	2016—2018	正在办理土地手续	拟采用PPP模式	张新成 15127246818
92	定州市景观大道配套路网及设施	定州市和力房地产开发有限公司	新建	1	道路及地下管网、景观。道路长1100米，路宽30米；景观100米×250米	2016—2017	已征地	拟采用PPP模式	张新成 15127246818

续表

序号	项目名称	业主单位	建设性质	投资规模	建设内容	起止年限	项目进展情况	社会投资比例及进入方式	联系人及电话
93	辛集市南水北调中线城区水厂及配水管网项目	辛集市住房和城乡建设局	新建	3.99	建设占地120亩,供水能力15万立方米的地表水厂及配水管网	2015—2016	正在修改可行性研究报告,着手进行PPP前期论证和实施方案	拟采用PPP模式	姜少军 0311-83218595
四	公共服务	(67项)		626.68					
1	河北医科大学第三医院老年康复医院	河北医科大学第三医院	新建	5	老年康复医院	2016—2017	筹备阶段	拟采用PPP模式	井永敏 0311-88603611
2	河北医科大学第三医院骨科医院	河北医科大学第三医院	新建	3	骨科医院	2016—2017	筹备阶段	拟采用PPP模式	井永敏 0311-88603611
3	河北医科大学第一医院扩建项目	河北医科大学第一医院	新建	15	医院整体建设	2016—2018	前期工作	参股	赵景锋 0311-85917368
4	滦平县鸿福苍老年护理院	滦平县政府	新建	1.41	占地16亩,建筑面积3.6万平方米,床位500张	2015—2018	进行土地平整	拟采用PPP模式	郝萌萌 15632455565
5	兴隆国际体育文化休闲公园社区项目	兴隆县彬兴和旅游投资有限公司	在建	30	规划建设用地6870亩,总投资30亿元,2014年正式开工,项目分四期建设,期限5年	2011—2016	已经开工建设	拟采用PPP模式	吴莹 0314-2050128
6	平泉县医院整体迁建工程	平泉县医院	新建	4.6	总建筑面积10.5万平方米,分为地上和地下两部分,地上建设门诊、医技、住院病房楼等,地下建设车库、药库等	2016—2019	完成土地平整	拟采用PPP模式	平泉县卫生局 0314-6082890
7	平泉县高铁区棚户区改造及综合开发项目	平泉县住建局	新建	23.35	总he用地5000亩,道路及各种管网建设、体育中心建设、绿化及水体、客运枢纽广场、绿地、湖面、学校等	2016—2020	谋划阶段	拟采用PPP模式	平泉县住房和城乡规划建设局 0314-6022323

续表

序号	项目名称	业主单位	建设性质	投资规模	建设内容	起止年限	项目进展情况	社会投资比例及进入方式	联系人及电话
8	新平泉一中建设项目	平泉一中	新建	4.00	总建筑面积135320平方米，其中：综合楼2栋，包括实验室、信息中心、艺术馆、图书馆、行政办公楼；教学楼4栋，学生宿舍8栋，餐饮服务楼2栋，体育馆1栋，报告厅1栋，教师公寓楼1栋（含外教公寓）；体育看台4500平方米；1个连廊，另建2个标准400米跑道塑胶操场，20个篮球场，10个羽毛球（排球）场，并对校园进行绿化、硬化和亮化，其中初中部规划在平泉一中整体建设内容之中，总建筑面积16707平方米	2016—2018	完成规划设计	合资、合作	平泉县教育体育局 0314-6022640
9	秦皇岛体育产业园区	秦皇岛市体育局	新建	12.00	建设9个功能区，分别为重点项目发展区、体育教学研项目办公区、运动训练办公区、休疗生活服务区、体育组织办公区、赛事行动产业区、体育用品生产区、其他附属功能区	2015—2020	园区建设初步规划已完成，部分用地规划已完成，在做项目顶层设施和详规	合资	关屹 18630385817

续表

序号	项目名称	业主单位	建设性质	投资规模	建设内容	起止年限	项目进展情况	社会投资比例及进入方式	联系人及电话
10	秦皇岛市第二人民医院迁建工程	秦皇岛市卫生局	新建	8.00	建设9个功能区，分别为重点项目发展区、体育教学研发区、运动项目训练区、体育组织办公区、体育科研产业区、休闲行动产业服务区、体育用品生产区、赛事行动区、其他附属功能区	2015—2018	完成前期手续，进行可研论证，调整细化初步设计方案	合作	杨庆宏 18333598606
11	抚宁光辉文化休闲养老基地	抚宁光辉文化休闲养老中心	新建	14.90	建设2栋老年公寓楼，3栋居家养老楼，1栋养老服务综合楼及配套设施	2011—2015	分五期建设，一期已完成	合资、合作、参股	王光辉 18712701111
12	卢龙县养老服务中心	卢龙县民政局	新建	0.60	项目占地26亩，总建筑面积17640平方米	2016—2018	正在开展前期工作	50%，合资	李宏 15933501966
13	秦皇军工医院迁建工程	秦皇岛军工医院	迁建	4.00	建设三等甲级医院，总建筑面积70400平方米，住院床位800张	2013—2016	已立项，正在办理前期手续	40%，合资、合作、参股	张文涛 18503306167
14	石河旺角医疗养老中心	山海关区民政局	新建	2.00	建筑面积4.2万平方米，其中医疗用房2.5万平方米，养老及配套设施1.7万平方米，预计达到450张床位	2015—2016	项目正在编制可研并进行设计	独资	张仲谋 18712729999
15	都山旅游开发项目	青龙县旅游局	新建	3.50	东门区、南门区、主峰区和南门外的温泉开发	2016—2018	已立项，详细规划已完成	独资、合作	胡爱军 18633569582
16	老龙头片区提升改造项目	山海关文旅游开发总公司	续建	7.20	项目规划总面积960亩，规划建设综合服务区等五个主题功能区	2014—2017	已立项，完成项目概念性规划	合作	冯云 18503367617

续表

序号	项目名称	业主单位	建设性质	投资规模	建设内容	起止年限	项目进展情况	社会投资比例及进入方式	联系人及电话
17	卢龙县永平府古城保护开发项目	卢龙县文广新局	续建	40.00	主要包括古城墙修复、仿古街建设、法华寺建设、天主教堂片区开发等工程	2014—2018	正在办理前期手续	100%，独资	张宝有 15803358168 刘于明 15076042833
18	卢龙县朱家仙河棚户区改造项目	卢龙县城镇房地产开发有限公司	新建	3.90	项目占地103.76亩，总建筑面积96840平方米	2014—2016	已立项，完成工程招投标	合作、合资	庄立兴 13833598918
19	卢龙县四街棚户区改造项目	卢龙县城镇房地产开发有限公司	新建	2.17	项目占地77.49亩，总建筑面积67162平方米	2014—2016	已立项，正在进行方案设计	合作、合资	庄立兴 13833598918
20	卢龙县王郎庄棚户区改造项目	卢龙县城镇房地产开发有限公司	新建	1.02	项目总占地29.55亩，总建筑面积25020平方米	2014—2016	已立项，正在进行方案设计	合作、合资	庄立兴 13833598918
21	北戴河新区薛家营城镇化示范区棚改一期项目	秦皇岛北戴河新区滨丽城镇建设开发有限公司	新建	12.35	总建筑面积为34.22平方米，安置户数1300户，安置人口4300人，涉及薛家营村、邱营村（部分改造）、印庄村	2015—2017	已立项，正在办理前期手续	35%，合资	刘磊 18633590235
22	山海关区范西陶片区棚户区改造	山海关临港经济开发区管理委员会	新建	3.47	新建返迁房1080套，总建筑面积109689.05平方米	2015—2017	正在开展前期工作	合作、参股	李长慧 18633580091
23	唐山市奥体中心（含市体校）项目	唐山市体育局	新建	9	规划占地399.4亩，筑面积13.76万平方米，规划建设一场两馆（容纳3.5万人的体育场，5000人的综合体育馆，2000人的游跳馆）和容纳800名在校生的新市体校	2016—2017	项目建议书阶段	拟采用PPP模式	韩乙诚 13930568058

续表

序号	项目名称	业主单位	建设性质	投资规模	建设内容	起止年限	项目进展情况	社会投资比例及进入方式	联系人及电话
24	唐山市人民医院路南综合院区	唐山市人民医院	新建	11.1	门诊楼、住院楼、科研楼、养老病房	2016—2017	正在进行可研报告编制	拟采用PPP模式	刘晓辉 13313159812
25	唐山市曹妃甸湿地文化旅游度假区双龙河开挖及文化旅游产业项目造地工程	唐山曹妃甸湿地旅游开发有限公司	新建	1.91	全长13公里，对双龙河河道浚宽及地形改造，双龙河开挖河宽：80~120米（不包括雁鸣湖部分）	2016—2017	已完成初步设计批复	拟采用PPP模式	孙海 0315-8820582
26	唐山市海港开发区棚户区改造	唐山海港城市发展公司	新建	10.1	涉及唐港区张芙崖村、南孙庄村、姚圈村3个行政村，共896户，拆除农房17.33万平方米，需安置房面积184876.00平方米	2016—2017	可行性研究报告编制完成	拟采用PPP模式	陈剑涛 0315-2917936
27	唐山市乐亭县滦河口生态旅游区重点区片路网工程	滦河口开发办	新建	6.3	一号线：姜各庄林场场部至二滦河口。二号线：滨海公路董庄村北路口至滨海滨村口与一号线相交。三号线：滨海公路西曹口路口至狼窝口村南与一号线相交。四号线：滨海大道部分路段，西接临港工业聚集区滨海大道路，东与一号线相交	2015—2018	已完成前期规划	拟采用PPP模式	崔璐 13313150607
28	唐山市乐亭幸福养生小镇项目	滦河口开发办	新建	40	建设养老公寓、CCRC（延续性护理社区）社区、医疗机构、康体中心、健康管理中心、主题酒店等	2015—2024	已完成前期规划	拟采用PPP模式	崔璐 13313150607

续表

序号	项目名称	业主单位	建设性质	投资规模	建设内容	起止年限	项目进展情况	社会投资比例及进入方式	联系人及电话
29	唐山市滦河缘?风情城文化产业园	滦县住建局	新建	10.26	滦河缘?风情城文化产业园项目位于县城东南侧，该项目包括森林公园景观改造提升项目，滦州奥体中心（含体育馆和游泳馆）和滦州文化艺术中心、生态社区开发项目	2016—2017	项目规划方案已通过县规委会审议，正在深化规划设计方案	拟采用PPP模式	潘向阳 13831539008
30	唐山市迁西县文体中心建设	迁西县文广新局	新建	0.8	占地60亩，场馆分为文化馆、图书馆、剧场、电影院、体育场馆及配套服务设施等	2016—2020	正在办理相关手续	100%，独资	李铁东 5611603
31	唐山市丰南区西城区城市棚户区拆迁改造工程	唐山市丰南建投资有限公司	新建	33.34	该项目拆除么家泊、于前、于北、兰高庄、艾坨现有5处棚户住宅楼，新建30栋高层住宅楼，总建筑面积924941平方米	2015—2019	拆迁准备工作	70%，合资	李素丽 0315-8112218
32	遵化县龙泽汤泉宫	唐山清东陵保护区管委会	新建	5.2	主要建设传统寺庙恢复区；皇家温泉洗浴区；集中温泉洗浴区；集中酒店区；儿童主题乐园；村落式酒店区；医院区	2015—2018	项目地块已经清场，已经进场施工	拟采用PPP模式	张洪海 13373459999

续表

序号	项目名称	业主单位	建设性质	投资规模	建设内容	起止年限	项目进展情况	社会投资比例及进入方式	联系人及电话
33	中国遵化国际养老健康中心	唐山清东陵保护区	新建	148	占地7664亩，总建筑面积256.57万平方米。主要建设内容包括：健康养老服务区和忠孝文化园及迁回公墓区两大功能区，包含国际医疗教育科研中心、国际公益颐养社区、孝亲绿色家园社区、健康食品物流配送中心、商务会展酒店中心、老年康复体验园、上圭忠孝文化园、迁回公墓及配套设施等十个功能分区	2015—2019	目前，规划设计方案已完成，待规委会审批，90亩征地卷工作已完成，待上报省国土厅批准，其余土地流转正在着手百姓工作	拟采用PPP模式	张树春 13810584775
34	文安县赵王新河湿地公园建设	文安县林业局	新建	3	赵王新河毕家坊大桥至西码头闸段，长度6公里，面积7207亩	2015—2019	正在做可行性研究报告	拟采用PPP模式	毛塔军 18531699178
35	保定市体育新城	保定市住建局	新建	18	占地900亩，建筑面积18万平方米，建设体育场、体育馆及附属设施，建设地点位于保定市竞秀区	2016—2018	正在开展前期工作	拟采用PPP模式	张英杰 13731251158
36	望都县中医医院（迁建）	保定市望都县中医医院	续建	0.84	总建筑面积32000平方米。其中：综合楼及配套用房22700平方米。体检中心及传统治疗中心4300平方米。养老公寓2500平方米，人防：900平方米，其他用房1600平方米	2014—2016	主体4层正在建设	拟采用PPP模式	曹文杰 18833233901

续表

序号	项目名称	业主单位	建设性质	投资规模	建设内容	起止年限	项目进展情况	社会投资比例及进入方式	联系人及电话
37	蠡县革命历史文化中心项目	蠡县宣传部	续建	2.80	一期工程已基本完工,完成投资8700万元,二期工程正在加紧建设(主要包括:培训基地、体育场、体育馆、文化广场、绿地公园等)	2008—2016	一期工程已基本完工,完成投资8700万元,二期工程正在加紧建设(主要包括:培训基地、体育场、体育馆、文化广场、绿地公园等)	拟采用PPP模式	徐敬东 13931392895
38	望都县医院内科楼	保定市望都县医院	新建	0.53	拟建集办公、检查、内科住院部为一体的综合型内科住院部,设计为地下一层,地上十一层,建筑面积约1.2万平方米	2016—2017	正在开展前期工作	拟采用PPP模式	安文志 15931821688
39	涞水县京涞新城核心起步区医院	保定市涞水县卫生局	新建	2.60	新城城市核心起步区新建一处三甲综合医院,与北京协和医院联合开发,为新城提供三甲级医疗保障服务。项目规划占地75亩,总建筑面积40000平方米	2016—2017	办理前期手续中	拟采用PPP模式	张海文 13832238053
40	涞水县京西南医院	保定市涞水县卫生局	新建	6.20	建设一所三级综合医院,床位520张,建设规模7.13万平方米	2015—2017	可研阶段正在委托相关单位办理可研编制、环评报告	拟采用PPP模式	廖树生 13631129188
41	冀中城市之光文化产业园项目	锡林号特市润都文化发展有限公司	新建	30.66	占地750亩,总建筑面积873200平方米,文化馆、科技中心、文化产业中心、博物馆、会展中心、体育馆,配套商业设施及住宅	2016—2019	已经完成可研的编写,进入报批项目备案、土地预审等流程	拟采用PPP模式	朱睿 13663309399

续表

序号	项目名称	业主单位	建设性质	投资规模	建设内容	起止年限	项目进展情况	社会投资比例及进入方式	联系人及电话
42	安国中药都健康养生园	河北省保定市安国市文广新局	新建	15.00	药文化广场及配套服务设施，3300亩健康养生园范围内市政基础设施等	2015—2017	正在编制项目可研报告和环评报告；已完成场地清理拆迁工作	拟采用PPP模式	陈玉欣 0312-3552209
43	保定蠡县养老综合服务中心	蠡县民政事业服务中心	新建	1.63	建设养老信息服务中心、培训中心、健康检测中心、康复保健中心、健身娱乐中心、养老护理中心各1个，日间照料敬老院10个，改造乡镇敬老院1处	2016—2018	正在开展前期工作	拟采用PPP模式	刘森 13663397999
44	颜李学派蠡县恕谷文化园	蠡县文广新局	新建	1.20	项目规划用地300亩，园内建筑包括恕谷祠堂（大殿）、三道山门、门楼、碑廊、研究所、碑雕塑、池塘、微丘、亭榭、两个展厅、办公室用房以及园区绿化和道路硬化	2016—2018	正在开展前期工作	拟采用PPP模式	魏宽成 13833228859
45	沧州市动物园	沧州建投城镇化建设开发有限公司	新建	4.65	占地690.69亩	2015—2016	土地征收	拟采用PPP模式	李哲民 0317-310039
46	吴桥县杂技文化旅游产业园区项目	吴桥文广新局	新建	10	占地3.2平方公里，一期投资10亿元，在已有的吴桥杂技大世界旅游景区北侧建设集休闲度假、旅游观光、商业步行街、文化产业总部基地等为一体的20余个文化产业项目	2015—2017	前期设计阶段	拟采用PPP模式	吴鑫 0317-7277169

续表

序号	项目名称	业主单位	建设性质	投资规模	建设内容	起止年限	项目进展情况	社会投资比例及进入方式	联系人及电话
47	黄骅市人民医院新医院建设项目	黄骅市卫生局	新建	5.8	按照三级医院规模兴建，规划用地200亩，建筑面积12万平方米，设计床位1000张	2015—2018	项目前期阶段	合资、合作、BOT	刘爱民 13111778888
48	黄骅市城乡养老一体化项目	黄骅市城投集团	新建	2.2	利用中医院周边约70亩土地，建设集基本养生、闲娱乐、保健康复等功能于一体的老年公寓，总建筑面积约3.7万平方米	2016—2018	谋划	拟采用PPP模式	李兆胜 0317-5236601
49	黄骅市城乡公交一体化项目	黄骅市交通局	改扩建	6.3	对现有城乡公交线路进行整合，完成城乡公交一体化建设，覆盖全市所有通公路自然村	2016—2018	谋划	拟采用PPP模式	张振斌 0317-5321504
50	青县中医医院建设项目	青县中医医院	新建	1	占地30亩，总建筑面积13000平方米，建设三层门诊楼一栋，七层住院楼一栋，设床位315张	2016—2017	前期研究阶段	拟采用PPP模式	蔡春峰 13503273230
51	衡水市饶阳县社会福利院建设工程项目	衡水市饶阳县民政局	新建	0.80	建筑面积20000平方米	2015—2016	正在谋划前期	47%，合作、BOT	王春雷 15832837088
52	衡水市保障性住房工程	衡水市廉租住房和经济适用住房管理中心	新建	4.14	拟占地80亩，总建筑面积14.02万平方米，其中商业和综合配套1.24万平方米，住宅127800万平方米，2174套	2015—2017	正在办理前期手续	35%，参股、合资、BOT	谷海峰 15031809587

续表

序号	项目名称	业主单位	建设性质	投资规模	建设内容	起止年限	项目进展情况	社会投资比例及进入方式	联系人及电话
53	邯郸市馆陶县人民医院陶山医院迁建项目	河北省邯郸市馆陶县人民医院	新建	3.5	项目占地150亩，建地面积60897平方米，床位600张，主要建设门诊楼、综合病房楼、体检中心、医学影像中心、后勤辅助系统、行管楼等	2010—2013	已建成投入使用	拟采用PPP模式	于爱华 15831866536
54	邯郸市馆陶县陶艺文化创意园项目	邯郸市馆陶县文化广电新闻出版局	新建	1.53	总建筑面积23100平方米，主要建设陶漆工艺生产区、陶漆研究开发中心、产品展示区、游人陶吧等设施，购置安装黑陶、彩陶、漆陶生产线	2014—2015	2014年3月完成项目申请报告编制及核准，2014年5月完成施工图设计及审查，2014年6月完成招投标，2014年7月完成至2015年5月完成项目主体施工	拟采用PPP模式	殷景太 13832006839
55	邯郸市磁县医院整体迁建工程	邯郸市磁县医院	新建	2.49	总建筑面积58728平方米，其中门诊医技楼33300平方米，病房楼22109平方米	2010—2014	已竣工	拟采用PPP模式	苗建军 13653309266
56	邯郸市磁县肿瘤医院冀南新区分院	邯郸市磁县肿瘤医院	新建	0.82	该项目总占地20亩，总建筑面积12000平方米。主要建设门诊医技楼、病房综合楼、放疗楼及后勤保障用房、绿化等配套附属设施	2015—2017	前期审批	拟采用PPP模式	李东方 15833008080

续表

序号	项目名称	业主单位	建设性质	投资规模	建设内容	起止年限	项目进展情况	社会投资比例及进入方式	联系人及电话
57	邯郸市磁县第二中学迁建项目（一期）	邯郸市磁县第二中学	新建	2.75	一期项目规划总用地面积300亩，总建筑面积82065平方米，其中：1号教学楼11300平方米，2号教学楼11300平方米，图书行政，实验楼25750平方米，1号食堂7600平方米，1号学生公寓6770平方米，2号学生公寓6770平方米，3号学生公寓6460平方米，教师1号公寓3000平方米，浴室、换热站及超市2700平方米。建筑密度18.78%，绿地率41.3%，容积率0.55	2011—2015	在建	合资、合作、BOT	于金堂 13932098809
58	邯郸市磁县第一中学东扩工程	邯郸市磁县第一中学	新建	0.8	该项目总占地57.2亩，总建筑面积30584.4平方米。拟建2栋教学楼、2栋宿舍楼、食堂、田径场等设施	2013—2015	在建	拟采用PPP模式	刘伟彬 13831088723
59	邯郸市肥乡县文化艺术活动中心	邯郸市肥乡县文广新局	新建	3.2	影剧院、球类馆、培训室、阅览室、教室、文物陈列室、信息资源共享	2015—2016	选址已定	拟采用PPP模式	毕怀岭 13932081865
60	邯郸市肥乡县井堂寺文化旅游景区	邯郸市肥乡县文化馆	续建	0.55	山门殿、钟楼和鼓楼、韦陀殿、水陆殿	2015—2016	部分大殿已建成	拟采用PPP模式	刘书川 18231031908

续表

序号	项目名称	业主单位	建设性质	投资规模	建设内容	起止年限	项目进展情况	社会投资比例及进入方式	联系人及电话
61	邯郸市肥乡县毛遂平原君文化园	邯郸市肥乡县文化馆	续建	0.93	赵平原君墓、赵武灵王殿、赵惠文王殿	2015—2017	部分项目已建成	拟采用PPP模式	刘书川 18231031908
62	邯郸市鸡泽县中医院、康复中心、养老中心"三院一体"项目	邯郸市鸡泽县中医院	新建	4	新建康复中心、养老中心	2015—2017	正在圈地围墙	拟采用PPP模式	李电申 15832009366
63	邯郸市鸡泽县毛氏文化园	邯郸市鸡泽县旅游投资公司	新建	1.95	建设生态停车场、门景广场、主题纪念园区等	2016—2017	规划中	拟采用PPP模式	李笑凯 15733066062
64	邯郸市鸡泽县唐朝考古遗址公园	邯郸市鸡泽县旅游投资公司	新建	2.35	建设服务区、古墓挖掘展示区、考古体验区、古村落复原区和农耕体验区	2016—2017	规划中	拟采用PPP模式	李笑凯 15733066062
65	邯郸市邱县奥博中学	邯郸市邱县奥博中学	新建	1	教学楼、综合楼、宿舍楼、餐厅、标准运动场及相关配套设施	2016—2017	各建筑主体施工	拟采用PPP模式	张云亭 0310-8399523
66	定州市第二中学整体搬迁工程	定州市教育局	新建	5	建筑面积18万平方米教学楼、办公楼、实验楼、生公寓及附属设施	2016—2017	正在进行征地	拟采用PPP模式	刘敬虎 13932206199
67	定州市数据中心建设项目	襄峰信息技术有限公司	新建	6.7	新建数据中心楼及购置配套设备	2015—2017	已经完成征地，项目已备案	合资、合作	何乃军 13315256669
五	生态环保	(17项)		428.35					
1	石家庄市新城大道景观绿廊道	石家庄市园林局	新建	1	位于新城大道西侧，滹沱河南岸，占地65公顷	2016—2017	立项审批已完成	拟采用PPP模式	冉荣珍 13633112886
2	秦皇岛市生态循环农业科技开发项目	秦皇岛益通农业开发有限公司	续建	28.40	建设科研中心、会展中心、游船码头、占地、种养殖基地和农产品深加工	2014—2019	已开工建设	合资、参股	杨立波 13731768119

续表

序号	项目名称	业主单位	建设性质	投资规模	建设内容	起止年限	项目进展情况	社会投资比例及进入方式	联系人及电话
3	秦皇岛市西浴场人海河口岸线修复整治与生态修复工程	秦皇岛金梦海湾商务旅游度假区管理委员会	新建	0.64	整治西浴场人海河口岸线，修复生态护岸，新建垃圾转运站、河道清淤以及绿化等工程	2014—2015	已立项，正在办理前期手续	35%，合资	刘文江 18932585177
4	唐山市乐亭县长河治理工程	乐亭县城市管理局	新建	3.95	对长河（南新街至橛坨桥段，大创路至宁庄村段）两岸进行综合治理	2016—2017	谋划实施	拟采用PPP模式	刘翔 18633335639
5	涞水县拒马河治理工程	涞水县水利局	新建	3.00	治理河道6.3公里	2015—2016	可研阶段	拟采用PPP模式	靳大勇 13833033786
6	顺平县塑料循环经济园区	保定市顺平县经济开发区管委会	新建	52.21	采用"一园两区"的方式，分南区和北区。规划占地2593亩，建筑总面积103万平方米，分三期建设	2015—2018	项目已编制可行性研究报告，近期报市发改委批准	拟采用PPP模式	崔福忠 13932583863
7	沧州运河景观带	沧州建投古运河文化产业开发投资有限公司	新建	283.1	打造运河沿岸景观绿化带，占地13920亩	2016—2018	项目前期阶段	拟采用PPP模式	刘树生 15503172637
8	黄骅市海绵城市之水生态综合治理项目	黄骅市城投集团	新建	10	建设一座2万方/日规模的污水处理厂，对现有污水处理厂进行扩容升级；完善城区内已建管网；对污染的河道周围进行水生态治理，对河道周围进行休闲区开发，并结合海绵城市建设要求推进河道附近绿地建设	2016—2020	谋划实施	拟采用PPP模式	李兆胜 0317-5236601

续表

序号	项目名称	业主单位	建设性质	投资规模	建设内容	起止年限	项目进展情况	社会投资比例及进入方式	联系人及电话
9	吴桥县循环经济产业园建设项目	吴桥县住建局	新建	1.5	占地200亩，主要建设城乡生活垃圾一体化工程，将生活垃圾、农作物秸秆、畜禽粪便、餐饮厨房垃圾进行回收处理，形成沼气、生物燃料肥、生物燃料等多种资源产品可以有效变废为宝，实现资源循环利用	2016—2018	前期设计	拟采用PPP模式	李杰 13785491886
10	邯郸市馆陶县再生资源综合利用示范基地	邯郸市馆陶县城管局	新建	1.41	有机肥生产车间、新型再生资源材料车间、办公区、生活区、运输车间及汽车修理车间，规模日处理生活垃圾300吨	2015—2017	规划、选址、土地预审已审核、立项、施工等手续正在办理中	拟采用PPP模式	李波 15585952229
11	邯郸市肥乡县窦默文化生态园	邯郸市肥乡县文化馆	新建	0.43	祠堂、陈列馆、石刻造像、果蔬简易大棚、设施果蔬观光园	2015—2016	已完成项目选址	拟采用PPP模式	刘书川 18231031908
12	邯郸市鸡泽县南部生活垃圾填埋场	邯郸市鸡泽县城管局	新建	0.45	占地149亩，建设一二区填埋坑、办公用房、外围墙、分散网及道路、垃圾进场	2015—2016	正在开展项目前期工作	拟采用PPP模式	霍现峰 13785049805
13	邯郸市鸡泽县诗经湿地公园	邯郸市鸡泽县城管局	新建	1	总投资1亿元，占地300余亩。其中2015年投资3000万元，建设以表现诗经风貌景观为主题的湿地公园，同时建设一座可停车位300余个的林荫停车场	2015—2016	正在开展项目前期工作	拟采用PPP模式	王社彬 13931036317

续表

序号	项目名称	业主单位	建设性质	投资规模	建设内容	起止年限	项目进展情况	社会投资比例及进入方式	联系人及电话
14	邯郸市鸡泽县地下水超采综合治理项目	邯郸市鸡泽县水利局	新建	0.79	发展地表水节水灌溉面积1.2万亩，地下水喷微灌1.45万亩。压采地下水442万立方米	2015—2016	正在报送编制实施方案	拟采用PPP模式	田志现 15033101979
15	邯郸市广平县农村面源治理	河北省邯郸市广平县环保局	新建	0.85	143个村庄污水治理	2016—2017	正在办理前期手续	拟采用PPP模式	谢爱军 13673201111
16	邯郸市东部排水防涝区景观水系	邯郸市水利局	新建	23.33	景观水系	2016—2018	正在开展项目前期工作	拟采用PPP模式	周赤 0310-7099506
17	邯郸市支漳河分洪道整治工程	邯郸市水利局	续建	16.3	河道综合整治	2014—2017	中华大街至王安堡闸已完成整治工作，将开展王安堡下游至今年连河道整治	拟采用PPP模式	贾占国 0310-8020761
六	物流	(4项)		41.72					
1	青县综合性农产品物流园项目	青县农业局	新建	4	占地600亩，建设待售区、理货区、加工冷藏区、配送中心、商业服务区、检测中心、结算中心七个功能区及一座封闭式交易大厅	2016—2018	谋划	合资、合作、BOO	张汝河 1318478 7012
2	黄骅港大宗散货物流园项目	沧州港务集团有限公司	新建	21	拟建设2个煤炭园区，2个矿石园区，共计4200亩	2016—2018	正在编制	合资、合作	辛冰川 0317-7558031
3	黄骅市农村电子商务及镇村物流园建设项目	黄骅市商务局	新建	2.62	建设市、镇、村三级物流网，电子商务园和农村电子商务基金	2016—2019	谋划	拟采用PPP模式	龚学军 0317-5234060
4	邢台市桥西区龙岗综合物流产业聚集区交通、市政、公共服务设施	邢台桥西区市场物流园管委会	新建	14.5	园区15.5平方公里内四纵三横道路建设，供排水利、污水处理厂建设，医疗、文化、教育等公共服务设施	2016—2019	区域规划已审批通过	合资、合作、BOT	辛学军 0319-2628897

河北省发展和改革委员会关于对我省综合性工程咨询服务机构开展 PPP 咨询业务情况进行调查摸底的通知

(冀发改函〔2016〕117号)

各有关单位：

按照冀政办发〔2015〕36号文件要求，为充分发挥我省中介服务机构熟悉本地实际和行业特点的优势，为推进全省 PPP 项目搞好咨询服务，我委会同省工程咨询协会，对我省综合性工程咨询服务机构开展 PPP 咨询业务情况进行调查摸底，适时向社会推荐，请符合条件且已开展 PPP 咨询服务业务的中介服务机构，抓紧填写《河北省综合性工程咨询服务机构开展 PPP 咨询业务情况调查表》，加盖单位公章后，于5月6日前反馈河北省工程咨询协会。

联系人：河北省工程咨询协会杨守卫

电话：0311-67265118

传真：0311-87029918

邮箱：@sina.com

附件：河北省综合性工程咨询服务机构开展 PPP 咨询业务情况调查表

河北省发展和改革委员会
二〇一六年四月二十五日

附件：

河北省综合性工程咨询服务机构开展 PPP 咨询业务情况调查表

填报单位：（盖章）　填表人：　　　电话：　　　填报日期：　年　月　日

机构名称	乙级以上工程咨询资质等级（按专业，有综合经济资质的请注明）	服务范围	PPP咨询机构设置	PPP咨询业务人员配备	PPP人才业务培训	PPP咨询业务开展情况（请列出已完成咨询评估的省内外PPP项目清单、咨询内容及项目进展情况，可另附表）	PPP咨询评估业务联系人及电话	备注（可附综合机构简介或单行材料）

河北省住房和城乡建设厅关于开展市政基础设施领域政府与社会资本合作（PPP）重点项目进展情况调查的函

（冀建综函〔2016〕3号）

各市（含定州、辛集市）人民政府：

为贯彻落实省政府《关于推广运用政府和社会资本合作（PPP）模式的实施意见》（冀政〔2014〕125号）有关精神，2015年5月12日，省财政厅、省住建厅共同举办了全省PPP重点项目推介会，共推介PPP重点项目32个，其中市政基础设施项目17个。为加快推进PPP项目落地实施，及时总结经验、解决问题，决定开展市政基础设施领域政府与社会资本合作（PPP）重点项目进展情况调查。现就有关事项函告如下：

一、调查范围

市政基础设施领域（地下综合管廊、轨道交通、供水、供热、燃气、污水及垃圾处理等）采用PPP模式融资建设的项目，特别是17个全省重点推介项目。

二、调查内容

（一）项目进展情况

1. 项目基本情况。包括建设规模、建设期限、总投资及资金来源等。

2. 政府与社会资本合作情况。包括项目实施方案编制（合同体系文件、项目运作模式、项目交易结构、招标采购方式、风险分配框架、监督管理架构等）、政策支持（项目所在地政府出台相关支持政策、给予财政资金支持等）、项目形象进度（社会资本选择、合同签订、项目公司设立、融资情况、项目建设进度）等。

（二）取得成效及存在问题

项目建设特别是政府和社会资本合作过程中的成功经验、做法、亮点；存在的困难和问题，以及对困难和问题的成因分析。

（三）对策建议和下一步工作思路

对项目建设过程中存在问题和困难的应对措施；对进一步完善PPP体制机制建设、加快项目实施进度的政策建议；下一步工作思路等。

三、有关要求

请各市高度重视市政基础设施领域PPP推广运用工作，进一步加强对PPP重点项目的支持和推进力度，指导项目加快融资建设步伐，推动PPP工作规范有序发展。请明确项目实施牵头单位和负责人员，认真做好此次专项调查，并于2016年2月17日前将具体负责人员信息和调查情况报送我厅综合财务与对外合作处，同时发送电子版至zhr320@sohu.com。联系人及电话：张韧，孙大力，0311-87904541。

附件：河北省首批政府和社会资本合作市政基础设施重点项目推介表

河北省住房和城乡建设厅
二〇一六年一月二十六日

附件：

河北省首批政府和社会资本合作市政基础设施重点项目推介表

序号	项目名称	投资规模（亿元）
	合计（17个）	397.00
1	石家庄市城市轨道交通2号线一期工程项目	129.60
2	石家庄市正定新区起步区综合管廊项目	37.00
3	石家庄市国际展览中心项目	25.10
4	石家庄市正定新区供热工程项目	20.00
5	承德市中心城区供水及污水处理项目	13.87
6	承德市宽城县供水项目	7.00
7	承德市丰宁满族自治县民用天然气项目	5.00
8	张家口市桥西区集中供热项目	7.10
9	唐山市2016年唐山世界园艺博览会基础设施及配套项目	33.63
10	唐山市河北乐亭经济开发区二期路网管网工程项目	10.40
11	廊坊市热电联产集中供热管网工程项目	6.75
12	保定市市区铁路以东热电联产项目	44.00
13	保定市安新县农村垃圾与污水收集处理项目	5.70
14	邢台市污水处理二厂工程项目	6.51
15	邢台市南水北调配套工程召马地表水厂及配套管网建设（一期）项目	7.04
16	邯郸市大名县城区集中供热项目	5.70
17	涿州市热电联产供热管网项目	32.00

河北省财政厅转发财政部等 20 部委《关于联合公布第三批政府和社会资本合作示范项目加快推动示范项目建设的通知》的通知

(冀财资合〔2016〕14 号)

各设区市、县(市、区)财政局,省直有关部门:

现将财政部等 20 部委印发的《关于联合公布第三批政府和社会资本合作示范项目加快推动示范项目建设的通知》(财金〔2016〕91 号,以下简称《通知》)转发给你们,请认真遵照执行。同时,请各市县财政部门将《通知》精神传达给同级有关部门和项目实施单位,共同抓好贯彻落实。

在财政部等 20 部委联合组织的第三批政府和社会资本合作示范项目评选中,我省入选项目 31 个,总投资 1704 亿元,投资额居全国第一位。目前,我省前三批政府和社会资本合作(PPP)示范项目累计已达 46 个,总投资 2675 亿元。为更好地推动我省示范项目建设,充分发挥示范效应,加快项目落地实施,现将有关事项通知如下:

一、进一步加强组织领导

各级财政部门要认真履行财政管理职能,与相关行业主管部门建立高效、顺畅的工作协调机制,形成工作合力,大力促进项目落地实施,形成一批可复制、可推广的示范案例。各级财政部门要会同相关行业主管部门,加强与财政部等相关部委联系沟通,开展政策研究,抓好政策落实,积极争取相关行业的国家试点和资金支持。

二、强化项目督导落地

各级财政部门要将三批 46 个示范项目的落地实施作为重要任务,建立示范项目督导联系制度,将责任分解落实到相关部门,积极协调解决项目实施中的困难和问题,真正实现责任落实、现场督导、定期反馈、问题解决、示范引领"五个到位",确保项目按期落地。特别要做好与中国政企合作投资基金等金融投资机构的对接工作,为项目加快落地创造条件。

第一批示范项目应于 2016 年底前完成采购,第二批示范项目应于 2017 年 3 月底前完成采购，逾期未完成采购的将调出示范项目名单，第三批示范项目原则上应于2017年9月底前完成采购。省财政厅将对示范项目实施情况进行重点督导，各地要切实采取措施，加快项目进度，及时向省厅报送示范项目进展情况，保证示范项目按期落地。

三、确保项目规范实施

各级财政部门要会同有关部门统筹论证项目合作周期、收费定价机制、投资收益水平、风险分配框架和政府补贴等因素，科学设计PPP项目实施方案，确保充分体现"风险分担、收益共享、激励相容"的内涵特征，防止政府以固定回报承诺、回购安排、明股实债等方式承担过度支出责任，避免将当期政府购买服务支出代替PPP项目中长期的支出责任，规避PPP相关评价论证程序，加剧地方政府财政债务风险隐患。要加强项目全生命周期的合同履约管理，确保政府和社会资本双方权利义务对等，政府支出责任与公共服务绩效挂钩。

同时，各级财政部门要督促项目实施单位，依托PPP综合信息平台，及时向社会公开项目有关信息，保障公众知情权，接受社会监督，实现公众利益最大化，切实发挥示范带动作用。

河北省财政厅
二〇一六年十一月八日

山西省文件（2个）

山西省人民政府办公厅印发关于加快推进政府和社会资本合作的若干政策措施的通知

（晋政办发〔2016〕35号）

各市、县人民政府，省人民政府各委、办、厅、局：

《关于加快推进政府和社会资本合作的若干政策措施》已经省人民政府同意，现印发给你们，请认真贯彻执行。

山西省人民政府办公厅
二〇一六年三月三十一日

关于加快推进政府和社会资本合作的若干政策措施

在基础设施和公共服务领域推广政府和社会资本合作（即PPP）模式是转变政府职能、激发市场活力、打造经济新增长点的重要改革举措，对统筹做好稳增长、促改革、调结构、惠民生、防风险工作具有战略意义。为贯彻落实《国务院关于创新重点领域投融资机制鼓励社会投资的指导意见》（国发〔2014〕60号）、《国务院办公厅转发财政部 发展改革委 人民银行关于在公共服务领域推广政府和社会资本合作模式指导意见的通知》（国办发〔2015〕42号），结合我省实际，现就加快推进政府和社会资本合作制定如下政策措施：

一、基本原则

（一）政府引导、市场运作。各级各部门要把推广运用政府和社会资本合作模式纳入议事日程，调动各方面力量形成合力，积极稳妥地推进。政府通过特许经营权、合理定价、财政补贴等事先公开的收益约定规则，使社会资本有长期稳定收益，鼓励和引导社会资本参与基础设施和公共服务领域项目的投资和营运。尊重市场规律，坚持使市场在资源配置中起决定性作用，正确处理好政府和市场的关系。

（二）依法合规、重诺履约。构建全面规范、公开透明、公平公正的管理制度，保护参与各方的合法权益，明确项目全生命周期管理要求，确保规范实施。树立契约精神，坚持政府和社会资本法律地位平等、权利义务对等；坚持平等协商、互利互惠、诚实守信、严格履约。

（三）公开透明、公众受益。实行阳光化运作，依法充分披露政府和社会资本合作项目重要信息，保障公众知情权，对参与各方形成有效监督和约束。加强政府监管，将政府的政策目标、社会目标和社会资本的运营效率、技术进步有机结合，促进社会资本竞争和创新，确保公共产品和公共服务的有效供给。

（四）积极稳妥、协同推进。鼓励各级各部门因地制宜，探索符合当地实际和行业特点的做法，抓紧启动PPP项目示范，加快推进。总结提炼经验，形成适合本地区及行业特点的发展模式。坚持必要、合理、可持续的财政投入原则，有序推进项目实施，控制项目的政府支付责任，防止政府支付责任过重加剧财政收支矛盾，带来支出压力。

二、总体要求

（一）新建项目要积极推广使用PPP模式。政府和社会资本合作模式主要适宜于公路、铁路、机场、城市轨道交通等交通运输设施，燃气、供电、供水、供热、污水及垃圾处理等市政基础设施、能源、资源环境与生态保护、农业、林业、水利、科技、保障性安居工程、医疗、卫生、养老、教育、体育、文化、旅游等领域。重点选择投资规模较大、需求长期稳定、价格调整机制相对灵活、市场化程度相对较高的项目积极推进，其中，在能源、交通运输、水利、环境保护、市政工程等特定领域需要实施特许经营权的，按照国家《基础设施和公共事业特许经营管理办法》执行。今后，凡在上述领域的重点新建项目，优先考虑采取PPP模式。

（二）存量项目要鼓励和引导社会资本参与，有效化解地方政府债务风险。鼓励运用转让－运营－移交（TOT）、改建－运营－移交（ROT）等方式，将融资平台公司存量公共服务项目转型为PPP项目，引入社会资本参与改造和运营，在征得债权人同意的前提下，将政府性债务转换为非政府性债务，减轻地方政府的债务压力，腾出资金用于重点民生项目建设。大力推进地方融资平台公司与政府脱钩，实行市场化运作。融资平台公司已经建立现代企业制度、实现市场化运营的，在其承担的地方政府债务已纳入政府财政预算、得到妥善处置并明确公告今后不再承担地方政府举债融资职能的前提下，可作为社会资本参与当地PPP合作项目，通过与政府签订合同方式，明确责、权、利关系。严禁融资平台公司通过保底承诺等方式参与PPP项目，进行变相融资。

（三）规范推进PPP项目实施。为保证政府和社会资本合作项目实施质量，政府和社会资本合作项目实施主体要按照财政部《政府和社会资本合作模式操作指南（试行）》（财金〔2014〕113号）要求，规范项目识别、准备、采购、执行、移交各环节流程。项目实施主体要进行"物有所值"评价。市、县政府要根据当地经济社会发展需要，结合财政收支平衡状况，统筹论证新建项目的经济效益和社会效益，并按照《政府和社会资本合作项目财政承受能力论证指引》（财金〔2015〕21号）进行财政承受能力论证，保证决策质量。根据项目实施周期、收费定价机制、投资收益水平、风险分配基本框架和所需要的政府投入等因素，合理选择建设－运营－移交（BOT）、建设－拥有－运营（BOO）等运作方式。

三、政策措施

（一）简化项目审核流程。进一步减少审批环节，建立PPP项目实施方案联评联审机制，提高审查工作效率。项目合同签署后，可并行办理必要的审批手续，有关部门要简化办理手续，优化办理程序，主动加强服务，对实施方案中已经明确的内容不再作实质性审查。

（二）奖补示范项目前期费用。2016—2017年，经省人民政府或其授权机构认定，列入省级PPP示范项目的，省财政按照项目总投资额给予项目实施单位一次性奖励。奖励资金主要用于补助PPP项目可行性研究、物有所值评价、财政承受能力论证等前期费用及其他相关费用支出。

（三）鼓励存量债务转化。存量债务清理核实后，在财政部确认的2014年底我省各级人民政府负有偿还责任债务余额中，鼓励各级各部门筛选适合实施PPP模式的项目，制定债务转化方案和PPP项目实施方案，按规定审批后组织实施。2016—2017年，各级各部门通过实施PPP项目减少上述负有偿还责任债务的，省财政按当年化解债务规模的一定比例给予奖励。

（四）统筹利用现有专项资金，对PPP项目优先给予补助支持。各级各部门要有效统筹现有各种专项资金，综合运用投资补助、财政补贴、贷款贴息等形式，加大对在交通、能源、市政、水利、环保、保障性安居工程、医疗和养老服务等领域列入省级或国家示范的PPP项目的支持力度，优先安排专项资金支持。

（五）财政补贴纳入中长期财政预算并给予保证。对通过价格政策的合理调整，收入仍不能覆盖成本和收益，但社会效益较好的PPP项目，同级财政部门要给予补贴。财政补贴要以项目运营绩效评价结果为依据，综合考虑产品或服务价格、建造成本、运营费用、实际收益率、财政中长期承受能力等因素合理确定。各级财政部门要逐步从"补建设"向"补运营"转变，探索建立动态补贴机制，将财政补贴等支出分类纳入同级政府预算，同时在中长期财政规划中统筹考虑，并向本级人大或其常委会报告。项目实施过程中政府依法获得的国有资本收益、约定的超额收益分成等公共收入应上缴国库。

（六）多样化的土地政策。实行多样化土地供应，保障项目建设用地。对符合划拨用地目录的项目，可按划拨方式供地，划拨土地不得改变土地用途。建成的项目经依法批准可以抵押，土地使用权性质不变，待合同经营期满后，连同公共设施一并移交政府；实现抵押权后改变项目性质应该以有偿方式取得土地使用权的，应依法办理土地有偿使用手续。不符合划拨用地目录的项目，以租赁方式取得土地使用权的，租金收入参照土地出让收入纳入政府性基金预算管理。以作价出资或者入股方式取得土地使用权的，应当以市、县人民政府作为出资人，制定作价出资或者入股方案，经市、县人民政府批准后实施。

（七）设立PPP融资支持基金，加大对PPP项目的支持力度。省级设立PPP融资支持基金。该基金与中央财政出资引导设立的中国政府和社会资本合作融资支持基金相对接，通过股权、债权或股权债权组合等方式投入PPP项目，市场化运作，专业化管理。基金的收益采取优先与劣后的结构，其他出资人作为优先级，财政出资人作为劣后级。

（八）金融服务政策。鼓励金融机构创新符合政府和社会资本合作模式特点的金融服务，开展特许经营权质押、资产证券化等金融创新类业务，推进建立期限匹配、成本适当以及多元可持续的项目资金保障机制，构建并优化项目金融服务流程和风险管理体系，提高服务效率。对符合条件的"走出去"项目，鼓励政策性金融机构给予中长期信贷支持。拓展保险服务功能，探索形成"信贷+保险"合作模式，构建合理的项目风险分担机制及融资担保体系。鼓励社保基金和保险资金创新运用债权投资、股权投资、项目资产支持等多种形式参与PPP项目建设和运营。引导PPP项目公司利用外国政府、国际金融组织贷款和清洁发展基金。鼓励符合条件的PPP项目公司在资本市场通过发行公司债、企业债、中期票据、定向票据等市场化方式进行融资。依托各类产权、股权交易市场，为社会资本提供多元化、规范化、市场化的退出渠道。PPP项目公司上市的，享受我省公司上市奖励政策。

山西省发展和改革委员会关于在重点领域积极推广政府和社会资本合作模式的通知

(晋发改投资发〔2016〕268号)

各市发展改革委:

为贯彻落实《山西省人民政府关于创新重点领域投融资机制鼓励社会投资的实施意见》(晋政发〔2015〕20号)、《山西省人民政府办公厅印发关于加快推进政府和社会资本合作若干政策措施的通知》(晋政办发〔2016〕35号),鼓励和引导社会资本投资重点领域,现就在重点领域推广政府和社会资本合作模式(Public - Private Partnership,PPP)的有关事宜通知如下:

一、重要意义

在重点领域推广政府和社会资本合作,有利于打破行业准入限制,引入社会资本创新机制,提高供给效率;有利于理顺政府与市场关系,切实转变政府职能,充分发挥市场配置资源的决定性作用;有利于推动各类投资主体相互融合、优势互补,促进投资主体多元化;有利于改善公共服务水平,让人民群众更多享受改革和发展的成果。

二、总体要求

(一)总体目标

通过运用政府和社会资本合作模式,改革创新重点领域供给机制和投入方式,拓宽融资渠道,更好地发挥政府作用,引导和鼓励社会资本积极参与重点领域项目建设运营,为广大人民群众提供优质高效的服务。

(二)基本原则

转变职能。政府要牢固树立平等意识合作理念,集中力量做好政策的制定、发展规划、市场监管和指导服务,从公共产品的直接"提供者"转变为社会资本的"合作者"。

完善机制。建立合理的投资回报机制,稳定社会资本收益预期;按照风险收益对等原则,构建有效的风险分担机制;在平等协商、依法合规的基础上,保证合作双方的合法权益;完善制度设计,营造公开透明的政策环境。

优化流程。积极协调有关部门加快推进PPP项目规划选址、用地预审、环评审批、审批核准等前期工作，优化建设程序，落实建设条件。在政策资金申请、国家现有财政政策落实等方面主动作为、优化服务、保障符合条件的PPP项目顺利实施。

惠及民生。加强监管，将政府的政策目标、社会目标和社会资本的运营效率、技术进步有机结合，促进社会资本竞争和创新，确保公共利益最大化。

三、适用范围

PPP模式主要适用于政府负有提供责任又适宜市场化运作的公共服务、基础设施类项目。

1. 农业。粮食仓储设施，区域性农产品批发市场、农产品交易市场等。
2. 水利。引调水工程、水利枢纽、水源工程、大型灌区建设等。
3. 交通设施。

铁路：区际干线、城际铁路、市域（郊）铁路、资源开发性铁路、支线铁路及场站建设。

公路：高速公路。

机场：机场等民航基础设施。

水运：交通运输码头等。

其他：综合交通枢纽及一体化设施等。

4. 市政设施。

燃气：城市燃气输气源、储气设施、接收设施、输配管网等。

供电：城市配电网工程、电动汽车充电设施等。

供排水：城镇安全引水工程、供排水管网工程、供水水源及净水厂工程、节水工程、再生水利用工程、城市雨水收集利用工程、应急与后备水源工程等。

供热：城镇集中供热设施建设、改造等。

公共交通：城市轨道交通，城市公交，汽车客货运站，城市停车场（楼），汽车充电站、加气站，校车服务等。

其他：污水（泥）及垃圾处理、垃圾焚烧发电、城镇固体废弃物资源化利用和无害化处理、桥梁隧道及城市智能交通体系、地下综合管廊、城镇园林绿化等。

5. 公共服务。

医疗：综合医院、中医医院、专科医院、康复医院的建设和运营等。

教育：学前教育、义务教育、高等教育、职业教育、远程教育等，高校后勤服务设施以及能向社会公开的文化、体育场所等公共设施。

旅游：旅游基础设施建设及运营。

养老：老年人文体娱乐、生活照料、医疗保健、健康护理等服务设施建设及运营。

体育：体育场馆设施建设及运营等。

文化：公共文化设施建设及运营，文化及自然遗产保护利用，工业遗产保护再利用，非物质文化遗产保护和利用等。

保障房：以棚户区改造为重点的保障性安居工程建设。

6. 生态环境。矿山等生态环境修复工程，重金属污染治理工程，农业面源污染治理工程，工业废弃地治理再利用，废旧资源循环再利用工程，危险废弃物安全处置工程，水生态系统保护工程，大气环境综合治理工程等。

7. 其他。政府负有提供责任又适宜市场化运作的其他公共服务、基础设施类项目。

全省十大重点领域和省、市级重点工程符合上述PPP模式适用范围的新建项目，要加大策划力度，优先考虑采用PPP模式。

四、操作模式

1. 经营性项目。对于具有明确的收费基础，并且经营收费能够完全覆盖投资成本的项目，可通过政府授予特许经营权，采用建设－运营－移交（BOT）、建设－拥有－运营－移交（BOOT）等模式推进。

2. 准经营性项目。对于经营收费不足以覆盖投资成本、需政府补贴部分资金或资源的项目，可通过政府授予特许经营权附加部分补贴或直接投资参股等措施，采用建设－运营－移交（BOT）、建设－拥有－运营（BOO）等模式推进。

3. 非经营性项目。对于缺乏"使用者付费"基础、主要依靠"政府付费"回收投资成本的项目，可通过政府购买服务，采用建设－拥有－运营（BOO）、委托运营等市场化模式推进。

各市可以根据当地实际及项目特点，积极探索、大胆创新，通过建立合理的"使用者付费"机制等方式，增强吸引社会资本能力，并灵活运用多种PPP模式，切实提高项目运作效率。

五、加大项目的储备和发布

根据经济社会发展需要，按照项目合理布局、政府投资有效配置等原则，参考PPP模式适用领域，切实做好PPP项目的总体规划、综合平衡和储备管理，建立PPP项目库。要认真从规划项目中筛选出投资回报机制明确、市场化程度较高、长期合同关系清楚的项目，集中向社会公开发布。积极搭建政银企合作平台，鼓励金融机构全程参与PPP项目的策划、融资、建设、运营。要加强宣传引导，鼓励民营企业、外资企业、中央企业等各类市场主体参与PPP项目建设。

六、规范有序推进项目

为保证政府和社会资本合作项目实施质量，政府和社会资本合作项目实施主体要按照国家发展改革委《关于开展政府和社会资本合作的指导意见》（发改投资〔2014〕2724号）、财政部《政府和社会资本合作模式操作指南（试行）》（财金〔2014〕113号）要求及相关的管理办法组织项目实施。对需要实施特许经营的项目，应按照国家《基础设施和公用事业特许经营管理办法》（国家发展改革委25号令）执行，规范有序地推进重点领域PPP项目。做好政府投资项目储备库及三年滚动投资计划编制工作，形成储备一批、前期一批、开工一批的梯次推进格局，筛选适用于PPP模式的项目公开推介，择优选择条件成熟的项目委托招标机构拟定招标文书，采取公开招投标、竞争性谈判、竞争性磋商等方式，确定项目承担单位。

七、政策保障措施

（一）简化审批程序。建立PPP项目审批的绿色通道，加快项目审批，简化审批内容，优化办理流程，缩短办理时限。项目合同签署后，可并行办理必要的审批手续，主动加强服务，对实施方案中已明确的内容不再作实质性审查。

（二）完善推进机制。充分发挥发展改革部门在项目管理、价格核定等方面的职能，按照各级政府的统一部署，会同有关部门建立PPP项目的推进机制，推动规划、投资、财政、价格、土地、金融等部门密切配合、形成合力，保障政府和社会资本合作积极稳妥推进。

（三）探索财政支持政策。省级设立PPP融资支持资金，通过股权、债权或股权债权组合等方式支持PPP项目。探索以奖代补等措施，引导鼓励符合条件的存量项目转型为PPP项目。统筹利用现有专项资金，对PPP项目优先给予补助支持。财政补贴纳入中长期财政预算予以保证。我省争取中央预算内资金和国家专项建设基金主要支持采用PPP模式建设的项目。

（四）推动金融合作。积极主动帮助项目承担单位与各级PPP融资支持基金进行对接，提高项目融资的可获得性。通过召开项目推介会、银政企联席会等多种形式，搭建双边或多边的PPP项目对接平台，推进社会资本、金融资本与推介项目有效对接。加强与开发银行等金融机构的沟通合作，及时共享PPP项目信息，加大对重点领域PPP项目的信贷支持力度。

（五）加强业务指导。积极开展重点领域PPP项目模式推进的工作机制、配套政策等课题的研究，组织有关部门和企业对PPP模式项目操作指南、操作流程等进行培训和指导，对政府支持政策、利益分配、项目风险等政策进行解读，更好地调动社会资本的积极性，保障PPP项目的顺利推进。

八、示范推广和总结提高

各市可选取市场发育程度高、社会资本相对充裕的县，以及具有稳定收益和社会效益的项目，抓紧启动PPP示范项目工作，加快推进，并总结提炼，形成适合本地区及行业特点的发展模式。对项目实施过程中遇到的难点和问题，要积极研究和协调解决。省发展改革委将选取部分推广效果显著的市县和重点项目，总结典型案例，组织交流推广，不断创新和提高重点领域政府和社会资本合作水平。

开展政府和社会资本合作是创新投融资机制的重要举措，各市要高度重视，切实加强组织领导，抓紧制定具体的政策措施和实施办法。各级发展改革部门要按照当地政府的统一部署，认真做好PPP项目的统筹规划、综合协调等工作，会同有关部门积极推动政府和社会资本合作顺利实施。

内蒙古自治区文件（3个）

内蒙古自治区发展和改革委员会　内蒙古自治区财政厅 内蒙古自治区住房和城乡建设厅等6部门关于印发 《内蒙古自治区基础设施和公用事业 特许经营管理办法》的通知

（内发改法规字〔2016〕613号）

各盟行政公署、市人民政府，自治区各委、办、厅、局，各大企业、事业单位：

经自治区人民政府同意，现将《内蒙古自治区基础设施和公用事业特许经营管理办法》印发，自2016年7月1日起施行。

内蒙古自治区发展和改革委员会
内蒙古自治区财政厅
内蒙古自治区住房和城乡建设厅
内蒙古自治区交通运输厅
内蒙古自治区水利厅
中国人民银行呼和浩特市中心支行
二〇一六年五月二十四日

附件：

内蒙古自治区基础设施和公用事业特许经营管理办法

第一章 总 则

第一条 为规范和发展基础设施和公用事业特许经营，提高公共产品和公共服务质量和效率，保障社会公众利益和公共安全，根据国家相关法律法规、《基础设施和公用事业特许经营管理办法》（国家发展改革委等六部委令2015年第25号），结合自治区实际，制定本办法。

第二条 自治区行政区域内的基础设施和公用事业特许经营活动，适用本办法。

第三条 基础设施和公用事业特许经营应当坚持公开、公平、公正和诚实信用原则，保护各方合法权益，统筹经营性和公益性平衡。

第四条 政府鼓励和引导包括非公有制企业在内的各类社会资本进入基础设施和公用事业特许经营领域。不得针对非公有制企业设置不合理的排斥或限制条件。

第五条 外商投资企业可以通过独资、合资等方式参与自治区行政区域内基础设施和公用事业特许经营项目的建设运营。

第六条 基础设施和公用事业特许经营可以采取以下方式：

（一）在一定期限内，政府授予特许经营者投资新建或改扩建、运营基础设施和公用事业，期限届满移交政府；

（二）在一定期限内，政府授予特许经营者投资新建或改扩建、拥有并运营基础设施和公用事业，期限届满移交政府；

（三）特许经营者投资新建或改扩建基础设施和公用事业并移交政府后，由政府授予其在一定期限内运营；

（四）政府授予特许经营者在一定期限内运营已建成的基础设施和公用事业，期限届满移交政府；

（五）政府授予特许经营者在一定期限内运营已建成的基础设施和公用事业，持续提供特定公共服务；

（六）国家和自治区规定的其他方式。

第七条 特许经营项目的经营期限，应当根据行业特点、所提供公共产品或服务需求、项目生命周期、投资回收期等综合因素确定，最长不超过30年。

对于投资规模大、回报周期长的特许经营项目，可以由政府或者其授权部门与特许经营者根据项目实际情况，约定超过前款规定的特许经营期限。

第八条 特许经营协议可以约定特许经营项目通过向用户收费或由政府购买等

方式取得收益。

向用户收费的基础设施和公用事业特许经营项目，在项目全生命周期内，用户付费不足以覆盖项目成本及合理收益的，可由政府提供可行性缺口补助，或授予其他相关开发经营权益。

第九条 自治区发展改革部门负责指导协调基础设施和公共事业特许经营工作，会同有关部门制定综合性政策措施，组织推动能力建设和信息统计共享。自治区财政部门负责研究制定特许经营有关预算管理政策措施。财政部门根据行业主管部门提供的项目产出绩效评价结果付费。自治区国土、环保、住房城乡建设、交通运输、水利、能源、金融等有关部门按照各自职责，负责相关领域特许经营政策制定和监督管理工作。

旗县级以上政府有关部门根据规定的职责分工，负责有关基础设施和公用事业特许经营项目实施和监督管理工作。

旗县级以上政府应当建立各有关部门参加的基础设施和公用事业特许经营部门协调机制，负责统筹有关政策措施，组织协调特许经营项目实施和监督管理工作。

第二章 特许经营项目确定

第十条 政府鼓励采取特许经营方式在基础设施和公用事业领域开展政府与社会资本合作。符合下列条件的基础设施和公用事业项目，应当实施特许经营：

（一）社会资本具有专业技术优势，能够显著降低项目全生命周期成本或提高公共产品和公共服务质量效率；

（二）风险分担机制清晰，绩效监管要求明确；

（三）项目具有合理稳定的收益预期。

特许经营项目应当符合国民经济和社会发展总体规划、主体功能区规划、区域规划、环境保护规划和安全生产规划等专项规划、土地利用规划、城乡规划、中期财政规划等。

第十一条 旗县级以上政府有关行业主管部门或政府授权部门（以下简称项目提出部门）可以根据经济社会发展需求，以及有关公民、法人或其他组织提出的特许经营项目建议等，提出特许经营项目实施方案。

特许经营项目实施方案应当包括以下内容：

（一）项目名称；

（二）项目实施机构；

（三）项目建设规模、投资总额、实施进度，以及提供公共产品和公共服务的标准等基本经济技术指标；

（四）投资回报、价格及其测算；

（五）可行性分析，即降低全生命周期成本和提高公共服务质量效率的分析估算等；

（六）特许经营协议框架草案及特许经营期限；
（七）特许经营者应当具备的条件及选择方式；
（八）政府承诺和保障；
（九）特许经营期限届满后资产处置方式；
（十）应当明确的其他事项。

第十二条 项目提出部门可以委托具有相应能力和经验的第三方机构或者专家，开展特许经营项目评估论证，完善特许经营项目实施方案。

特许经营项目涉及财政支付的，由财政部门组织财政承受能力论证。

第十三条 项目提出部门应当依托本级政府根据本办法第九条建立的部门协调机制，会同发展改革、财政、城乡规划、国土、环保、水利等有关部门对特许经营项目实施方案进行审查。经审查认为实施方案可行的，各部门应当根据职责分别出具书面意见。

项目提出部门综合各部门书面审查意见，报本级政府或其授权部门审定特许经营项目实施方案。

第十四条 旗县级以上政府应当授权有关部门或单位作为政府实施机构负责特许经营项目有关实施工作，并明确具体授权范围。

第三章 特许经营项目实施

第十五条 政府实施机构应当通过招标、竞争性谈判等竞争方式，择优选择具有相应管理经验、专业能力、融资实力以及信用状况良好的企业或者其他组织合作实施基础设施和公用事业特许经营项目。

特许经营项目建设运营标准和监管要求明确、有关领域市场竞争比较充分的，应当采用招标方式选择社会资本合作者。对技术复杂或者无法精确拟定技术规格的项目，招标人可以依法进行两阶段招标。

特许经营项目经可行性评估，合格市场主体数量有限，难以满足招标条件的，经确定特许经营项目的旗县级以上政府批准，可以采用竞争性谈判方式选择社会资本合作者。

第十六条 两个以上的企业或其他组织可以组成一个联合体参与基础设施和公用事业特许经营项目社会资本合作者选择，并就特许经营项目缔约事宜承担连带责任。

金融机构可以与参与竞争的企业或其他组织共同制定投融资方案。

第十七条 政府实施机构应当与依法选择的社会资本合作者签订初步协议，约定其在规定期限内于项目所在地成立项目公司，负责建设运营或运营基础设施和公用事业特许经营项目。

第十八条 政府或政府实施机构应当与依法成立的项目公司签订特许经营协议，约定各方权利义务和风险分担机制。

第十九条 特许经营协议应当明确价格或收费的确定和调整机制。特许经营项目价格或收费应当依据法律法规规定和特许经营协议约定予以调整。

第二十条 政府可以在特许经营协议中就防止不必要的同类竞争性项目建设、必要合理的财政补贴、有关配套公共服务和基础设施的提供等内容作出承诺，但不得承诺固定投资回报和其他法律法规禁止的事项。

第二十一条 社会资本合作者或特许经营项目公司根据经批准的实施方案和特许经营协议，依法办理有关审批手续时，有关部门应当简化办理流程，对于本部门根据第十三条出具的书面审查意见已经明确内容不再作实质性审查。

第二十二条 特许经营项目公司可以根据特许经营项目建设或运营需要，经政府实施机构同意，以项目公司资产、特许经营项目收益权进行质押、抵押或设立其他担保权益。但不得以国有资产或提供公共服务所必需的其他资产、权利设立担保。

第二十三条 旗县级以上政府可以与金融机构等设立基础设施和公用事业特许经营引导基金，并通过投资补助、财政补贴、贷款贴息等方式，支持有关特许经营项目建设。

第二十四条 特许经营协议当事人应当遵循诚实信用原则，全面履行特许经营协议约定和法律规定的义务。行政区划调整、政府换届、政府有关部门调整和有关负责人变更，不得影响特许经营协议履行。

第二十五条 政府实施机构应当严格履行特许经营协议约定义务，协助特许经营项目公司办理有关行政审批手续，为建设运营或运营特许经营项目提供便利和支持，提高公共产品和公共服务质量效率。

第二十六条 需要政府提供可行性缺口补助的特许经营项目，应当严格按照预算法规定，综合考虑政府财政承受能力和债务风险状况，合理确定财政付费总额和分年度数额，并与政府年度预算和中期财政规划相衔接，确保资金拨付需要。

第二十七条 特许经营项目公司应当根据有关法律、法规、标准规范和特许经营协议，提供优质、持续、高效、安全的公共产品和公共服务，并对特许经营协议约定服务区域内所有用户普遍地、无歧视地提供公共产品和公共服务，不得对新增用户实行差别待遇。

第二十八条 特许经营项目公司应当按照技术规范，定期对特许经营项目设施进行检修和保养，保证设施运转正常及经营期限届满后资产按规定进行移交。

第二十九条 特许经营项目公司应当依法遵守有关保密规定，并建立和落实相应保密管理制度。

政府实施机构、有关部门及其工作人员对在特许经营活动和监督管理工作中知悉的商业秘密负有保密义务。有关商业秘密的范围和特征，应当在特许经营协议中约定。

特许经营各方当事人对提供公共产品和公共服务过程中获取的用户和受益人的

私人信息应当予以保密，不得在提供公共产品和公共服务过程以外泄露、扩散和传播，不得出售和转让。

第三十条 政府实施机构和特许经营项目公司应当对特许经营项目建设、运营、维修、保养过程中有关资料，按照有关规定进行归档保存。

第三十一条 在特许经营协议有效期内，协议内容确需变更的，协议当事人应当在协商一致基础上签订补充协议。

特许经营期限届满后确有必要延长的，按照有关规定经充分评估论证，协商一致并报批准后，可以延长。

第三十二条 在特许经营期限内，因特许经营协议一方严重违约或不可抗力等原因，导致特许经营项目公司无法继续履行协议约定义务，或者出现特许经营协议约定的提前终止协议情形的，在与债权人协商一致后，可以提前终止协议。

特许经营协议提前终止的，政府应当收回特许经营项目，并根据实际情况和协议约定给予原特许经营项目公司投资者相应补偿。

第三十三条 特许经营期限届满终止或者提前终止，对该基础设施和公用事业继续采用特许经营方式的，实施机构应当根据本办法规定重新选择社会资本合作者。

因特许经营期限届满重新选择社会资本合作者的，在同等条件下，原社会资本合作者优先获得特许经营。

新的社会资本合作者选定之前，政府实施机构和原特许经营项目公司应当保障公共产品和公共服务的持续稳定提供。

第四章 监督管理和公共服务保障

第三十四条 旗县级以上政府有关部门应当根据各自职责，对特许经营项目公司执行法律、法规、行业标准、产品或服务技术规范，以及其他有关监管要求进行监督管理，并依法加强成本监督审查。

审计部门应当依法对特许经营活动进行审计。

第三十五条 旗县级以上政府及其有关部门应当根据法律、法规和国务院决定保留的行政审批项目对特许经营进行监督管理，不得以实施特许经营为名违法增设行政审批项目或审批环节。

第三十六条 政府实施机构应当根据特许经营协议，定期对特许经营项目建设运营情况进行监测分析，会同有关部门进行绩效评价，并建立根据绩效评价结果、按照特许经营协议约定对价格或财政补贴进行调整的机制，保障所提供公共产品和公共服务的质量和效率。

政府实施机构应当将社会公众意见作为监测分析和绩效评价的重要内容。

第三十七条 公民、法人或者其他组织，有权对特许经营项目的运营，提供公共产品和公共服务的质量进行监督，对不适当行为和未达到标准的服务向政府实施机构和特许经营项目公司提出意见，对侵犯公众合法权益的行为向政府监管部门投诉和举报。

第三十八条 旗县级以上政府应当将特许经营有关政策措施、特许经营部门协调机制组成以及职责等信息向社会公开。

政府实施机构和特许经营项目公司应当将特许经营项目实施方案、社会资本合作者选择、特许经营协议及其变更或终止、项目建设运营、所提供公共产品和公共服务标准、监测分析和绩效评价、经过审计的上年度财务报表等有关信息向社会公开。

旗县级以上政府有关部门应当对特许经营投资者、中介机构、项目公司及其从业人员的不良行为建立信用记录，纳入全区统一的信用信息共享交换平台。对严重违法失信行为依法予以曝光，并会同有关部门实施联合惩戒。

第三十九条 政府实施机构和特许经营项目公司应当制定突发事件应急预案。突发事件发生后，及时启动应急预案，保障正常提供公共产品和公共服务。

第五章 附 则

第四十条 特许经营协议当事人之间就特许经营协议履行发生争议，按照国家有关规定处理。

第四十一条 本办法自 2016 年 7 月 1 日起施行。

内蒙古自治区财政厅转发《财政部关于规范政府和社会资本（PPP）综合信息平台运行》的通知

（内财投〔2016〕26号）

各盟市财政局，满洲里、二连浩特市财政局：

现将《财政部关于规范政府和社会资本（PPP）综合信息平台运行的通知》（财金〔2015〕166号），以下简称《通知》转发给你们，并结合自治区实际做出如下补充要求，请一并遵照执行。

一、高度重视PPP综合信息平台的应用

财政部PPP综合信息平台已切换至www.cpppc.org网址，正式启动运行。请你盟市、旗县财政局于2016年1月14日前，会同相关部门完成财政部示范项目、自治区第一、二批推介项目以及准备立项和潜在的PPP项目的录入工作。今后要随时将识别通过的PPP项目，录入综合信息平台项目库。对未录入的项目，不得列入各地PPP项目目录，不得通过财政预算安排支出。

二、切实加强综合信息平台的日常管理

请你盟市、旗县财政局要指定专人负责综合信息平台的日常管理，及时收集、汇总、录入PPP项目信息，对录入信息的真实性、准确性负责。自治区将不定期对各地综合信息平台建设情况进行检查和考核。请各盟市在2016年1月31日前，将本盟市、旗县系统管理员及联系方式报自治区公共投资处（PPP中心）。要进一步加强学习交流，盟市、旗县系统管理员尽量加入"内蒙全区财政PPP工作"微信群，通过平台实时互动、交流经验。

三、建立健全 PPP 信息季报制度

各盟市要于每季度最后一个工作日,将本地区 PPP 项目进展情况,报自治区公共投资处(PPP 中心),报送格式参照内财投〔2015〕1693 号文件执行。同时,请各盟市、旗县财政部门按《通知》精神规范开展工作,加强学习培训,并将实际操作过程中存在的问题和建议及时反馈自治区公共投资处(PPP 中心)。

附件:财政部关于规范政府和社会资本(PPP)综合信息平台运行的通知(财金〔2015〕166 号)(略)

内蒙古自治区财政厅

二〇一六年一月十三日

内蒙古自治区财政厅转发《财政部关于印发 PPP 物有所值评价指引（试行）》的通知

(内财投〔2016〕43 号)

各盟市财政局，满洲里、二连浩特市财政局：

现将《财政部关于印发 PPP 物有所值评价指引（试行）的通知》（财金〔2015〕167 号，以下简称《通知》）转发给你们，并结合自治区实际做出如下补充要求，请一并遵照执行。

一、积极开展物有所值评价工作

各地财政部门要会同行业主管部门在项目识别或准备阶段积极开展物有所值评价工作，现阶段以定性评价为主，同时鼓励开展定量评价。由于物有所值定量评价工作仍处于探索阶段，请各盟市、旗县财政部门会同行业主管部门，根据当地客观需要，因地制宜、规范有序地开展本地区项目物有所值评价工作，并结合实际情况设置评价指标、制定实施细则。

二、充分利用好第三方专业机构和专家力量

各地财政部门要会同行业主管部门积极利用第三方专业机构和专家力量做好物有所值评价工作，不断提高物有所值评价的准确性和实效性。同时，要进一步加强对第三方专业机构和专家的监督管理。

三、及时上报工作情况

在物有所值评价结论形成后，各地财政部门要会同行业主管部门完成物有所值评价报告编制工作，报财政厅公共投资处（PPP 中心）备案，同时将报告电子版上传 PPP 综合信息平台，并按照《通知》的规定将报告的主要信息通过 PPP 综合信息平台等渠道向社会公开披露。

四、进一步加强工作对接

各地财政部门要认真研究《通知》的有关规定和要求，对实际操作过程中存在的问题和建议，及时反馈自治区财政厅公共投资处（PPP 中心）。自治区财政厅将加强对全区物有所值评价工作的监督管理，有计划地组织开展PPP物有所值评价指引专题培训，进一步深化对PPP物有所值评价的认识，推动物有所值评价工作的规范开展。

附件：PPP物有所值评价指引（试行）（略）

内蒙古自治区财政厅

二〇一六年一月二十一日

辽宁省文件（1个）

辽宁省人民政府办公厅关于调整政府和社会资本合作工作部门分工的通知

（辽政办发〔2016〕40号）

各市人民政府，省政府各厅委、各直属机构：

为进一步推广运用政府和社会资本合作（PPP）模式，推进财政资金统筹使用工作，更好发挥部门优势，经省政府同意，对相关部门分工进行调整。现将有关事项通知如下：

一、辽宁省推广政府和社会资本合作模式及推进财政资金统筹使用工作领导小组办公室设在省发展改革委，办公室主任由省发展改革委主任兼任。负责统筹协调PPP相关工作，会同有关部门完善机制体制；强化PPP项目管理，会同有关部门做好项目的规划、审核、储备等工作，并适时发布和组织推介；对各市政府PPP工作情况进行绩效考核等。

二、省财政厅负责与财政部沟通协调相关工作；组织开展物有所值评价、财政可承受能力论证、政府采购监管等工作；落实中央财政和省财政有关奖补政策；对PPP项目涉及的财政补贴实行预算管理等。

三、推广运用PPP模式对于我省经济社会发展具有重要意义，各地区、各部门要精心组织、各负其责，进一步完善相关工作机制和政策措施，加快推进规范的PPP项目落地。省政府将对PPP模式推广运用工作情况进行绩效考核。

辽宁省人民政府办公厅
二〇一六年四月六日

黑龙江省文件（3个）

黑龙江省人民政府办公厅关于切实做好政府和社会资本合作（PPP）有关工作的通知

（黑政办综〔2016〕25号）

各市（地）、县（市）人民政府（行署），省政府各直属单位：

为切实做好政府和社会资本合作（PPP）有关工作，积极鼓励和引导民间投资，经省政府同意，现就有关事项通知如下：

一、进一步健全PPP工作协调机制

全省PPP模式推广工作由省发改委负总责，其中涉及公共服务方面工作由财政部门负责，涉及传统基础设施方面的工作由发改部门负责。省直各有关部门要结合行业特点，积极发挥部门在推广PPP模式中的作用，进一步加强协调配合，形成政策合力，确保政令统一、政策协同、组织高效，共同推动政府和社会资本合作顺利实施。各地发改部门要会同相关部门探索建立PPP项目联审机制，积极引入第三方评估机构，从项目建设的必要性、合规性、规划衔接性、PPP模式的适用性、物有所值评价和财政承受能力以及价格的合理性等方面对项目进行综合评估。

二、充分做好PPP项目决策

加强项目PPP模式可行性研究，依法依规履行项目管理程序。将项目是否适用PPP模式纳入项目可行性研究论证和决策，科学分析项目采用PPP模式的必要性和可行性。凡适用PPP模式的政府投资重大项目，原则上都应进行PPP模式评估，如不进行评估就采取其他方式建设的，将纳入重点审计范围。

三、扎实做好PPP项目储备工作

根据经济社会发展需要，按照项目合理布局、政府投资有效配置等原则，切实做好PPP项目的总体规划、综合平衡和储备管理。各地发改、财政部门要充分掌

握、了解基础设施领域和公共服务领域各行业PPP项目情况。依托投资项目在线监管审批平台和重大建设项目库，建立全省PPP项目库，切实做好项目储备、日常管理、组织实施等各项工作，未纳入项目库内的PPP项目原则上不予安排政府投资和财政补助。各市（地）、县（市）要依托在线审批监管平台和重大建设项目库建立PPP项目库，及时向省推送储备项目，并从2016年10月起，于每月3日前将项目进展情况按月分别报送省发改委和省财政厅。

四、着力促进PPP项目规范实施

对确定采用PPP模式的项目，要按照《中华人民共和国招标投标法》、《中华人民共和国政府采购法》等法律法规，通过公开招标、邀请招标等多种方式，公平择优选择具有相应管理经验、专业能力、融资实力以及信用状况良好的社会资本作为合作伙伴。规范合同管理，依法签订规范的项目合同，明确服务标准、价格管理、回报方式、风险分担、信息披露等内容，细化完善合同文本，确保合同内容全面、规范、有效。省政府将组成PPP工作专项督导组，对各地PPP工作开展情况、项目落地签约情况、项目操作规范情况和贯彻落实国家、省PPP政策情况等进行督查和评估，对发现的问题线索将移交有关部门处理。

五、不断强化PPP工作指导培训

根据我省实际需要，省发改委、财政厅要采取"以会代训"、"专业条线培训""请进来"与"走出去"相结合的方式，不断强化PPP工作指导和培训，围绕项目建设、运营关键环节以及国家相关法律法规政策，分期分批、有针对性地组织专项业务和实际操作培训，使各地、各部门负责人员系统掌握PPP政策体系、操作规程和管理要点，逐步构建常态化业务培训机制，不断推进全省PPP工作。

六、切实推动PPP工作有序开展

各市（地）、县（市）政府（行署）和各行业主管部门是推动PPP工作的第一责任主体，要充分认识PPP模式的重要意义，积极推广运用PPP模式，及时总结经验、大力宣传，各市（地）、县（市）每年至少做成1个规范的PPP项目。省发改委、财政厅坚持示范先行，在能源、交通、水利、市政、公共服务领域做好PPP示范工作，以点带面，指导全省做好PPP工作。省发改委、财政厅要做好政策解读，总结典型案例，回应社会关切，通过舆论引导，提高各地对PPP工作的认知程度，培育积极的合作理念，建立规范的合作机制，营造良好的合作氛围，充分发挥政府、市场和社会资本的合力作用。

黑龙江省人民政府办公厅
二〇一六年九月九日

黑龙江省财政厅 黑龙江省发展和改革委员会关于印发黑龙江省政府和社会资本合作（PPP）咨询服务机构和专家选聘管理办法（试行）的通知

（黑财规审〔2016〕20号）

各市（地）、县（市）财政局、发改委（局），省直有关单位：

按照《黑龙江省人民政府办公厅关于转发省财政厅省发改委人民银行哈尔滨中心支行黑龙江省推广运用政府和社会资本合作（PPP）模式工作实施方案的通知》（黑政办发〔2015〕63号）要求，我们制定了《黑龙江省政府和社会资本合作（PPP）咨询服务机构和专家选聘管理办法（试行）》，现印发给你们，请认真贯彻执行。

第一章 总 则

第一条 为提高省内PPP项目准备、实施和运营的质量与效率，省财政厅、省发展和改革委员会以公开招标方式联合设立了"黑龙江省PPP咨询服务机构库"和"黑龙江省PPP咨询专家库"（以下简称"机构库"、"专家库"）。为规范咨询机构和专家选聘工作，制定本办法。

第二条 省内PPP项目咨询服务选聘工作应遵循因需使用、经济适用、公开透明、充分竞争、质价并重的原则。机构库和专家库实施动态管理，实现优胜劣汰、能进能出，咨询服务同质价优、同价质优。

第二章 咨询服务类别

第三条 根据业务领域及规模，PPP咨询服务分为多领域综合咨询服务、特定领域专业咨询服务、专家独立咨询服务三类，其中，第一、二类通过机构库分别选取，第三类通过专家库选取。除以联合体形式提供咨询服务以外，上述第二、三类咨询机构不得从事第一类咨询服务。

一、多领域综合咨询服务。由具有相应资质的综合类咨询服务机构，在PPP项目的方案设计、实施方案编制、物有所值评价、融资方案制定、合同编制、社会资本方选聘、监督管理、绩效评价、项目移交等方面，提供一揽子综合服务。

二、特定领域专业咨询服务。由具有特定资质的专业类咨询服务机构，在法律、财会、税务、工程管理、定价、鉴定、资产评估等领域，提供专业咨询服务。

三、专家独立咨询服务。由具有相应资质的专业人员、专家学者等从事授课、讲座、指导、顾问、评估、评标、咨询等咨询服务活动。

第四条 省内PPP咨询服务使用单位（以下简称"咨询使用方"）可以根据本办法从机构库或专家库中因需选聘咨询机构或咨询专家。

第三章 咨询机构选聘

第五条 咨询使用方应从机构库中选取3家以上咨询机构，以"质量＋报价"综合评分方式择优选聘咨询服务提供方。其中，报价评分权重不得低于30%。

咨询使用方提出确切理由，证明符合标准的在库机构不足3家、确需从机构库外另行选聘的，可重新启动公开招投标程序选聘咨询机构。招标公告应当至少在依法指定的一个国家级和一个省级媒介上发布。招标文件应包括质量评价标准、项目情况等必要信息。

第六条 咨询使用方重新启动公开招标程序选聘咨询机构，应成立评审委员会，由咨询使用方代表和有关技术、经济、投资等方面专家组成，成员人数为5人以上单数，专家人数不得少于成员总数的四分之三，技术专家应具有高级职称或者同等专业水平。评审专家应采取在法定专家库或5倍于专家人数的候选人中随机抽取的方式确定。与备选咨询服务机构有关联的专家应回避。

第七条 质量评价标准中应包括咨询服务内容（权重20%）、专业领域（权重10%）、专家配备（权重15%）、业务规模（权重20%）、所需资质（权重15%）、类似项目工作业绩（权重5%）、本地工作经验（权重5%）、对工作任务的理解（权重5%）、其他要求（权重5%）等评价参数。

第八条 咨询使用方应根据实际需求编制"咨询机构邀请书"。邀请书中应包含项目情况、咨询服务内容、详细的质量评价标准、服务交付时间和质量标准、询价流程、响应截止日期等必要信息。自邀请书发出之日至响应截止日期，最短不得少于15个工作日。

第九条 原则上综合评分最高的咨询机构应选为咨询服务提供方。如出现两家以上咨询机构综合评分相同且同属最高分的，咨询使用方可通过背对背价格谈判，选择报价较低者为咨询服务提供方。

第十条 咨询服务机构选聘评分表及评选结果应报同级发改、财政部门备案。

第四章　机构库和专家库管理

第十一条　机构库和专家库由省财政厅和省发展和改革委员会共同管理，按在库专家的专业领域、从业经验、专业资质、常住地等设置检索条件。

第五章　监督管理

第十二条　咨询使用方应妥善保存咨询机构或咨询专家选聘相关的原始资料备查。

第十三条　省财政厅将联合省发展和改革委员会通过网络打分、问卷调查、实地调查、申述受理等方式，定期对咨询机构和咨询专家的服务质量业绩等情况进行考核，并在"黑龙江省PPP综合信息平台"予以公示。对于失信、违约或以不当手段获取中选资格的咨询机构或专家，一经查实，将被列入黑名单，从机构库或专家库清退。情节严重的，将通过企业信用信息公示系统等平台公示其失信、违约等行为。

第十四条　机构库和专家库实行网络化管理，在库机构和专家相关信息及其在黑龙江省的服务业绩等情况，将同步上传至基于互联网的"黑龙江省PPP综合信息平台"，接受咨询使用方评价和社会各方监督。

第六章　附　　则

第十五条　本办法由省财政厅会同省发展和改革委员会负责解释。

第十六条　本办法自颁布之日起三十日后施行。

黑龙江省住建厅"三供两治"办公室关于发布 2016—2017 年全省"三供两治"PPP 项目的通知

为加快推进政府与社会资本合作（PPP）模式，鼓励和引导社会资本参与"三供两治"项目建设，按照省政府工作部署和省领导指示要求，现将 2016—2017 年全省"三供两治"项目予以公布，各地要通过竞争性选择机制，公开择优选择合作伙伴，有效对接社会资本，加快推动 PPP 项目落地实施。

附件：黑龙江省 2016—2017 年"三供两治"基础设施拟市场化建设项目

黑龙江省住建厅"三供两治"办公室
二〇一六年七月二十七日

附件：

黑龙江省2016—2017年"三供两治"基础设施拟市场化建设项目

序号	市、县、镇	项目名称	总投资（万元）	计划开竣工时间	是否同意公布相关招商信息
一、供水PPP项目（16项）					
1	宾县宾州镇	宾县宾州镇给水改扩建工程	22400.00	2016—2018	是
2	木兰县木兰镇	木兰县木兰镇供水管网改造工程	2568.00	2016—2017	是
3	木兰县木兰镇	木兰县木兰镇净水厂升级改造工程	3518.00	2016—2017	是
4	延寿县延寿镇	延寿县延寿镇供水厂升级改造工程	3000.00	2016.6—2016.12	是
5	哈尔滨市双城区	哈尔滨市双城区供水厂扩建工程（含新兴开发区供水管线）	30000.00	2017	是
6	宁安市东京城、渤海镇	宁安市东京城、渤海镇水厂扩建工程	2000.00	2017—2019	是
7	林甸县林甸镇	林甸县地表饮用水工程	46584.00	2016—2018	是
8	肇源县肇源镇	肇源县引嫩入肇供水工程	46000.00	2017—2018	是
9	双鸭山市经开区	双鸭山市经开区供水一期工程（中俄经贸园供水）	1600.00	2016—2016	是
10	双鸭山市经开区	双鸭山市经开区供水二期工程（东荣矿水厂改造）	21500.00	2017—2018	是
11	黑河市	黑河市供水管网改造工程	15000.00	2017—2020	是
12	海伦市海伦镇	海伦市净水厂升级改造及给、排水管网改造工程	12976.00	2016—2018	是
13	海伦市海伦镇	海伦市供水二期工程	17552.00	2016—2018	是
14	兰西县兰西镇	兰西县城镇配水管网工程	1950.00	2017.6—2018.11	是
15	漠河县西林吉镇	漠河县西林吉镇给水扩建工程	6510.00	2012—2014	是
16	抚远市浓江乡	抚远市浓江乡浓江村供水工程	430.00	2017—2018	是

续表

序号	市、县、镇	项目名称	总投资（万元）	计划开竣时间	是否同意公布相关招商信息
二、供热PPP项目（12项）					
1	延寿县中和镇	延寿县中和镇集中供热工程	7500.00	2014—2020	是
2	通河县祥顺镇	通河县祥顺镇中心镇统一供热工程	2500.00	2017—2020	是
3	克山县克山镇	克山县宇祥热电有限公司热源建设工程	15000.00	2016—2017	是
4	克山县克山镇	克山县宇祥热电有限公司生物质发电	28000.00	2016—2017	是
5	克东县克东镇	克东县克东镇老旧管网改造工程	6124.04	2016.5—2016.12	是
6	克东县克东镇	克东县克东镇佰诚生物质发电工程	20772.02	2016—2017	是
7	佳木斯市	佳木斯市天福集中供热热源工程	1027.35	2016—2017	是
8	大庆市	大庆市供热三级网改造工程	3.95亿	2016—2017	是
9	大庆市林源镇	大庆市林源镇住宅楼供热管线	2000.00	2016—2017	是
10	肇州县肇州镇	肇州县南城区集中供热扩容项目	15000.00	2016—2017	是
11	黑河市	黑河市供热老旧管网改造工程	8177.00	2016.00	是
12	集贤县福利镇	集贤县福利镇中心城区集中供热新建热源工程	35000.00	2015.11—2016.3	是
三、供气PPP项目（2项）					
1	肇源县	肇源县管道燃气建设工程	7318.18	2016	是
2	双鸭山市	双鸭山市天然气置换工程	30000.00	2016—2018	是
四、污水治理PPP项目（33项）					
1	宾县宾州镇	宾县污水处理厂升级改造及管网铺设工程	20000.00	2016—2018	是
2	方正县方正镇	方正县方正镇污水处理厂二期工程	5903.31	2016—2017	是
3	延寿县中和镇	延寿县中和镇污水治理工程	3000.00	2016—2017	是

续表

序号	市、县、镇	项目名称	总投资（万元）	计划开竣时间	是否同意公布相关招商信息
4	哈尔滨市双城区	哈尔滨市双城区护城河改造工程	15000.00	2017	是
5	哈尔滨市双城区	哈尔滨市双城区城市雨水管网工程	6521.00	2017	是
6	哈尔滨市双城区	哈尔滨市双城区中水回用工程	5000.00	2017	是
7	哈尔滨市双城区	哈尔滨市双城区周家污水管网建设工程	8500.00	2016	是
8	哈尔滨市双城区	哈尔滨市双城区及高铁小镇排水管网改造工程	13000.00	2017	是
9	哈尔滨市双城区	哈尔滨市双城区兰棱镇污水处理工程	6061.96	2017	是
10	哈尔滨市双城区	哈尔滨市双城区污泥处置工程	1672.48	2016	是
11	齐齐哈尔市梅里斯达斡尔区	齐齐哈尔市梅里斯区北湖污水处理厂工程	2987.00	2014.9—2016.7	是
12	克东县克东镇	克东县克东镇污泥治理工程	850.00	2017—2018	是
13	东宁市绥阳镇	东宁市绥阳镇污水治理工程	9774.93	2017—2019	是
14	汤原县汤原镇	汤原县污水处理厂升级改造工程	1905.00	2016.05—2016.12	是
15	汤原县汤原镇	汤原县污水处理厂污泥处理扩建工程	1253.06	2016.05—2016.12	是
16	大庆市林源镇	大庆市林源镇南湖公园建污水处理站工程	2000.00	2016—2017	是
17	林甸县林甸镇	林甸县污水处理厂升级改造工程	3300.00	2016—2020	是
18	肇源县新站镇	肇源县新站镇污水处理工程	9057.55	2017—2020	是
19	肇州县肇州镇	肇州县污水处理厂改造工程	4700.00	2016—2020	是
20	双鸭山市经开区	双鸭山市新型煤化工产业园区污水处理厂工程	44504.00	2017—2019	是
21	双鸭山市经开区	双鸭山市依饶公路公路改集贤至太保段雨水一期工程	1500.00	2016—2016	是
22	双鸭山市	双鸭山市污泥处置工程	8000.00	2016—2018	是

续表

序号	市、县、镇	项目名称	总投资（万元）	计划开竣工时间	是否同意招商相关公布信息
23	宝清县七星泡镇	宝清县七星泡镇污水处理厂工程	5206.00	2018—2020	是
24	宝清县青原镇	宝清县青原镇污水处理厂工程	4521.00	2018—2020	是
25	饶河县饶河镇	饶河县饶河镇北污水处理厂二期工程	5000.00	2019—2020	是
26	嘉荫县朝阳镇	嘉荫县朝阳镇污泥治理工程	680.00	2016—2018	是
27	黑河市	黑河市区雨污分流改造工程	21000.00	2016—2020	是
28	明水县明水镇	明水县污水处理厂改扩建工程	3000.00	2017—2018	是
29	抚远市通江乡	抚远市通江乡排水、排污、污水处理工程	4800.00	2017—2018	是
30	抚远市寒葱沟镇	抚远市寒葱沟镇污水治理工程	4500.00	2017—2018	是
31	兰西县兰西镇	兰西县污泥处置工程	2300.00	2016.6—11	是
32	兰西县兰西镇	兰西县污水处理厂升级改造工程	25500.00	2017.6—2018.11	是
33	望奎县通江镇	望奎县通江镇污水处理工程	5500.00	2017—2018	是
五、垃圾治理PPP项目（20项）					
1	延寿县延寿镇	延寿县垃圾固体废弃物资源化处理工程	6000.00	2016.6—2016.12	是
2	通河县浓河镇	通河县浓河镇垃圾无害化处理工程	1954.00	2017—2018	是
3	穆棱市兴源镇	穆棱市兴源镇生活垃圾无害化填埋处理工程	1800.00	2017—2018	是
4	大庆市	大庆市餐厨废弃物处理工程	14759.00	2016—2017	是
5	大庆市林源镇	大庆市林源镇建垃圾中转站工程	1000.00	2016—2017	是
6	肇源县肇源镇	肇源县垃圾中转站工程	520.00	2016.5—2016.8	是
7	肇源县肇源镇	肇源县城市生活垃圾无害化处理二期工程	4110.00	2016—2020	是
8	密山市密山镇	密山市生活垃圾焚烧发电工程	15000.00	2017—2018	是

续表

序号	市、县、镇	项目名称	总投资（万元）	计划开竣工时间	是否同意公布相关招商信息
9	肇州县肇州镇	黑龙江省肇州县垃圾处理二期工程	4110.00	2016—2020	是
10	双鸭山市	双鸭山市垃圾焚烧发电工程	35000.00	2016—2018	是
11	宝清县宝清镇	宝清镇垃圾中转站工程	1400.00	2016—2017	是
12	宝清县青原镇	宝清县青原镇垃圾转运站工程	832.00	2019—2020	是
13	饶河县饶河镇	饶河县第二垃圾处理场工程	10000.00	2018—2019	是
14	饶河县饶河镇	饶河县饶河镇垃圾存量垃圾治理工程	300.00	2016—2017	是
15	嘉荫县朝阳镇	嘉荫县朝阳镇垃圾存量治理工程	1800.00	2017—2019	是
16	勃利县双河镇	勃利县双河镇垃圾处理工程	550.00	2016—2018	是
17	明水县明水镇	明水县明水镇城市生活垃圾处理厂工程	11000.00	2015—2016	是
18	明水县明水镇	明水县垃圾存量治理工程	6400.00	2016—2018	是
19	望奎县通江镇	望奎县通江镇供水工程	5000.00	2016—2017	是
20	青冈县青冈镇	青冈县青冈镇垃圾处理场工程	3446.72	2009—2011	是

上海市文件（1个）

上海市人民政府办公厅关于印发《本市推广政府和社会资本合作模式的实施意见》的通知

（沪府办发〔2016〕37号）

各区、县人民政府，市政府各委、办、局：

经市政府同意，现将《本市推广政府和社会资本合作模式的实施意见》印发给你们，请认真按照执行。

上海市人民政府办公厅
二〇一六年八月二十九日

本市推广政府和社会资本合作模式的实施意见

为加快政府职能转变，鼓励和引导社会投资，提高公共产品和服务供给能力和效率，根据《国务院关于创新重点领域投融资机制鼓励社会投资的指导意见》（国发〔2014〕60号）、《国务院办公厅转发财政部发展改革委人民银行关于在公共服务领域推广政府和社会资本合作模式指导意见的通知》（国办发〔2015〕42号）和国家发展改革委和财政部等部门关于推广政府和社会资本合作（Public - Private Partnership，简称"PPP"）模式的要求，现就本市推广政府和社会资本合作模式提出如下实施意见：

一、基本原则

（一）转变职能、平等合作

牢固树立平等意识和合作观念，厘清政府与市场边界，促进政府与社会资本分工合作。政府负责政策制订、发展规划、市场监管和指导服务，社会资本承担项目建设、运营和维护。政府从公共产品的直接提供者转变为社会资本的合作者和PPP项目的监管者。

（二）风险分担、利益共享

合理分配风险，原则上项目设计、建设、运营等商业风险由社会资本承担，法律、政策调整和最低需求风险由政府承担，自然灾害等不可抗力风险由双方共同承担。在满足公益性功能或服务的前提下，通过授予特许经营权、核定价费标准、财政合理补贴等方式，建立合理的投资回报机制。加强项目成本监测，既要充分调动社会资本积极性，又要防止不合理让利或利益输送。

（三）依法合规、公开透明

树立契约理念，坚持互利互惠、严格履约。将政府和社会资本合作纳入法制化轨道，建立健全制度体系，保护参与各方的合法权益，明确全生命周期管理要求，确保项目规范实施。实行阳光运作，在项目选择、方案审查、伙伴确定、价格管理、退出机制、绩效评价等方面，完善制度设计，确保项目实施决策科学、程序规范、过程公开、责任明确。依法充分披露政府和社会资本合作项目重要信息，保障公众知情权，对参与各方形成有效监督和约束。

（四）科学评估、公众受益

在项目选择时，要充分评估论证，与传统的政府直接建设运营方式进行比较分析，确保采用PPP模式后，将政府的政策目标、社会目标和社会资本的运营效率、技术进步有机结合，能够明显提高服务质量和效率，降低项目成本或使用者成本，促进社会资本竞争和创新，实现公共利益最大化。

（五）能力论证、量力而行

对于政府出资、付费或提供财政补贴、承担或有支出责任的项目，要切实做好财政承受能力论证，在明确项目收益与风险分担机制时，要综合考虑政府风险转移意向、支付方式和市场风险管理能力等要素，量力而行，减少政府不必要的财政负担。

（六）先行试点、稳步推进

鼓励行业主管部门因地制宜、探索符合行业特点的模式。优先选择部分收费定价机制透明、投资规模相对较大、价格调整机制灵活、市场化程度相对较高、需求长期稳定、具备一定现金流的项目进行试点，在总结试点经验的基础上，逐步全面推广。

二、基本框架

（一）适用范围

PPP模式主要适用于政府负有提供责任又适宜市场化运作的公共服务和基础设施项目。其中，在能源、交通运输、水利、环境保护、市政工程等基础设施和公共事业等领域实施特许经营的项目，根据国家和本市相关规定执行。

（二）操作模式

1. 对于具有明确的收费基础，并且使用者付费能够完全覆盖投资成本的新建经营性项目，可通过政府授予特许经营权，采用建设-运营-移交、建设-拥有-运营-移交等模式推进，积极推动自然垄断行业逐步实行特许经营。

2. 对于使用者付费不足以覆盖投资成本、需政府补贴部分资金或资源的新建准经营性项目，可通过政府授予特许经营权加部分补贴或直接投资参股等措施，采用建设-运营-移交、建设-拥有-运营等模式推进。

3. 对于已建成的基础设施或已有的公共服务，根据项目实际情况，可采用委托运营、转让-运营-移交、改建-运营-移交、管理合同等模式推进。

鼓励在基础设施、公用事业领域开展试点，鼓励新建项目和已建成项目同步推进，鼓励PPP项目运作模式创新。

（三）实施程序

有关行业主管部门是PPP项目推进的责任主体，由行业主管部门负责PPP项目前期论证及实施方案编制，相关费用列入年度预算。发展改革、财政部门牵头，会同住房城乡建设管理、规划国土资源、环保和行业主管部门等按照各自职责，对实施方案进行联合初步审核，其中：发展改革部门牵头负责审核项目行业准入及项目可行性等；财政部门牵头负责项目物有所值评价、财政承受能力论证等。同级政府审核PPP项目实施方案。PPP项目实施方案审核通过后，由行业主管部门或政府授权的单位负责合作伙伴选择、项目合同签订、项目推进实施、过程监管及项目接收等。

（四）实施方案

PPP项目实施方案主要包括：合作伙伴选择方式、项目投资计划及融资方案、项目前期工作、建设和运营方式、资金投入方式、收入和回报、项目移交、不可抗力和法律变更、合同解除、违约责任、争议解决方式、各方认为应约定的其他事项等内容。同时，实施方案要明确经济技术指标、经营服务标准、投资概算构成、投资回报方式、价格机制、财政补贴等核心事项。

（五）伙伴选择

PPP项目实施方案审议通过后，由行业主管部门或政府授权的单位按照《中华人民共和国招标投标法》、《中华人民共和国政府采购法》及有关规定，根据"公开、公平、公正、择优、高效"的原则，通过招标等竞争方式，综合评估项目合作伙伴的专业资质、技术能力、管理经验、经营能力、财务实力及信用状况等因素，择优选择诚实可信、安全可靠的合作伙伴，避免低价恶性竞争。

（六）履约责任

由行业主管部门或政府授权的单位与合作伙伴签订PPP项目合同。由行业主管部门或政府授权的单位会同相关部门根据行业特点，研究提出合同范本。合同范本参照《国家发展改革委关于开展政府和社会资本合作的指导意见》（发改投资

〔2014〕2724号）和《政府和社会资本合作项目通用合同指南》（2014版）、财政部《关于印发政府和社会资本合作模式操作指南（试行）的通知》（财金〔2014〕113号）等有关要求。在合同中，应明确约定双方的责任、权利和义务，并增加禁止性条款，如不得承诺固定回报及政府托底等。

（七）回报机制

PPP模式是在基础设施及公共服务领域建立的一种全生命周期合作关系，社会资本通过使用者付费和必要的政府补贴等获得合理投资回报。回报机制遵循收益合理共享、风险合理分担，切实考虑社会资本的合理收益的原则。

（八）价格机制

按照"补偿成本、合理收益、节约资源，社会可承受"的原则，加强投资和服务成本监审。积极推进公共服务领域的价格改革，加快理顺公共服务价格机制。依据项目运行情况和绩效评价结果，健全公共服务价格调整机制。行业主管部门要加快制定行业成本规制，不断加强管理，明确界定企业成本费用开支内容、标准、范围，理顺成本规制的工作机制和评价程序。完善成本监审制度，进一步明确各领域定价成本的构成项目、核定方法和标准等，完善定价、调价监审及定期监审制度与程序，及时披露项目运行中的成本变化、公共服务质量等信息，提高定价调价的透明度。

（九）监管体系

行业主管部门要制定不同领域的行业技术标准、公共产品或服务的技术规范，加强对公共产品或服务的质量监管。建立事前设定绩效目标、事中进行绩效跟踪、事后进行绩效评价的全生命周期绩效管理机制。按照诚信践诺的要求，加强信用体系建设，强化社会资本的自律约束，建立独立、透明、可问责、专业化的PPP项目监管体系，形成政府监管部门、投资者、社会公众等共同参与的监督机制。

（十）退出机制

树立平等协商的理念，按照权责对等原则，合理分担项目风险，健全纠纷解决和风险防范机制。设计合同条款时，要明确退出安排、应急和临时接管预案等关键内容和退出路径。如遇不可抗力或违约事件导致项目提前终止时，行业主管部门或相关单位要及时做好接管，保障项目设施持续运行，保证公共利益不受侵害。如单方构成违约的，违约方应承担违约责任。项目合作结束后，行业主管部门或相关单位应做好接管工作，妥善处理资产交接等相关事宜。

三、保障措施

（一）建立PPP项目协调推进机制

由发展改革、财政部门牵头，会同住房城乡建设管理、规划国土资源、环保和行业主管部门等，建立PPP项目协调推进机制，确保各项政策措施落到实处，保障本市PPP项目的顺利推进。根据本市"两级政府、分级管理"的特点，各地区可结合本地实际,自行制订本地区PPP项目管理办法。市行业主管部门要按照各自职能对PPP项目进行事前、事中、事后监管,并做好对各地区的指导工作。

(二)规范PPP项目配套措施

加快建立本市推进PPP项目配套制度,根据实际情况,适时研究出台本市PPP项目操作细则、绩效评价管理办法以及项目运营、监管和退出管理办法等配套文件,以加强项目的风险管控,确保PPP工作规范有序运行。实行多样化土地供应政策,保障PPP项目建设用地。对符合划拨用地目录的项目,可按照划拨方式供地,划拨土地不得改变土地用途。

(三)创新PPP项目金融支持政策

积极开展建设资金多元化研究,创新金融服务。各金融机构要充分发挥政策导向功能,提升金融服务水平,为PPP项目提供资金支持。按照市场化运作原则,引入专业化合作机构,吸引社保基金、保险资金及其他社会资本共同参与PPP项目建设。支持PPP项目采用企业债券、项目收益债券、公司债券、中期票据等债务融资工具方式募集建设资金。创新信贷服务,研究开展收费权、特许经营权、政府购买服务协议预期收益、集体土地承包经营权质押贷款等担保创新类贷款业务,引导金融机构加大对社会资本参与项目的信贷支持力度。

(四)加强推进PPP项目实施能力建设

注重培育和引进PPP项目实施的高层次专业人才,认真做好PPP模式理论研究和案例分析,组织开展各类PPP项目业务培训,指导政府部门和企业相关人员熟悉PPP项目的运作模式、操作流程、风险防控等管理全流程要点。引入第三方力量,积极购买咨询、法律、会计等中介机构服务,加强本市PPP项目实施能力建设。积极搭建信息平台,建设PPP项目储备库和专家库,提升PPP项目实施水平。同时,依托本市公共信用信息服务平台建设,建立PPP项目信用名单制度,对PPP项目实施中有关单位、个人等失信行为进行记录,并向社会公布,以形成推进PPP模式的良好环境。

开展PPP是创新重点领域投融资机制的重要举措,对稳增长、促改革、调结构、惠民生、防风险具有重要作用。各地区、各部门、各单位要从大局出发,进一步提高认识,加强组织领导,健全工作机制,切实履行职责,共同搞好PPP项目的统筹规划、综合协调和推进实施,发挥好投资对经济增长的关键作用。市发展改革委、市财政局要会同有关部门加强对本实施意见落实情况的督促检查和跟踪分析,重大问题及时向市政府报告。

江苏省文件（6个）

江苏省财政厅转发财政部关于实施政府和社会资本合作项目以奖代补政策的通知

（苏财金〔2016〕7号）

各市、县财政局：

为贯彻落实《国务院办公厅转发财政部　发展改革委　人民银行关于在公共服务领域推广政府和社会资本合作模式指导意见的通知》（国办发〔2015〕42号）有关精神，通过以奖代补方式支持政府和社会资本合作（PPP）项目规范运作，保障PPP项目实施质量，财政部下发了《关于实施政府和社会资本合作项目以奖代补政策的通知》（财金〔2015〕158号），现转发给你们。请各地财政部门对照文件要求，加大工作力度，推动试点项目落地，做好相关申报准备工作。

附件：财政部关于实施政府和社会资本合作项目以奖代补政策的通知（略）

江苏省财政厅

二〇一六年二月十五日

江苏省财政厅关于印发《政府和社会资本合作（PPP）项目奖补资金管理办法》的通知

（苏财规〔2016〕25号）

各市、县财政局：

为贯彻落实《省政府关于在公共服务领域推广政府和社会资本合作模式的实施意见》（苏政发〔2015〕101号）精神，调动各地加快PPP项目实施的积极性，进一步推动我省政府和社会资本合作（PPP）工作开展，省财政研究制定了《政府和社会资本合作（PPP）项目奖补资金管理办法（试行）》，现印发给你们，请遵照执行。

附件：政府和社会资本合作（PPP）项目奖补资金管理办法（试行）

江苏省财政厅
二〇一六年六月十五日

附件：

政府和社会资本合作（PPP）项目奖补资金管理办法（试行）

第一条 为贯彻落实《省政府关于在公共服务领域推广政府和社会资本合作模式的实施意见》（苏政发〔2015〕101号）和《江苏省关于推进政府和社会资本合作（PPP）模式有关问题的通知》（苏财金〔2014〕85号）精神，进一步推动我省政府和社会资本合作（PPP）工作开展，拓宽基础设施建设、公共服务项目和新型城镇化建设投融资渠道，提高公共产品供给质量和效率，特制定本办法。

第二条 省财政设立政府和社会资本合作（PPP）项目奖补资金（以下简称"PPP项目奖补资金"），充分调动各级政府和部门推广PPP模式的积极性，鼓励融资平台存量项目采用PPP模式改造，支持我省PPP试点示范项目规范开展，形成一批可复制、可推广的PPP项目示范案例，推动更多PPP项目落地实施。

第三条 PPP项目奖补资金支持范围包括财政部及省试点示范PPP项目。

第四条 申报奖补资金的PPP项目应符合以下条件：

（一）列入财政部和省试点示范的PPP项目。

（二）在规定的时间内已完成项目实施落地，即：每年度公布的试点示范项目应在下一个年度内完成项目方案编制并报省财政PPP办公室备案、项目采购等程序。

（三）申报的试点示范项目须符合国家、财政部、省政府、省财政等出台的一系列相关制度文件，并严格遵守项目操作流程，通过省级政府采购平台公开招选了社会资本方，充分引入竞争机制，公开择优选择合作方，保证项目实施质量。项目实施机构与中标的社会资本方应已签署PPP项目合同，并按规定公示。

（四）试点示范项目在申报奖补资金时，应已按方案及合同规定设立了项目公司，完成了工商登记等手续。

（五）申报的试点示范项目应已纳入财政部PPP项目综合信息平台系统管理，并随着项目五个发展阶段，及时更新填报系统中的项目进展信息，填报内容真实、详细、完整。

第五条 不符合试点示范项目要求被调出试点示范项目名单的项目，以及超过规定时间未落地的项目，不享受奖补政策。

第六条 各地财政部门应在试点示范PPP项目公司成立后，按照本管理办法要求组织向省财政厅报送奖补资金申报材料。申报材料包括：

（一）财政部门正式行文的奖补资金申请报告；

（二）PPP项目奖补资金申请表（见附表）；

（三）省级财政专项资金项目申报信用承诺书（苏财规〔2016〕10号）；

（四）项目正式签署的PPP项目合同文本复印件；

（五）项目公司成立的工商登记证明复印件；

（六）其他相关证明材料。

第七条 省财政厅PPP办公室负责具体组织实施项目评审工作，对各地申报奖补的PPP项目材料进行综合评审，对奖补项目进行公示。

第八条 对符合要求的PPP试点示范项目，省财政将按社会资本方出资的项目资本金金额（正式签署的合同金额），按以下比例计算给予奖补：

社会资本方出资的项目资本金金额（分段计算）	奖补比例
不满5000万元的部分	不超过5%
5000万元以上不满1亿元的部分	不超过4%
1亿元以上不满2亿元的部分	不超过3%
2亿元以上不满5亿元的部分	不超过2%
5亿元以上部分	不超过1%

省财政将根据年初预算安排情况，确定具体项目奖补比例。对省辖市范围的单个PPP项目最高奖补金额不超过2000万元，对县（市）范围的单个PPP项目最高奖补金额不超过1000万元。

第九条 PPP项目奖补资金由各地财政部门统筹用于项目全生命周期过程中的各项财政支出，包括项目前期费用补助、运营补贴及与PPP项目相关的其他支出。

第十条 各地财政部门应做好PPP项目奖补资金申报、初审、拨付的组织和协调工作，加强奖补资金使用的监督和管理，保证奖补政策落到实处，为推广PPP模式创造良好环境。要切实提高资金使用效益，加快项目实施进度，形成一批管理水平高、综合效益好、示范作用强的优质项目。使用PPP项目奖补资金的单位，应当自觉接受审计部门、财政部门以及业务主管部门的监督检查，及时提供相关资料。

第十一条 任何单位或个人不得骗取、截留、挪用PPP项目奖补资金。对PPP项目奖补资金使用管理中存在财政违法行为的单位及个人，依照《中华人民共和国预算法》、《财政违法行为处罚处分条例》等有关规定进行处理。

第十二条 省财政厅将根据工作实际对PPP试点示范项目后续进展进行跟踪，对资金使用情况进行监督检查。对出现项目签约后一年内不开工建设的、项目的运行模式改变不符合PPP要求的、社会资本方提前撤资或出资比合同约定金额减少等情况的，省财政厅将追回相关奖补资金。

第十三条 本办法自2016年7月15日起施行。

附表：

江苏省PPP项目奖补资金申请表

填报单位（盖章）：　　　　　　　　　　　填报日期：　　年　　月　　日

项目名称		项目领域		项目类型（新建、改扩建、存量）	
实施机构		项目总投资（万元）		项目资本金（万元）	
PPP的运作方式		PPP合作期限		政府方股权比例	
政府采购方式		政府采购结果公示时间		社会资本方股权比例	
合作的社会资本方		PPP项目合同签署时间		项目公司成立时间	
运营期政府共计需安排补贴（万元）		项目投资内部收益率（%）		社会资本方投入资本金的内部收益率（%）	

续表

项目立项、可研、环评、用地、规划、建设等手续的完成进度情况			
项目通过物有所值评价及财政承受能力论证情况，项目实际化解地方政府存量债务情况			
社会资本方投入项目资本金金额（万元）		申请奖励资金金额（万元）	
备注			

江苏省财政厅关于 2016 年度第一批政府和社会资本合作（PPP）项目入库的通知

（苏财金〔2016〕34 号）

各市、县财政局：

为贯彻落实《省政府关于在公共服务领域推广政府和社会资本合作模式的实施意见》（苏政发〔2015〕101 号）精神，根据《江苏省财政厅关于做好 2016 年度 PPP 项目入库和试点工作的通知》（苏财金〔2016〕14 号）相关规定，省财政厅 PPP 办公室对各市、县申报的项目进行了审核，确定了南京市江北新区核心区综合管廊二期工程等 131 个项目，总投资 2100.77 亿元作为江苏省 2016 年度第一批 PPP 入库项目。至此，我省 PPP 入库项目已实现全省市县全覆盖。

各市、县财政部门要高度重视 PPP 项目入库工作，及时将已被纳入省 PPP 项目库的项目信息填报财政部综合信息平台，分批组织实施。要认真履行财政牵头职能，会同行业主管部门和项目实施机构，严格按国家和省出台的一系列制度要求规范实施 PPP 项目。

附件：江苏省 2016 年第一批 PPP 入库项目名单

江苏省财政厅

二〇一六年六月二十八日

附件：

江苏省 2016 年第一批 PPP 入库项目名单

序号	地区	项目名称	领域	总投资（亿元）
1	南京	南京市江北新区核心区综合管廊二期工程	市政工程	38.90
2	南京	南京秣陵新市镇安置房项目	保障性安居工程	45.00
3	南京	南京紫金（江宁）科技创业启动区项目	片区开发	28.50
4	南京	上秦淮湿地环境改造及旅游文化建设项目	生态建设和环境保护	50.00
5	南京	002 省道南京浦口段建设项目	交通运输	12.62
6	南京	巩固 8 号地块保障房建设项目	保障性安居工程	14.01
7	南京	浦口新市镇建设项目	片区开发	14.20

续表

序号	地区	项目名称	领域	总投资（亿元）
8	南京	大新10号地块保障房建设项目	保障性安居工程	14.40
9	南京	珠江污水处理厂中水厂建设工程	市政工程	0.55
10	南京	南京市浦口区求雨山文化创意产业园项目	片区开发	110.98
11	南京	S508延陵路项目	交通运输	5.70
12	南京	江北新区丰子河大道建设项目	市政工程	69.00
13	南京	浦口经济开发区中小企业科技产业园项目	片区开发	20.00
14	无锡	无锡市滨湖区唐巷幼儿园项目	教育	0.40
15	无锡	无锡市太湖新城睦邻中心项目	市政工程	5.00
16	无锡	无锡古庄生态农业科技园项目	农业	12.09
17	江阴	江阴市政府信息化项目	科技	3.00
18	宜兴	宜兴环保科技工业园环科新城基础设施配套项目	片区开发	17.15
19	宜兴	宜兴市丁山养护院项目	养老	2.08
20	徐州	迎宾大道高架快速路项目	市政工程	26.91
21	徐州	城东高架快速路项目	市政工程	46.43
22	徐州	新淮海西路综合管廊项目	市政工程	2.60
23	徐州	第二垃圾焚烧厂项目	市政工程	18.00
24	徐州	第二地面水厂配套清水管网一期、二期工程项目	市政工程	6.45
25	徐州	徐州一中迁建项目	教育	7.34
26	徐州	徐州吕梁山·国际数字文化产业园产城融合项目	片区开发	180.00
27	徐州	徐州双楼物流园区疏港公路及棚户区安置项目	片区开发	11.00
28	沛县	沛县交通道路建设工程项目	交通运输	9.20
29	沛县	沛县港迁建工程项目	交通运输	12.00
30	沛县	沛县综合客运枢纽项目	交通运输	2.80
31	沛县	沛县产业集聚区项目	片区开发	8.50
32	沛县	沛县科技创业园项目	片区开发	7.60
33	丰县	丰县开发区第十一期棚户区建设工程	保障性安居工程	8.30
34	常州	常州市路网完善项目	市政工程	30.00
35	常州	常州市生态绿城建设项目	生态建设和环境保护	16.80
36	常州	常州市新北区2015—2016年重点基础设施一期项目	市政工程	12.22

续表

序号	地区	项目名称	领域	总投资（亿元）
37	常州	常州市新北区2015—2016年重点基础设施二期项目	市政工程	10.39
38	溧阳	溧阳市区域治污工程	市政工程	11.69
39	苏州	苏州高新区有轨电车1号线延伸线项目	市政工程	18.58
40	常熟	农村分散式污水处理一期项目	市政工程	2.70
41	昆山	昆山市琅环里停车楼工程项目	市政工程	0.32
42	海门	海门经济技术开发区大学科技园项目	片区开发	12.00
43	海门	联合环境水务（海门）有限公司日处理2万吨污水处理项目	市政工程	1.97
44	如东	江苏洋口港临港工业区三期匡围及基础设施配套项目	交通运输	9.49
45	连云港	中医老年养护院项目	养老	1.27
46	连云港	徐圩新区达标尾水排海工程	市政工程	7.20
47	连云港	徐圩新区产业大道（方洋路—苏海路）工程（原港前四路）项目	市政工程	1.15
48	东海	东海县生活垃圾焚烧发电项目	能源	3.60
49	灌云	灌云县5万吨/日新建水厂项目	市政工程	2.50
50	淮安	淮安港市区港区黄码作业区	交通运输	50.00
51	淮安	中国运河文创中心项目	文化	20.00
52	淮安	淮安市里运河文化长廊—板闸遗址公园项目	旅游	1.00
53	淮安	淮安市里运河文化长廊—萌宠乐园项目	旅游	2.36
54	淮安	淮安市区备用水源工程项目	市政工程	4.04
55	淮安	新城高级中学项目	教育	3.50
56	淮安	淮安养老养生产业园一期适老社区项目	养老	12.00
57	淮安	淮阴区渔沟镇新型城镇化建设工程（一期）项目	片区开发	6.25
58	洪泽	洪泽县食品科技产业园污水处理项目	市政工程	1.00
59	洪泽	洪泽县"国防园、民防园"项目	市政工程	5.95
60	洪泽	洪泽县芳草谷项目	片区开发	2.57
61	洪泽	锦绣三河人居环境建设工程项目	片区开发	10.06
62	洪泽	美丽岔河智慧小镇项目	片区开发	27.65

续表

序号	地区	项目名称	领域	总投资（亿元）
63	洪泽	洪泽县朱坝街道高铁新区项目	片区开发	33.89
64	洪泽	洪泽县高良涧街道王集新田园社区项目	片区开发	16.70
65	洪泽	洪泽县西顺河镇福地顺河渔家风情镇旅游项目	旅游	15.00
66	洪泽	洪泽县东双沟镇新型城镇化建设工程项目	片区开发	12.71
67	洪泽	江苏淮安食品科技产业园道路及基础设施配套项目	片区开发	14.11
68	洪泽	洪泽经济开发区东一道和东五道改建工程项目	市政工程	1.50
69	洪泽	洪泽经济开发区幸福大道、黄海路等提升改造，创新路及桥梁建设工程项目	市政工程	3.50
70	洪泽	洪泽县交通新村棚户区改造工程项目	保障性安居工程	12.88
71	洪泽	洪泽县滨湖新区颐养社区开发项目	养老	19.18
72	金湖	美丽金湖全域生态环境保护项目	旅游	10.28
73	金湖	智慧金湖"平安荷都"项目	科技	2.50
74	盱眙	盱眙港口、产业园及道路建设项目	交通运输	45.00
75	盱眙	盱眙生活垃圾焚烧发电项目	能源	5.70
76	涟水	涟水县电子商务产业园二期及配套工程项目	片区开发	13.35
77	涟水	涟水经济开发区污水处理项目	市政工程	1.60
78	涟水	涟水县保卫战纪念馆及其配套工程	文化	1.65
79	涟水	涟水县高沟镇整区域城镇化建设项目	片区开发	21.50
80	涟水	涟水县今世缘小镇基础设施建设项目	片区开发	4.20
81	涟水	保滩镇镇区安置点金宝新苑	保障性安居工程	1.94
82	盐城	盐城市新水源地及引水工程	市政工程	52.34
83	阜宁	江苏阜宁金沙湖基础配套设施建设及环境综合治理项目	生态建设和环境保护	17.50
84	响水	江苏省响水县城东综合三甲医院项目	医疗卫生	25.50
85	射阳	射阳县新城区医院	医疗卫生	14.00
86	建湖	建湖县康馨园建设项目	养老	5.00
87	扬州	扬州大学广陵学院搬迁项目	教育	16.80
88	扬州	扬州西区新城新盛拓展区开发项目	片区开发	36.36
89	扬州	江苏旅游职业学院项目	教育	12.00
90	扬州	南部体育公园项目	体育	3.00

续表

序号	地区	项目名称	领域	总投资（亿元）
91	宝应	宝应县人民医院医养融合项目	医疗卫生	7.00
92	宝应	宝应县体育公园项目	体育	5.00
93	高邮	S333省道高邮东段改扩建工程项目	交通运输	15.46
94	高邮	高邮港城东作业区项目	交通运输	5.00
95	高邮	高邮市盐河两岸改造项目	片区开发	46.00
96	高邮	高邮市环湖健康生态风光带工程项目	旅游	6.14
97	仪征	铜山体育小镇及周边区域项目	体育	30.00
98	仪征	综合客运枢纽	交通运输	3.09
99	镇江	镇江金港产业东片区基础设施建设项目	片区开发	14.56
100	丹阳	丹阳市智慧城市项目	科技	1.34
101	句容	句容乌背山科技服务产业园综合环境整治项目	片区开发	50.00
102	扬中	璟春园生态公墓建设项目	社会保障	2.80
103	扬中	扬中市校安工程项目	教育	5.29
104	泰州	泰州市体育公园项目	体育	20.50
105	泰兴	泰州港泰兴港区七圩作业区公用码头项目	交通运输	15.37
106	兴化	兴化社会福利院	养老	1.20
107	宿迁	宿迁市综合客运枢纽项目	交通运输	30.00
108	宿迁	宿迁市区环卫保洁一体化项目	市政工程	1.10
109	宿迁	宿迁市西楚现代商城活力区建设项目	片区开发	10.00
110	宿迁	宿迁市海绵城市项目	市政工程	81.00
111	宿迁	宿城区公路交通工程项目	交通运输	11.00
112	宿迁	宿迁新盛街历史街区改造项目	旅游	10.00
113	宿迁	宿城区镇村生活污水治理项目	市政工程	30.00
114	宿迁	洋河新区古黄河生态农业观光旅游项目	旅游	12.00
115	宿迁	洋河新区古镇开发建设项目	片区开发	16.50
116	宿迁	洋河镇传统特色食品文化旅游区基础设施配建项目	旅游	1.56
117	宿迁	宿迁电商产业园公共配套设施建设项目	片区开发	18.70
118	宿迁	宿迁高新区污水处理厂项目	市政工程	1.00
119	宿迁	骆马湖旅游度假区生态环境提升工程	旅游	26.50
120	宿迁	宿迁软件园智谷小镇项目	片区开发	11.20

续表

序号	地区	项目名称	领域	总投资（亿元）
121	宿迁	苏州宿迁工业园区污水处理与再生水处理项目	市政工程	1.36
122	泗洪	泗洪县建制镇及村居污水处理工程项目	市政工程	2.60
123	泗洪	泗洪县两河三堤水环境治理暨南部新城生态环境综合治理工程	生态建设和环境保护	19.79
124	泗洪	泗洪县社会福利院养老护理院医养结合项目	养老	3.40
125	泗洪	泗洪县文化艺术中心项目	文化	2.90
126	泗洪	洪泽湖湿地公园环境整治提升运营项目	旅游	15.00
127	泗洪	泗洪县红星花园及高庄花园保障性安置房项目	保障性安居工程	12.41
128	泗洪	泗洪开发区科研孵化中心及基础设施配套建设项目	片区开发	17.63
129	泗洪	泗洪经济开发区物流园区项目	片区开发	2.60
130	泗洪	顺山集考古遗址公园项目	文化	5.00
131	泗洪	121省道宿迁双沟至靳桥段改扩建工程项目	交通运输	10.10
合　计				2100.77

江苏省财政厅关于做好 2016 年政府和社会资本合作省级试点项目工作的通知

（苏财金〔2016〕44 号）

各市、县财政局：

为贯彻落实《省政府关于在公共服务领域推广政府和社会资本合作模式的实施意见》（苏政发〔2015〕101 号）精神，进一步扩大我省政府和社会资本合作（PPP）项目实施试点范围，根据《江苏省财政厅关于做好 2016 年度 PPP 项目入库和试点工作的通知》（苏财金〔2016〕14 号）相关规定，省财政 PPP 办公室会同省级相关主管部门对已入库 PPP 项目进行了审核筛选，确定了南京市浦口区求雨山文化创意产业园项目等 57 个项目，总投资 1229.03 亿元作为江苏省 2016 年度省级 PPP 试点项目。为加快推进试点项目落地实施，现就有关事项通知如下：

一是高度重视，积极稳妥地推动试点工作。各试点项目所在地应建立由政府分管领导为组长的试点项目协调工作领导小组，组建试点项目工作班子，积极稳妥推进试点项目的正常运行。各级财政部门要在当地党委政府的领导下，主动作为，牵头组织做好本地试点项目的推动实施工作。

二是认真履行财政职能，全过程参与试点项目管理。试点项目所在地财政部门重点在物有所值评价、财政承受能力论证、项目实施方案制订（包括收益分配、风险分担、定价调价机制、退出机制、绩效监督等）、招选合作伙伴等环节参与 PPP 项目管理，加强对项目中政府资本金、后期运营补贴及各类专项资金的管理，组织开展政府平台存量项目转为 PPP 模式的相关资产评估，将已承诺的支出纳入年度财政预算、中期财政规划中统筹安排。

三是规范试点项目实施，推动项目落地。各地应严格执行部、省出台的相关制度文件，严格遵守试点项目操作流程，省以上试点项目的实施方案报当地政府审批后，报省财政厅 PPP 办公室审核备案，并通过省级政府采购平台采购。采购完成后，应将签署的主要合同文件送省财政厅 PPP 办公室备案。

四是积极申报相关奖补资金。各地应加快推进本次试点项目落地，对在 2017 年 12 月底前落地实施的项目，可根据苏财规〔2016〕25 号要求，申报江苏省 PPP 项目奖补资金。对需要 PPP 基金支持的试点项目，可按照苏财金〔2015〕91 号要求，申报江苏省PPP融资支持基金。

附件：2016年江苏省PPP试点项目名单

江苏省财政厅

二〇一六年七月十四日

附件：

2016年江苏省PPP试点项目名单

序号	地区	项目名称	领域	总投资（亿元）
1	南京	南京市浦口区求雨山文化创意产业园项目	片区开发	110.98
2	南京	南京江北新区丰子河大道建设项目	市政工程	69.00
3	无锡	无锡市太湖新城睦邻中心项目	片区开发	5.00
4	宜兴	宜兴环保科技工业园环科新城基础设施配套项目	片区开发	17.15
5	宜兴	宜兴市丁山养护院项目	养老	2.08
6	徐州	徐州城东高架快速路项目	市政工程	46.43
7	徐州	徐州新淮海西路综合管廊项目	市政工程	2.60
8	徐州	徐州第二垃圾焚烧厂项目	市政工程	18.00
9	徐州	徐州第二地面水厂配套清水管网一期、二期工程项目	市政工程	6.45
10	徐州	徐州吕梁山·国际数字文化产业园产城融合项目	片区开发	180.00
11	沛县	沛县中医院北院建设工程项目	医疗卫生	5.14
12	沛县	沛县港迁建工程项目	交通运输	12.00
13	丰县	丰县开发区第十一期棚户区建设工程项目	保障性安居工程	8.30
14	邳州	邳州市344省道邳州段项目	交通运输	13.90
15	溧阳	溧阳市区域治污工程项目	市政工程	11.69
16	如东	如东江苏洋口港临港工业区三期匡围及基础设施配套项目	片区开发	9.49
17	连云港	连云港中医老年养护院项目	养老	1.27
18	东海	东海县生活垃圾焚烧发电项目	能源	3.60
19	灌南	灌南县城东、城西生活污水处理厂项目	市政工程	1.06
20	淮安	淮安市区控源截污项目	市政工程	23.13
21	淮安	淮安市里运河文化长廊—中国漕运城项目	旅游	37.84
22	淮安	淮安新城高级中学项目	教育	3.50
23	淮安	淮安市区备用水源工程项目	市政工程	4.04

续表

序号	地区	项目名称	领域	总投资（亿元）
24	淮安	淮安养老养生产业园一期适老社区项目	养老	12.00
25	洪泽	洪泽老子山温泉小镇项目	旅游	25.00
26	洪泽	洪泽县"国防园、民防园"项目	市政工程	5.95
27	洪泽	洪泽锦绣三河人居环境建设工程项目	片区开发	10.06
28	洪泽	洪泽县朱坝街道高铁新区项目	片区开发	33.89
29	金湖	智慧金湖"平安荷都"项目	科技	2.50
30	盱眙	盱眙港口、产业园及道路建设项目	交通运输	45.00
31	涟水	涟水县电子商务产业园二期及配套工程项目	片区开发	13.35
32	盐城	盐城市新水源地及引水工程项目	市政工程	52.34
33	阜宁	江苏阜宁金沙湖基础配套设施建设及环境综合治理项目	生态建设和环境保护	17.50
34	响水	江苏省响水县城东综合三甲医院项目	医疗卫生	25.50
35	射阳	射阳县新城区医院项目	医疗卫生	14.00
36	扬州	扬州大学广陵学院搬迁项目	教育	16.80
37	扬州	扬州西区新城新盛拓展区开发项目	片区开发	36.36
38	扬州	扬州江苏旅游职业学院项目	教育	12.00
39	宝应	宝应县生活垃圾焚烧发电项目	能源	2.80
40	高邮	S333省道高邮东段改扩建工程项目	交通运输	15.46
41	高邮	高邮市盐河两岸改造项目	片区开发	46.00
42	仪征	仪征铜山体育小镇及周边区域项目	体育	30.00
43	丹阳	丹阳市智慧城市项目	科技	1.34
44	句容	句容乌背山科技服务产业园综合环境整治项目	片区开发	50.00
45	扬中	扬中璟春园生态公墓建设项目	民政	2.80
46	泰州	泰州市体育公园项目	体育	20.50
47	泰兴	泰州港泰兴港区七圩作业区公用码头项目	交通运输	15.37
48	宿迁	宿迁市三台山国际生态健康养生园项目	旅游	10.00
49	宿迁	宿城区公路交通工程项目	交通运输	11.00
50	宿迁	宿迁新盛街历史街区改造项目	片区开发	10.00
51	宿迁	宿城区镇村生活污水治理项目	市政工程	30.00
52	宿迁	宿迁洋河镇传统特色食品文化旅游区基础设施配建项目	旅游	1.56

续表

序号	地区	项目名称	领域	总投资（亿元）
53	宿迁	宿迁骆马湖旅游度假区生态环境提升工程项目	旅游	26.50
54	泗洪	泗洪县两河三堤水环境治理暨南部新城生态环境综合治理工程项目	生态建设和环境保护	19.79
55	泗洪	泗洪县社会福利院养老护理院医养结合项目	养老	3.40
56	泗洪	洪泽湖湿地公园环境整治提升运营项目	旅游	15.00
57	泗洪	泗洪经济开发区物流园区项目	片区开发	2.60
合 计				1229.03

江苏省财政厅关于做好国家第三批政府和社会资本合作示范项目实施有关问题的通知

(苏财金〔2016〕95号)

各市、县财政局:

根据《关于联合公布第三批政府和社会资本合作示范项目 加快推动示范项目建设的通知》(财金〔2016〕91号),我省南京市江北滨江大道(西江路至绿水湾南路)建设工程等14个项目被列为国家示范项目(详见附表),总投资262.75亿元。为规范推广运用政府和社会资本合作(PPP)模式,发挥示范项目引领作用,调动社会资本参与积极性,现就示范项目实施有关问题通知如下:

一、示范项目所在市、县财政部门和相关行业主管部门要高度重视,按照部、省出台的相关制度要求,科学合理编制实施方案,依法择优选择社会资本,鼓励同等条件下优先选择民营资本;规范推进项目实施,落实示范项目责任制,建立示范项目的对口联系和跟踪管理机制,确保示范项目实施质量。

二、各级财政部门要切实履行财政职能,做好物有所值评价和财政承受能力论证工作;按照部、省相关文件要求,项目落地后组织申报并及时拨付部示范项目以奖代补资金和省试点项目奖补资金;协调推动示范项目与中国政企合作投资基金、江苏省PPP融资支持基金进行合作对接;会同有关部门统筹安排财政资金、国有资产等各类公共资产和资源,完善项目回报机制,激发社会资本参与热情。

三、各级财政部门要会同相关行业主管部门按照"又快又实"的示范项目管理要求,积极推动示范项目按期落地。第一批示范项目应于2016年底前完成采购,第二批应于2017年3月底前完成采购,第三批应于2017年9月底前完成采购。示范项目建设完成后,部、省将组织专家对前期实施情况进行验收。逾期未完成采购或验收不合格的,将不再作为示范项目推广。

附件:1. 关于联合公布第三批政府和社会资本合作示范项目 加快推动示范项目建设的通知(略)
   2. 江苏省列入国家第三批PPP示范项目名单

江苏省财政厅
二〇一六年十一月九日

附件2：

江苏省列入国家第三批PPP示范项目名单

序号	项目	领域	总投资（亿元）
1	南京市江北滨江大道（西江路至绿水湾南路）建设工程	市政工程	5.15
2	南京市溧水区产业新城项目	城镇综合开发	100.00
3	无锡市太湖新城（和畅片区）睦邻中心项目	城镇综合开发	4.09
4	宜兴市丁山养护院项目	养老	3.00
5	邳州港搬迁工程项目	交通运输	14.49
6	新沂市污水处理厂改扩建项目	市政工程	2.96
7	新沂市综合管廊项目	市政工程	12.50
8	沛县供水项目	市政工程	15.04
9	淮安市主城区控源截污项目	市政工程	17.32
10	洪泽湖生态环境提升工程美丽蒋坝项目	旅游	15.83
11	盐城新水源地及引水工程项目	市政工程	38.68
12	高邮市生活垃圾焚烧发电项目	能源	6.10
13	宿迁市运河宿迁港洋北作业区码头项目	交通运输	10.01
14	宿城区镇村生活污水治理项目	市政工程	17.58
	合　计		262.75

江苏省财政厅关于申报财政部政府和社会资本合作项目以奖代补资金的通知

(苏财金〔2016〕94号)

各设区市、县财政局：

为吸引社会资本参与公共服务项目的投资、运营管理，提高公共服务供给能力和效率，财政部在普惠金融发展专项资金中设置了政府和社会资本合作（PPP）项目以奖代补资金，用于对符合条件的PPP示范项目和转型为PPP项目的地方融资平台公司存量项目给予一定奖励。资金申报要求如下：

一、对于中央财政PPP示范项目中的新建项目，财政部将在项目完成采购确定社会资本合作方后，按照项目投资规模给予一定奖励。投资规模3亿元以下的项目奖励300万元，3亿元（含3亿元）至10亿元的项目奖励500万元，10亿元以上（含10亿元）的项目奖励800万元。

二、对于转型为PPP项目的地方融资平台公司存量项目，财政部将在择优评选后，按照项目转型实际化解存量地方政府债务（政府负有直接偿债责任的一类债务）规模的2%给予奖励。相关债务须已纳入财政部地方政府债务管理系统，属于清理甄别认定的截止2014年末的存量政府债务。

三、此次申报范围为截止2015年底前完成政府采购的新建部示范项目以及符合条件的转型为PPP项目（涵盖所有省PPP入库项目）的地方融资平台公司存量项目。

四、申报材料包括以奖代补资金申请书、项目规范实施承诺书、项目实施方案、物有所值评价报告、财政承受能力论证报告、采购文件、合同文本等重要资料，以及与以奖代补资金申请或审核相关的其他材料。

请各市、县财政局对照《普惠金融发展专项资金管理办法》（财金〔2016〕85号）相关要求，将申报材料于11月14日前上报省财政厅PPP办公室，同时将电子版发送至chumin@jscz.gov.cn。

联系人：储敏　夏力

附件：财政部关于印发《普惠金融发展专项资金管理办法》的通知（略）

江苏省财政厅

二〇一六年十一月九日

浙江省文件（3个）

浙江省财政厅 浙江省发展和改革委员会 中国人民银行杭州中心支行关于在公共服务领域推广政府和社会资本合作模式的实施意见

（浙财金〔2016〕13号）

各市、县（市、区）人民政府，省政府直属各单位：

为认真贯彻落实《国务院办公厅转发财政部 发展改革委 人民银行关于在公共服务领域推广政府和社会资本合作模式指导意见的通知》（国办发〔2015〕42号）和《浙江省人民政府办公厅关于推广运用政府和社会资本合作模式的指导意见》（浙政办发〔2015〕9号）精神，创新公共服务供给机制，提高公共服务供给质量和水平，增强经济增长动力，经省政府同意，现就在公共服务领域推广政府和社会资本合作（Public – Private Partnership，以下简称PPP）模式，提出以下实施意见。

一、健全组织保障

（一）各地、各部门要充分认识推广PPP模式的重要意义，把思想和行动统一到中央和省委、省政府决策部署上来，精心组织实施，加强协调配合，形成工作合力，切实履行职责，共同抓好落实。

（二）省政府建立PPP工作联席会议制度，由省政府常务副省长担任召集人，财政、发改、人行、国土、建设、交通、环保等部门为成员单位，统筹制定全省PPP工作总体规划，指导和推动各地、各部门开展PPP工作。省财政厅、省发改委、人民银行杭州中心支行等职能部门要加强协调配合，形成工作合力，共同抓好落实。省财政厅、省发改委等相关部门加强政策沟通协调与信息交流，履行PPP工作政策制订、业务指导、信息管理等职责。省发改委、省财政厅等相关部门要加强对社会投资的引导和项目管理，做好PPP项目库建设。人民银行杭州中心支行等金融管理部门要加强对金融机构的监督和指导，引导金融机构按照风险可控、商业可持续原则支持PPP项目融资。教育、科技、民政、人力社保、国土、环保、建设、交通、水利、农业、文化、卫生计生、体育等行业主管部门要按照职责分工，结合行业特点，抓紧完善落实本领域内推广运用PPP模式的政策措施，加强对本领域内PPP工作的指导、协调和监督。

（三）市县政府要根据实际落实本级政府PPP工作的决策管理，切实强化组织保障，建立高效顺畅的协调机制，结合当地实际确定牵头部门，明确工作职责，形成工作合力，确保顺利推进实施。鼓励有条件的地方政府统筹内部机构改革需要，设立专门机构，承担PPP模式推广职责。

二、规范项目实施

（四）加快建立PPP项目库。各地要在能源、交通运输、水利、环境保护、农业、林业、科技、保障性安居工程、医疗、卫生、养老、教育、文化等公共服务领域推广运用PPP模式，建立PPP项目库。省发改委、省财政厅会同相关部门建立省级PPP项目库，做好项目储备，并向社会公开推介，吸引社会资本积极参与。在能源、交通运输、水利、环境保护、市政工程等特定领域需要实施特许经营的，按《基础设施和公用事业特许经营管理办法》执行。

（五）鼓励存量项目转化。鼓励各地将融资平台公司存量公共服务项目转型为PPP项目，引入社会资本参与改造和运营，减轻地方政府债务压力，腾出资金用于重点民生项目建设。推动投融资平台改革创新发展，对已经建立现代企业制度、实现市场化运营的，在其承担的地方政府债务已纳入政府财政预算、得到妥善处置并明确公告今后不再承担地方政府举债融资职能的前提下，可作为社会资本参与当地PPP项目。严禁融资平台公司通过保底承诺等方式参与政府和社会资本合作项目，进行变相融资。

（六）科学决策新建项目。各地政府要根据当地经济社会发展需要，结合财政收支平衡状况，统筹评估论证新建项目的经济效益和社会效益，保证决策质量。建立多部门参与的项目协调联审机制，提高项目决策质量和效率。行业主管部门或政府授权的项目实施机构应编制PPP项目实施方案，明确风险分配基本框架、项目运作方式、交易结构、合同体系、监管架构、采购方式选择等内容。财政部门要会同行业主管部门做好物有所值评估工作，并开展财政承受能力论证，发改、规划、国土、环保、建设等部门要推动PPP项目实施方案联审和项目立项审批的联动，提高审批效率。PPP项目实施方案由行业主管部门报经同级政府批准后实施。

（七）择优选择项目合作伙伴。对使用财政性资金（资产、资源）作为社会资本提供公共服务对价的PPP项目，当地政府或项目实施机构应当根据预算法、合同法、政府采购法及其实施条例等法律法规规定，选择项目合作伙伴。项目实施机构应当依托政府采购信息平台，及时、充分向社会公布项目采购信息。采购中应综合评估项目合作伙伴的专业资质、技术能力、管理经验、财务实力和信用状况等因素，依法择优选择诚实守信的合作伙伴。加强项目政府采购环节的监督管理，保证采购过程公平、公正、公开。

（八）完善PPP项目合作机制。项目实施机构或政府授权机构应与中选社会资本签署项目合同。项目合同要符合国家有关部门制定的合同指南要求，合理确定合作双方的权利与义务，按照权责对等原则合理分配项目风险，明确项目的产出说明和绩效要求、收益回报机制、退出安排、应急和临时接管预案等关键环节，实现责权利对等。

（九）规范项目执行。行业主管部门及项目实施机构要根据项目合同约定，监督社会资本或项目公司履行合同义务，严格按合同约定组织项目建设和运营，确保项目质量，提供安全、优质、高效、便利的公共服务。政府有支付义务的，应按合同约定和绩效指标向社会资本或项目公司支付费用，并执行约定的奖励条款或惩处措施。设置超额收益分享机制的，社会资本或项目公司应及时足额向政府支付超额收益。

（十）完善价格机制和动态补贴机制。加快完善公共服务领域价格的形成、调整和补偿机制。按照补偿成本、合理收益、节约资源、优质优价、公平负担的原则合理确定公共服务价格，并依据项目运行成本、社会承受能力和绩效评价结果，健全公共服务价格调整机制。完善政府价格决策听证制度，广泛听取社会资本、公众和有关部门意见，确保定价调价的科学性。及时披露项目运行过程中的成本变化、公共服务质量等信息，提高定价调价的透明度。对没有经营收入或收入不能覆盖成本和合理收益的，可通过政府付费、可行性缺口补助、资源补偿等方式给予支持。各类政府付费、可行性缺口补助应纳入财政预算，原则上不得承诺商业风险分担、固定投资回报以及法律、法规禁止的其他事项。

（十一）建立综合监督管理体系。各地要建立项目综合监管体系，保障公共服务质量。行业主管部门应根据合同约定和相关领域的行业技术标准、公共产品或服务技术规范，加强对公共服务质量和价格的监管，建立政府、公众共同参与的综合性评价体系，建立事前设定绩效目标、事中进行绩效跟踪、事后进行绩效评价的全生命周期绩效管理机制。行业主管部门、物价部门、财政部门要加强定价和可行性缺口补助监管，政府付费、可行性缺口补助、使用者付费与绩效评价挂钩，并将绩效评价结果作为调价和政府付费、可行性缺口补助的重要依据，确保公共利益。各行业主管部门及审计、国资等相关部门要在各自职责范围内做好项目管理和监督等工作，依法履行监管职责。鼓励社会公众参与项目监督，依法充分披露项目实施相关信息，切实保障公众知情权，接受社会监督。

（十二）健全争议解决机制和退出机制。健全合同争议解决机制，依法积极协调解决争议，确需变更合同内容、延长合同期限以及变更社会资本方的，由政府和社会资本方协商解决，但应当保持公共服务的持续性和稳定性。健全退出机制，政府及项目实施机构应与社会资本明确项目的退出路径，保障项目持续稳定运行，并依托各类产权、股权交易市场，为社会资本提供多元化、规范化、市场化的退出渠道。项目运行过程中社会资本退出的，应符合合同约定并征得项目实施机构同意。项目合作期满后，要按照合同约定的移交形式、移交内容和移交标准妥善做好项目移交。如遇不可抗力或违约事件导致合作提前终止时，项目实施机构应及时做好接管，保障公共利益不受侵害。

（十三）建立预警和应急机制。各地要建立健全安全预警和应急救援工作机制，提高应对突发事件的应急反应能力，妥善应对重大安全和突发事件，防范和及时化解建设运营风险。制订突发事件应急预案，并在突发事件发生后，及时启动应急预案，保障公共产品和服务的正常提供。

三、完善扶持政策

（十四）简化审批程序。进一步推进"四张清单一张网"改革，加大简政放权力度，推进投资审批事项的取消、下放，减少审批环节，提高审批效率。建立PPP项目实施方案联评联审机制，提高审查工作效率。项目合同签署后，可并行办理必要的审批手续，有关部门要简化办理手续，优化办理程序，对实施方案中已经明确的内容不再作实质性审查。项目合同签署前，政府或项目实施机构已完成立项、初步设计审查等程序的，有关部门应在项目合同签署后，按照合同约定和项目建设需要办理变更程序。

（十五）保障项目用地。实行多样化土地供应，保障项目建设用地。对符合划拨用地目录的项目，可按划拨方式供地，建成的项目经依法批准可以抵押，实现抵押权后改变项目性质应该以有偿方式取得土地使用权的，应依法办理土地有偿使用手续。不符合划拨用地目录的项目，以租赁方式取得土地使用权的，租金收入参照土地出让收入纳入政府性基金预算管理。以作价出资或者入股方式取得土地使用权的，应当以市、县人民政府作为出资人，制订作价出资或者入股方案，经市、县人民政府批准后实施。

（十六）做好金融服务。建立投融资对接服务机制，积极向政策性银行、商业银行、信托、证券、保险、基金等金融机构和其他投资者推介PPP项目。鼓励银行业金融机构积极探索适合PPP项目特点的信贷产品和模式，开展排污权、收费权、特许经营权、预期收益、政府购买协议质押等贷款业务，在政策范围内实行差异化的信贷政策，对符合条件的PPP项目可适当延长贷款期限，贷款利率可适当优惠。鼓励符合条件的项目运营主体在资本市场通过发行公司债券、企业债券、中期票据、定向票据等市场化方式进行融资。鼓励项目公司发行项目收益债券、项目收益票据、资产支持票据等。鼓励社保资金、保险资金、股权投资基金以及其他专业投资机构按照市场化原则，创新运用债权投资计划、股权投资计划、项目资产支持计划等多种方式参与项目。创新支持项目公司利用外国政府、国际金融组织贷款和清洁发展委托贷款，为项目提供长期稳定、低成本的融资资金。

（十七）加大财税支持。有效统筹财政资金，综合运用投资补助、财政补贴、贷款贴息等形式，支持 PPP 项目建设。在安排政府投资时，同等条件下优先支持采用 PPP 模式项目。创新财政投入方式，探索采取股权投资等方式支持 PPP 项目，省财政出资 100 亿元设立浙江省基础设施投资（含 PPP）基金，发挥政府性资金杠杆效应，吸引金融资本、产业资本参与，通过股权投资等方式支持 PPP 项目融资。鼓励各地及金融机构、社会资本等发起设立 PPP 领域投资基金。落实税费优惠政策，公共服务项目采取政府和社会资本合作模式的，可按规定享受相关税收和行政事业性收费优惠政策。实施 PPP 综合奖补政策，支持 PPP 示范市县建设，促进 PPP 项目签约、开工。根据中央出台的以奖代补政策，财政部将择优对符合条件、规范实施的转型为 PPP 项目的地方融资平台公司存量项目，按项目转型实际化解地方政府存量债务规模给予一定奖励。

四、优化发展环境

（十八）加强能力建设。大力培养专业人才，加快形成政府部门、高校、企业、专业咨询机构联合培养人才的机制。鼓励各类市场主体加大人才培训力度，开展业务人员培训，建设一支高素质的专业人才队伍。积极培育和引入为 PPP 项目提供第三方专业服务的中介机构和专家库，提高 PPP 项目科学化、规范化管理水平。

（十九）建立信息平台。建立全省统一的信息发布平台和项目管理平台。及时向社会公开项目实施情况等相关信息，确保项目实施公开透明、有序推进。对全省 PPP 项目进行跟踪、监督和管理，保障 PPP 项目规范运作。

（二十）加强宣传引导。加强社会舆论引导，通过媒体宣传增进政府、社会公众与市场主体对 PPP 模式的认可度。建立 PPP 项目公众参与机制，建立及时畅通的信息渠道，保障公众对 PPP 项目经营活动的知情权、建议权。

浙江省财政厅
浙江省发展和改革委员会
中国人民银行杭州中心支行
二〇一六年三月三日

浙江省财政厅关于印发浙江省基础设施投资（含 PPP）基金管理办法的通知

（浙财建〔2016〕44 号）

各市、县（市、区）人民政府（宁波不发），省级有关单位：

为规范我省基础设施投资（含 PPP）基金运作与管理，经省政府同意，现将《浙江省基础设施投资（含 PPP）基金管理办法》印发给你们，请遵照执行。

浙江省财政厅
二〇一六年四月十五日

浙江省基础设施投资（含 PPP）基金管理办法

第一章 总 则

第一条 为规范和加强浙江省基础设施投资（含 PPP）基金的运作与管理，深化政府投融资体制改革，充分发挥政府基金的导向作用，鼓励和引导社会资本进入基础设施和公共服务领域，促进我省经济和社会发展，根据《国务院关于创新重点领域投融资机制鼓励社会投资的指导意见》（国发〔2014〕60 号）、《财政部关于印发〈政府投资基金暂行管理办法〉的通知》（财预〔2015〕210 号）和《浙江省人民政府关于进一步促进全省经济平稳发展创新发展的若干意见》（浙政发〔2015〕18 号）等有关文件精神，特制定本管理办法。

第二条 浙江省基础设施投资（含 PPP）基金（以下简称"省基金"）由省政府引导设立，按照"政府引导、市场化运作、分级分类管理、风险可控"的原则进行运作管理。

第三条 省基金初期规模为 100 亿元，资金来源为省财政拨款。主要通过参股省级子基金和市县子基金的形式，引导市县政府并共同吸引社会资本投入。以后视运作和管理情况经省政府批准后逐步扩大规模。

第四条 省基金采用承诺制出资，一次认缴，分期到位。省基金存续期：2016—

2025 年。确需延长存续期时，须按规定程序报批。

第二章　管理机构和职责分工

第五条　基金成立投资决策委员会（以下简称"投决会"）。省政府授权省财政厅履行政府出资人职责，投决会办公室设在省财政厅。投决会及其办公室职能由省政府另行制定。

第六条　省财政厅授权浙江省金融控股有限公司（以下简称"省金融控股公司"）代行出资人职责，组建省基础设施投资基金有限公司（以下简称"基金公司"）。基金公司按《公司法》规定要求设立董事会和监事会，不设日常经营机构，委托浙江金控投资管理有限公司（以下简称"基金管理公司"）负责省基金的日常经营管理。

基金管理公司主要职责：参与投资项目入股谈判等前期工作，拟定章程或合伙协议，进行基金专业化运作，定期向省金融控股公司报送基金运作情况。

第三章　投资原则、范围和方式

第七条　省基金投资项目应符合国家和省委、省政府经济发展战略和产业政策，符合本地区、本行业中长期发展规划，并已纳入省级投资项目储备库、省级PPP推荐项目库、省级政府投资项目计划，着力支持重大基础设施和公共服务项目建设，充分发挥有效投资对经济增长和转型升级的推动作用。

第八条　省基金主要投向浙江省境内的基础设施项目和公共服务项目，包括综合交通、市政公用、环境保护、社会事业、保障房等基础设施和公共服务领域等项目，重点支持通过物有所值评价和财政承受能力论证的纳入省部级项目库的 PPP 项目，以及建成投运后有一定现金流的项目，同时兼顾非收费国省道、国省主干航道等重大公益类基础设施建设项目。

第九条　省基金主要采取母子基金运作模式，与省级平台、市县政府和社会资本合资设立，或以增资方式参与现有基金等各种"子基金"运作模式，对全省性非收费的重大交通基础设施项目实行直接投资。

第十条　省基金与省级平台或其他社会资本合作设立省级子基金，省基金出资比例不超过子基金设立规模的 50%。

第十一条　省基金与市县政府合作设立市县子基金，并吸引金融机构等社会资本出资参股。为更好地发挥政府出资的引导作用，市县政府可适当让利，但不得向其他社会出资人承诺投资本金不受损失，不得承诺最低收益。各类社会资本可根据子基金拟投资项目情况，自行决定是否参股子基金。

第十二条　经省政府批准，省基金对全省性非收费的重大交通基础设施项目实行直接投资。

第十三条 子基金的组织形式由子基金的主发起人自行确定。

第十四条 省基金及子基金均不得从事以下业务：

1. 从事融资担保以外的担保、抵押、委托贷款等业务；
2. 投资二级市场股票、期货、房地产、证券投资基金、评级 AAA 以下的企业债、信托产品、非保本型理财产品、保险计划及其他金融衍生品；
3. 向任何第三方提供赞助、捐赠（经批准的公益性捐赠除外）；
4. 吸收或变相吸收存款，或向任何第三人提供贷款和资金拆借；
5. 进行承担无限连带责任的对外投资；
6. 发行信托或集合理财产品募集资金；
7. 其他国家法律法规禁止从事的业务。

第十五条 省基金及子基金应选择在中国境内设立的商业银行进行托管。托管银行依据托管协议负责账户管理、资金清算、资产保管等事务，对投资活动实施动态监督。

第四章 投资管理程序

第十六条 申请省基金的程序和要求

1. 合作设立子基金，由子基金的主发起人（包括省级平台或社会资本、市县政府）正式行文向投决会办公室申报，同时抄送省级主管部门。申请省基金直接投资的非收费重大交通基础设施项目，由省交通厅向投决会办公室申请。
2. 省级子基金申请省基金，需提供以下材料：子基金设立方案或框架协议；子基金拟投资项目情况和筹资方案、财务分析；项目可行性研究批复文件等相关材料。
3. 市县子基金申请省基金，必须落实相关的项目，需提供以下材料：子基金设立方案或框架协议；子基金拟投资项目情况和筹资方案、财务分析；PPP 项目的实施方案；项目可行性研究批复文件等相关材料。
4. 省基金直接投资项目申请，需提供以下材料：项目建议书、可行性研究批复文件，项目可行性研究报告等相关材料。

第十七条 基金管理公司参与项目入股谈判等前期工作，及时提出拟投资项目方案。投决会办公室审核后，拟订投资项目清单和子基金建议名单，送省级有关部门征求意见，形成一致意见后报投决会进行审议决策。

第十八条 经投决会审议通过的省基金投资项目清单，应在省财政厅门户网站公示 7 个工作日。无异议的，由基金管理公司拟定章程或合伙协议，正式签署后实施具体投资运作。有异议的，暂停投资。

第十九条 采取设立子基金方式的，省基金出资资金可一次或分期到位，并在公司章程或合伙协议中载明。出资资金分期到位的，首期出资资金应不少于出资总额的40%，其余资金可根据首期到位资金运行情况分步到位，全部到位期限不得超过子基金审批设立后5年。

第二十条 子基金存续期最长不超过10年，确需延展存续期的，须按规定程序报批。

第二十一条 省基金及子基金的收益分配，应在章程或合伙协议中载明。

1. 省级子基金的收益按照章程或合伙协议进行分配。

2. 市县子基金的收益按照章程或合伙协议进行分配，同时省基金给予市县政府利益让渡。

第二十二条 省基金及子基金的管理费按照章程或合伙协议支付。

第二十三条 省基金及子基金投资应在章程或合伙协议中载明退出期限、退出条件和退出方式，在达到投资年限或约定退出条件时，适时按照约定方式实现退出。

1. 省级子基金中省基金的出资部分通过到期清算等方式实现退出。

2. 市县子基金中省基金出资形成的股权通过协议转让方式实现逐年退出，并在章程或合伙协议中明确，即省基金每年按投入本金的一定比例分年收回本金。

3. 省基金存续期未满如达到预期目标，可通过股权回购机制等方式适时退出。

第二十四条 省基金存续期内收回的本金和投资收益、利息等，按程序报批后继续用于基金滚存使用。

第二十五条 省基金应在子基金章程或合伙协议中约定，有下述情况之一时，省基金可无需其他出资人同意，按照投资决策程序报批后选择提前退出：

1. 子基金组建方案确认后超过1年，其他出资人未按规定程序和时间要求完成设立或增资手续的；

2. 省基金拨付子基金账户1年以上，参股子基金未开展投资业务的；

3. 子基金投资领域和方向不符合原定政策目标的；

4. 子基金未按章程约定投资的；

5. 其他不符合章程约定情形的。

第二十六条 省基金终止后，应当在省财政厅监督下组织清算，将清算收回资金和收益，按照财政国库管理制度有关规定及时足额上缴国库。

第五章 风险防控和监督管理

第二十七条 省财政厅应会同相关主管部门对省基金运作管理进行监督检查，确保基金规范运作和管理，更好发挥基金政策引导作用。

第二十八条 省金融控股公司要认真代为行使、履行出资人的相关权利和义务，加强对省基金运作与管理的指导和监督，定期对基金投资运作情况、资金使用情况、财务收支情况等进行监督检查,并视工作需要委托专业机构开展专项审计,有效防范运作风险,确保基金安全和效益。

第二十九条 基金管理公司要向省金融控股公司报送基金每季度投资运作情况、每季度财务报表、基金年度工作报告和经注册会计师事务所审计的年度会计报告,经省金融控股公司审核后报投决会办公室备案。

第三十条 基金运作和管理中如发生重大问题,基金管理公司应在7个工作日内向省金融控股公司报告,并由省金融控股公司提出意见报投决会办公室。

第三十一条 基金接受财政、审计部门的监督检查。对于检查中发现的问题,按照《预算法》和《财政违法行为处罚处分条例》等有关法律法规予以查处。涉嫌犯罪的,依法移送司法机关追究刑事责任。

第六章 附 则

第三十二条 本办法自发文之日起施行,由省财政厅负责解释。

浙江省交通运输厅办公室转发交通运输部办公厅关于印发《收费公路政府和社会资本合作操作指南（试行）》的通知

(浙交办〔2016〕93号)

各市交通运输局（委），义乌市交通运输局：

为规范推进收费公路PPP项目各项工作，交通运输部办公厅下发了《收费公路政府和社会资本合作操作指南（试行）》（交办财审〔2015〕192号）。现将该文件转发给你们，请结合以下要求一并贯彻执行。

一、充分认识交通建设领域推广PPP模式的重要意义。创新交通运输项目融资模式，积极推动政府和社会资本合作，为顺利推进"十三五"期间我省交通基础设施建设作出不懈努力。

二、抓紧对项目资源进行梳理。配合当地发改、财政部门尽快建立PPP项目库，涉及国家、省立项审批的PPP项目，要报经省厅进一步筛选后统一纳入省级PPP项目库。

三、重视PPP项目质量安全。加强行业监管服务，监督项目公司履行合同义务，严格按照合同约定组织项目建设和运营。

四、确保PPP项目合法合规。PPP形式可以灵活多样，但要守住底线，严格执行国家有关项目基本建设程序各项规定。

五、加强与发改、财政部门的沟通协调，争取政府有关部门的支持，共同研究解决推进PPP过程中遇到的各类问题。

请将梳理出的PPP项目资源于5月底前报送省厅，之后另有新增项目或进行调整的，请于10月底前补充报送省厅。联系人：范芳，电话：0571-87810934。

浙江省交通运输厅办公室

二〇一六年四月二十九日

安徽省文件（1个）

安徽省国土资源厅关于保障公共服务领域政府和社会资本合作模式项目用地的意见

（皖国土资函〔2016〕216号）

各市及广德、宿松县国土资源局：

为贯彻落实《国务院办公厅转发财政部发展改革委人民银行关于在公共服务领域推广政府和社会资本合作模式指导意见的通知》（国办发〔2015〕42号）、《安徽省人民政府办公厅转发省财政省发展改革委人行合肥中心支行关于在公共服务领域推广政府和社会资本合作模式实施意见的通知》（皖政办〔2015〕51号）精神，支持公共服务领域政府和社会资本合作（Public – PrivatePartnership，以下简称PPP）模式项目实施，落实多种方式供应土地政策，规范PPP项目用地开发利用管理，结合我省实际，并征求省直有关部门意见，省国土资源厅提出如下意见，请认真贯彻落实。

一、正确界定公共服务领域PPP项目用地范围。对能源、交通运输、水利、环境保护、农业、林业、科技、保障性安居工程、医疗、卫生、养老、教育、文化等13类公共服务领域用地，凡纳入国家、省、市、县PPP项目库，或纳入财政部PPP综合信息平台项目库的项目，应纳入用地保障范围。能源、交通运输、水利、环境保护、市政工程等基础设施和公用事业特许经营项目用地，依据已签订特许经营协议和经审定的项目实施方案，按照相关程序，安排用地的供应。

二、创新土地供应服务机制，保障PPP项目建设用地需求。各地国土资源管理部门要加强与发改、财政、住建、规划、环保等相关行业主管部门联系与协作，掌握项目用地需求信息，建立用地安排、土地供应协调机制。涉及PPP项目新增用地的，要做到早介入、早谋划、早服务。对符合土地利用总体规划和城乡建设规划的PPP项目，优先安排好土地利用年度计划指标。各地要创新土地供应服务方式，优化内部流程，推行并联运作，建立简化、畅通、信息共享的一站式审批服务流程，确保流程服务和项目用地落实到位。鼓励节约集约用地，推行节地技术和节地模式，严格执行土地使用标准，提高土地利用效率。

三、整合工作流程，把多样化土地供应政策落到实处。凡符合国土资源部《划拨用地目录》的PPP项目，可按划拨方式供地，也可按有关规定实行有偿使用。营利性和准经营性PPP项目用地，应当按国家规定以出让、租赁、作价出资入股等有偿方式供应。采取作价出资入股方式的，按国家规定执行。鼓励盘活存量土地用于公共服务领域PPP项目建设。

四、加快完善基准地价体系。要按照《城镇土地分等定级规程》（GB/T 18507-2014）和《城镇土地估价规程》（GB/T 18508-2014）等有关规范要求，做好基准地价更新工作。市、县国土资源主管部门按照规程要求，把PPP项目用地纳入基准地价体系，力争在2016年年底前完成涉及PPP项目基准地价的建立和完善工作，其成果报经批准后及时向社会公布。

五、做好PPP项目用地监管工作。加强项目用地供后监管，防止随意改变土地使用性质。在核发国有建设用地划拨决定书、签订出让合同和租赁合同时，对涉及PPP项目用地的，应当作出以下规定或者约定：

（一）不得改变规划确定的土地用途，改变用途用于住宅、商业等房地产开发的，由市、县国土资源管理部门依法收回建设用地使用权。

（二）签订出让合同和租赁合同时，应当约定出让或租赁建设用地使用权可以设定抵押权。划拨建设用地要设定抵押权，在核发划拨决定书时，应当约定划拨建设用地使用权不得单独设定抵押权，设定房地产抵押权的建设用地使用权是以划拨方式取得的，应当从拍卖所得的价款中缴纳相当于应缴纳的土地使用权出让金的款额后，抵押权人方可优先受偿。

安徽省国土资源厅
二〇一六年二月四日

福建省文件（1个）

福建省人民政府关于进一步做好政府和社会资本合作（PPP）试点工作的若干意见

（闽政〔2016〕28号）

各市、县（区）人民政府，平潭综合实验区管委会，省人民政府各部门、各直属机构，各大企业，各高等院校：

为进一步推动政府和社会资本合作（PPP）试点工作，促进PPP项目设立、运行、管理公开透明、规范有序、务实高效，确保试点工作法治化、可持续，经研究，提出以下意见。

一、加强项目策划。各地各部门要根据拟实施PPP项目的行业、区域及阶段特点，对经营性、准经营性、非经营性项目，分类运用市场定价、政府调价、财政补贴和资源对价等方式，合理确定项目收益回报机制。需要约定政府补贴的项目，根据项目提供的公共服务数量和质量等绩效指标确定补贴方式。需要约定收益调整的项目，根据政策变化、项目经营和公众满意度等情况确定调整办法。对区域内有产业关联的项目，统筹考虑其经营性强弱，科学捆绑，综合开发，组合生成大项目，吸引有实力的大企业参与建设运营。行业主管部门及财政部门对拟实施PPP的项目进行必要性、可行性、经济性、合规性评估论证，特别要重视做好PPP项目的物有所值评估论证和财政承受能力论证。省级项目通过论证后，由省行业主管部门将项目概况、运作方式、合作期限、交易结构、回报机制和相关配套安排等重要事项报省政府审批，纳入PPP项目的开发计划。

二、完善行业标准。各地各部门要认真执行国务院及其部门、我省出台的PPP试点工作有关政策制度。省直有关部门要加快研究制定和完善我省水利、交通、养老、信息、市政等领域运用PPP模式的行业标准、服务规范、合同范本，明确服务标准、回报方式、价格管理、评估论证、信息披露、风险分担、违规处罚及政府接管等内容，规范合作关系，保障各方利益，进一步健全完善风险防范、监督和退出机制。

三、推动项目落地。确定实施的项目，行业主管部门应组织制定PPP项目实施方案，并征求相关部门意见。各地各部门要进一步简化项目流程，减少审批（审核）环节，建立PPP项目实施方案联评联审机制，对非实质性、非关键性内容和环节予以简化，提高工作效率，加快PPP项目推进速度。项目合同签署后，可并行办理必要的审批手续，对实施方案中已经明确的内容不再作实质性审查。要认真梳理现行政策、制度和工作流程，对不利于PPP模式推广运用、不适应PPP项目落地实施的内容，要抓紧研究调整。要开展项目督导调研和跟踪服务，全面掌握PPP项目进展情况，及时发现并协调解决项目推动中存在的困难和问题。在签订协议、组建公司、建设运营、收益调整等过程中，政府和社会资本方都要按市场规则和合同约定，平等参与、平等协商，保持政策连续性。

四、依法组织采购。项目实施机构要根据采购项目的需求特点，依法确定采购方式。对采购需求核心边界条件和技术经济参数明确完整、符合国家法律法规及政府采购政策且采购过程中不作更改的项目，应优先选择公开招标的方式。项目实施机构要将采购项目资格预审文件、采购文件、采购结果、采购合同等项目采购信息，在规定的信息发布渠道上公开，保证程序公开、过程透明。要合理设置项目采购的资格条件，做好资格审查和市场测试，防止不具备条件和无实力的社会资本参与竞争。对不同时具备投资能力、建设资质和运营能力的社会资本，鼓励其组建联合体参与竞争。要按法定程序公平择优确定社会资本方，签订PPP项目采购合同。项目实施的相应事项，已通过招标方式选定的社会资本方能够自行建设、生产或提供的，依法可以不再进行二次采购。禁止中标（成交）的社会资本方和项目公司将项目转包或分包。相关部门要强化对PPP项目采购的全过程监督管理，依法处理采购争议和违法违规行为，确保项目采购公开、公平、公正。

五、增强融资支持。设立省级PPP引导基金，通过股权、债权等方式支持PPP项目融资，解决项目初期资本金难题，优化项目财务结构。人民银行、银监等部门要积极引导金融机构通过金融工具，研究采用特许经营项目预期收益质押等方式，为项目增信。研究创新PPP产品的交易模式和转让机制，建立和完善退出机制。积极引导有实力的社会资本在我省设立PPP基金，按照市场原则规范运作，参与各地PPP项目合作。对经济欠发达地区的PPP项目融资，研究采取差别化支持政策，帮助和促进PPP项目落地。

六、强化宣传培训。各地各部门要加大宣传培训力度，进一步提高对PPP模式的认知和操作水平，引导社会资本对参与PPP项目的合理预期。省财政厅要组织开展PPP政策及实务操作培训，进一步提高各地从业人员的政策把握和实务操作能力；协助有需求的地区、行业主管部门和单位开展培训，提高相关人员的业务能力。鼓励各地建立PPP外部咨询专家库，从专业部门、高校、企业、中介机构中筛选投资、建设、运营、财务和法律等领域的专家，为PPP政策研究、项目论证、实际操作、业务培训等提供专业支持。

福建省人民政府
二〇一六年七月一日

江西省文件（5个）

江西省发展改革委关于印发政府和社会资本合作（PPP）项目案例和政策文件汇编的通知

各设区市、省直管试点县（市）发展改革委，省直有关部门：

为进一步发挥典型项目案例对推动各地 PPP 项目落地的示范带动作用，我委从去年以来全省落地的 PPP 项目中，分行业、领域选取了推进成功、操作规范的 5 个项目，总结形成了典型项目案例，现连同去年 7 月国家发改委投资司梳理发布的全国 PPP 项目 13 个典型案例和我委修订后的 PPP 政策文件汇编一并发送你们，供你们在推进 PPP 项目时参考借鉴。

国家发改委印发的 PPP 项目典型案例和 PPP 政策文件汇编（修订版）请到省发改委网站"专题聚焦"子网页中的"江西政府与社会资本合作（PPP）"学习交流专栏下载。下载地址：http：//www.jxdpc.gov.cn/rdzt/ppp_zt/。

附件：江西省 PPP 项目典型案例（略）

江西省发展改革委办公室
二〇一六年五月三日

江西省发展和改革委员会关于抓紧申报 2016 年 PPP 项目前期工作费中央预算内投资计划的通知

各设区市、各省直管试点县（市）发改委，省直有关部门：

近日，国家发展改革委下达了我省 2016 年 PPP 项目前期工作费中央预算内投资计划，用于支持开展 PPP 项目前期工作。请各地、各有关部门抓紧组织申报项目，并就有关事项通知如下：

一、报送范围

项目报送范围为省级 PPP 示范项目，即：2015 年我委分两批向社会发布的 102 个 PPP 项目及 2016 年 5 月我委向社会发布的 52 个 PPP 项目。

二、报送条件

1. 已委托咨询机构且未确定社会资本方项目。本次申报的项目须为正在开展 PPP 前期工作且已委托咨询机构并签订咨询合同，已确定社会资本方项目不得申报。申报项目要确保今年内确定社会资本方，2015 年发布的项目须于今年内开工建设，2016 年发布的项目明年一季度前开工建设。

2. 已获得省预算内基建投资或中央预算内 PPP 前期工作经费的项目不得申报。2015 年已获得省预算内基建投资支持但仍未开工、已获得中央预算内 PPP 前期工作经费但仍未编制 PPP 实施方案的项目所属县（市、区）或部门不得申报。

三、有关要求

1. 请各设区市、省直管试点县（市）发改委及省直有关部门认真组织项目申报，严格审核把关，对不符合申报条件尤其是不确定以 PPP 模式推进成功的项目不得上报。要认真填写申报项目的建设内容及总投资、政府参与方式、PPP 操作模式、项目前期工作进展及下步安排、前期工作费用的主要用途、申请额度等内容。项目前期工作进展及下步计划安排须明确 PPP 实施方案及审批、社会资本方确定、开工时间节点等。

2. PPP 项目前期工作费中央预算内投资为一次性补助，申报资金不得高于咨询合同价的80%（已支付金额申报时应剔除），且单个项目申报最高不得超过200万元。

3. 按照"谁申报、谁负责"的原则，申报资金要严格按照国家发改委《政府和社会资本合作项目前期工作专项补助资金管理暂行办法》（发改办投资〔2015〕2860号）的规定，主要用于项目决策咨询、编制和评估PPP实施方案、拟定项目合作合同文本、编制项目合作伙伴招标文件、法律顾问、资产效益评估等，严禁挪作他用。

4. 申报项目需提交正式申报文件（含真实性及合规性声明）、项目简介、承诺函（主要包括PPP实施方案及审批、社会资本方确定、开工时间节点），以及地方政府或部门与专业机构签订的合作协议、咨询服务协议等。请于7月25日前将正式申报文件、附件材料（纸质件）报送至省发改委投资处，并将文件（电子版）发送至 jxfgwppp@163.com，逾期视为放弃申报。

联系人：钟亮，联系电话0791-88915186

附件：2016年PPP项目前期工作费中央预算内投资计划申请表

二〇一六年七月十九日

附件：

2016年PPP项目前期工作费中央预算内投资计划申请表

序号	项目名称	建设内容	建设性质	开工年份	建成年份	PPP操作模式	已签约PPP咨询机构	项目进展及下一步工作计划安排	总投资（万元）	本次申请中央预算内投资（万元）	本次申请中央预算内投资用于的PPP项目前期工作内容	备注
1												
2												
3												
…												
…												

备注：PPP项目前期工作内容在：PPP项目的评价论证咨询、实施方案编制、招标文件起草、合同文本拟定、财务顾问、法律顾问和资产评估等中选择一项或几项。

江西省发展改革委关于认真贯彻落实全省抓项目扩投资稳增长推进会议精神进一步做好我省PPP有关工作的通知

(赣发改投资〔2016〕1003号)

各设区市、省直管试点县(市)发展改革委,省直有关部门:

8月15日,省委副书记、代省长刘奇在全省抓项目扩投资稳增长推进会议上对推进PPP工作作出重要指示,强调"各地、各部门一定要切实采取有效措施,逐个分析、找出症结,推进更多的PPP项目落地"。为贯彻落实好全省抓项目扩投资稳增长推进会议和刘奇代省长重要指示精神,进一步加快推进我省PPP工作,现就有关事项通知如下:

一、加大工作力度,加快推进我省PPP项目落地实施

2015年以来,我委先后向社会公开发布全省PPP示范项目154个。在各方共同努力下,截至7月底,共有31个项目落地,推进工作取得了初步成效。同时有25个项目取消以PPP模式实施,还有98个项目未落地,全省各级发展改革部门和省直有关部门要按照刘奇代省长的重要指示精神,主动作为,加大工作力度,协调督促项目单位采取切实有效措施,推动未落地项目尽快签约落地。

(一)要明确责任,督促项目单位倒排时间节点。各级发展改革部门和省直有关部门要有专人协调跟踪PPP项目的实施工作,督促项目单位明确咨询机构委托、实施方案编制与审批、社会资本方招标、合同洽谈等每一项工作时间节点和具体责任人,保证各项工作按期推进,项目尽早落地。

(二)要大力推介,督促项目单位积极主动与社会资本方开展对接。各级发展改革部门和省直有关部门要加大PPP项目的宣传推介力度,督促项目单位通过"请进来、走出去"等多种方式,积极与社会资本方开展点对点对接,充分交流双方的目标、意图,针对问题症结,积极研究对策,力争较快地达成合作共识。

(三)要同步推进,督促项目单位加快基本建设程序审批。在督促项目单位加快推进PPP前期工作的同时,要督促项目单位同步办理项目核准(备案)、规划、用地、环评等审批手续,做到项目签约落地即可开工,切实提高工作效率。

二、做好统筹谋划,抓紧梳理上报今年第二批省级示范项目

根据2016年7月7日国务院常务会议明确的政府和社会资本合作部门职责分工,8月10日,国家发展改革委印发了《关于切实做好传统基础设施领域政府和社会资本合作有关工作的通知》(发改投资〔2016〕1744号),明确了发展改革部门主要负责推进传统基础设施领域(主要是能源、交通运输、水利、环境保护、农

业、林业和重大市政工程等领域）的PPP项目工作。我省各级发展改革部门要会同有关行业主管部门，根据当地经济社会发展需要，切实做好传统基础设施领域PPP项目的总体规划、综合平衡和储备管理。对已建立的PPP项目储备库要进行清理、调整和完善，形成传统基础设施领域PPP项目库，同时将项目纳入投资项目在线审批监管平台及重大建设项目库，做好项目储备、动态管理、实施监测等各项工作。

我委拟在今年四季度向社会发布第二批PPP省级示范项目，请各设区市、省直管试点县（市）发展改革委，省直有关部门筛选前期工作较快、条件较成熟的传统基础设施领域的PPP项目（格式见附件1），于9月15日前报送我委。报送时须严把"两关"：一是严把识别关。加强项目识别，避免推出不宜采取PPP模式或者考虑不成熟、实施PPP模式条件不具备的项目。二是严把报送关。报送项目必须是已经编制完成或正在编制PPP实施方案的项目，或是还没有编制但已委托确定中介机构，并明确了PPP实施方案编制完成时间节点的项目。

我委鼓励各地从传统基础设施领域PPP项目库中筛选项目，通过新闻发布、对外招商、网站发布等形式，自行向社会推介。

三、认真调度分析，及时总结PPP工作开展情况

三季度，刘奇代省长将听取我省PPP专题工作汇报，根据部署，请各设区市、省直管试点县（市）发展改革委和省直有关部门做好以下工作。一是请各设区市发展改革委总结PPP工作开展情况。主要包括2015年以来推广PPP模式取得的成效、存在的困难问题及原因、下一步推广PPP模式的主要工作思路（重点梳理PPP项目落地的主要举措和政策建议等）。二是请各设区市、省直管试点县（市）发展改革委和省直有关部门逐项梳理报送我委发布的省级PPP示范项目情况（格式见附件2）。已签约落地项目要突出PPP实施的关键点、主要措施和做法、取得的成效；未签约落地项目要重点分析原因、问题，有针对性地提出下一步对策和建议；已取消PPP模式的项目要说明取消的原因及项目目前情况。三是请各设区市、省直管试点县（市）发展改革委调度汇总2015年以来自行发布推出的PPP项目情况（格式见附件3），已签约落地项目、未落地项目和已取消项目均按表格要求填写报送。

三方面工作情况请各设区市、省直管试点县（市）发展改革委和省直有关部门于9月15日前报省发改委（投资处）。

联系人：钟亮，电话：0791-88915186

邮箱：jxfgwppp@163.com

附件：1. ×××市（县）2016年江西省第二批PPP示范项目推荐表
     2. 已发布的省级PPP示范项目情况表
     3. 2015年以来地方自行推介发布的PPP项目情况表（含市本级和所辖县、市、区）

二〇一六年八月二十二日

附件1：

×××市（县）2016年江西省第二批PPP示范项目推荐表

单位：亿元

序号	项目名称	建设地点	建设内容及规模	总投资	政府参与方式	PPP操作模式	项目PPP工作进展情况	下一步PPP工作计划安排及完成的时间节点	项目实施主体责任人（单位、职务）及手机	发改委责任人（单位、职务）及手机	备注
	总计（个）										
一	能源领域										
1							1. 已委托中咨公司开展PPP咨询工作； 2. 已完成PPP方案编制； 3. 已完成PPP方案审查并获得政府批复；	1. 计划××年××月委托中介机构； 2. 计划××年××月完成PPP方案编制； 3. 计划××年××月底前确定社会资本方； 4. 计划××年××月底前开工建设			
二	交通运输领域										
三	水利领域										
四	环境保护领域										
五	农业领域										
六	林业领域										
七	重大市政工程领域										

说明：

政府参与方式：股权合作、特许经营、购买服务、政府补贴、其他。如有多种方式，请填写其他，并在备注中注明。

PPP操作模式：借BT（建设－转交）、BOT（建设－运营－移交）、BOO（建设－拥有－运营）、BOOT（建设－拥有－运营－移交）、TOT（转让－运营－转让）、BTO（建设－转交－运营）、其他。

项目PPP工作进展情况：按照表中示例填写，不相关的内容不需要填写。

下一步PPP工作计划安排及完成的时间节点：按照表中示例填写，不相关的内容不需要填写。

附件2：

已发布的省级PPP示范项目情况表

序号	项目名称	建设地点	建设内容及规模	行业	总投资（亿元）	政府参与方式	PPP操作模式	签约情况	社会资本名称	社会资本投资额（亿元）	项目PPP工作进展情况	下一步PPP工作计划安排及完成的时间节点	PPP成果实施的关键流程	推进PPP采取的主要措施和做法	取得的成效和社会影响	遇到的问题	需要省级层面协调解决的问题	对策和建议	取消以PPP模式实施的原因	备注
一	已签合作协议或框架协议项目																			
1											1.已委托咨询公司开展PPP咨询工作；2.已完成PPP方案编制；3.已确定社会资本方；4.已开工建设；5.已完成投资××亿元	1.计划××年××月底前完工							不需要填写	
...																					

续表

序号	项目名称	建设地点	建设内容及规模	行业	总投资（亿元）	政府参与方式	PPP操作模式	签约情况	社会资本名称	社会资本投资额（亿元）	项目PPP工作进展情况	下一步PPP工作计划安排及完成的时间节点	PPP成果实施的关键流程	推进PPP采取的主要措施和做法	取得的成效和社会影响	遇到的问题	需要省级层面协调解决的问题	对策和建议	取消以PPP模式实施的原因	备注
二	未签约落地项目																			
1											1. 已委托咨询公司开展PPP咨询工作；2. 已完成PPP方案编制；3. 已完成PPP方案审查并获得政府批复	1. 计划××年××月委托咨询机构；2. 计划××年××月完成PPP方案编制；3. 计划××年××月底前确定社会资本方；4. 计划××年××月底前开工建设	不需要填写	不需要填写	不需要填写					
⋮																				

续表

序号	项目名称	建设地点	建设内容及规模	行业	总投资（亿元）	政府参与方式	PPP操作模式	签约情况	社会资本名称	社会资本投资额（亿元）	项目PPP工作进展情况	下一步PPP工作计划安排及完成的时间节点	PPP成果实施的关键流程	推进PPP采取的主要措施和做法	取得的成效和社会影响	遇到的问题	需要省级层面协调解决的问题	对策和建议	取消以PPP模式实施的原因	备注
三	已取消项目																			
1											不需要填写	不需要填写	不需要填写	不需要填写	不需要填写	不需要填写	不需要填写	不需要填写		不需要填写

说明：
所属行业：农业、水利、交通设施、市政设施、公共服务、生态环境、能源、其他。
政府参与方式：股权合作、特许经营、购买服务、政府补贴、其他。如有多种方式，请填写其他，并在备注中注明。
PPP操作模式：BT（建设－转交）、BOT（建设－运营－移交）、BOO（建设－拥有－运营）、BOOT（建设－拥有－运营－移交）、TOT（转让－经营－转让）、BTO（建设－转交－运营）、其他等。
签约情况：已签约或未签约。
项目PPP工作进展情况：按照表中示例填写，不相关的内容不需要填写。
下一步PPP工作计划安排及完成的时间节点：项目发起阶段；PPP实施方案编制及审查阶段；签订项目合同阶段。
PPP成果实施的关键流程，推进PPP采取的主要措施和做法，取得的成效和社会影响为已签约项目填写内容，遇到的问题，对策和建议为未签约项目填写内容，取消以PPP模式实施的原因为取消项目填写内容。

附件3：

2015年以来地方自行推介发布的PPP项目情况表（含市本级和所辖县、市、区）

序号	项目名称	建设地点	建设内容及规模	行业	总投资（亿元）	政府参与方式	PPP操作模式	签约情况	社会资本名称	社会资本投资额（亿元）	项目PPP工作进展情况	下一步PPP工作计划安排及完成的时间节点	PPP成果实施的关键流程	推进PPP采取的主要措施和做法	取得的成效和社会影响	遇到的问题	需要省级层面协调解决的问题	对策和建议	取消以PPP模式实施的原因	备注
一	已签合作协议或框架合作协议项目																			
1											1.已委托咨询公司开展PPP咨询工作； 2.已完成PPP方案编制； 3.已确定社会资本方； 4.已开工建设； 5.完成投资××亿元	1.计划××月底前完工 2.计划××年××月底前完工							不需要填写	
…																				

续表

序号	项目名称	建设地点	建设内容及规模	行业	总投资（亿元）	政府参与方式	PPP操作模式	签约情况	社会资本名称	社会资本投资额（亿元）	项目PPP工作进展情况	下一步PPP工作计划安排及完成的时间节点	PPP成果实施的关键流程	推进PPP采取的主要措施和做法	取得的成效和社会影响	遇到的问题	需要省级层面协调解决的问题	对策和建议	取消以PPP模式实施的原因	备注
二	未签约落地项目																			
1											1. 已委托咨询公司开展PPP工作；2. 已完成PPP方案编制；3. 已完成PPP方案审查并获得政府批复	1. 计划××年××月委托咨询机构；2. 计划××年××月完成PPP方案编制；3. 计划××年××月底前确定社会资本方；4. 计划××年××月底前开工建设	不需要填写	不需要填写	不需要填写					
⋮																				

续表

序号	项目名称	建设地点	建设内容及规模	行业	总投资（亿元）	政府参与方式	PPP操作模式	签约情况	社会资本名称	社会资本投资额（亿元）	项目PPP工作进展情况	下一步PPP工作计划安排及完成的时间节点	PPP成果实施的关键流程	推进PPP成果采取的主要措施和做法	取得的成效和社会影响	遇到的问题	需要省级层面协调解决的问题	对策和建议	取消以PPP模式实施的原因	备注
三	已取消项目																			
1											不需要填写	不需要填写	不需要填写	不需要填写	不需要填写	不需要填写	不需要填写	不需要填写		不需要填写

说明：
所属行业：农业、水利、交通设施、市政设施、公共服务、生态环境、能源、其他。
政府参与方式：股权合作、特许经营、购买服务、政府补贴、其他。如有多种方式，请填写其他，并在备注中注明。
PPP操作模式：指BT（建设－转交）、BOT（建设－运营－移交）、BOO（建设－拥有－运营）、TOT（转让－经营－转让）、BTO（建设－转交－运营）、其他等。
签约情况：已签约或未签约。
项目PPP工作进展情况：按照表中示例填写，不相关的内容不需要填写
下一步PPP工作计划安排及完成的关键流程：按照表中示例填写成的时间节点，项目发起阶段；PPP实施方案编制及审查阶段；合作伙伴确定阶段；签订项目合同阶段
PPP成果实施的关键流程，推进PPP采取的主要措施和做法，取得的成效和社会影响为已签约项目填写内容
建议为未签约未签约项目内容，取消以PPP模式实施的原因为取消项目填写内容，需要省级层面协调解决的问题，对策和建议为未签约项目填写内容

江西省发展改革委关于组织申报国家开展深化中小城市重大市政工程领域 PPP 创新工作的通知

(赣发改电〔2016〕158 号)

各设区市、省直管试点县(市)发展改革委:

近日,国家发展改革委和住房城乡建设部联合印发了《关于开展重大市政工程领域政府和社会资本合作(PPP)创新工作的通知》(发改投资〔2016〕2068 号),为做好我省的申报工作,经商省住房城乡建设厅,现就由发展改革部门牵头的有关事项通知如下:

国家发展改革委将会同住房城乡建设部,从每个省份选择 1 个具有一定 PPP 工作基础、有较好项目储备和发展空间的中小城市(按照《国务院关于调整城市规模划分标准的通知》(国发〔2014〕51 号)中小城市为城区常住人口在 100 万人以下的城市,可以是设区市,也可以是县城),进行 PPP 模式创新工作。请各地发展改革委根据意愿,牵头按照申报要求选择一个区域内 PPP 工作基础较好、持续性较强、推进积极性较高的城市申报,申报材料参考格式见附件,并于 11 月 3 日前报送我委。我委将会同省住房城乡建设厅,根据各地申报情况委托专业评审机构进行评审,择优申报。联系人:刘锋、钟亮,0791-88915134、88915186。

申报成功的城市下一步要根据新型城镇化建设要求,结合当地城市基础设施现状和发展需求,筛选一批具有一定条件、适合采用 PPP 模式的项目,着手准备编制重大市政工程领域 PPP 项目规划,提高 PPP 项目质量和水平。国家将从规划中选择具有代表意义的 PPP 项目,组织高水平的咨询公司和资深专家等,因地制宜、积极创新,精心设计项目实施方案、建立合理投资回报机制、制定规范合同文本,力争形成典型案例;对符合中央预算内投资、专项建设基金等支持方向的 PPP 创新项目,国家将合理安排有关资金予以支持。我委将根据工作开展情况积极给予指导和合理支持。

附件:××城市申报重大市政工程领域 PPP 创新工作方案

江西省发展改革委
二〇一六年十月二十一日

附件：

××城市申报重大市政工程领域 PPP 创新工作方案
（参考大纲）

前言（申报理由）

第一章 申报城市基本情况

  第一节 经济社会发展现状（包括城市区位、人口、经济规模、财力等）

  第二节 市政基础设施发展现状

  第三节 推进市政基础设施领域 PPP 工作现状

第二章 申报城市推进 PPP 工作的基本情况和成效

  第一节 推进 PPP 工作的主要情况和做法（组织领导、政策制度、工作措施等方面）

  第二节 申报城市 2015 年以来向社会推出的 PPP 项目情况表（填写附表1）

第三章 申报城市"十三五"期间经济社会发展主要目标和基础设施发展需求（略）

第四章 申报城市创新重大市政工程领域 PPP 工作下一步计划

  第一节 组织推进、政策支持、工作措施创新等方面的计划

  第二节 申报城市 2016—2018 年拟推进的项目情况（填写附表2）

附表1：

2015 年以来××城市向社会推出的 PPP 项目情况表　　单位：亿元

序号	项目名称	建设地点	建设内容及规模	行业	总投资	引入社会资本额（亿元）	社会资本名称	PPP操作模式	PPP工作进展情况	下一步PPP主要工作计划	项目是否落地
1											
2											
3											
…											

附表 2：

××城市 2016—2018 年推进重大市政工程领域 PPP 项目表　　　单位：万元

序号	项目名称	建设规模	总投资	PPP操作模式	政府参与方式	PPP工作开始年月	确定社会资本年月	开工年月	竣工年月	PPP项目工作进展情况	备注
2016 年项目											
1						2016.1	2016.1	2016.1	2016.1		
2											
3											
…											
2017 年计划项目											
1											
2											
3											
…											
2018 年计划项目											
1											
2											
3											
…											

说明：

政府参与方式：股权合作、特许经营、购买服务、政府补贴、其他。如有多种方式，请填写其他，并在备注中注明。

PPP 操作模式：指 BOT（建设－运营－移交）、BOO（建设－拥有－运营）、BOOT（建设－拥有－运营－移交）、TOT（转让－经营－转让）、BTO（建设－转交－运营）、其他等。

PPP 项目工作进展情况：主要填写项目进展情况，如还在前期工作阶段，侧重描述 PPP 前期工作。

江西省财政厅关于公布PPP项目咨询服务机构和专家入库名单的通知

(赣财办〔2016〕127号)

各设区市、县（市、区）财政局：

根据《江西省财政厅关于征集政府和社会资本合作（PPP）咨询服务机构的通知》和《江西省财政厅关于征集政府与社会资本合作（PPP）专家的通知》精神，江西省财政厅组织专家对所有应征的咨询服务机构和专家进行了评审，符合入库条件咨询服务机构105家，其中：综合类咨询机构61家，专业类咨询机构44家；专家100名，其中：工程系列48人；经济系列37人；法律系列15人。现将咨询服务机构和专家入库名单公布如下：

一、咨询服务机构名单（105家）

（一）综合类（61家）

1. 国融大通咨询集团有限公司
2. 中国投资咨询有限责任公司
3. 国信招标集团股份有限公司
4. 厦门天和项目管理投资咨询有限公司
5. 湖南华伦咨询有限公司
6. 江苏现代资产投资管理顾问有限公司
7. 北京中京天元工程咨询有限公司
8. 瑞和安惠项目管理集团有限公司
9. 北京中设泛华工程咨询有限公司
10. 苏交科集团股份有限公司
11. 南京卓远资产管理有限公司
12. 北京荣邦瑞明投资管理有限公司
13. 北京金准咨询有限责任公司
14. 江西省机电设备招标有限公司
15. 江苏省工程咨询中心
16. 中交第二公路勘察设计研究院有限公司

17. 江西省工程咨询中心
18. 北京中建政研信息咨询中心
19. 福建卓知项目投资顾问有限公司
20. 友谊国际工程咨询有限公司
21. 湖北永业行评估咨询有限公司
22. 上海百通项目管理咨询有限公司
23. 上海济邦投资咨询有限公司
24. 深圳市国际招标有限公司
25. 江西金昌工程管理咨询有限公司
26. 浙江省工程咨询有限公司
27. 湖南省国鼎招标咨询有限公司
28. 北京大岳咨询有限责任公司
29. 阶梯项目咨询有限公司（原安徽阶梯咨询设计有限公司）
30. 江苏设备成套有限公司
31. 江西省招标咨询集团有限公司
32. 中国瑞林工程技术有限公司
33. 浙江经纬工程项目管理有限公司
34. 江西瑞林投资咨询有限公司
35. 安永（中国）企业咨询有限公司
36. 安徽省招标集团股份有限公司
37. 北京思泰工程咨询有限公司
38. 中咨江西工程有限公司
39. 中国建筑设计咨询有限公司
40. 四川开元工程项目管理咨询有限公司
41. 天职工程咨询有限公司
42. 毕马威企业咨询（中国）有限公司
43. 南京韵道投资管理有限公司
44. 福建恒信工程咨询有限公司
45. 福建省闽咨造价咨询有限公司
46. 中国联合工程公司
47. 南京谋仕资产管理有限公司
48. 青岛习远房地产土地评估造价咨询有限公司
49. 国开中咨（北京）投资咨询有限公司
50. 中国国际工程咨询公司
51. 江西中昌工程咨询监理有限公司
52. 江西省水利规划设计研究院

53. 上海凯璞庭资产管理有限公司
54. 江西高石投资管理有限公司
55. 江西省华信投资咨询中心
56. 建经投资咨询有限公司
57. 江西腾胜工程咨询有限公司
58. 江西心远管理咨询有限公司
59. 上海宝钢工程咨询有限公司
60. 北京明石博略管理咨询有限公司
61. 中瑞工程项目管理（北京）有限公司

（二）专业类（44家）

1. 瑞华会计师事务所（特殊普通合伙）
2. 广东华瑞兴律师事务所
3. 九江浔诚资产评估咨询有限公司
4. 天职国际会计师事务所（特殊普通合伙）
5. 江西赣商律师事务所
6. 江西老楼房地产土地评估顾问有限公司
7. 上海市建纬律师事务所
8. 九江浔诚会计师事务所有限责任公司
9. 中瑞国际资产评估（北京）有限公司
10. 上海市锦天城律师事务所
11. 浙江金道律师事务所
12. 江西求正沃德律师事务所
13. 上海立信资产评估有限公司
14. 北京市百瑞律师事务所
15. 深圳市鹏信资产评估土地房地产估价有限公司
16. 北京中瑞诚会计师事务所
17. 北京市万商天勤律师事务所
18. 北京市盈科（广州）律师事务所
19. 江西朗秋律师事务所
20. 北京大成（南昌）律师事务所
21. 大信会计师事务所江西分所
22. 江西景德资产评估事务所有限公司
23. 江西百伦资产评估有限公司
24. 江西赣能会计师事务所有限责任公司
25. 陕西尚华会计师事务所有限公司
26. 江西中审资产评估有限公司

27. 江西上饶周华恒源会计师事务所有限公司
28. 大华会计师事务所江西分所
29. 浙江泽大（金华）律师事务所
30. 江西华泰会计师事务所有限公司赣西分所
31. 江西中经会计师事务所有限责任公司
32. 江西茗仁会计师事务所有限公司
33. 中铭国际资产评估有限公司
34. 利安达会计师事务所江西分所
35. 江西惠普会计师事务所有限责任公司
36. 江西天华会计师事务所有限公司
37. 江西秦风律师事务所
38. 赣州恒诚联合会计师事务所
39. 江西三清会计师事务所有限责任公司
40. 南昌中海会计师事务所有限责任公司
41. 江西东顺会计师事务所有限公司
42. 北京中证天通会计师事务所江西分所
43. 中银（南昌）律师事务所
44. 江西华邦律师事务所

二、专家（100人）

（一）工程系列（48人）

1. 孙庭湖　南华伦咨询有限公司
2. 孙浩湖　北永业行评估咨询有限公司
3. 李孟渝　中国建筑一局集团
4. 赵送机　中国瑞林工程技术有限公司
5. 殷　昇　江西老楼房地产土地评估公司顾问有限公司
6. 石效群　江西浔诚工程咨询有限公司
7. 李静祥　湖南华伦咨询有限公司
8. 陈玉英　江西省财政厅财政投资评审中心
9. 吴旭明　九江浔诚资产评估咨询有限公司
10. 汪才华　江西省春江房地产开发有限公司
11. 潘鹏程　燕山大学建筑工程与力学学院（河北省秦皇岛）
12. 戴伟华　中国瑞林工程技术有限公司
13. 刘伟中　咨江西工程有限公司
14. 李冬华　江西高石投资管理有限公司
15. 程　凌　四川大学锦城学院

16. 曾小平　中国瑞林工程技术有限公司
17. 刘爱莲　中国瑞林工程技术有限公司
18. 汪渝桃　江西万隆中审工程咨询有限公司
19. 李爱民　江西省政府投资项目评审中心
20. 台念强　九江市建设监理有限公司
21. 曾　峻　中外建工程设计与顾问有限公司
22. 王慧玲　江西省财政厅财政投资评审中心
23. 曾光辉　湖南华伦咨询有限公司
24. 曾志辉　江西省直属机关建筑设计院
25. 刘　奕　中国瑞林工程技术有限公司
26. 付　涛　新余金山建筑工程咨询有限公司
27. 刘　彤　中国瑞林工程技术有限公司
28. 刘海鹰　中咨江西工程有限公司
29. 李大浪　中国瑞林工程技术有限公司
30. 黄小彬　南昌市政公用集团工程管理部
31. 冯志刚　江西省计量测试研究院
32. 胡　虎　中国瑞林工程技术有限公司
33. 邹丽芳　中国瑞林工程技术有限公司
34. 许志民　中国瑞林工程技术有限公司
35. 申德军　中国瑞林工程技术有限公司
36. 任志斌　九江市建设监理有限公司
37. 邱建华　江西金山会计师事务所有限公司
38. 李子华　九江市建设监理有限公司
39. 孔晓青　中国瑞林工程技术有限公司
40. 郭学力　中国瑞林工程技术有限公司
41. 关德胜　天职工程咨询股份有限公司
42. 黎小江　江西万隆中审工程咨询有限公司
43. 郭冬生　九江市建设监理有限公司
44. 董维华　江西省财政厅财政投资评审中心
45. 耿华娟　南京韵道投资管理有限公司
46. 王礼敬　中国瑞林工程技术有限公司
47. 叶红斌　九江市建设监理有限公司
48. 熊尚诚　湖南新湘送变电建设有限公司

（二）经济系列（37人）

1. 范群英　天职工程咨询股份有限公司
2. 蔡素华　瑞华会计师事务所江西分所

3. 黄小利　湖南华伦咨询有限公司
4. 肖　勇　江西东顺会计师事务所有限公司
5. 但承龙　江西财大旅游和城市管理学院
6. 张乘风　九江浔诚资产评估咨询有限公司
7. 叶红亮　江西赣能会计师事务所
8. 余克克　九江浔诚会计师事务所有限责任公司
9. 何鹏瑞　华会计师事务所（特殊普通合伙）云南分所
10. 周　昆　九江浔诚会计师事务所有限责任公司
11. 邓科秋　江西东顺会计师事务所有限公司
12. 周建树　九江浔诚资产评估咨询有限公司
13. 唐海伟　瑞华会计师事务所云南分所
14. 谭志国　中国投资咨询有限责任公司（上海）
15. 于　伟　瑞华会计师事务所江西分所
16. 郭　亮　江西东顺会计师事务所有限公司
17. 周　伟　中国投资咨询有限责任公司
18. 覃继伟　天职国际江西分所
19. 吴伟军　江西财经大学金融学院
20. 宋国林　江西华泰会计师事务所有限公司赣西分所
21. 齐义群　南昌中海会计师事务所
22. 刘　旦　江西高石投资管理有限公司
23. 周木兰　江西赣能会计师事务所有限责任公司
24. 高春勇　江西高石投资管理有限公司
25. 张文君　江西省委党校（江西行政学院）经济研究所
26. 方德贵　江西中经会计师事务所、江西京九律师事务所
27. 陈枫江　西百伦资产评估公司
28. 丁伯康　江苏现代资产投资管理顾问有限公司
29. 郑国锋　江西三清会计师事务所有限公司
30. 肖伟民　省发展改革委江西省铁路投资集团公司
31. 涂韶军　江西赣能会计师事务所
32. 宋岩涛　北京明石博略管理咨询有限公司
33. 刘穷志　武汉大学经济管理学院
34. 王子勇　江西茗仁会计师事务所有限公司
35. 王艳全　大华会计师事务所江西分所
36. 何倩凤　江西赣州华昇会计师事务所
37. 聂　敏　中国投资咨询有限责任公司

（三）法律系列（15人）

1. 彭丁带　南昌大学法学院
2. 王福春　江西高石投资管理有限公司
3. 张晓峰　北京市万商天勤律师事务所
4. 熊朗秋　江西朗秋律师事务所
5. 雷结斌　江西求正沃德律师事务所
6. 何春丽　北京盈科（长春）律师事务所
7. 张奕浙　江金道律师事务所
8. 高　磊　北京市万商天勤律师事务所
9. 王金平　北京大成（南昌）律师事务所
10. 肖　明　北京中银（南昌）律师事务所
11. 金琪琪　浙江金道律师事务所
12. 许龙江　江西求正沃德律师事务所
13. 王林春　北京大成（南昌）律师事务所
14. 吁　斌　江西朗秋律师事务所
15. 罗　元　北京市中银（南昌）律师事务所

江西省财政厅

二〇一六年十二月十九日

山东省文件（1个）

山东省财政厅关于印发《山东省"政府和社会资本合作"项目奖补资金管理办法》的通知

（鲁财金〔2016〕4号）

各市财政局、省财政直接管理县（市）财政局：

为进一步规范和加强我省"政府和社会资本合作"项目奖补资金管理，提高资金使用效益，我们研究制定了《山东省"政府和社会资本合作"项目奖补资金管理办法》，现予以印发，请遵照执行。

山东省财政厅
二〇一六年二月二十二日

山东省"政府和社会资本合作"项目奖补资金管理办法

第一章 总 则

第一条 为进一步规范和加强政府和社会资本合作（PPP）项目奖补资金（以下简称"奖补资金"）管理，提高资金使用效益，更好地调动各级开展政府和社会资本合作工作的积极性，根据《国务院办公厅转发财政部、发展改革委、人民银行关于在公共服务领域推广政府和社会资本合作模式指导意见的通知》（国办发〔2015〕42号）、《山东省人民政府关于运用财政政策措施进一步推动全省经济转方式调结构稳增长的意见》（鲁政发〔2015〕14号）、《山东省人民政府办公厅转发省财政厅、省发展改革委、人民银行济南分行关于在公共服务领域推广政府和社会资本合作模式的指导意见的通知》（鲁政办发〔2015〕35号）和财政资金管理有关规定，制定本办法。

第二条 本办法所称奖补资金，是指由省财政预算安排，专项用于支持开展政府和社会资本合作工作的奖补资金，统筹用于补助各市、县（市、区）财政部门开展政府和社会资本合作项目的规划设计、可行性研究、物有所值评价和财政承受能力论证等前期费用。

第三条 省财政按照"奖补结合"的原则，根据各级开展政府和社会资本合作工作情况，给予一次性奖励和补助。

第四条 各级财政部门要按照"据实申请、严格审核、鼓励先进、引导投入"的原则，科学分配、规范使用和管理奖补资金。

第二章 申报条件和分配原则

第五条 奖补资金的申报条件：
（一）已纳入财政部信息统计平台的省级储备库项目；
（二）政府与社会资本方已签订PPP正式合同。

第六条 奖补资金的分配原则：

对通过政府和社会资本合作模式化解存量债务的项目以及列入国家示范和省级示范项目，省财政分别按照每个项目70万元、50万元、40万元（同时列入国家示范和省级重点的项目，按最高额度奖励）的标准，奖励项目所在市、县（市、区）。扣除以上奖励后的资金，按因素法确定分配额度。每个县（市、区）奖补资金总额不超过1000万元。

（一）基础因素，所占权重为30%。已开展政府和社会资本合作项目的市、县（市、区）均可获得基础性补助资金；

（二）投资额占比因素，所占权重为40%。根据合同约定投资额占全省所有签约项目总投资额的比例确定奖励额度；

（三）项目个数占比因素，所占权重为30%。签订合同项目个数占全省的比例确定奖励额度。

奖补资金=（省财政预算安排数－奖励资金总额）×30%符合奖补要求的市，县（市、区）个数＋合同约定投资额×40%全省所有签约项目总投资额＋签订合同项目个数×30%全省所有签约项目总个数＋奖励资金

第三章 奖补资金的申请、审核和拨付

第七条 申请奖补资金需提供以下材料：
（一）政府和社会资本合作项目正式合同复印件；
（二）化解存量债务的有关证明材料；
（三）政府对项目实施政府和社会资本合作模式的审核批复复印件；

（四）政府和社会资本合作项目奖补资金申请表（见附件）。

第八条 各市财政局应按申报通知要求组织所辖区、县（市）和省财政直接管理县（市）做好奖补资金申报工作，已获得过省级奖补资金的项目不在申报范围内，并于5月底前将申报材料报送省财政厅。

第九条 省财政厅对申报材料进行审核把关，并组织专家进行评审，根据评审意见于6月底前下达资金分配文件。

第四章 监督管理

第十条 各级财政部门要严格按规定报送有关材料，不得弄虚作假、套取骗取奖补资金。对虚报材料骗取资金的，省财政厅将依法收回，并依据《财政违法行为处罚处分条例》（国务院令第427号）等有关规定，对有关单位和责任人进行处理处罚。

第十一条 各级财政部门要加强对奖补资金的管理，加快拨付进度，切实做到专款专用，严禁截留、滞留、转移、挪用资金。省财政厅将会同有关部门加强对奖补资金使用管理情况的监督检查。对违反国家财政财务制度的，将按照有关规定严肃处理，并收回奖补资金。

第五章 附 则

第十二条 各市应结合当地实际，制定具体的实施细则，并报省财政厅备案。
第十三条 本办法由省财政厅负责解释。
第十四条 本办法自2016年4月1日起施行，有效期至2019年3月31日。
附件：山东省"政府和社会资本合作"项目奖补资金申请表（略）

湖南省文件（3个）

湖南省财政厅关于推荐全省第三批政府和社会资本合作示范项目的通知

（湘财金函〔2016〕2号）

各市州、省直管县市财政局，省直有关单位：

为加快推进全省政府和社会资本合作（以下简称PPP）项目建设，做好对接财政部示范项目的准备工作，根据《湖南省财政厅关于推广运用政府和社会资本合作模式的指导意见》（湘财金〔2014〕49号）精神，省财政厅拟于近期开展全省第三批PPP示范项目评选工作，现就有关事项通知如下：

一、申报范围

根据《国务院办公厅转发财政部 发展改革委 人民银行关于在公共服务领域推广政府和社会资本合作模式指导意见的通知》（国办发〔2015〕42号）和《财政部关于进一步做好政府和社会资本合作项目示范工作的通知》（财金〔2015〕57号，以下简称《通知》）精神，推荐在能源、交通运输、水利、环境保护、农业、林业、科技、保障性安居工程、医疗、卫生、养老、教育、文化等公共服务领域，筛选征集适宜采用PPP模式的项目。

二、申报要求

1. 确保上报项目具备相应基本条件。项目要纳入城市总体规划和各类专项规划，新建项目应已按规定程序做好立项、可行性论证等项目前期工作。项目所在行业已印发开展PPP模式相关规定的，要同时满足相关规定。政府和社会资本合作期限原则上不低于10年。对采用BT方式的项目，通过保底承诺、回购安排等方式进行变相融资的项目，将不予受理。

2. 优先支持融资平台公司存量项目转型为PPP项目。重点推进符合条件的融资平台公司存量项目，通过TOT、ROT等方式转型为PPP项目。存量项目债务应纳入地方政府性债务管理系统或2013年全国政府性债务审计范围。对合同变更成本高，融资结构调整成本高，原债权人不同意转换，不能化解政府性债务风险、降低债务成本和实现"物有所值"的项目，将不予受理。

3. 市州、县市区财政局需确保本辖区内部级和省级示范项目以及本次准备申报第三批示范项目通过PPP综合信息平台完整录入项目相关信息。

4. 项目所在地财政部门要认真做好项目物有所值定性、定量分析和财政承受力能力论证，有效控制政府支付责任，合理确定财政补助金额，每一年度全部PPP项目需要从预算中安排的支出责任占一般公共预算支出比例应当不超过10%。

三、申报材料

1. 各申报项目应依据《财政部关于印发政府和社会资本合作模式操作指南（试行）的通知》（财金〔2014〕113号）及相关文件和《通知》的要求，编制完成项目采用PPP模式的初步方案（附件1）以及PPP示范项目申报表（附件2）和基本信息表（附件3）。

2. 各申报项目所在地政府或政府授权实施机构应当提交项目规范实施承诺函，承诺在项目实施各操作环节中，将严格执行财政一系列制度规范，尽快完成项目实施，并保证项目实施质量。

四、时间要求

请各市州、省直管县市财政局严格筛选上报第三批备选示范项目，以市州为单位汇总上报。各市州财政局于2016年3月10日前将本地区示范项目申报材料书面（含电子版）报送省财政厅。

省财政将组织专家对各项目所报材料进行初审，审核通过后，召开项目推介和评审会，由专家对各项目进行评审及现场指导。评审会时间另行通知。

联系人：省财政厅金融与债务处　康杰

联系电话：0731-85165343

电子邮箱：hnczjrc@163.com

附件：1. ＿＿＿＿＿＿项目采用PPP模式的初步方案
　　　2. ＿＿＿＿＿＿市（县）PPP示范项目申报表
　　　3. ＿＿＿＿＿＿市（县）PPP示范项目基本信息表

湖南省财政厅
二〇一六年二月六日

附件1：

_____项目采用PPP模式的初步方案

一、项目基本情况

包括但不限于项目名称、类型（在建或建成）、地点、联系人；项目建设的必要性、前期工作合规性（可研、环评、土地等）、技术路线、所处阶段（申报、设计、融资、采购、施工、运行）、开工和计划完成时间；总投资及资本构成、资产负债、股权结构、融资结构及主要融资成本、收益情况（总收益、收入来源、收费价格和定价机制）；政府现有支持安排、社会资本介入情况（如有）；纠纷情况（如有）等。

二、可行性分析

包括但不限于对本通知要求满足情况的分析、行业主管部门和融资平台意愿、项目对社会资本的吸引力分析、债权人转换配合意愿及担保解除可能性等。

项目采用PPP模式要进行"物有所值"定性分析，重点关注PPP与政府传统采购模式相比能否增加供给，优化风险分担，降低项目全生命周期成本，提高运营效率，促进创新和竞争。

三、初步实施安排

包括但不限于政府和社会资本的权利义务、风险分担、PPP运作方式、投融资结构、政府配套安排、合同期限、收益回报方式、收费定价调整机制、财政可承受能力评估、合作伙伴选择方式、项目公司（SPV）设立情况等。

四、财务测算

包括但不限于投资回报测算、现金流量分析、项目财务状况、项目存续期间政府补贴情况等。

附件2：

_____市（县）PPP示范项目申报表

填表单位（章）：　　　　　　　　　　　　　　　　　　　　填表日期：

项目基本信息	项目名称		项目类型	□存量 □新建	行业	
	项目所在地		项目总投资（万元）			
	项目合作内容					

续表

项目基本信息	项目实施机构		第三方中介机构（如有）	
	项目联系人	联系电话	手机	

项目识别	项目发起方式	
	项目合作期限	
	项目运作方式	
	是否开展物有所值评价及评价过程和结果	
	是否开展财政承受能力论证及论证过程和结果	

项目准备	风险分配框架	
	项目融资结构	
	收益回报机制	
	政府配套安排	
	实施方案批准情况	

项目采购	是否已选择社会资本合作方及采购方式和结果	
	是否已签订项目合同及签订时间	

续表

项目执行	项目公司组建情况	
	项目融资进展情况	
	项目建设进度	
	运营绩效表现	

填表人：　　　　　联系电话：　　　　　邮箱：

填表说明

1. 项目名称：填写财政部批复示范项目名单所列标准全称；
2. 项目类型：按财政部批复的示范项目类型选择"存量"或"新建"；
3. 行业：按国办发【2015】42号文所载行业领域填写；
4. 项目所在地：按"＿＿省（自治区、市）＿＿市（区、县）"格式填写；
5. 实施机构：指政府或其指定的负责项目准备、采购、监管和移交等工作的职能部门或事业单位；
6. 第三方中介机构：指编制项目实施方案的咨询机构；
7. 项目概况：简要介绍项目基本情况、经济技术指标及项目公司股权结构等；
8. 风险分配框架：填写政府和社会资本分别承担的风险；
9. 项目运作方式：填写O&M、MC、BOT、BOO、TOT、ROT中项目选择的运作方式；
10. 项目融资结构：项目资本性支出资金来源、行政和用途，项目资产的形成和移交等；
11. 回报机制：填写社会资本取得投资回报的资金来源，包括使用者付费、可行性缺口补助和政府付费等；
12. 配套安排：由项目以外相关机构提供的土地、水、电、气和道路等配套设施和项目所需上下游服务；
13. 合同体系：填写项目合同、股东合同、融资合同、工程承包合同、运营服务合同等合同的准备情况；
14. 监管架构：填写政府对实施机构的授权和政府直接或通过实施机构对社会资本的授权等授权关系，以及履约管理、行政监管和公众监督等监管方式；
15. 采购方式：项目拟定的采购方式，包括公开招标、竞争性谈判、邀请招标、竞争性磋商、单一来源采购；
16. 物有所值评价/验证：简要填写物有所值评价和验证结论；
17. 财政承受能力论证/验证：简要填写财政承受能力论证和验证结论；
18. 政府审核情况：填写政府对项目实施方案的审核意见；
19. 资格预审文件：填写资格预审文件准备情况；
19. 资格预审公告发布情况：填写资格预审发布时间和媒体；
20. 提交资格预审申请文件的社会资本信息：填写提交资格预审申请文件的社会资本名称；
21. 资格预审评审情况：填写资格预审评审时间、评审人员组成和评审结果；
22. 采购文件准备情况：简要描述采购文件的主要内容；
23. 采购公告发布情况：填写采购公告发布时间及媒体；
24. 采购文件发售情况：填写采购文件的名称信息；
25. 相应文件提交情况：填写提交相应文件的社会资本名称；
26. 相应文件评审情况：填写响应文件评审时间、人员组成、评审结果等；

27. 采购结果确认谈判情况：简要填写采购结果确认谈判工作组组成、谈判过程和结论；
28. 采购结果和合同文本公示情况：填写采购结果和合同文本公示时间、公示媒体；
29. 采购结果政府审核情况：填写政府对采购结果的审核意见；
30. 项目合同签订情况：填写项目合同签订日期、签订机构等；
31. 项目合同公示情况：填写项目实施机构公示项目合同时间、媒体等；
32. 资产交割时间：填写存量项目资产移交社会资本的时间；
33. 项目公司组建情况：填写项目公司组建时间、项目公司股东构成和持股比例；
34. 融资进展情况：填写社会资本或项目公司的融资方案和融资交割情况；
35. 政府支付义务履行情况：填写政府支付义务的实际履行情况。

附件3：

_____市（县）PPP示范项目基本信息表

项目基本情况信息	项目名称（必填）		项目类型（必选）		当前项目状态（必选）	
	示范或推荐项目的级别		评选单位		项目总投资（万元）	
	项目所属省（区、市）（可选）		市（区）		县	
	实施机构（必填）		实施机构联系人		实施机构联系人电话	
	所属行业1（必选）		所属行业2（如果前列选择其他，此处可填）		行业子领域	
	第三方专业机构信息（如有）					
	组织机构代码	机构名称	委托方	项目经理	联系电话	手机号码	主要服务内容
	项目运作方式（必选）：		回报机制（必选）：		项目网址：	
	项目概况					

续表

一、项目识别	项目发起时间（必填）		项目发起类型（必选）		项目发起人名称		
	计划开发年度						
	物有所值评价（描述）						
	财政承受能力论证（描述）						
	项目产出物说明							
	序号	年度	产出物	计量单位	数量	备注	
	1						
	2						
	3						
二、项目准备	风险分配框架（描述）						
	项目融资结构（描述）						
	回报机制（描述）						
	配套安排（描述）						
	项目合同体系（描述）						
	PPP项目合同核心内容（描述）						
	监管架构（描述）						

续表

		政府采购方式（可选）		拟发布资格预审公告时间		拟发布采购公告时间	
二、项目准备		物有所值验证	定性分析（描述）				
			定量分析（描述）				
		财政承受能力验证	支出年度	（政府）股权投资支出额（万元）	运营补贴支出额（万元）	风险承担支出额（万元）	配套投入支出额（万元）
			2014				
			2015				
			2016				
			2017				
			2018				
			评估结论（描述）：			省级财政意见：	
		本级政府审核时间：		审核意见：			
三、项目采购	资格预审	公告时间		发布媒体		资格预审时间	
		通过资格预审机构联合体（1）					
		序号	是否为联合体	联合体名称	是否为牵头单位	机构代码	名称
		1	是		是		
		2			否		
		3			否		
		4			否		
		5			否		

续表

		通过资格预审机构（非联合体）			
三、项目采购	资格预审	序号	是否为联合体	机构代码	机构名称
		1	否		
		2			
		3			
		4			
		5			
		6			
		7			
		8			
	项目采购	公告时间		发布媒体		响应文件提交时间	
		提交响应文件联合体机构（1）					
		序号	是否为联合体	名称/联合体名称	是否为牵头单位	机构代码	名称
		1	是		是		
		2			否		
		3			否		
		4			否		
		5			否		
		提交响应文件机构（非联合体）					
		序号	是否为联合体	机构代码		机构名称	
		1	否				
		2					
		3					
		4					
		5					
		6					
		7					
		8					

续表

		响应文件评审时间		结果确认谈判时间		政府审核时间	
三、项目采购	采购结果	中选社会资本					
		排名	是否为联合体	名称/联合体名称	是否为牵头单位	机构代码	名称
		1	是		是		
		2			否		
		3			否		
		4			否		
		5			否		
		6	否				
		合同签署时间		合同公布时间		合同公布媒体	
四、项目执行		项目公司名称		项目公司成立时间			
	股权结构	股权结构明细					
		机构类型	机构代码	名称	融资额（万元）		
		小计：					
	债权结构	债权结构明细					
		机构类型	机构代码	名称	融资额（万元）		
		小计：					
		融资结构（股权+债权）的总和（万元）：					

续表

四、项目执行	项目融资交割时间		资产交割时间	
	项目开工时间		项目完工时间	
五、项目移交	项目移交时间	项目移交性能测试结果		项目绩效评价报告
填表人：		联系电话：	邮箱：	

填表说明

1. 项目名称：填写财政部批复示范项目名单所列标准全称；
2. 项目类型：按财政部批复的示范项目类型选择"存量"或"新增"；
3. 行业：按财政部批复示范项目行业领域填写；
4. 项目所在地：按"＿＿＿＿＿＿市（区、县）"格式填写；
5. 实施机构：指政府或其指定的负责项目准备、采购、监管和移交等工作的职能部门或事业单位；
6. 项目概况：简要介绍项目基本情况、经济技术指标及项目公司股权结构等；
7. 风险分配框架：填写政府和社会资本分别承担的风险；
8. 项目运作方式：填写 O&M、MC、BOT、BOO、TOT、ROT 中项目选择的运作方式；
9. 项目融资结构：项目资本性支出资金来源、性质和用途，项目资产的形成和移交等；
10. 回报机制：填写社会资本取得投资回报的资金来源，包括使用者付费、可行性缺口补助和政府付费等；
11. 配套安排：由项目以外相关机构提供的土地、水、电、气和道路等配套设施和项目所需上下游服务；
12. PPP 项目合同准备情况：填写 PPP 项目合同草案的主要条款；
13. 监管架构：填写政府对实施机构的授权和政府直接或通过实施机构对社会资本的授权等授权关系，以及履约管理、行政监管和公众监督等监管方式；
14. 采购方式：项目拟定的采购方式，包括公开招标、竞争性谈判、邀请招标、竞争性磋商、单一来源采购；
15. 物有所值评价/验证：简要填写物有所值评价和验证结论；
16. 财政承受能力论证/验证：简要填写财政承受能力论证和验证结论；
17. 政府审核情况：填写政府对项目实施方案的审核意见；
18. 资格预审公告发布情况：填写资格预审发布主要内容、时间和媒体；
19. 资格预审评审情况：填写提交资格预审申请文件的社会资本数、资格预审评审时间、评审人员组成和评审结果；
20. 采购公告发布情况：填写采购公告发布内容、时间及媒体；
21. 响应文件评审情况：填写响应文件提交的社会资本信息、评审时间、人员组成、评审结果等；
22. 采购结果确认谈判情况：简要填写采购结果确认谈判工作组组成、谈判过程和结论；
23. 采购结果和合同文本公示情况：填写采购结果和合同文本公示时间、公示媒体；
24. 采购结果政府审核情况：填写政府对采购结果的审核意见；
25. 项目合同签订情况：填写项目合同签订日期、签订机构等；
26. 项目合同公示情况：填写项目实施机构公示项目合同时间、媒体等；
27. 资产交割时间：填写存量项目资产移交社会资本的时间；

28. 项目公司组建情况：填写项目公司组建时间、项目公司股东构成和持股比例；

29. 融资进展情况：填写社会资本或项目公司的融资方案和融资交割情况；

30. 政府支付义务履行情况：填写政府已支付资本情况、是否按PPP项目合同履行义务等的实际履行情况。

湖南省财政厅关于全省第三批政府和社会资本合作示范项目实施有关事项的通知

（湘财金〔2016〕23号）

各市州、省直管县市财政局：

根据《国务院办公厅转发财政部 发展改革委 人民银行关于在公共服务领域推广政府和社会资本合作模式指导意见的通知》（国办发〔2015〕42号）和《湖南省财政厅关于推广运用政府和社会资本合作模式的指导意见》（湘财金〔2014〕49号）精神，现就全省第三批政府和社会资本合作（PPP）示范项目实施有关事项通知如下：

一、经各市州、县市区财政部门推荐，省财政厅PPP工作领导小组组织专家评审，现确定长沙市轨道交通6号线B部分PPP项目等117个项目作为第三批PPP省级示范项目，总投资金额1713亿元（详见附件）。

二、各级财政部门要严格按照《财政部关于印发政府和社会资本合作模式操作指南的通知》（财金〔2014〕113号）有关文件精神，加强组织领导，认真履行财政管理职能，会同项目实施单位和有关部门、行业，建立高效、顺畅的工作协调机制，形成工作合力，确保示范项目规范实施、按期落地。

1. 要统筹开展本地区内PPP项目的财政承受能力论证，做好地区和行业平衡，防止项目财政支出责任累计不得超过本地区整体财政承受能力上限。

2. 要会同示范项目实施单位进一步细化项目实施方案，提升项目实施方案的科学性、规范性和可行性，项目实施严格执行国务院和财政等部门出台的制度文件，认真做好评估论证，确保示范项目实施质量。

3. 要严格按照《政府采购法》和《政府和社会资本合作项目政府采购管理办法》（财库〔2014〕215号）规定，充分引入竞争机制，择优选择社会资本。要综合考虑项目风险等因素，合理确定社会资本的收益水平，并通过特许经营权、合理定价、财政补贴等事先公开的收益约定规则，使社会资本获得长期稳定收益。

4. 要对PPP示范项目实施全生命周期监管，定期组织绩效评价，评价结果应作为定价调价的重要依据，保证公共利益最大化。

5. 要严格按照合同办事，切实履行政府合同责任，保障PPP项目顺利实施。要依法公开，充分披露项目实施的相关信息，保障公众知情权，接受社会监督。

三、各级财政部门要会同项目实施机构和有关部门，加强对示范项目实施情况的跟踪管理，定期将项目实施方案、物有所值评价报告、财政承受能力论证报告、采购文件、合同文本等重要资料和数据录入财政部政府和社会资本综合信息平台。

四、在项目实施全过程中，我厅将建立健全示范项目的跟踪指导、对口联系和动态调整机制，推动示范项目顺利实施。示范项目建设完成后，我厅将组织专家对前期实施情况进行验收，重点审查示范项目是否符合PPP模式的必备特征。验收不合格的，将不再作为示范项目推广。

五、项目示范是财政部门规范推广PPP模式的重要抓手，各级财政部门要切实加强示范项目的组织领导，配备必要的业务骨干人员，保证各项工作有序推进。对前两批省级PPP示范项目，财政部门要加强协调，督促项目实施单位加快推进项目实施，跟踪进展情况，对示范项目实施过程中遇到的难点和问题，市县财政部门要会同同级政府有关部门积极研究解决，重大情况应及时报告省财政厅。

六、请各市州财政部门将前两批省级示范项目推进的情况、遇到的问题和建议于6月30日前书面反馈省财政厅PPP办公室。

附件：湖南省第三批政府和社会资本合作示范项目名单

湖南省财政厅

二〇一六年四月二十八日

附件：

湖南省第三批政府和社会资本合作示范项目名单

序号	市州名称	县市或单位名称	项目名称	所属领域	投资额（亿元）	联系人	联系方式
合计					1713.00		
1		市级	长沙市轨道交通6号线B部分PPP项目	交通运输	100.00	朱文霞	1536896177
2		长沙县	湖南（长沙）现代农业成果展示区PPP项目	农业	8.75	伏凯	1378703488
3		长沙县	长沙县捞刀河沿岸风光带及生态环境综合工程建设项目	生态建设与环境保护	26.00	何硕	13507458588
4		浏阳市	浏阳市城区污水处理厂网一体化PPP项目	生态建设与环境保护	4.42	卜传兵	13517471316
5	长沙市	宁乡县	宁乡经济技术开发区污水处理厂及其配套管网工程	生态建设与环境保护	3.45	邹庆绫	13637497995
6		宁乡县	宁乡"十三五"国省干线公路及部分市政道路建设运营维护	交通运输	58.77	张慧明	13975818788
7		宁乡县	宁乡县智慧城市PPP项目	片区开发	4.61	姜家宏	13807499555
8		宁乡县	宁乡县城截污管道工程建设运营PPP项目	生态建设与环境保护	1.97	戴彬文	15084841852
9		宁乡县	宁乡南片区路网及部分土地整体建设运营项目	市政工程	10.00	周海鹏	13787176183
10		市级	株洲市天易科技城自主创业园工程	片区开发	41.46	周晟	18673326963
11		醴陵市	醴陵市东城大道醴陵段建设运营	交通运输	17.80	凌伟	13467729088
12	株洲市	醴陵市	醴陵市渌江古城之瓷城古韵（一江两岸）文化休闲带建设项目	文化旅游	39.10	凌伟	13467729088
13		醴陵市	醴陵市渌江新城核心区工程建设运营项目	片区开发	16.89	凌伟	13467729089

续表

序号	市州名称	县市或单位名称	项目名称	所属领域	投资额（亿元）	联系人	联系方式
14	湘潭市	市级	湖南（湘潭）天伦医养康复中心PPP项目	医疗卫生	2.28	盛笑芙	13873205829
15			湘潭市湘江风光带（昭山段）生态防洪与景观工程PPP项目	生态建设与环境保护	3.57	谭绪超	13973344707
16			湘潭市万楼片区城中村改造PPP项目	市政工程	30.40	李虎	18607329958
17			湘潭莲城医疗养老PPP项目	医疗卫生	2.00	奉英	13907327275
18			湘潭火车站北片区二级渠防洪排涝及碧泉湖景观改造PPP项目	生态建设与环境保护	4.00	彭理	15073205569
19		湘潭县	湘潭县第二污水处理厂（一期）PPP项目	生态建设与环境保护	0.92	欧阳艳花	13875274019
20	衡阳市	衡南县	衡南县一供一治PPP项目	生态建设与环境保护	4.65	廖真频	13974722092
21			衡南县中医院PPP项目	医疗卫生	1.42	莫小娟	18607348186
22		耒阳市	耒阳市哲桥工业新城核心区城开发建设	片区开发	33.45	肖满员	13187333555
23			耒阳市蔡伦竹海旅游风景区（二期）开发建设项目	文化旅游	8.98	李科	13575264361
24			耒阳市第二自来水厂综合提质改造项目	市政工程	10.00	彭志刚	13787349688
25			耒阳市鹿岐峰片区安居工程及配套基础设施项目	保障性安居工程	18.47	彭志刚	13787349688
26			耒阳市武广耒阳西站综合开发项目	片区开发	7.90	谭智勇	13647479013

续表

序号	市州名称	县市或单位名称	项目名称	所属领域	投资额（亿元）	联系人	联系方式
27	邵阳市	市级	邵阳市素质教育实践基地	教育	2.68	曾敦武	13187292221
28			邵阳市"三所一中心"	交通运输	3.41	达良忠	18807399828
29			邵阳市发制品工业园区污水处理工程、宝庆工业集中区污水处理及管网工程	生态建设与环境保护	3.77	唐小海	13903941480
30			邵阳市小江湖片区老工业基地棚户区改造	保障性安居工程	66.20	张艳辉	13207396655
31			邵阳市资江南岸风光带及区域棚改	保障性安居工程	70.96	晏海军	13786127936
32		新邵县	邵阳市资江防洪风光带及市政配套设施建设工程（右岸）	市政工程	14.92	谢文建	15073996799
33		绥宁县	绥宁县黄桑景区原生态旅游开发项目—期工程基础设施建设	文化旅游	11.24	颜媛媛	0739-7638881
34	岳阳市	市级	岳阳东（高铁）综合交通枢纽项目	交通运输	20.70	周英坤	18673009915
35			岳阳市静脉产业园PPP项目	生态建设与环境保护	30.31	胡继权	13973063760
36			湖南岳阳城陵矶新港区煤炭铁水联运储配基地建设PPP项目	片区开发	20.79	孟志军	13975082788
37			岳阳市海绵城市之中心城区湖泊河道综合整治系列工程	市政工程	47.43	李洁	18692136886
38			岳阳市巴陵书香*创客馆项目	文化旅游	8.30	李洁	18692136886
39			岳阳南湖生态环境治理和旅游休闲综合开发PPP项目	生态建设与环境保护	10.81	葛立平	13975040880
40			岳阳中心医院	医疗卫生	21.00	罗湘兵	18673090086
41			岳阳市楼区育家桥两型示范新城PPP项目	片区开发	13.50	李拥军	13907309028
42			岳阳教会学校百年遗址PPP项目	文化旅游	20.85	向景葵	18873003377

续表

序号	市州名称	县市或单位名称	项目名称	所属领域	投资额（亿元）	联系人	联系方式
43	岳阳市	市级	岳阳市南客运枢纽站建设项目	交通运输	9.76	刘云华	13337309333
44			湖南岳阳城陵矶新港区芭蕉湖片区综合开发PPP项目	片区开发	21.65	孟志军	13975082788
45			湖南中医药大学附属岳阳医院基本医疗住院楼项目	医疗卫生	4.81	钟利民	18216300999
46		平江县	平江县首家坪路（富依路-站前路）道路新建工程PPP项目	交通运输	4.51	童力	15074000002
47		临湘市	临湘市给排水及垃圾处理一体化PPP项目	生态建设与环境保护	2.14	余敏	13974031225
48			临湘市城市路网PPP项目	交通运输	6.35	苏雯	15197127207
49			临湘市源潭河环境综合治理工程PPP项目	生态建设与环境保护	7.49	易隼	13467416111
50		华容县	岳阳港华容港长江作业区塔市驿长江一期工程PPP项目	交通运输	1.03	张浩	18607301168
51			华容县污水处理设施"厂网一体"PPP项目	生态建设与环境保护	2.80	张子豪	13807405589
52		岳阳县	岳阳县工业集中区污水处理	生态建设与环境保护	1.25	罗志爱	13974048488
53			岳阳县中医医养融合PPP项目	医疗卫生	1.20	余美军	15007300118
54			岳阳县荣湾湖综合治理PPP项目	生态建设与环境保护	15.00	唐卫军	13974015128
55	常德市	津市市	津市市集镇生活污水处理及管网工程PPP项目	生态建设与环境保护	1.20	刘杰	18507365808
56		临澧县	临澧县城区安全饮水工程PPP项目	市政工程	17.20	廖生军	13873669528
57	张家界市	市级	张家界市永定区农村生活垃圾收运工程	生态建设与环境保护	1.57	黄颖彬	18174466503
58			张家界市武陵山大道	交通运输	36.00	卢玖辉	15274423377
59			张家界市荷花机场第二通道项目	交通运输	13.71	卢玖辉	15274423378
60			张家界市杨家界大道（教中公路）项目	交通运输	10.06	卢玖辉	15274423379

续表

序号	市州名称	县市或单位名称	项目名称	所属领域	投资额（亿元）	联系人	联系方式
61	益阳市	市级	益阳市城市生活垃圾焚烧发电特许经营项目	生态建设与环境保护	3.49	张习明	13973712186
62			益阳市一园两中心PPP项目	市政工程	15.00	赵建军	13973701589
63			益阳市电力走廊PPP项目	市政工程	3.74	卓军辉	13973739123
64			益阳市高新区园区地下综合管沟建设PPP项目	市政工程	3.30	卓军辉	13973739123
65			益阳资江风貌带及城市西环线建设综合工程PPP项目	生态建设与环境保护	51.50	曹海清	13873727321
66			益阳市城北污水处理厂扩建及提标改造工程PPP项目	生态建设与环境保护	1.03	赵建军	13973701589
67		南县	南县"两污"治理工程PPP项目	生态建设与环境保护	1.94	彭华	13907375655
68		沅江市	沅江市第二污水处理厂及配套管网、泵站PPP项目	生态建设与环境保护	1.86	郭宏	18075962005
69	永州市	市级	永州市地下综合管廊建设PPP项目	市政工程	8.45	吴林辉	18674626567
70	郴州市		郴州市城区地下综合管廊	市政工程	37.02	刘科长	13973511553
71			郴州小埠南岭生态城养老中心	医疗卫生	7.50	谢开富	13875511897
72		市级	郴州市第三人民医院新扩建工程	医疗卫生	14.00	刘安平	13975768881
73			郴州市北湖区农村客运公交文化	交通运输	2.51	李仁军	13975566583
74			郴州市餐厨垃圾无害化处理项目	生态建设与环境保护	1.14	罗小云	13973540809
75		资兴市	资兴清江至滁口公路	交通运输	2.28	刘忠华	18975720138
76			资兴市文体中心	文化旅游	7.96	高三见	13786543988

续表

序号	市州名称	县市或单位名称	项目名称	所属领域	投资额（亿元）	联系人	联系方式
77	郴州市	桂阳县	桂阳县城乡生活垃圾收运体系	生态建设与环境保护	1.38	尹三勇	13975579302
78			桂阳县第一人民医院龙潭分院建设	医疗卫生	5.21	曾永新	13762543519
79			湖南桂阳春陵国家湿地公园建设PPP项目	生态建设与环境保护	1.03	刘雪峰	18873529433
80			桂阳县全民健身中心	市政工程	1.11	刘城飞	13307359785
81			桂阳县城区停车场建设	市政工程	12.00	唐华祥	18673569739
82			湖南郴州市桂阳县工业园综合开发	片区开发	30.12	侯金环	15973576888
83		宜章县	宜章县莽山水库建设	水利工程	18.94	钟驭明	13875588886
84			宜章县中医医院整体搬迁	医疗卫生	3.08	曹元军	13789107385
85		嘉禾县	嘉禾国家森林公园资源保护及景区开发一期	生态建设与环境保护	5.26	雷丰雄	18973585016
86			郴州市嘉禾县仙山生态陵园殡仪馆PPP项目	医疗卫生	1.20	雷雄	18973585016
87		临武县	临武县城乡生活垃圾收运体系工程	生态建设与环境保护	1.07	周帅军	18907356700
88			S354临武县至宜章又江口公路工程	交通运输	3.94	骆少华	13873597068
89	娄底市	市级	娄底市娄星区五江小学建设PPP项目	教育	1.41	龚五星	13907388785
90			娄底市东部新区地下综合管廊建设工程	市政工程	10.72	刘泽华	18774946580
91			娄底市涟水河综合治理（神童湾段）	生态建设与环境保护	14.69	杨柏林	13807381232
92			娄底市东部新区石花片区体育设施建设工程	市政工程	3.86	刘泽华	0738-8272318
93		涟源市	涟源市应急产业园PPP项目	片区开发	4.00	梁晓武	18973851777
94		新化县	新化县城安全饮水第二水厂（一期工程）	市政工程	3.99	曾志平	0738-3211130

续表

序号	市州名称	县市或单位名称	项目名称	所属领域	投资额（亿元）	联系人	联系方式
95	怀化市	市级	怀化市二水厂二期PPP项目	市政工程	1.04	吴丽琴	13974517507
96			怀化大湘西游客集散中心项目	文化旅游	2.85	谭林芝	18807457788
97			怀化城区公交客运站场改扩建工程项目	交通运输	10.03	易林	13973084637
98		沅陵县	沅陵县城南停车场建设PPP项目	市政工程	2.33	向莹	13574575546
99		辰溪县	辰溪颐康园老年公寓医养融合项目	医疗卫生	2.62	黄生忠	13607416692
100		麻阳县	麻阳长寿谷养老养生文化旅游（一期）项目	文化旅游	4.79	龙承胜	13874523908
101			麻阳县环卫一体化项目	生态建设与环境保护	1.11	刘湘云	13875556050
102			麻阳苗族自治县妇幼保健院整体搬迁项目	医疗卫生	1.20	舒晓利	13607457897
103			麻阳苗族自治县职业中等专业学校整体搬迁项目	教育	1.52	杨忠军	13974515365
104		会同县	会同县高椅传统村落整体保护利用PPP项目	文化旅游	2.53	李进	13789285152
105		靖州县	靖州苗族侗族自治县生活垃圾焚烧处理项目	生态建设与环境保护	1.20	罗宇翼	13607457767
106		吉首市	吉首市乾南产业园及高铁新城路网工程建设项目	交通运输	15.27	吴昊	18674305533
107	湘西州		吉首市综合管廊一期工程	市政工程	19.64	赵旭波	13707430893
108			吉首市创建国家级和省级园林城市园林绿化建设二期工程	生态建设与环境保护	5.96	赵旭波	13707430893
109			吉首市旅游公路项目	交通运输	7.02	宋秀华	13787907977
110			吉首市城市停车场建设工程	市政工程	5.06	郭进莲	18797481805
111		泸溪县	泸溪县污水处理及污水管网一体化	生态建设与环境保护	2.43	杨必云	13574395838
112			泸溪浦市古镇景区旅游开发	文化旅游	20.80	刘本君	18608438844

续表

序号	市州名称	县市或单位名称	项目名称	所属领域	投资额（亿元）	联系人	联系方式
113	湘西州	凤凰县	凤凰县海绵城市建设	市政工程	46.33	张伟	0743-3501358
114		花垣县	湖南湘西国家农业科技产业园花垣核心区综合开发	片区开发	27.35	周钢	13574376789
115			花垣县城乡环卫一体化	生态建设与环境保护	3.63	谭宗镜	13974361938
116		古丈县	古丈县古罗大道工程	交通运输	11.82	石忠思	13974357716
117	省本级	湘基础投	湖南省铁路征地拆迁一期PPP项目	交通运输	244.88	张光进	13787048706

湖南省财政厅 湖南省发展和改革委员会关于开展PPP和BT项目调查摸底的通知

(湘财金函〔2016〕20号)

各市州、县市区财政局、发改委（局），省直有关单位：

为全面了解我省政府和社会资本合作（以下称PPP）和政府回购（以下称BT）项目的有关情况，规范PPP、BT项目的监管，根据省政府主要领导指示精神，决定在全省范围内组织开展PPP和BT项目调查摸底工作，现就有关事项通知如下：

一、调查摸底范围

本次调查摸底的范围是：2012年1月1日至2015年12月31日完工、在建的PPP和BT项目。

二、调查摸底内容

主要是了解PPP和BT项目数量、投资规模、项目进展、债务偿还等基本信息（详见附表1、附表2）。

三、调查摸底方式

本次调查摸底采取填表报送和实地调研相结合的方式进行。

1. 各市州、县市区财政局、发改委（局）、省直相关单位要严格按照中央和省出台的文件要求，对辖区内2012年1月1日至2015年12月31日完工、在建的PPP和BT项目进行全面清理甄别核实、摸清底数，将摸底情况填写至本通知的附表1和附表2中，加盖单位公章，于2016年5月30日前，由市州汇总分别上报至省财政厅、省发改委，同时发送电子版。省直有关单位将表1和表2直接报送省财政厅、省发改委。表格格式不得改动或另行造表。

2. 6月中旬，省财政厅、省发改委、省监察厅、省审计厅组成联合调研组，对部分市州、县市区开展重点调研，具体时间另行通知。

四、有关工作要求

（一）提高思想认识，加强组织领导。对PPP和BT项目开展调查摸底，是构建政府投融资管理长效机制的重要步骤和基础性工作。各级财政和发改部门要充分认识抓好此次调查摸底的重要性和必要性，切实加强组织领导，认真抓好调查摸底工作。主要领导要作为此次调查摸底的第一责任人亲自过问，分管领导要亲自抓，部门之间要密切配合，确保调查摸底工作扎实顺利开展。

（二）明确任务分工，落实工作责任。各市州、县市区财政和发改部门、省直相关部门接此通知后，要组织专门力量负责调查摸底工作，明确任务分工，落实工作责任。要采取逐级填报，统一汇总复核的方法开展调查摸底工作，确保调查摸底数据全面、真实、不漏项。

（三）强化督促检查，严肃工作纪律。各市州财政和发改部门要加强对调查摸底工作的督促检查，严肃调查摸底工作纪律，确保各项数据按时保质上报，调查摸底工作取得实效。

联系人：省财政厅金融与债务处　李容梅　曹雪平
　　　　省发改委投资处　黄歆
联系电话：0731-85165321（省财政厅）
　　　　　0731-89991545（省发改委）
邮箱：hnczjrc@163.com（省财政厅）
　　　touzichu2004@126.com（省发改委）
附件：1. PPP项目调查摸底情况表
　　　2. BT项目调查摸底情况表

湖南省财政厅
湖南省发展和改革委员会
二〇一六年五月十八日

附件1：

PPP项目调查摸底情况表

序号	市州	县市区	项目名称	项目类别	合作模式	所处阶段	合作期限（年）			总投资额（万元）				预期投资回报率（%）	融资利率（%）	回报机制（万元）			财政预算安排补助资金（万元）			股权结构			是否融资平台公司存量项目转型	是否纳入省级及以上示范项目库
							合作期	建设期	运营期	总额	工程建设	征地拆迁费用	建设期利息	其他			政府付费总额	使用者付费总额	可行性缺口补助总额	2014年	2015年	2016年	政府占比（%）	政府是否分红	社会资本方名称	社会资本方占比（%）		
1																												
2																												
3																												
4																												
5																												
6																												
7																												
8																												
9																												
10																												

填表说明

1. 合作模式是指 BOT、TOT 等
2. 所处阶段列填识别阶段、准备阶段、采购阶段、执行阶段、移交阶段
3. 合作年限中合作期是建设期与运营期的合计数
4. 总投资的构成包括征地拆迁费用、建设期建设、建设期利息及其他四部分组成
5. 项目类型包括但不限于能源、交通运输、水利、环境保护、医疗、卫生、养老、农业、林业、教育、文化、科技、保障性安居工程等

填报单位：　　　　财政部门　　　　发改部门
负责人签字　　　　负责人签字
盖章　　盖章
日期　　日期

附件2：

BT项目调查摸底情况表

单位：万元（人民币）

序号	市州	县市区	项目名称	项目业主	债权人名称	合同签订时间	项目开工时间	项目总投资（万元）	BT合同总投资	计划偿债资金来源	合同中财务成本	回购方式（一次性回购/分期回购）	已完成投资	还款期限及额度					已偿还资金（含土地折价）（万元）	期末余额	政府性债务状况		
													期限及分年比例	2012年（万元）	2013年（万元）	2014年（万元）	2015年（万元）	2016年（万元）	2017年及以后（万元）			是否已纳入政府性债务	政府性债务类别	政府债务类别

填报说明

1. 政府性债务类别填列政府负有偿还责任债务、政府负有担保责任债务、政府可能承担一定救助责任的债务
2. 政府债务类别填列一般债务、专项债务

填报单位：财政部门　　　发改部门
负责人签字　　负责人签字
盖章　　盖章
日期　　日期

广东省文件（3个）

广东省财政厅转发财政部关于规范政府和社会资本合作（PPP）综合信息平台运行的通知

（粤财预〔2016〕4号）

各地级以上市财政局，顺德区财税局，财政省直管县（市）财政局：

现将《财政部关于规范政府和社会资本合作（PPP）综合信息平台运行的通知》（财金〔2015〕166号，附件）转发给你们，并提出以下要求，请一并遵照执行。

一、高度重视PPP综合信息平台管理工作

PPP综合信息平台是财政部开发建设的全国PPP项目信息的管理和发布平台，旨在促进PPP市场科学、规范和可持续发展，是财政部门推广运用PPP模式的重要抓手。各级财政部门要充分认识综合信息平台建设的重要意义，加强组织领导和沟通协调，在总结前期系统上线试运行和项目管理经验基础上，进一步熟悉平台架构和操作流程，特别要重视项目基本信息和各阶段动态信息的录入和审核，保证信息真实、及时、合规。同时，积极运用平台信息发布、查询、统计和用户管理等功能，为PPP工作开展提供技术支撑。

二、按时保质做好平台信息录入、审核和报送工作

根据财政部工作部署，各省应于2016年1月15日前完成现有PPP项目信息的录入上报工作。请市县财政部门抓紧会同相关部门，对本地区储备、执行和新增PPP项目进行全面梳理，确保按时保质完成现有PPP项目信息的录入、更新、审核和上报工作。项目拟新增或退出系统的，需同时将纸质文件提交省财政厅。省财政厅依照国家、省系列政策文件和平台运行规程，对各市县财政部门上报的项目信息和拟发布招商信息进行合规性审核。建立信息季报制度。地级以上市财政部门要在每季度第一个月5日前，向省财政厅汇总报送本地区（含县区）上一季度PPP项目

进展情况。省汇总全省进展情况报送财政部。

三、建立工作考核机制

省财政厅根据《政府和社会资本合作（PPP）综合信息平台运行规程》的要求，每季度对行政区域内 PPP 综合信息平台建设情况进行检查和考核。对系统应用情况较好、数据填报及时、数据质量高的地区，在制定、执行相关奖励政策时将予以优先考虑。对不按要求录入信息平台的，在遴选申报国家级和省级示范项目中不予采用，不得列入各地 PPP 项目目录，原则上不得通过预算安排支出责任。市县财政部门要对 PPP 项目信息严把入口关，并参照省的做法，建立本地区综合信息平台建设情况检查考核工作机制。

附件：《关于规范政府和社会资本合作（PPP）综合信息平台运行的通知》（财金〔2015〕166号）（略）

广东省财政厅
二〇一六年一月八日

广东省住房和城乡建设厅关于印发《粤东西北地区新一轮生活垃圾和污水处理基础设施政府和社会资本合作模式建设操作指引》的通知

（粤建城〔2016〕109号）

粤东西北地区各地级以上市和惠州、江门、肇庆市及下辖各县（市、区）生活垃圾或污水处理行政主管部门：

  为深入贯彻落实全省改善农村人居环境暨粤东西北地区新一轮生活垃圾和污水处理基础设施建设工作电视电话会议和《广东省住房和城乡建设厅等部门关于印发〈加快推进粤东西北地区新一轮生活垃圾和污水处理基础设施建设实施方案〉的通知》（粤建城〔2015〕242号）精神和要求，科学规范地推广运用政府和社会资本合作（PPP）模式，加快推进粤东西北地区新一轮生活垃圾和污水处理基础设施建设，我厅组织编制了《粤东西北地区新一轮生活垃圾和污水处理基础设施政府和社会资本合作模式建设操作指引》，现印发你们。请结合国家及省的最新政策和工作实际参考使用。使用过程中如有意见和建议，请迳向我厅反映。

  附件：《粤东西北地区新一轮生活垃圾和污水处理基础设施政府和社会资本合作模式建设操作指引》（略）

广东省住房和城乡建设厅
二〇一六年六月一日

广东省发展改革委转发国家发展改革委关于切实做好传统基础设施领域政府和社会资本合作有关工作的通知

(粤发改投资〔2016〕776号)

各地级以上市发展改革局（委），佛山市顺德区发展规划和统计局：

现将《国家发展改革委关于切实做好传统基础设施领域政府和社会资本合作有关工作的通知》（发改投资〔2016〕1744号）、《国家发展改革委关于印发〈传统基础设施领域实施政府和社会资本合作项目工作导则〉的通知》（发改投资〔2016〕2231号）转发给你们，并就认真做好能源、交通、水利、环境保护、农业、林业以及重大市政工程七大传统基础设施领域推广政府和社会资本合作模式（PPP）提出如下意见，请一并贯彻执行。

一、高度重视，增强做好传统基础设施领域PPP工作的责任感

各地市发展改革部门要统一思想认识，充分认识做好传统基础设施领域PPP工作的重要意义，进一步增强责任感和紧迫感，按照职责分工，加强组织领导，落实工作责任，积极会同有关行业主管部门，主动承担能源、交通、水利、环境保护、农业、林业以及重大市政工程七大传统基础设施领域推广PPP各项工作，抓得紧，做得实，不推诿，不扯皮，确保我省传统基础设施领域PPP工作顺利推进。

二、主动推进，全力做好传统基础设施领域PPP各项工作

（一）加强PPP项目储备。各地市发展改革部门要做好建立传统基础设施领域PPP项目库的准备工作，提早储备一批PPP项目，按照国家要求纳入投资项目在线审批监管平台（重大建设项目库）管理，编制三年滚动投资计划和年度实施计划，实行动态管理、滚动实施、分批推进。将入库情况作为安排政府投资、确定与调整价格、发行企业债券及享受专项优惠政策的重要依据。

（二）建立PPP项目联审机制。各地市发展改革部门要积极会同财政部门、行业主管部门，建立PPP项目联审机制，认真做好项目论证和决策。从项目建设的必要性、合规性、规划衔接性、PPP模式适用性、财务可负担性以及价格和收费的合理性等方面进行综合评估。加强项目可行性研究，对拟采用PPP模式的项目，将项

目是否适用PPP模式的论证纳入项目可行性研究论证和决策，依法依规履行投资建设程序。鼓励推行多评合一、统一评审的工作模式，提高审核效率。

（三）积极推进PPP项目实施。各地市发展改革部门要认真做好项目论证、社会资本方选择、项目执行等各项工作。探索优化基础设施项目的多种付费模式，建立合理投资回报机制。公平、竞争、择优选择社会资本方，严禁设置各种隐性条件或排斥、限制民间资本和外商资本。加强与金融机构的合作对接，积极鼓励金融机构通过多种方式支持PPP项目建设，充分发挥金融机构作用。加快推进社会信用体系建设，建立健全投融资领域相关主体信用记录，强化并提升政府和投资者的契约意识和诚信意识，规范履约行为。构建多元化、规范化、市场化的退出机制，认真做好政府和社会资本合作期满后的项目移交、后评价等各项工作。建立健全PPP项目信息公开机制和社会监督机制，依法及时、充分披露PPP项目信息，切实保障公众知情权。

三、统筹协调，确保传统基础设施领域PPP工作取得成效

各地市发展改革部门要充分发挥推进传统基础设施领域PPP工作的综合统筹作用，积极会同有关行业主管部门，建立健全联动协调机制，强化协调配合，形成工作合力，力促一批PPP项目尽早签约落地，确保工作早见成效。因地制宜、积极创新，在传统基础设施的七大领域开展PPP创新试点工作，主动探索推进PPP工作的新模式、新举措，力争形成典型案例，在全省范围示范推广。加强传统基础设施领域PPP政策解读和宣传力度，努力营造良好的合作氛围，进一步鼓励和引导民营企业、外资企业参与PPP项目。

请各地市发展改革部门进一步明确PPP工作负责人（包括分管领导、牵头科（处）室负责人、具体负责同志），于12月9日前将负责人姓名、职务和联系方式报我委（投资处）。

广东省发展改革委
二〇一六年十二月五日

广西壮族自治区文件（3个）

广西壮族自治区财政厅关于公开选聘广西政府投资引导基金和PPP决策咨询专家的函

各市、县财政局，区直有关部门，各有关企业、社会团体、科研机构、院校、社会中介机构：

为提高广西政府投资引导基金、政府和社会资本合作（PPP）模式决策工作的科学性，提升政府投资专业水平，根据《广西壮族自治区人民政府关于设立政府投资引导基金的意见》（桂政发〔2015〕56号）和《广西壮族自治区人民政府办公厅关于推广运用政府和社会资本合作模式增加公共产品供给的指导意见》（桂政办发〔2015〕65号）有关规定，经研究，财政厅决定开展首批广西政府投资引导基金和PPP决策咨询专家选聘工作，现将有关事项通知如下：

一、选聘范围

此次广西政府投资引导基金和PPP决策咨询专家（以下简称专家）面向社会公开选聘。从全国范围的行政、事业、企业、社会团体、科研机构、院校、中介机构（含会计师事务所、律师事务所、评估机构、咨询机构等）、行业组织等单位的在职专业人员中选聘。

首批咨询专家按选聘类型分类7大类，分别为：行业专业技术专家、行业管理专家、投资理财专家、财务审计评估专家、企业管理专家、法律专家、PPP咨询专家。

1. 行业专业技术专家主要是指属于引导基金投资方向产业和企业相关生产技术等方面有较高专业造诣的专家。

2. 行业管理专家是指参与制定属于引导基金投资方向的产业规划，熟悉国家、广西经济发展方针和产业政策的管理专家。

3. 投资理财专家是指熟悉企业经营管理和金融投资政策业务的专家。

4. 财务审计评估专家是指熟悉国家财经法规和企业财会、审计、评估等管理制度和业务的专家。

5. 企业管理专家是指熟悉企业生产经营管理和市场发展前景的企业高层管理人员。

6. 法律专家是指熟悉国家法律法规和政策业务的律师及法律工作者。

7. PPP 咨询专家是指熟悉 PPP 政策业务、近三年有 PPP（含 BOT、TOT 等模式）项目咨询成功经验的专家。

二、申报时间

咨询专家申报时间为 2016 年 2 月 1 日—3 月 15 日。

三、专家主要职责

（一）广西政府投资引导基金决策咨询专家的主要职责是参与广西政府投资引导基金决策咨询工作，包括对广西政府投资引导基金投资方案、尽职调查报告等材料独立发表意见，参加广西政府投资引导基金决策委员会会议并提出建议和意见；参与投资决策重大问题讨论；为自治区人民政府研究制定有关政策和规章制度提供专业技术指导等。

（二）PPP 咨询专家的主要职责是为广西研究制定 PPP 改革有关政策和规章制度提供专业技术服务；参与广西 PPP 项目咨询工作，对项目前期准备、筛选和识别论证工作提出咨询建议和意见；参与 PPP 项目实施方案、物有所值和财政承受能力的论证工作，出具专家意见。

四、选聘基本条件

咨询专家应当具备以下基本条件：

1. 具有良好的职业道德和操守，廉洁自律，忠于职守；

2. 具有较高的金融投资管理，经济管理，财务会计，法律法规，行业管理等专业理论水平，丰富的实践经验，显著的工作业绩和荣誉，具有较强的综合分析判断能力；

3. 从事相关领域工作满 5 年以上，具有大学本科（含）以上学历，具有本行业（专业）高级（含）以上专业技术资格（职称）或注册执业资格；PPP 咨询专家具备在近三年内有 PPP（含 BOT、TOT 等模式）项目咨询经历。

4. 身体健康，年龄在 60 周岁以下，特殊情况可适当放宽条件；

5. 经所在单位同意，本人愿意以个人身份参与广西政府投资引导基金咨询工作，并接受决策委员会办公室监督管理；

6. 没有违法、违规、违纪等不良记录。

五、选聘程序

（一）材料申报

推荐单位或本人填报《广西政府投资引导基金和 PPP 决策咨询专家申报表》（提供纸质件 1 份、电子版 1 份，见附件），并提供如下审核材料：

1. 有效身份证明（附身份证复印件1份）；
2. 有效专业技术资格（职称）证书或注册执业资格证书（附复印件1份），或其他证明专业技术能力的材料（均附复印件1份）；
3. 个人业绩材料，包括但不限于学术论文、科研成果、获奖材料、工作业绩等复印件各1份。

申报和审核材料可委托他人提交，但必须提交委托证明。

（二）资格审查

财政厅（广西政府投资引导基金决策委员会办公室）负责对申报材料进行资格审查。

（三）综合评审

在广西政府投资引导基金决策委员会办公室初选的基础上，广西政府投资引导基金决策委员会采取综合评价等方式选出广西政府投资引导基金决策委员咨询专家，颁发荣誉证书，聘用期三年，纳入广西政府投资引导基金和PPP决策咨询专家库管理。

六、其他

符合申报条件的个人可登陆广西财政网（www.gxcz.gov.cn）下载填报《广西政府投资引导基金和PPP决策咨询专家申报表》，连同审核材料送财政厅，地址：南宁市青秀区桃源路69号1304房，邮编：530021，联系人：刘青林、李文婕、罗俏娜，电话：5331673、5331596、18169606580，电子邮箱：gxtzydjj@163.com。

附件：广西政府投资引导基金和PPP决策咨询专家申报表

广西壮族自治区财政厅
二〇一六年二月三日

附件：

广西政府投资引导基金和PPP决策咨询专家申报表

姓名		性别		
出生年月		参加工作时间	（指开始工作年份，非工龄）	照片（1寸免冠近照）
职务		专业技术资格（职称）或注册执业资格		
身份证号码				
最高学历		现从事岗位（研究方向）		
最高学位		手机号码		

续表

行业领域		固定电话	
技术领域		电子邮箱	
毕业院校及所学专业：			
工作单位名称：			
单位详细地址：	省（市、区） 市（县） 区 路 号，邮编：		
家庭详细地址：	省（市、区） 市（县） 区 路 号，邮编：		
工作经历			
起止年月	单位及职务（可自行增加行数）	主要负责工作	
主要业绩、成果、业务技术专长、实践经验等			
适合参加的类别	（ ）行业专业技术方面 （ ）行业管理方面 （ ）投资理财方面 （ ）财务审计评估方面 （ ）企业管理方面 （ ）法律方面 （ ）PPP 咨询方面 （ ）其他类别方面 备注：1. 请在复选框内打勾（√），原则上最多只能选择一种类别，如无对应类别，请选择"（ ）其他类别方面"，并填写具体类别。		
本人承诺	（本人自荐请填写此栏，此栏填写内容主要是承诺对所填内容负责，承诺信息真实性，承诺自愿以个人身份参加广西政府投资引导基金决策咨询工作等。） 签名： 年 月 日		
单位推荐意见	（单位推荐的，此栏必填，填报推荐意见后加盖单位公章；本人自荐的，该栏可填或不填。）		
	单位公章： 年 月 日		

广西壮族自治区财政厅关于公开选聘广西政府投资引导基金和PPP决策咨询专家的补充通知

（桂财办〔2016〕26号）

各市、县财政局，区直有关部门，各有关企业、社会团体、科研机构、院校、社会中介机构：

前期我厅向社会公开选聘广西政府投资引导基金和PPP决策咨询专家，各单位和专家给予了大力支持，尽管报名截止时间已过，但报名仍然非常踊跃，为做好广西政府投资引导基金和PPP决策咨询专家选聘工作，不断扩大更新咨询专家库，经研究，咨询专家库实行不限期报名、分批选聘的方法，现将首批公开选聘广西政府投资引导基金和PPP决策咨询专家报名时间延长至2016年4月15日，申请参加以后批次的同志仍可以继续报名。具体申报要求不变，详见附件1《公开选聘广西政府投资引导基金和PPP决策咨询专家方案》。

具体报名事宜咨询请联系广西壮族自治区财政厅，联系人：罗俏娜、刘青林、李文婕，电话：0771-2863193，0771-5331673、0771-5331596，电子邮箱：gx-tzydjj@163.com。

附件：1. 公开选聘广西政府投资引导基金和PPP决策咨询专家方案（略）
2. 广西政府投资引导基金和PPP决策咨询专家申报表（略）

广西壮族自治区财政厅

二〇一六年三月二十四日

广西壮族自治区财政厅关于强化改革确保 PPP 改革实效的通知

(桂财金〔2016〕44 号)

各市、县人民政府，自治区人民政府各组成部门、各直属机构：

为贯彻落实自治区党委全面深化改革领导小组《关于印发强化改革落实确保改革实效的意见的通知》（桂改革发〔2016〕4 号）精神，进一步推进政府和社会资本合作（以下简称"PPP"）改革，强化改革措施，落实改革职责，确保改革实效，为社会资本参与公共产品和服务项目的建设营造良好环境，让广大人民群众享受到优质高效的公共服务，经自治区人民政府同意，现将有关事项通知如下：

一、明确 PPP 项目推进主体责任

各级各部门要加大 PPP 改革力度，贯彻落实现行项目分级管理体制和行业主管部门分工负责制。研究出台符合本地区、本领域实际的配套制度和激励政策，引导社会资本积极参与，加快推动 PPP 项目落地。

各级人民政府是本地区 PPP 改革的第一责任人，对推进本地区 PPP 项目落实承担主体责任。要充分发挥统筹、组织、协调、决策的核心作用，结合本地区实际，理顺工作机制，明确部门责任。

财政厅作为 PPP 改革工作协调机制的召集部门，会同自治区发展改革委、人民银行南宁中心支行负责统筹建立完善 PPP 改革相关制度。各级财政部门按照职责分工组织开展本级 PPP 项目物有所值评价、财政承受能力论证、财政补贴安排等管理工作。

各级发展改革部门会同各行业主管部门依照产业政策和管理制度开展对 PPP 项目的合规性审查。

行业主管部门要充分发挥行业规划、项目监管、技术把控等方面的职能和优势，扎实开展项目遴选和前期研究工作，提出本行业 PPP 项目推进计划，负责组织落实本级本行业 PPP 项目，研究出台行业配套政策，建立激励机制。

项目实施机构要认真履行项目管理职责，开展项目全生命周期管理。要充分研究、科学论证项目实施方案，公开、公平、公正、择优采购社会资本合作方。要做好项目服务工作，切实解决项目实施过程中应由政府承担的各项工作，提供必要的

支持，确保项目建设需要。要遵守合同契约精神，与社会资本方共同履行合同。要加强项目营运监管、绩效考核和付费管理工作。要制定应急处置方案，防范项目推进中可能出现的重大风险。

二、确保 PPP 项目取得实质性进展

各级各部门要主动学习、领会和落实中央和自治区关于 PPP 改革相关要求，进一步提高 PPP 项目管理、操作水平。各地要高度重视 PPP 工作，加强组织领导，将本地重点推进的 PPP 项目列入领导联系推进的重大项目，明确年度工作目标和具体方案，细化工作要求，建立部门协调联动推进机制，指定专人负责，积极有序推进项目实施。要瞄准重点地区、重点企业，组织招商活动，积极推介重点项目，广泛开展项目洽谈。已签约项目要建立由行业主管部门负责、有关部门参与的项目推进责任制，切实抓好跟踪服务，确保尽快落地实施。原则上各设区市 2016 年底前应有 PPP 项目落地，开工建设。对推进工作中遇到的困难和问题及时组织有关单位、项目业主共商对策措施、协调解决。各级各部门要加强专门人才培养，分层次、分部门组织开展培训学习，提高专业水平和管理能力。

各级各部门要进一步减少审批环节，简化项目审核流程，建立项目实施方案联评联审机制，提高审查工作效率。项目合同签署后，可并行办理必要的审批手续，简化、优化办理程序，主动加强服务，对实施方案中已经明确的内容不再作实质性审查。

各级各部门实行多样化土地供应，保障 PPP 项目建设用地。对符合划拨用地目录的项目，可按照划拨方式供地，划拨土地不得改变土地用途。不符合划拨用地目录的项目，以租赁方式取得土地使用权的，租金收入参照土地出让收入纳入政府性基金预算管理。以作价出资或者入股方式取得土地使用权的，应当以市、县人民政府作为出资人，制定作价出资或者入股方案，经市、县人民政府批准后实施。

各级各部门充分发挥财税金融支持作用，积极探索财政资金撬动社会资金和金融资本参与 PPP 项目的有效方式，研究设立自治区政府投资引导基金 PPP 子基金。通过财政以奖代补等措施，引导和鼓励地方融资平台存量项目转型为 PPP 项目。落实国家支持公共服务事业的税收优惠政策，公共服务项目采取 PPP 模式的，可按规定享受相关税收优惠政策。金融机构应创新符合 PPP 模式特点的金融服务，优化信贷评审方式，积极为 PPP 项目提供融资支持。

三、强化操作指导确保规范实施

各级各部门要认真抓好 PPP 项目识别、物有所值评价、财政承受能力论证、实施方案拟定、开展采购、合同签订、按效付费、监督管理等关键环节，确保项目科学、规范、可持续运作。各级各部门要坚决落实中央关于 PPP 项目主客体、程序等合规相关要求，充分发挥社会资本方在 PPP 项目运营阶段的专业优势和效率。严禁

包装BT项目、融资平台公司通过保底承诺等方式参与PPP项目进行变相融资等行为。

各级财政部门要充分考虑未来一定时期内政府支出责任,科学评估项目实施对当前及今后年度财政支出的影响,坚持合理预测、公开透明、从严把关,会同行业主管部门通过组织专家评审、委托专业机构等方式,科学合理开展物有所值评价和财政承受能力论证工作,避免流于形式。要根据PPP模式适用的行业和领域范围以及社会公众需求情况,合理规划、平衡不同行业领域PPP项目支出结构,防止某一行业和领域PPP项目过于集中。要加强对项目实施的监督指导。

各级行业主管部门和项目实施机构要严格遵循PPP采购相关程序和要求,确保PPP项目采购各环节公平公正公开,实现充分竞争,维护国家利益、社会公众利益和社会资本的合法权益。要充分尊重和发挥市场机制作用,坚决避免不通过竞争直接指定项目合作方的行为。要建立PPP项目科学合理的价格调节机制,对涉及面广、与公众利益密切相关的项目,应广泛听取社会公众、社会资本和有关部门意见,确保定价、调价的科学性。项目实施机构要及时披露项目运行过程中的成本变化、公共服务质量等信息,提高定价调价的透明度。

四、科学规划项目做好信息公开

各级各部门要充分开展研究、摸底,合理制定本地区、本行业"十三五"时期PPP项目推进规划,本着轻重缓急、先易后难、示范推广、稳步推进的工作思路,谋划当年和今后一段时期的PPP改革工作。要根据行业规划建立吸引社会投资的PPP项目储备库。市、县人民政府按年度确定本地区重点推进项目,要优先将有收益的好项目推出去供社会资本选择。各级行业主管部门根据本地区经济社会发展规划及专项规划梳理本领域项目清单、明确推进顺序和时间节点,并发起PPP项目。社会资本也可根据当地经济社会发展需求建议发起。行业主管部门应制定不同领域的行业技术标准、公共产品或服务技术规范,加强对公共服务质量和价格的监管。

各级各部门要高度重视PPP项目管理,及时做好PPP项目信息公开。要主动通过政府部门网站、政府采购媒体、财政PPP综合信息平台、项目推介会、新闻媒体等多种渠道,公开发布拟采用或已采用PPP模式的项目所在地区、所属行业、投资金额、项目概况、合作期限、项目运作方式、回报机制、发起时间、发起类型、采购文件、联系人等相关信息。要充分发挥财政PPP综合信息平台功能作用。各级财政部门会同行业主管部门将经评估、筛选的正在采用PPP模式运作或潜在的PPP项目基本信息,录入财政PPP综合信息平台对外公布。项目实施机构要及时主动向同级财政部门提供项目实施方案等信息。国家和自治区示范项目、各地规划内的PPP项目均应录入财政PPP综合信息平台。未纳入财政PPP综合信息平台项目库的项目,不得列入各地PPP项目目录,原则上不得通过财政预算安排支出责任。

五、创新政府服务加强监督指导

各级政府要进一步改进工作作风，认真贯彻落实中央和自治区激励或问责措施要求，切实加强组织领导，建立工作责任机制。各部门要增强服务意识，各司其职、恪尽职守，相互支持、协同配合，形成推进工作的强大合力。对于涉及单位多、协调难度大、政策关联度高的项目，要主动协调会商，理顺职能交叉，解决管理空白，明确任务分工，杜绝推诿扯皮。对手续不齐备的未开工项目，要主动指导完善相关前期准备工作，尽快完成本级本单位职责内的事项或工作，积极配合上级单位、督促指导下级单位加快办理各项审批手续；对推进有困难的在建项目，要找准问题症结和突破口，强力协调解决，保证项目顺利开展。同时，项目推进要遵循市场规律，杜绝不合理的行政干预。

行业主管部门要对本级本行业项目运作进行全程监督指导，建立和完善行业绩效考评体系，确保公共产品和服务的质量、效率和延续性。科学合理界定并严格执行PPP合同对权利义务、交易条件、履约保障、调整衔接等项目边界条件，做好履约管理、行政管理和公众监督等运作监管。建立政府、公众共同参与的综合性评价体系，鼓励开展第三方评估，建立事前设定绩效目标、事中进行绩效跟踪、事后进行绩效评价的全生命周期绩效管理机制，将政府补贴和使用者付费与绩效评价挂钩，并将绩效评价结果作为调价的重要依据，确保实现公共利益最大化。依法充分披露项目实施相关信息，切实保障公众知情权，接受社会监督。

广西壮族自治区财政厅
二〇一六年九月二十六日

贵州省文件（1个）

贵州省人民政府关于贵州省政府和社会资本合作（PPP）基金设立方案的批复

（黔府函〔2016〕99号）

省财政厅：

你厅《关于呈报贵州省政府和社会资本合作（PPP）基金设立方案的请示》（黔财呈〔2016〕18号）收悉。经研究，现批复如下：

一、原则同意《贵州省政府和社会资本合作（PPP）基金设立方案》，由你厅委托贵州省贵民投资有限责任公司发起设立母基金。

二、请按照有关规定和程序，依法选择基金管理人，拟定基金相关协议、制度，确保基金尽快运行。基金要按照市场化、专业化的原则科学管理、规范运作，确保国有资产保值增值。

三、省有关部门和单位要大力支持基金的设立工作，按照国家有关政策规定，抓紧办理涉及基金设立及运作的有关手续。

贵州省人民政府
二〇一六年三月二十日

云南省文件（1个）

云南省人民政府办公厅关于建立云南省推进政府和社会资本合作（PPP）联席会议制度的通知

（云政办函〔2016〕208号）

各州、市人民政府，省直各委、办、厅、局：

为进一步推进政府和社会资本合作（PPP），鼓励和引导社会投资，加强部门间协调配合，加快PPP项目实施，提高基础设施和公共服务供给能力和效率，省人民政府决定建立云南省推进政府和社会资本合作（PPP）联席会议（以下简称联席会议）制度。现将有关事项通知如下：

一、主要职责

在省人民政府领导下，统筹协调全省推进政府和社会资本合作（PPP）工作。制定全省推进PPP重大政策措施；审议由省发展改革委或省财政厅初审通过的PPP项目实施方案；协调解决PPP工作推进中遇到的重大困难和问题；建立各部门PPP项目信息互通反馈机制；及时向省人民政府报告工作进展情况。

二、组成人员

总召集人：和段琪　副省长
召集人：丁兴忠　省发展改革委副主任
　　　　赵晓静　省财政厅副厅长
成　员：浦丽合　省工业和信息化委副主任
　　　　邹　平　省教育厅副厅长
　　　　李　刚　省国土资源厅副厅长
　　　　贺　彬　省环境保护厅副厅长
　　　　赵志勇　省住房城乡建设厅副厅长
　　　　邱　江　省交通运输厅副厅长

　　　　　李国林　省农业厅副厅长
　　　　　谢　晖　省林业厅副厅长
　　　　　陈　明　省水利厅副厅长
　　　　　张红霞　省商务厅副厅长
　　　　　杨德聪　省文化厅副厅长
　　　　　李善荣　省卫生计生委副主任
　　　　　任晓珍　省审计厅巡视员
　　　　　陈述云　省旅游发展委副主任
　　　　　胡洪兵　省物价局副局长
　　　　　常　林　省体育局副局长
　　　　　程永流　省招商合作局副局长
　　　　　宁德锦　省新闻办副主任
　　　　　陈正飞　省政府督查室副厅级督查专员
联 络 员：李　燕　省发展改革委投资处处长
　　　　　魏　东　省工业和信息化委工业园区处副处长
　　　　　蔡　琼　省财政厅地方金融处处长
　　　　　王　竣　省教育厅民办教育处副处长
　　　　　李晓蒙　省国土资源厅土地利用处处长
　　　　　黄　哗　省环境保护厅规划财务处副调研员
　　　　　吴学军　省住房城乡建设厅城建处处长
　　　　　田景松　省交通运输厅财务处处长
　　　　　谭鸿明　省农业厅发展计划处处长
　　　　　李伟平　省林业厅林业改革与产业发展处处长
　　　　　江鸿杰　省水利厅规划计划处副处长
　　　　　冯　震　省商务厅财务处处长
　　　　　杨习跃　省文化厅财务处处长
　　　　　施金阳　省卫生计生委规划财务处副处长
　　　　　孙　毅　省审计厅投资局副局长
　　　　　陈　彤　省旅游发展委产业促进处处长
　　　　　刘益民　省物价局价格处处长
　　　　　邢　晋　省体育局计财处处长
　　　　　张世宏　省招商合作局产业处处长
　　　　　赖　勇　省新闻办新闻协调处处长
　　　　　鲁旭俊　省政府办公厅督查二处处长
　　联席会议下设办公室在省发展改革委和省财政厅。联席会议可根据工作需要，邀请有关部门参加。联席会议成员因工作变动需要调整的，由所在单位提出，报联席会议确定。

三、工作规则

联席会议根据工作需要定期或不定期召开会议,由总召集人或召集人负责召集。成员单位根据工作需要可向召集人提出召开会议的建议,并向召集人提供联席会议议题和需提交联席会议议定的事项及其他事项。联席会议以会议纪要形式明确会议议定事项,印发有关部门并抄报省人民政府,涉及重大事项的按照程序报批。

四、工作要求

各成员单位要按照职责分工,认真研究PPP项目推进中存在的问题,认真落实联席会议议定事项;要互通信息,相互支持,密切配合,充分发挥联席会议作用,形成高效运行的长效工作机制。

云南省人民政府办公厅

二〇一六年十一月二日

甘肃省文件（1个）

甘肃省人民政府批转省财政厅等部门关于在公共服务领域推广政府和社会资本合作模式实施意见的通知

（甘政发〔2016〕24号）

各市、自治州人民政府，兰州新区管委会，省政府各部门，中央在甘各单位：

现将省财政厅、省发展改革委、人行兰州中心支行《关于在公共服务领域推广政府和社会资本合作模式的实施意见》批转给你们，请认真贯彻执行。

甘肃省人民政府
二〇一六年二月二十八日

关于在公共服务领域推广政府和社会资本合作模式的实施意见

（省财政厅、省发展改革委、人行兰州中心支行）

为深入贯彻《国务院办公厅转发财政部发展改革委人民银行关于在公共服务领域推广政府和社会资本合作模式指导意见的通知》（国办发〔2015〕42号）精神，规范推进政府和社会资本合作（PPP）模式，结合实际，提出如下实施意见。

一、适用范围

PPP模式主要适用于能源、交通运输、水利、环境保护、农业、林业、科技、保障性安居工程、市政基础设施、医疗、卫生、养老、教育、文化等公共服务领域。其中，能源、交通运输、水利、环境保护、市政基础设施等领域实施特许经营的项目，按《基础设施和公用事业特许经营管理办法》（国家发展改革委、财政部、住房和城乡建设部、交通运输部、水利部、中国人民银行令第25号）执行。

二、职责分工

在公共服务领域推广政府和社会资本合作工作由各级政府统一负责，项目实施机构（本级行业主管部门或有关单位）由同级政府指定并授权。财政部门负责项目物有所值评价、财政承受能力论证，项目涉及的政府资金预算安排，控制防范财政风险；会同有关部门加强政策沟通协调和信息交流。发展改革部门负责项目库建设管理，按规定权限审批、核准、备案项目，完善价格调整机制等工作。行业主管部门负责遴选、发起项目，制定操作规程，组织联审项目实施方案，进行监督检查和绩效评价。其他相关部门按要求做好职责范围内的工作。项目实施机构负责项目实施方案编制、社会资本选择、建设运营监管和移交等工作。

三、工作流程

（一）项目遴选和发起

行业主管部门根据经济社会发展规划及专项规划，遴选拟采用PPP模式的新建和存量项目。社会资本也可以项目建议书方式向行业主管部门推荐项目。行业主管部门及时将拟采用PPP模式项目报送发展改革部门纳入项目库管理，财政部门将入库项目录入综合信息平台。

项目实施机构对拟实施的项目编制物有所值、财政承受能力报告和实施方案，由行业主管部门初审。财政部门组织物有所值评价、财政承受能力论证（年度同级政府PPP项目支出不超过一般公共预算支出的10%）。通过评价论证的项目，由行业主管部门组织发展改革委、财政、国土资源、建设、环保等相关部门联审项目实施方案后，报同级政府审查。

存量项目改造转型PPP模式，项目实施机构还要进行资产评估和财务审计，确定资产价值、债权债务，依法公布公开，防止公共资产流失和贱卖。

（二）社会资本选择和合同管理

项目实施机构依据批准的实施方案，依托政府采购信息平台，及时、充分向社会公布项目采购信息，依法依规实施采购，采购方式包括公开招标、邀请招标、竞争性谈判、磋商性谈判、单一来源谈判等。综合评估项目社会资本方的专业资质、技术能力、管理经验、财务实力和信用状况等因素，择优选择社会资本方。

项目实施机构与社会资本方拟签订的合同，要向社会公示，公示期满无异议的项目合同，由项目实施机构与中选的社会资本方签署。行业主管部门要加强项目合同管理，健全合同争议解决机制，依法积极协调解决争议。确需变更合同内容、延长合同期限以及变更社会资本方的，由政府和社会资本方协商解决。

（三）项目执行和移交

项目实施机构和社会资本方按合同约定，足额出资设立项目公司，按时完成项目融资，搞好设计、建造、运营、维护，提供公共服务。项目执行中，各相关部门根据项目运营情况、绩效评价、公众满意度适时调整价格、收费标准、财政补贴等，确保回报合理、持续运营。实施机构要依法向社会披露项目实施运营信息，公开绩效评价结果，接受社会监督，每3~5年开展中期评估。

项目合同期满或提前终止时，实施机构和社会资本方按合同约定的移交形式、补偿方式、移交内容和移交标准等移交项目。移交完成后，行业主管部门会同有关部门对项目产出、成本效益、监管成效、可持续性等进行绩效评价，评价结果向社会公开。

四、保障措施

各级政府通过以奖代补等方式支持PPP项目建设；实行多样化土地供应，保障项目建设用地；创新金融服务，提供融资支持；探索资源组合开发模式，落实税收优惠政策；引导存量项目转型，减轻政府债务压力。省级设立PPP支持发展基金，有条件的市县也要设立PPP支持发展基金，为项目提供融资增信。

各地各部门要精心组织，协同配合，完善机制，形成合力，确保政府和社会资本合作规范有序进行。

青海省文件（4个）

青海省人民政府办公厅转发省发展改革委关于青海省基础设施和公用事业特许经营管理暂行办法的通知

（青政办〔2016〕12号）

各市、自治州人民政府，省政府各委、办、厅、局：

省发展改革委关于《青海省基础设施和公用事业特许经营管理暂行办法》已经省政府同意，现转发给你们，请认真组织实施。

青海省人民政府办公厅
二〇一六年二月四日

青海省基础设施和公用事业特许经营管理暂行办法

（省发展改革委）

第一章 总 则

第一条 为鼓励和引导社会资本参与基础设施和公用事业建设运营，提高公共服务质量和效率，保护特许经营者合法权益，促进经济社会持续健康发展，根据国家《基础设施和公用事业特许经营管理办法》和其他有关法律、法规的规定，结合本省实际，制定本办法。

第二条 本办法所称基础设施和公用事业特许经营，是指政府采用竞争方式依法授权境内外的法人或其他组织，通过协议明确权利义务和风险分担，约定在其一定期限和范围内投资建设运营基础设施和公用事业并获得收益，提供公共产品或者公共服务。

第三条 青海省境内的能源、交通运输、水利、环境保护、市政工程等基础设施和教育、医疗、文化体育、养老等公用事业领域的特许经营活动，适用本办法。

从事特许经营，应当按照规定取得相应的特许经营权。经营者通过合法经营取得合理收益并承担相应风险。实施基础设施和公用事业特许经营的项目（以下简称特许经营项目），必须符合节约能源、降低成本、提高效率、改善公共服务的要求。

第四条 符合下列条件的基础设施和公用事业项目，应当实施特许经营：

（一）社会资本具有专业技术优势，能够显著降低项目全生命周期成本或提高公共产品和公共服务质量效率；

（二）风险分担机制清晰，绩效监管要求明确；

（三）项目具有合理稳定的收益预期。

第五条 基础设施和公用事业特许经营，应当平等保护参与各方信赖利益，坚持公开、公平、公正，并遵循以下原则：

（一）发挥社会资本融资、专业、技术和管理优势，提高公共服务质量效率；

（二）转变政府职能，提高政府效能，激发市场活力和社会创造力，强化政府与社会资本协商合作；

（三）推进产权保护法治化，保护社会资本合法权益，保证特许经营持续性和稳定性；

（四）兼顾经营性和公益性平衡，维护公共利益。

第六条 基础设施和公用事业特许经营可采取以下方式：

（一）在一定期限内，政府授予特许经营者投资新建或改扩建、运营基础设施和公用事业，期限届满移交政府；

（二）在一定期限内，政府授予特许经营者投资新建或改扩建、拥有并运营基础设施和公用事业，期限届满移交政府；

（三）特许经营者投资新建或改扩建基础设施和公用事业并移交政府后，由政府授予其在一定期限内运营；

（四）政府授予特许经营者在一定期限内运营已建成的基础设施和公用事业，期限届满移交政府；

（五）政府授予特许经营者在一定期限内运营已建成的基础设施和公用事业，持续提供特定公共服务；

（六）国家规定的其他方式。

第七条 基础设施和公用事业特许经营期限应当根据行业特点、所提供公共产品或服务需求、项目生命周期、技术更新周期、投资回收期、经营规模等综合因素确定，最长不超过30年。

对于投资规模大、回报周期长的项目，可以由政府或其授权部门与特许经营者根据项目实际情况，约定超过前款规定的特许经营期限。

第八条 省发展改革委负责指导和协调全省区域内基础设施建设和公用事业特许经营工作，会同有关部门制定综合性政策措施，组织推动能力建设和信息共享；省财政厅负责研究制定特许经营有关预算管理、财政性资金补贴和财政支出绩效评价等措施。省国土、环保、住房城乡建设、交通运输、水利、能源、金融、安全监管等有关部门按照各自职责，负责相关领域基础设施和公用事业特许经营监督管理工作。

县级以上地方人民政府有关部门依据本级人民政府的授权作为实施机构，负责本部门职责范围内特许经营项目的具体实施和监督管理工作。

第九条 县级以上地方人民政府应当建立各有关部门参加的基础设施和公用事业特许经营部门协调机制，负责统筹有关政策措施，组织协调特许经营项目实施和监督管理工作。

第十条 县级以上人民政府有关行业主管部门或政府授权部门（以下简称项目提出部门）可以根据经济社会发展需求，以及有关法人和其他组织提出的特许经营项目建议等，提出特许经营项目实施方案。

特许经营项目应当符合国民经济和社会发展规划、主体功能区规划、区域规划、环境保护规划、安全生产规划和水利行业规划等专项规划、城乡规划和土地利用规划，并且建设运营标准和监管要求明确。

项目提出部门应当保证特许经营项目的完整性和连续性。

第十一条 特许经营项目实施方案应当达到可研报告深度，并包括下列内容：

（一）项目的名称和基本情况；

（二）项目实施的主体；

（三）项目建设规模、投资总额、实施进度，以及提供公共产品或公共服务的标准等基本经济技术指标；

（四）项目实施对生态环境的影响评价；

（五）投资回报、收费项目的价格形成机制，面向公众收费且实行市场调节价的项目，还应包括价格预算方法；由政府指定单位支付费用、需纳入政府定价项目进行成本核算的，应包括支付费用的测算依据；

（六）可行性分析，即降低全生命周期成本和提高公共服务质量效率的分析估算等；

（七）特许经营协议框架草案及特许经营期限；

（八）特许经营应当具备的条件及选择方式；

（九）政府承诺和保障；

（十）特许经营期限届满后资产处置方式；

（十一）应当明确的其他事项。

第十二条 申请基础设施和公用事业特许经营项目应当具备下列条件：

（一）依法成立的企业法人或其他组织；

（二）企业过去没有不良经营行为；
（三）有切实可行的经营方案；
（四）具备招标、拍卖文件规定的相关条件；
（五）法律、法规、规章规定的其他条件。

第十三条 项目提出部门可以委托具有相应能力和经验的第三方机构，开展特许经营可行性评估，完善特许经营项目实施方案。

需要政府提供可行性缺口补助或者开展物有所值评估的，由财政部门负责开展相关工作。具体办法由省财政厅另行制定。

第十四条 特许经营可行性评估应当主要包括以下内容：
（一）特许经营项目全生命周期成本、技术路线和工程方案的合理性，可能的融资方式、融资规模、资金成本，所提供公共服务的质量效率，建设运营标准和监管要求等；
（二）相关领域市场发育程度，市场主体建设运营能力状况和参与意愿；
（三）用户付费项目公众支付意愿和能力评估。

重大基础设施和公用事业特许经营项目的评估论证，应当充分听取社会公众意见。

第十五条 项目提出部门依托本级人民政府根据本办法第八条规定建立的部门协调机制，会同发展改革、财政、城乡规划、国土、环保、水利等有关部门对特许经营项目实施方案进行审查。经审查认为实施方案可行的，各部门应当根据职责分别出具书面审查意见。

项目提出部门综合各部门书面审查意见，报本级人民政府或其授权部门审定特许经营项目实施方案。

第十六条 县级以上人民政府应当授权有关部门或单位作为实施机构负责特许经营项目有关实施工作，并明确具体授权范围。

第十七条 实施机构根据经审定的特许经营项目实施方案，应当采取招标、竞争性谈判等竞争的方式选择特许经营者，并应当在招标或谈判文件中载明是否要求成立特许经营项目公司。

特许经营项目建设运营标准和监管要求明确、有关领域市场竞争比较充分的，应当通过招标方式选择特许经营者。对技术复杂或者无法精确拟定技术规格的项目，招标人可以依法进行两阶段招标。

特许经营项目经可行性评估，合格市场主体数量有限，难以满足招标条件的，经确定特许经营项目的县级以上地方人民政府批准，可以采用竞争性谈判方式选择社会资本合作者。

两个以上的企业或其他组织可以组成一个联合体参与基础设施和公用事业特许经营项目社会资本合作者选择，并就特许经营项目缔约事宜承担连带责任。

第十八条 实施机构应当公平择优选择具有相应管理经验、专业能力、融资实力以及信用状况良好的法人或者其他组织作为特许经营者。

特许经营者选择应当符合内外资准入等有关法律、行政法规规定。

依法选定的特许经营者，应当向社会公示。

第十九条 实施机构应当与依法选定的特许经营者签订特许经营协议。

需要成立项目公司的，实施机构应当与依法选定的投资人签订初步协议，约定其在规定的期限内注册成立项目公司，并与项目公司签订特许经营协议。

特许经营协议应当主要包括下列内容：

（一）项目名称、内容；

（二）授权人、被授权人；

（三）特许经营方式、区域、范围、期限；

（四）项目公司的经营范围、注册资本、股东出资方式、出资比例、股权转让等；

（五）所提供产品或者服务的数量、质量和标准；

（六）设施权属以及相应的维护和更新改造；

（七）监测评估；

（八）投融资期限和方式；

（九）收益取得方式，价格和收费标准的确定方法以及调整机制；

（十）特许经营者的权利和义务；

（十一）履约担保；

（十二）特许经营期内的风险分担；

（十三）政府承诺和保障；

（十四）应急预案和临时接管预案；

（十五）特许经营期限届满后，项目及资产移交方式、程序和要求等；

（十六）变更、提前终止及补偿；

（十七）违约责任；

（十八）争议解决方式；

（十九）需要约定的其他事项。

第二十条 特许经营协议根据有关法律、行政法规和国家规定，可以约定特许经营者通过下列一种或几种方式取得合理回报：

（一）对提供特许经营的产品或者服务向用户收费；

（二）政府授予与特许经营项目相关的其他开发经营权益；

（三）政府给予相应补贴或政府采购服务；

（四）县级以上人民政府同意的其他方式。

第二十一条 特许经营协议应当明确价格或收费的确定和调整机制。特许经营项目价格或收费应当依据相关法律、行政法规和特许经营协议约定予以确定和调整。

第二十二条　通过销售服务向用户收费取得收入的特许经营项目，属于实行市场调节价的，应当允许价格根据市场情况适当浮动；属于政府定价的，应按相关规定进行成本监审并确定价格。

特许经营项目按协议约定由政府指定单位支付费用、需纳入政府定价项目进行成本核算的，由实施机构提出支付费用的预算依据，纳入实施方案一并审定。

第二十三条　政府可以在特许经营协议中就涉及与特许经营项目有关的土地使用、相关配套基础设施和公用事业的提供、防止不必要的竞争性项目建设、必要合理的补贴、产品或服务的政府采购等内容作出承诺，但不得承诺固定投资回报和其他法律法规禁止的事项。

第二十四条　特许经营者根据特许经营协议，需要依法办理规划选址、用地和项目核准或审批等手续的，有关部门在进行审核时，应当简化审核内容，优化办理流程，缩短办理时限，对于本部门根据本办法第十四条出具书面审查意见已经明确的事项，不再作重复审查。

第二十五条　特许经营项目公司可以根据特许经营项目建设或运营需要，经政府实施机构同意，以项目公司资产、特许经营项目收益权进行质押、抵押或设立其他担保权益。但依法不得以国有资产或提供公共服务所必需的其他资产、权利设立担保。

鼓励金融机构为特许经营项目提供财务顾问、融资顾问、银团贷款等金融服务。鼓励政策性、开发性金融机构给予特许经营项目差异化信贷支持，对符合条件的项目，贷款期限最长可达 30 年。探索利用特许经营项目预期收益质押贷款，支持利用相关收益作为还款来源。

第二十六条　鼓励通过设立产业基金等形式入股提供特许经营项目资本金。鼓励特许经营项目公司进行结构化融资，发行项目收益票据和资产支持票据等。

鼓励特许经营项目采用成立私募基金，引入战略投资者，发行企业债券、项目收益债券、公司债券、非金融企业债务融资工具等方式拓宽投融资渠道。

第二十七条　县级以上人民政府可与金融机构设立基础设施和公用事业特许经营引导基金，并通过投资补助、财政补贴、贷款贴息等方式，支持有关特许经营项目建设运营。

第二章　特许经营协议履行

第二十八条　特许经营协议各方当事人应当遵循诚实信用原则，按照约定全面履行义务。

除法律、行政法规另有规定外，实施机构和特许经营者任何一方不履行特许经营协议约定义务或者履行义务不符合约定要求的，应当根据协议继续履行、采取补救措施或者赔偿损失。

第二十九条 特许经营者根据特许经营协议享有特许经营权。依法保护特许经营者合法权益。任何单位或个人不得违反法律、行政法规和本办法规定收回或者限制特许经营者的特许经营权,不得干预其合法经营活动。

第三十条 特许经营者应当按照有关法律、行政法规、标准规范和特许经营协议,提供安全、合格的公共产品和优质、持续、高效的公共服务;应当按照特许经营协议约定的服务区域以及政府规划向消费者提供公共产品或者公共服务,并接受行业主管部门的监管。

第三十一条 特许经营者应当按照技术规范,定期对特许经营项目设施进行检修和保养,保证设施良好运转及经营期限届满后资产按规定进行移交。

第三十二条 特许经营者对涉及国家安全的事项负有保密义务,并应当建立和落实相应保密管理制度。

实施机构和其他行政机关及其工作人员对在实施特许经营活动和监督管理工作中知悉的特许经营者商业秘密负有保密义务。有关商业秘密的范围和特征,应当在特许经营协议中约定。

特许经营各方当事人对提供公共服务过程中获取的用户和受益人的私人信息应当予以保密,不得在提供公共服务过程以外泄露、扩散和传播,不得出售和转让。

第三十三条 特许经营者应当将中长期发展规划、年度经营计划、年度经营报告、年度财务报告以及其他重大事项及时、完整地报送实施机构备案,并将特许经营项目的质量、技术标准、成本、价格以及其他关系公共利益、公共安全的信息及时向社会公告。

第三十四条 特许经营者应当对特许经营项目建设、运营、维修、保养过程中有关资料进行收集、归类、整理和归档。特许经营期满或其他原因终止特许经营权的,原特许经营者应当在实施机构规定的时间内,按照特许经营协议的约定,将维持特许经营业务正常运作所必须的资料和档案移交给实施机构。

第三十五条 特许经营者不得超越特许经营协议和授权书规定的范围从事特许经营活动。未经实施机构同意,特许经营者不得转让、出租、质押、抵押或者以其他方式擅自处分特许经营权、与特许经营活动相关的资产、设施和企业股权,不得将特许经营项目的设施及相关土地用于特许经营项目之外的用途。

第三十六条 实施机构应当按照特许经营协议严格履行有关义务,为特许经营者建设运营特许经营项目提供便利和支持,提高公共服务水平。

行政区划调整,政府换届、部门调整和负责人变更等,不得影响特许经营协议的履行。

第三十七条 实施机构依照法律法规及协议对特许经营者履行特许经营协议的行为进行监督,有权要求特许经营者纠正不符合特许经营协议的行为。

第三十八条 特许经营协议履行过程中,需要政府提供可行性缺口补助的特许经营项目,在严格按照预算法规定的前提下,综合考虑财政承受能力和财务风险等因素，合理确定财政支付总额及分年度数额，并与政府年度预算和中期财政规划相衔接，确保资金拨付需要。

第三十九条　特许经营协议履行过程中，因法律、行政法规修改，或者政策调整损害特许经营者预期利益，或者根据公共利益需要，要求特许经营者提供协议约定以外的产品或服务的，应当给予特许经营者相应的补偿。

第三章　特许经营协议的变更和终止

第四十条　特许经营者在特许经营期限内不得单方提出解除特许经营协议。确有特殊原因需要解除协议的，特许经营者应当提前提出申请，实施机构应当在收到申请的3个月内作出是否同意的答复。在实施机构同意解除协议前，特许经营者必须按协议履行相关职责。

第四十一条　特许经营期限内，确需变更特许经营协议的，协议双方应在协商一致的基础上签订补充协议。涉及重大变更的，实施机构应当在补充协议签订前报原实施方案审查部门同意。如协议可能对特许经营项目的存续债务产生重大影响的，应当事先征求债权人同意。特许经营项目涉及直接融资行为的，应当及时做好相关信息的披露。

特许经营期限届满后确有必要延长的，按照有关规定经充分评估论证，协商一致并报批准后，可以延长。

第四十二条　在特许经营期限内，因法律、法规、规章或政府有关规划、服务标准和政策调整等，导致特许经营协议无法继续履行的，实施机构和特许经营协议者可在协商一致的基础上变更特许经营协议。

第四十三条　在特许经营期限内，因特许经营协议一方严重违约或不可抗力等原因，导致特许经营者无法继续履行协议约定义务，或者出现特许经营协议约定的提前终止协议情形的，在与债权人协商一致后，可以提前终止协议。

特许经营协议提前终止的，政府应收回特许经营项目，并根据实际情况和协议约定给予原特许经营者相应补偿。提前收回特许经营权的，实施机构应当于收回特许经营权之日前6个月，将收回理由、收回日期等通知特许经营者，并在媒体进行公告。特许经营企业可以在收到有关书面通知后30个工作日内提出书面申辩或要求举行听证会。

第四十四条　特许经营者在特许经营项目的建设和经营期限内不得有破坏生态环境的行为，如有破坏且后果严重者，实施机构有权提前收回特许经营权，并依照相关法规予以处罚。

第四十五条　特许经营期限届满终止或提前终止的，协议当事人应当按照特许经营协议约定，以及有关法律、行政法规和规定办理有关设施、资料、档案等的性能测试、评估、移交、接管、验收等程序。

第四十六条　特许经营期限届满终止或者提前终止，对该基础设施和公用事业继续采用特许经营方式的，实施机构应当根据本办法规定重新选择特许经营者。

特许经营期限届满重新选择特许经营者的，原特许经营者在同等条件下可优先获得特许经营权。

新的特许经营者选定之前，实施机构和原特许经营者应当制定预案，保障公共产品和公共服务的持续稳定供给。

第四章　监督管理和公共利益保障

第四十七条　县级以上人民政府有关部门应当根据各自职责，对特许经营者执行法律、行政法规、行业标准、产品或服务技术规范，以及其他有关监管要求进行监督管理，依法履行下列职责：

（一）制定有关规划和管理办法；

（二）组织制定公共产品和服务质量评价标准；

（三）监督经营者对法定义务和特许经营协议规定的履行情况；

（四）核算和监控特许经营成本；

（五）监督检查特许经营者提供的公共产品和服务质量；

（六）受理企事业单位及社会公众对特许经营者的投诉；

（七）依法查处特许经营者的违法行为；

（八）审查经营者的年度报告，并向实施机构提交对特许经营者的年度监督检查报告；

（九）在危及或可能危及公共利益、公共安全等紧急情况时，组织临时接管特许经营项目；

（十）依法对特许经营活动进行审计；

（十一）法律、法规规定的其他职责。

第四十八条　实施机构应当及时监测、分析特许经营项目实施情况，定期会同有关部门或组织专业机构对项目实施情况进行监测或评估。评估一般每三年进行一次，特殊情况下可以实施年度评估。评估的内容应涉及产品和服务质量达标情况、设备设施和相关资产的完好率等。

第四十九条　实施机构应当将社会公众意见作为监测分析和绩效评价的重要内容，会同有关部门对特许经营项目进行绩效评价，并建立绩效评价结果、按照特许经营协议约定对价格或财政补贴进行调整的机制，保障所提供公共产品或公共服务的质量和效率。

第五十条　社会公众有权对特许经营活动进行监督，向有关监管部门投诉，或者向实施机构和特许经营者提出意见建议。

第五十一条　县级以上人民政府应当将特许经营有关政策措施、特许经营部门协调机制组成以及职责等信息向社会公开。实施机构和特许经营者应当将特许经营项目实施方案、特许经营者选择、特许经营协议及其变更或终止、项目建设运营、所提供公共服务标准、监测分析和绩效评价、经过审计的上年度财务报表等有关信息按规定向社会公开。

特许经营者应当将特许经营项目的质量、成本、价格以及其他关系公共利益、公共安全的信息及时向社会公告。

第五十二条　实施机构与特许经营者应当制定突发事件应急预案，在突发自然灾害、战争灾害、事故灾害以及公共卫生、社会治安等公共事件时，及时启动应急预案，最大限度地保证公共产品和公共服务的正常提供。

第五章　争议解决

第五十三条　实施机构和特许经营者就特许经营协议履行发生争议的，应当协商解决。协商达成一致的，应当签订补充协议并遵照执行。协商无法达成一致意见的，应当按照协议约定的争议解决方式或相关法律规定解决。特许经营协议当事人可以依法就特许经营协议争议约定仲裁条款。

第五十四条　实施机构和特许经营者就特许经营协议中的专业技术问题发生争议的，可以共同聘请专家或第三方机构进行调解。调解达成一致的，应当签订补充协议并遵照执行。

第五十五条　特许经营者认为行政机关作出的具体行政行为侵犯其合法权益的，有陈述、申辩的权利，并可以依法申请行政复议或者提起行政诉讼。

特许经营协议当事人未达成仲裁协议，或仲裁协议无效，特许经营项目公司认为政府实施机构不依法履行、未按照约定履行或者违法变更、解决特许经营协议的，有权向人民法院提起行政诉讼，并可申请一并解决相关民事争议。

第五十六条　特许经营协议存续期间发生争议，当事各方在争议解决过程中，应当继续履行特许经营协议义务，保证公共产品或公共服务的持续稳定提供。

第六章　法律责任

第五十七条　特许经营者违反法律、行政法规和国家强制性标准，严重危害公共利益，或者造成重大质量、安全事故或者突发环境事件的，有关部门应当责令限期改正并依法予以行政处罚；拒不改正、情节严重的，可以终止特许经营协议；构成犯罪的，依法追究刑事责任。

第五十八条　以欺骗、贿赂等不正当手段取得特许经营项目的，应当依法收回特许经营项目，向社会公开。

被撤销特许经营权的企业法人或者其他组织，依据《青海省市政公用事业特许经营管理条例》，三年内不得参与基础设施和公用事业特许经营项目的竞争。

第五十九条 在作出撤销特许经营权的决定之前，由监管部门告知特许经营者有要求举行听证的权利。特许经营者要求举行听证的，监管部门应当组织听证。

第六十条 实施机构、有关行政主管部门及其工作人员不履行法定职责、干预特许经营者正常经营活动、滥用职权、徇私舞弊、玩忽职守、索贿受贿的，依法给予行政处分；构成犯罪的，依法追究刑事责任。

第六十一条 特许经营者或者其他行政处罚相对人、利害关系人对政府和监管部门的处罚决定不服的，可以依据《中华人民共和国行政复议法》和《中华人民共和国行政诉讼法》的相关规定申请行政复议或者提起行政诉讼。

第六十二条 县级以上人民政府有关部门应当对特许经营者及其从业人员的不良行为建立信用记录，并纳入全国的信用信息共享交换平台。对严重违法失信行为依法予以曝光，并会同有关部门实施联合惩戒。

第七章 附 则

第六十三条 基础设施和公用事业特许经营涉及国家安全审查的，按照国家有关规定执行。

第六十四条 法律、行政法规对基础设施和公用事业特许经营另有规定的，从其规定。

本办法实施之前依法已经订立特许经营协议的，按照协议约定执行。

第六十五条 本办法由省发展改革委员会会同有关部门负责解释。

第六十六条 本办法自2016年3月3日起施行，有效期至2018年3月2日。

青海省人民政府办公厅关于成立青海省政府和社会资本合作模式推广运用工作协调领导小组的通知

(青政办〔2016〕42号)

各市、自治州人民政府,省政府各委、办、厅、局:

为支持鼓励社会资本参与基础设施建设和公共服务等领域项目投资,充分发挥政府和社会资本合作(PPP)模式在促进经济转型升级、加快转变政府职能、深化财税体制改革等方面的积极作用,经省政府同意,成立青海省政府和社会资本合作模式推广运用工作协调领导小组。现将组成人员名单和主要工作职责通知如下:

组　　长:张光荣　常务副省长
副组长:张建民　副省长
成　　员:党明德　省财政厅厅长
　　　　　姚宽一　省住房城乡建设厅厅长
　　　　　沈传立　省发展改革委副主任
　　　　　乔弘志　省经济和信息化委副主任
　　　　　薛建华　省教育厅副厅长
　　　　　张超远　省科技厅副厅长
　　　　　靳生寿　省民政厅副厅长
　　　　　陈　锋　省财政厅副厅长
　　　　　左玉玲　省财政厅副厅长
　　　　　苏全仁　省人力资源社会保障厅副厅长
　　　　　朱小川　省国土资源厅副厅长
　　　　　于　杨　省环境保护厅副厅长
　　　　　陆宁安　省交通运输厅副厅长
　　　　　石建平　省水利厅副厅长
　　　　　孙文龙　省农牧厅副厅长
　　　　　高静宇　省林业厅副厅长
　　　　　朱小青　省商务厅副厅长
　　　　　董杰人　省文化新闻出版厅副厅长

张秀萍　省卫生计生委副主任
张得庆　省审计厅副厅长
魏贵贤　省金融办副主任
贾小煜　省政府法制办副主任
贡伟宏　人行西宁中心支行副行长
郭小明　青海银监局副局长
张东强　西宁市副市长
初军威　海东市常务副市长
王林虎　海西州副州长
王　萍　海南州副州长
董富奎　海北州常务副州长
陈永祥　玉树州常务副州长
汪山泉　果洛州常务副州长
洪　涛　黄南州常务副州长

　　领导小组主要负责指导全省PPP模式推进工作，建立完善政策扶持体系，研究提出推广运用政府和社会资本合作模式实施意见，统筹协调解决重大问题。

　　领导小组办公室设在省财政厅，党明德同志兼任办公室主任，陈锋、左玉玲、沈传立同志兼任办公室副主任。

　　领导小组办公室负责指导督促各地、各部门严格按规范流程开展PPP项目，督促落实有关政策的贯彻落实和工作进展情况，做好宣传培训、项目储备及推介、融资支持、信息管理、绩效评价、建立咨询机构库及专家库、审定纳入省级以上示范项目等日常工作。

青海省人民政府办公厅
二〇一六年三月二十三日

青海省人民政府关于在公共服务领域推广政府和社会资本合作模式的实施意见

(青政〔2016〕43号)

各市、自治州人民政府，省政府各委、办、厅、局：

为加快转变政府职能，创新公共服务供给机制，培育经济增长内生动力，根据《国务院办公厅转发财政部发展改革委人民银行关于在公共服务领域推广政府和社会资本合作模式指导意见的通知》(国办发〔2015〕42号)精神，结合我省实际，就在公共服务领域推广政府和社会资本合作(Public – PrivatePartner-ship，以下简称 PPP)模式，提出以下实施意见。

一、充分认识推广 PPP 模式的必要性和重要性

PPP 模式，是政府通过竞争性方式择优选择具有投资、运营管理能力的社会资本，按照平等协商原则订立合同，明确责权利关系，以特许经营、购买服务、股权合作等方式，由社会资本提供公共服务，政府依据公共服务绩效评价结果向社会资本支付相应对价，保证社会资本获得合理收益，提升公共服务的供给质量和效率，实现公共利益最大化。

推广 PPP 模式，是贯彻落实十八届三中全会精神，改进政府公共服务，推进国家治理体系与治理能力现代化的内在要求；是创新公共服务供给机制和投入方式，支持新型城镇化建设的重要举措；是推进重点领域投融资体制改革、增强经济增长内生动力的重要手段；是稳增长、调结构、促改革、惠民生、防风险的重要途径。运用 PPP 模式，社会资本是项目设计、建设和运营的主体，政府是监督者和合作者，有利于减少政府对微观事务的直接参与，促进政府职能转变；国有控股企业、民营企业、混合所有制企业等各类型企业均可参与提供公共服务，有利于打破行业准入限制，激发经济活力和创造力；政府由直接投资"补建设"向间接投入"补运营"转变，有效减轻当期财政支出压力，有利于完善财政投入和管理方式，提高财政资金使用效益。

二、明确基本原则和目标要求

（一）基本原则。

依法合规，公开透明。建立健全法规制度体系，保护参与各方合法权益；明晰权责关系，确保项目规范实施；依法公开PPP项目重要信息，切实保障公众知情权，对参与各方形成有效监督和约束。重诺履约，公众受益。树立契约理念，坚持平等协商、互利互惠、诚实守信、严格履约，利益共享、风险分担。鼓励竞争和创新，将政府的政策目标、社会目标和社会资本的运营效率、技术进步有机结合，建立健全合作项目绩效考核和收益分配机制，确保项目可持续经营和社会资本回报合理，实现公共利益最大化。

试点先行，有序推进。充分调动各部门、行业积极性，鼓励各地因地制宜、结合自身实际选择盈利预期较强、前期工作比较成熟的项目开展试点，既积极推进，又谨慎稳妥，要与政府的财力和管理能力相匹配，确保有序推进，防止政府支付责任过重加剧财政收支矛盾。

加强监管，注重实效。加强政府监管，明确全生命周期管理要求，规范项目采购，细化合同管理，确保项目规范实施。

（二）目标要求。立足于青海实际，加强和改善公共服务，形成有效促进推广PPP模式规范健康发展的制度体系，培育统一规范、公开透明、竞争有序、监管有力的PPP市场。按照试点先行、先易后难、循序渐进、稳步推进的工作思路，加快推动项目落地实施，建设一批可复制、可推广、可借鉴的示范项目。在新建公共服务项目中，逐步增加使用PPP模式的比例。

三、合理界定推广领域和运作方式

（三）推广领域。根据区域经济社会发展状况，选择市场化程度相对较高、项目费价调整机制灵活、投资规模较大、需求长期稳定的项目。重点关注以下领域：基础设施，包括能源（电厂及电网建设、天然气输送管道及气站建设、集中供热、新能源汽车充电设施等）、交通（收费公路、铁路、机场等）、水利（综合水利枢纽、河湖堤防整治等）等。公用事业，包括市政公用（供电、供水、供气、通信、城市道路、地下综合管廊、城市供排水管网等）、公共交通（轨道交通、城市公交及场站、公共停车场等）、环境保护（污水处理、固废处理、垃圾发电、流域治理、湿地建设、饮用水源综合整治、农村环境综合治理等）等。农林和社会事业，包括农业（农业灌溉、农村供水、农产品物流等）、林业（现代林业产业基地、生态公益林、造林等）、保障性安居工程（公共租赁住房等）、医疗卫生（公立医院延伸发展等）、人力资源社会保障、养老（非盈利养老机构等）、教育（学前教育、职业教育等）、文化（文化馆、体育场馆、图书馆等）、旅游设施等。

能源、交通运输、水利、环境保护、城镇基础设施等特定领域需要实施特许经营的,按《基础设施和公用事业特许经营管理办法》执行。政府存量债务中的上述项目,也要积极推广 PPP 模式。

(四)运作方式。对新建 PPP 项目,根据项目生命周期、收费定价机制、投资收益水平、风险分配框架和政府投入办法等因素,合理选择建设－运营－移交（BOT）、建设－拥有－运营（BOO）、建设－拥有－运营－移交（BOOT）、委托运营等运作方式。对地方政府融资平台存量项目,积极运用转让－运营－移交（TOT）、改建－运营－移交（ROT）等方式转型为 PPP 项目,引入社会资本参与项目改造和运营。对转型项目必须依法进行资产评估,合理确定转让价格,防止国有资产流失。

四、规范项目遴选和管理工作

(五)建立项目遴选机制。各地财政、发展改革部门会同相关职能部门对征集的 PPP 项目认真开展评估、论证等筛选工作,确定备选项目,制定 PPP 项目年度和中期开发计划,建立动态管理、滚动实施、批次推进的 PPP 项目储备库。财政部门会同行业主管部门对入库项目组织开展项目物有所值评价和财政承受能力论证工作,并将本级政府负有支付责任的项目资金纳入年度预算、中长期财政规划预算安排。

(六)严格项目识别认定。根据项目所在区域经济社会发展状况,选择确定在本区域具有引领效应、投资规模相对较大、社会资本占比较高的项目推广使用 PPP 模式。项目可通过特许经营收费、政府补助、项目经营性收入等多种方式获得持续稳定现金流,优先选择社会需求长期稳定、主要由使用者付费、收费能够覆盖投资成本的项目。按照"补偿成本、合理收益、优质优价、公平负担"的原则,根据项目运营成本、产出质量、收益水平等因素,合理确定公共服务价格,并根据投资成本、服务成本和市场变化,建立灵活有效费价调整机制。科学识别和测算股权投资、运营补贴、风险承担、配套投入等各项财政支出责任。

(七)认真做好前期准备。各级政府或其指定的有关行业主管部门或事业单位可作为项目实施机构,实施机构根据项目前期论证情况组织编制项目实施方案,报同级政府批准,并报上级行业主管部门备案。实施方案应明确项目的经济技术指标、关键绩效指标、风险分配框架、经营服务标准、投资估算构成、投资回报方式、所需财政补贴以及运作方式、交易架构、合同体系、融资方案、费价确定及调整方式、监管架构等核心事项,确定社会资本选择条件和方式。必要时可委托专业咨询机构等社会力量参与编制,以提高项目决策的科学化和管理的专业化水平。

(八)规范选择合作伙伴。各级行业主管部门应当根据预算法、合同法、政府采购法及其实施条例等法律法规,充分考虑 PPP 项目时间跨度较长、供求参数变动、收益来源多样、合同关系复杂、价格并非唯一核心要素等要求,综合评估社会资本的专业资质、技术能力、管理经验、财务实力、信用状况等,通过政府采购方式、规范有关程序，慎重选择诚实守信的社会资本合作者。合作各方应按照依法合规、平等协商原则签订项目合同，合理确定各方权利、责任和义务，明确项目融资安排、收益风险分配、收费定价调整、政府支付、合同修订、违约责任、争议解决、退出机制等权责关系。

（九）切实加强运行管理。项目合作各方可依法设立项目公司，按照现代企业制度要求，建立健全法人治理结构，依法经营管理，认真履行项目融资、建设、运营、维护等合同义务，加强施工管理，确保公共服务供给的质量、效率和可持续性。相关职能部门按照规定履行监管职责，认真开展绩效评价。鼓励推进第三方评价，将项目绩效目标实现程度、运营管理质量、资金使用效率、公共服务水平等纳入绩效评价范围，评价结果向社会公示，并作为费价标准和财政补贴调整的依据。

（十）及时组织项目移交。PPP期满后，各级行业主管部门要严格按照合同约定，及时组织移交资产的性能测试、资产评估、资产交割和登记入账、财务报告等工作，妥善做好项目移交。社会资本投资主体应配合做好项目运营平稳过渡相关工作。项目移交完成后，财政部门应组织相关部门对项目产出、成本效益、模式运用、监管成效、可持续性、公众满意度等进行后评价，并将评价结果作为完善PPP模式制度体系的重要参考。

五、着力强化政策制度保障

（十一）健全管理制度体系。省级财政、发展改革部门要围绕规范项目运作要求，健全管理制度体系，制定项目实施操作指南和分行业、分领域的标准化合同文本，建立咨询机构（专家库）名录和项目信息管理等规章制度，指导各地开展工作。市（州）、县级财政、发展改革部门要会同相关行业主管部门结合自身工作实际，完善管理细则，围绕项目全生命周期管理要求，规范项目采购程序方法，加强项目合同管理，稳步推进项目绩效评价；围绕健全风险防范机制要求，强化财政承受能力论证和物有所值评价，建立统一的项目名录管理和财政支出统计监测制度；围绕做好预算保障工作要求，研究建立跨年度预算平衡机制和动态调整机制，实施中期财政规划管理。

（十二）简化项目审批流程。进一步减少审批环节，建立项目实施方案联评联审机制，项目合同签署后，可并行办理必要的审批手续，提高审查工作效率。发展改革、国土资源、环境保护、水利、住房城乡建设等审批服务部门要主动加强服务，对项目单位根据项目合同依法办理的规划选址、建设用地和项目核准（或审批）等相关手续要简化办理程序，在实施方案中已经明确的内容不再作实质性审查。

（十三）完善财税支持政策。认真落实国家支持公共服务事业的税收优惠政策，推动PPP项目实施。各级财政部门要创新专项转移支付资金分配机制，优化调整资金使用方向，逐步从"补建设"向"补运营"转变，综合采取财政奖励、运营补贴、投资补贴、融资费用补贴等多种方式，优先支持PPP项目。省级财政在确保风险可控前提下，发挥财政资金的导向作用，与金融机构共同发起设立PPP融资支持基金，支持各地实施PPP项目。

（十四）保障项目合理用地。实行多样化土地供应，保障项目建设用地。对符合划拨用地目录的项目，可按划拨方式供地，划拨土地不得改变土地用途。建成项目经依法批准可以抵押，土地使用权性质不变，待合同经营期满后，连同公共设施一并移交政府；实现抵押权后改变项目性质应该以有偿方式取得土地使用权的，应依法办理土地有偿使用手续。不符合划拨用地目录的项目，以租赁方式取得土地使用权的，租金收入参照土地出让收入纳入政府性基金预算管理。以作价出资或者入股方式取得土地使用权的，应当以市（州）、县政府作为出资人，制定作价出资或者入股方案，经同级人民政府批准后实施。

（十五）健全价格调整机制。积极推进公共服务领域价格改革，按照补偿成本、合理收益、节约资源、优质优价、公平负担的原则，加快理顺公共服务价格。依据项目运行情况和绩效评价结果，以及项目提供公共服务的社会平均成本、市场供求关系、社会承受能力等因素，健全公共服务价格调整机制，完善政府价格决策听证制度，广泛听取社会资本、受益公众和有关部门意见，确保定价调价科学合理。及时披露项目运行过程中的成本变化、公共服务质量等信息，提高定价调价的透明度。

（十六）创新金融服务模式。金融机构应创新符合PPP模式特点的金融服务，优化信贷评审方式，积极为PPP项目提供融资支持。鼓励开发性金融机构发挥中长期贷款优势，参与PPP项目，引导商业性金融机构拓宽项目融资渠道。鼓励符合条件的项目运营主体在资本市场通过发行公司债券、企业债券、中期票据、定向票据等市场化方式进行融资。鼓励项目公司发行项目收益债券、项目收益票据、资产支持票据等。鼓励社保资金和保险资金按照市场化原则，创新运用债权投资计划、股权投资计划、项目资产支持计划等多种方式参与项目。对符合条件的"走出去"项目，鼓励政策性金融机构给予中长期信贷支持。依托各类产权、股权交易市场，为社会资本提供多元化、规范化、市场化的退出渠道。金融监管部门应

加强监督管理，引导金融机构正确识别、计量和控制风险，按照风险可控、商业可持续原则支持PPP项目融资。

（十七）建立风险防范机制。各地要根据中长期财政规划和项目全生命周期内的财政支出，对PPP项目进行财政承受能力论证，在明确项目收益与风险分担机制时，要综合考虑政府风险转移意向、支付方式和市场风险管理能力等要素，量力而行，减少政府不必要的负担。按照国务院和省政府加强地方政府性债务管理的要求，认真甄别筛选融资平台公司存量项目，积极推广PPP模式，减少政府性债务负担。明确政府对社会资本投资人或项目公司按约定规则依法承担特许经营权、合理定价、财政补贴等相关责任，不承担社会资本投资人或项目公司的偿债责任。

（十八）建立多层次监管体系。建立政府部门、受益公众共同参与的综合性评价体系，以及事前设定绩效目标、事中进行绩效跟踪、事后绩效评价的全生命周期绩效管理机制。各行业主管部门要加强项目监管，设定技术规范，明确行业标准、服务质量和监管细则，对项目绩效目标实现程度、运营管理、资金使用、服务质量、公众满意度等进行绩效评价。依法充分披露项目实施相关信息，切实保障公众知情权，接受社会监督。

（十九）构建良好法治环境。各地、各部门要严格遵守相关法律法规规定，贯彻公平竞争理念，依法行政、规范执法，让不同所有制企业享受公平的市场准入和政策优惠。立足本地、本行业实际，在现有法律法规制度框架下，探索出台地方性法规和规范性文件，健全法规体系，着力解决PPP项目实际运作与现行法律之间的衔接协调问题，规范政府和社会资本的责权利关系，明确政府出资的法律依据、出资性质和相关部门的监督管理责任，为PPP模式健康发展提供良好的法律环境和稳定的政策预期。

六、切实加强组织领导

（二十）强化组织协调。各级政府及各部门各单位要高度重视并积极适应这一新的运作模式。省政府PPP模式推广运用工作协调领导小组统一协调部署全省PPP模式推广运用工作，各有关部门要密切配合，完善政策措施，统筹推广项目工作。省财政厅负责领导小组办公室相关事务，具体负责政策制定、项目物有所值评价和财政承受能力论证、融资支持、信息管理、监督检查等职责。省发展改革委负责特许经营、价格调整的指导和协调工作，并会同财政部门做好统筹规划、项目遴选、业务指导等工作。各行业主管部门负责PPP项目的发起、行业标准的制定、市场监管等职责。各级政府要切实承担起推广PPP工作主体责任，各市（州）和县都要尽快选定项目开展试点。

（二十一）注重总结经验。要结合PPP模式推广，抓好示范项目，及时从政策落实、项目选择、方案设计、前期工作、社会资本选择和合同履行等方面认真做好经验总结与推广，发挥好示范带动作用。进一步强化项目管理，切实把好项目方案审核关和项目运作监督关，逐步形成科学合理、全面规范、切实可行的工作机制，确保PPP工作规范有序推进。

（二十二）重视能力建设。各地各部门要加强项目实施能力建设，建立咨询、法律、投资、财务等专家库，为项目推进提供智力支持，借助专业咨询顾问机构的力量，提升PPP管理工作的科学性、规范性和操作性。鼓励各行业主管部门和各类市场主体引进各类资源，依托专业力量，通过多种形式，分行业、分层次、全方位开展业务人员培训，加快形成政府部门、高校、企业、专业咨询机构联合培养人才的机制，努力建设一支高素质的专业人才队伍。

（二十三）加强宣传引导。要充分利用各类媒体，采取多种形式做好政策解读和成果推广，特别要及时总结宣传做得好的项目和典型推广经验，增强宣传教育的针对性、广泛性和有效性，增进政府、社会和市场主体共识，营造推广运用PPP模式的良好舆论环境。同时，要按照规定积极主动做好有关政策和项目实施过程的信息公开，自觉接受社会监督。

本意见自2016年6月11日起执行，有效期至2021年6月10日。

青海省人民政府
二〇一六年五月十一日

青海省人民政府办公厅转发省财政厅等部门关于加快推广运用政府和社会资本合作模式有关政策措施等五个措施办法的通知

(青政办〔2016〕128号)

各市、自治州人民政府，省政府各委、办、厅、局：

《青海省加快推广运用政府和社会资本合作模式的有关政策措施》、《青海省民营企业困难问题综合协调方案》、《青海省推进招商引资加大民间投资政策措施》、《青海省行政监察机关改善民间投资环境监督检查办法（试行）》、《青海省加强民间投资政策宣传实施办法》已经省政府同意，现转发给你们，请结合实际，认真组织实施。

附件：1. 青海省行政监察机关改善民间投资环境监督检查办法（试行）
2. 青海省加快推广运用政府和社会资本合作模式的有关政策措施
3. 青海省加强民间投资政策宣传实施办法
4. 青海省民营企业困难问题综合协调方案
5. 青海省推进招商引资加大民间投资政策措施

青海省人民政府办公厅
二〇一六年七月十四日

附件1：

青海省行政监察机关改善民间投资环境监督检查办法（试行）

（省监察厅）

第一章 总 则

第一条 为了进一步加强对政务服务的监督，促进作风转变，提高政务服务质量和效率，维护民营企业合法权益，消除不利于民间投资的人为障碍，营造廉洁高效、公平有序的民营经济发展环境，依据《中华人民共和国行政监察法》、《青海省党风廉政建设责任追究暂行办法》和省委省政府关于促进民间投资的有关工作要求，制定本办法。

第二条 本办法适用于：全省各级行政机关、法律法规授权具有管理公共事务职能的组织、国家行政机关依法委托从事公共事务管理活动的组织行为，及各类机关、组织工作人员的职务行为。

第三条 各级行政监察机关、各类机关和组织内设监察机构，应充分发挥职能作用，依法依纪依规开展监督工作，着力解决政府组织及其工作人员缺乏担当精神和主动服务民营企业意识不强、不作为、乱作为等问题，进一步改善民间投资环境，切实维护民营企业合法权益，促进非公经济发展。

第二章 监督内容

第四条 监督内容主要包括：

（一）省委、省政府关于加快非公经济发展、促进民间投资的重大决策部署和配套措施贯彻落实情况；

（二）贯彻执行"非禁即准、平等待遇"的情况，主要包括对民间投资进入基础设施和基础产业、市政公用事业和政策性住房建设、社会事业、旅游业、金融服务、商贸流通、国防科技、能源及电力，以及参与国有企业改革的开放准入和门槛设置情况；

（三）深入推进"放管服"，降低民间投资准入门槛、激发民间投资活力，同规则、同待遇、降门槛、提效率、优服务情况；

（四）行政许可项目、行政服务事项及备案事项的设立、清理、精简、优化和实施情况；

（五）收费、罚款、检查、评比、培训等事项的设置、实施情况，特别是项目建设水、电、气等市政公共服务收费情况，严查乱收费、乱罚款和乱摊派等行为；

（六）清理和规范各类认证、评估、检查、检测等中介服务情况，重点是项目前期领域指定中介服务等企业和群众反映强烈的突出问题；

（七）各机关、组织及其工作人员在遵守有关法律法规和各项纪律要求、执行有关政策措施以及书面承诺兑现情况；

（八）其他与促进民间投资有关的管理服务情况。

第三章 监督方式

第五条 受理办理企业及投资人投诉。结合政风行风投诉举报，对投诉事项进行登记，分类办理。属于受理范围内的事项，组织协调有关部门调查办理，严肃查处阻碍民间投资、影响民营经济发展的违规违纪问题。涉嫌违法的严肃处理，涉嫌犯罪的移送司法机关处理。不属于受理范围内的，告知不受理原因及其他解决渠道，或转交有关部门处理。

第六条 组织开展民间投资环境监督检查。各级行政监察机关要结合作风建设和专项督查,每半年组织相关部门对各级各部门落实省委、省政府相关政策措施、改善民营经济发展环境情况进行检查,严肃查处违规违纪问题,督促整改突出问题,对监督工作情况及典型案例进行通报。

第七条 受理处置巡视巡察和执法、司法机关移送的问题线索。加强与巡视巡察、执法和司法机关的协调沟通,对移送的管辖范围的问题线索,依法依纪及时处置,恰当处理。

第四章 责任追究情形

第八条 有下列情形之一的,应当追究领导责任:

(一)对上级改善民间投资环境、促进民营经济发展的决策部署不作为、消极对待、执行不力,影响整体工作推进的;

(二)制定、发布、实施与法律、法规、规章或与上级政策规定相抵触的规范性文件、行政决定、命令和行为,阻碍民间投资发展、影响民营经济发展环境的;

(三)相关政务信息不公开,或公开不及时、不全面、不真实的;

(四)对应当由多个部门或跨地区共同办理的事项,主办部门(地区)不主动牵头协调,协办部门(地区)不积极支持配合,致使工作延误的;

(五)违法授权或委托其他组织、个人行使相关行政职权,或者不依法对受委托者行使行政管理职权的行为进行监督,放任或侵害企业合法权益的;

(六)对所管辖的公共服务行业和涉及行政审批环节的事业单位、社会中介机构监管不力,严重影响项目投资建设和企业发展的;

(七)违规对企业开展乱收费、乱罚款、乱摊派,以及非正常检查、评比、培训等行为,干扰企业正常生产经营、增加企业负担的。

第九条 有下列情形之一的,追究相关人员责任:

(一)实施的行政许可审批项目未经相关政府审定公布,或在法定条件和标准外擅自附加或变更条件标准,或要求企业和投资人提交与申办事项无关的材料的;

(二)不依法正确履行职责和义务,不兑现公开承诺的事项,不按相关规定受理、办理企业和投资人申办事项,服务指导不力,工作敷衍推诿,效率低下的;

(三)对职责范围内应当办理的事项,顶着不办或故意拖延,影响招商投资项目落实和其他项目进展的;

(四)在行政审批、政府投资、工程建设、城乡规划、公共资源交易等活动中,违规设置条件,暗箱操作或插手干预有关事项,影响企业间公开、公平、公正竞争秩序的;

(五)故意为涉及行政审批环节的事业单位、社会中介机构提供垄断条件,或相互串通,增加企业负担,影响企业项目正常申批的;

(六)工作作风简单粗暴,态度恶劣,以罚代管,滥用行政处罚自由裁量权和强制措施，不及时告知企业申诉渠道的；

（七）利用职权提出不合理要求，索取、收受、无偿或低价占用企业和投资人财物，或要求企业提供无偿或低价服务，或强制企业购买指定商品、中介服务，谋取部门或个人不正当利益的；

（八）不积极回应企业诉求，在处置有关事项中隐瞒真相、歪曲事实或瞒案不报、压案不查，不认真调查、研究和解决本地区本部门存在的突出问题，逃避、抗拒职能部门和社会监督，打击报复举报人和刁难企业的；

（九）泄漏企业生产经营或商业机密，给企业造成严重损失的。

第十条 其他不履行或不正确履行职责，损害企业合法权益、影响投资发展环境的行为，根据情节追究有关人员责任。

第五章 责任追究方式

第十一条 责任追究的对象属于监察对象的，相关行为违反了行政纪律，应给予相应政纪处分。

第十二条 责任追究一般按照下列程序进行：监察机关在行政监察工作中，发现由于不履行或不正确履行职责，损害企业合法权益、影响投资发展环境的问题线索，或收到信访反映，按照权限和程序进行调查，经查属实的，依据事实作出问责决定。

第十三条 行政监察人员滥用职权、徇私舞弊、玩忽职守、泄露秘密的，依法依规进行行政问责。

第六章 附 则

第十四条 对涉及其他所有制企业公务行为的监督适用本办法。

第十五条 本办法由省监察厅负责解释。

附件2：

青海省加快推广运用政府和社会资本合作模式的有关政策措施

（省财政厅）

为贯彻落实《青海省人民政府关于在公共服务领域推广政府和社会资本合作模式的实施意见》（青政〔2016〕43号），根据《财政部发展改革委关于进一步共同做好政府和社会资本合作（PPP）有关工作的通知》（财金〔2016〕32号）精神，现就加快推广运用政府和社会资本合作（PPP）模式有关政策措施通知如下：

一、扎实做好项目前期工作

各级财政、发改部门要切实履行职责，主动作为，会同项目主管部门为PPP项目发起、选择PPP咨询机构，开展物有所值评价、财政承受能力论证、方案编制（"两评一方案"）、选择项目合作伙伴提供优质高效服务。

（一）明确项目流程，指导项目发起。行业主管部门或政府授权部门可从国民经济和社会发展规划及行业专项规划中的新建、改建项目或存量公共资产中遴选潜在的PPP项目。社会资本应以项目建议书的方式向行业主管部门或政府授权部门推荐潜在的PPP项目。行业主管部门将潜在的PPP项目以项目建议书的方式向同级财政部门推荐。各级财政部门、发展改革部门会同相关部门及外部专家建立PPP项目的评审机制，对项目建议书审核同意后，协助行业主管部门通过政府采购方式选择PPP咨询机构，开展"两评一方案"工作。项目"两评一方案"通过验证的，由项目实施机构报政府审核，审核通过的按照实施方案推进。各级财政部门、发展改革部门建立PPP动态项目库，并制定年度和中期开发计划，每年定期向社会发布鼓励社会资本参与的项目公告和项目信息，为项目发起单位与PPP咨询机构、社会资本对接提供服务。入库项目纳入全省重大项目储备库及投资在线审批监管平台管理。

（二）加强沟通协调，择优选择合作伙伴。各级财政部门要及时向社会发布鼓励社会资本参与的项目公告和项目信息，要树立平等合作观念，给予包括民间资本在内的各类市场主体充分的机会，按照公开、公平、公正的原则通过招标等方式择优选择投资方。对行业主管部门报送的"两评一方案"审核并报经同级政府同意后，协助行业主管部门，依托政府采购信息平台，按照《政府采购法》及有关规定，依法选择项目合作伙伴。社会资本可依法设立项目公司，鼓励民企、国企、外企共同成立项目公司，共同推进项目建设运营。政府可指定相关机构依法参股项目公司。可行性研究报告、项目初步设计方案由项目公司编制并报项目所在地相关部门审批或备案，经同意后开展建设、运营等工作。

（三）规范采购程序，提高政府采购效率。根据财政部《政府采购竞争性磋商采购方式管理暂行办法》（财库〔2014〕214号）、《政府和社会资本合作项目政府采购管理办法》（财库〔2014〕215号）和《关于政府采购竞争性磋商采购方式管理暂行办法有关问题的补充通知》（财库〔2015〕124号）的规定，为做好PPP项目政府采购服务工作，确保采购过程规范、透明。鼓励项目实施机构按照项目的需求特点和效率要求，结合资格预审情况，选择合适的政府采购方式。对于核心边界条件和技术经济参数能够详细描述且在采购中不作更改的项目，应当采用招标方式采购，反之，则应采取竞争性磋商和竞争性谈判方式开展采购。对于拟选择采用竞争性磋商或者竞争性谈判方式的项目，做好项目采购方式备案工作，简化备案流程，提高备案效率。督促项目实施机构严格按照政府采购法律制度有关程序要求的规定操作PPP项目，依法做好采购需求、资格预审、采购文件、采购结果、采购合同、履约验收等各个环节的信息公开，防止出现因程序违法而导致采购活动失败的现象，以及由此引发的后续法律纠纷。督促项目实施机构在选择与之订立合同的社会资本时，必须严格执行政府采购法定的方式和程序，并严格按照采购文件确定的事项和依法确定的采购结果签订 PPP 项目合同。项目实施机构和社会资本均应提高对项目合同严肃性的认识，严格履行合同中规定的权利和义务，确保执行效果。

二、明晰市场准入条件

除法律、法规、规章特殊规定的情形外，公共服务领域基础设施建设运营一律向社会资本开放。只要是社会资本，包括符合条件的各类国有企业、民营企业、外商投资企业、混合所有制企业，以及其他投资、经营主体愿意投入的公共服务领域基础设施，原则上应优先考虑由社会资本参与建设和运营。社会资本投资建设或运营管理公共服务领域基础设施，与政府投资项目享有同等政策待遇，不另设附加条件。社会资本投资建设或运营管理的公共服务领域基础设施，可按协议约定依法转让、转租、抵押其相关权益；征收、征用或占用的，要按照国家有关规定或约定给予补偿。

三、简化项目审核流程

各地各部门要建立 PPP 项目实施方案联评联审机制和绿色通道，进一步减少审批环节，提高审查工作效率。项目合同签署后，可并行办理必要的审批手续，有关部门要简化办理手续，优化办理程序，主动加强服务，对实施方案中已经明确的内容不再作实质性审查。对于法律、法规没有明确规定作为项目审批前置条件的行政审批事项，一律放在审批后、开工前完成。实行核准制的项目，按程序编制核准项目申请报告；实行审批制的项目，按程序编制审批项目建议书、可行性研究报告、初步设计，根据需要可适当合并简化审批环节。加强项目前期论证、征地移民、建设管理等方面的协调和指导，为项目建设和运营创造良好条件。积极培育和发展为社会投资提供咨询、技术、管理和市场信息等服务的市场中介组织。

四、实施优惠的财税政策

（一）加大支持力度，做好项目前期准备。各地各部门要采取有效措施，提高 PPP 项目的科学化和专业化的管理水平，推动 PPP 项目多领域、高标准、规范化实施。各级财政部门安排专项资金，加大投入力度，支持 PPP 项目通过选聘 PPP 咨询机构开展"两评一方案"等项目前期工作。为激励各地各部门推进 PPP 工作，省财政厅将通过竞争性方式选择省级 PPP 示范项目，支持建设一批可复制、可推广的高水平、有特点的 PPP 项目，安排专项资金对列入省级 PPP 示范项目开展"两评一方案"费用给予补贴。

（二）建立奖补机制，推进示范项目。省财政通过以奖代补方式支持省级 PPP 示范项目规范开展，形成一批可复制、可推广的 PPP 示范项目案例，推动更多 PPP 项目落地实施。对省级以上（含省级）PPP 示范项目中的新建项目，省财政将在项目签约实施后，按照项目投资规模给予一定奖励。对符合条件、规范实施的转型为

PPP项目的地方融资平台公司存量项目，省财政将在择优评选后，按照项目转型实际化解地方政府存量债务规模的给予一定奖励。各级各部门要有效统筹现有各种专项资金，综合运用投资补助、财政补贴、贷款贴息等形式，加大对PPP项目的支持力度，优先安排专项资金支持。

（三）设立PPP融资支持基金，提高项目可融资性。财政安排专项资金，吸引金融机构和社会资本共同设立PPP融资支持基金，通过垫付前期开发资金、委托贷款、担保、股权、债权等方式，加快PPP项目实施，提高项目可融资性，引导各地各部门采取规范的PPP模式，更好地发挥政府投资引导作用，鼓励和撬动社会资本通过PPP模式进入公共服务领域。

（四）采取多种方式，建立合理投资回报机制。对通过价格政策和收费调整，适当配置资源等方式，仍无法保证社会资本合理回报时，同级财政部门应予以适当补贴，推动项目实施。财政补贴要以项目运营绩效评价结果为依据，综合考虑产品或服务价格、建造成本、运营费用、实际收益率、财政中长期承受能力等因素合理确定，并以适当方式向社会公示公开。各级财政部门要逐步从"补建设"向"补运营"转变，探索建立动态补贴机制，将财政补贴等支出分类纳入同级政府预算，同时在中长期财政规划中统筹考虑，并向本级人大或其常委会报告，确保项目实现合理收益。

（五）落实税收政策，鼓励项目节能环保。认真落实资源综合利用产品和劳务增值税即征即退政策和利用风力生产的电力产品增值税实行即征即退50%政策。从事国家重点扶持的公共基础设施项目（含环境保护、节能节水项目，包括公共污水处理、公共垃圾处理、沼气综合开发利用、节能减排技术改造等）的投资经营所得，自项目取得第一笔生产经营收入所属纳税年度起，第一年至第三年免征企业所得税，第四年至第六年减半征收企业所得税。企业购置并实际使用《环境保护专用设备企业所得税优惠目录》、《节能节水专用设备企业所得税优惠目录》和《安全生产专用设备所得税优惠目录》规定的环境保护、节能节水、安全生产等专用设备的，该专用设备的投资额的10%可以从企业当年应纳税额中抵免；当年不足抵免的，可以在以后5个纳税年度结转抵免。新建公共基础设施、环境保护、节能节水、生态环境建设项目（单独核算），自投产（使用）之日起，5年内免征房产税；免征建设期内城镇土地使用税。

五、切实落实土地政策

（一）发挥规划作用，调控项目用地需求。对PPP项目符合当地土地利用总体规划的，在用地计划指标上予以积极保障；在用地选址和规划用地指标上统筹考虑、合理安排项目用地规模与布局，支持有条件的地区开展城乡建设用地增减挂钩试点工作。

（二）充分利用土地指标，加快项目用地审批。坚持土地用途管制，利用土地指标，指导帮助PPP项目用地选址，确保项目选址符合土地利用总体规划确定的用途分区。PPP项目建设用地，在符合国家产业政策和土地利用总体规划实现"占补平衡"的前提下，建立绿色通道加快项目前期工作进度，提高审批效率，优先办理用地预审、用地审批等相关工作。

（三）实行多样化土地供应，保障项目建设用地。对符合划拨用地目录的PPP项目，可采用划拨方式供地并办理用地手续，支持利用闲置、利用效率低的土地服务业项目。对不符合划拨用地目录的，依法办理土地出让手续。

六、建立灵活的价格调节机制

积极推进公共服务领域价格改革，加快理顺公共服务价格，建立健全公用事业和公益性服务财政投入与价格调整相协调机制，促进PPP满足多元化需求。对具有区域特征的PPP项目，已具备竞争条件的，尽快放开价格管理。对产品和服务价格纳入政府定价目录的项目，下放定价权限，依据项目运行状况、绩效评价结果，以及项目提供公共服务的社会平均成本、市场供求关系、社会承受能力等因素，实行公共服务价格定期调整。对产品和服务价格未纳入政府定价目录的项目，在平等协商的基础上，以合同方式约定价格。在减少政府定价事项的同时，注重做好价格监测预警、成本调查监审、价格调控、市场价格监管和反垄断执法、价格公共服务等工作；落实和完善物价涨跌与价格调整的联动机制，做好价格争议纠纷调解处理，维护公众合法价格、社会资本合法收益的权益。

七、发挥金融服务优势

金融机构应创新符合PPP模式特点的金融服务，优化信贷评审方式，积极为PPP项目提供融资支持。

（一）发挥金融积极作用，为项目提供优惠金融支持。鼓励开发性、政策性金融发挥中长期融资优势，积极引入社会资本方，灵活运用基金投资、银行贷款、发行债券等各类融资工具，推进建立期限匹配、成本适当以及多元可持续的PPP项目资金保障机制。加强信贷规模的统筹调配，优先保障PPP项目的融资需求；对符合条件的PPP项目，提供期限及利率优惠政策；建立绿色通道，加快PPP项目贷款审批，不断加大对公共服务领域基础设施项目进行特殊信贷支持。发挥开发性、政策性金融示范引导优势，引导商业性金融机构以银团贷款、委托贷款等方式，通过参与项目前期论证，协助制定财务支持和风险分担机制，增强商业性机构的参与信心和积极性，撬动社会资本参与PPP项目，拓宽项目的融资渠道。鼓励开发性、政策性金融通过提供规划咨询、融资顾问、财务顾问等服务，提前介入并协助各地做好建设项目策划、融资方案设计、融资风险控制、社会资本引荐等工作，提高PPP项目的运作质量和效率。鼓励商业银行通过资金融通、投资银行、现金管理、项目咨询服务、夹层融资等方式参与PPP项目。积极探索项目融资期限设置和信用风险机制设计，避免期限错配的风险。探索各种综合增信担保措施，提供创新金融产品服务。

（二）发挥证券保险机构补充作用，支持项目利用其他渠道融资。引导证券公司为 PPP 项目公司提供并购融资、财务顾问、债券承销等业务，开发债券产品，通过债券发行，改善和优化融资结构，以项目收益等资金偿还债券的本息，为 PPP 项目解决融资问题。同时，探索通过将政府给予项目单位的特许经营权或收费权进行资产证券化，把缺乏流动性的资产提前实现，从而有效的解决流动性风险，提升 PPP 对社会资本的吸引力。支持保险机构作为 PPP 基金的优先级，为大型 PPP 项目解决融资问题。同时，引导保险机构开发信用险种为 PPP 项目的展约风险、建筑工程险、运营风险等承保，增加 PPP 项目结构设计的灵活性，促进项目风险降低和转移。支持 PPP 项目公司利用外国政府、国际金融组织贷款、清洁发展基金和社保基金融资。鼓励符合条件的 PPP 项目公司在资本市场通过发行公司债、企业债、中期票据、定向票据等市场化方式进行融资。依托各类产权、股权交易市场，为社会资本提供多元化、规范化、市场化的退出渠道。PPP 项目公司上市的，享受我省公司上市奖励政策。

本措施自 2016 年 8 月 19 日起实施，有效期至 2021 年 8 月 18 日。

附件 3：

青海省加强民间投资政策宣传实施办法

（省委宣传部）

为进一步贯彻落实《国务院关于鼓励支持和引导个体私营等非公经济发展的若干意见》、《国务院关于鼓励和引导民间投资健康发展的若干意见》和《青海省人民政府关于鼓励和引导民间投资健康发展的实施意见》，强化国家及我省关于鼓励民间投资系列政策措施的宣传，增强政策透明度，打造公平营商环境，吸引更多的民间投资者参与青海经济建设，力争把我省建设成为本土企业发展的沃土，域外企业向往的热土。现结合我省实际，制定以下民间投资政策宣传实施办法。

一、总体要求

深入学习贯彻习近平总书记系列重要讲话精神和中央经济工作会议精神，按照省委省政府工作部署，紧紧围绕促进民间投资各项工作重点，进一步提高政治意识、大局意识、核心意识、看齐意识，牢牢把握团结奋进、昂扬向上的宣传基调，坚持团结稳定鼓劲，正面宣传为主方针，坚持集中宣传与长期宣传相结合。大力宣传省委省政府促进民间投资的重大部署和重要举措；大力宣传中央和我省促进民间投资的系列政策，大力宣传各地各部门促进民间投资的举措成效和好经验好典型；大力宣传民营企业家对我省促进民间投资工作的反响和积极评价，为有力助推我省民间投资健康发展，实现"十三五"良好开局营造良好舆论氛围。

二、责任分工

省委宣传部负责促进民间投资的新闻报道工作，制定宣传报道方案，指导并组织省主要媒体开展集中采访；省政府新闻办根据工作需要负责组织召开新闻发布会；省经济和信息化委、省发展改革委、省财政厅、省金融办、省国土资源厅、省工商局、省工商联、省地税局、省国税局等部门负责开展相关领域民间投资政策的宣传工作，向媒体提供宣传报道重点，确定采访联系人；省民政厅负责调动各商会、协会积极性，充分发挥桥梁纽带作用，有效拓宽我省民间投资政策宣传渠道，向媒体提供宣传报道重点，确定采访联系人。青海日报、青海广播电视台、青海新闻网、西海都市报、西宁晚报、西宁广播电视台具体做好民间投资政策的宣传报道工作。

三、宣传重点

1. 宏观政策。由省发展改革委、省经济和信息化委、省工商联牵头，加强对《国务院关于鼓励支持和引导个体私营等非公经济发展的若干意见》、《国务院关于鼓励和引导民间投资健康发展的若干意见》和《青海省人民政府关于鼓励和引导民间投资健康发展的实施意见》、《青海省人民政府关于进一步促进民间投资健康发展的意见》等国务院、省政府出台的鼓励民间投资重大方针、政策的宣传，创新宣传方式，提高政策执行力。

2. 财税政策。由省财政厅、省国税局、省地税局牵头，对我省在财政、税收等方面优惠政策进行梳理，通过门户网站等方式做好西部大开发、"营改增"等税收优惠政策和进一步厘清、规范涉企行政事业性收费的宣传工作，降低企业税费负担，提升市场主体发展活力。广泛收集有关省、区、市相关政策，通过对比分析，突出我省政策亮点，为投资决策提供参考。

3. 金融政策。由省金融办、省经济和信息化委牵头，联合人行西宁中心支行、青海银监局、青海证监局、青海保监局及各金融机构广泛宣传面向民营企业的各类金融产品。对银企融资对接平台搭建，民间投资融资担保制度建设，金融机构创新民营企业贷款担保方式、完善担保和再担保体系，开拓民营企业上市绿色服务通道建设，各地区、各部门落实国家支持中小企业信贷政策，协助符合条件的民营企业申请国家相关国债贴息资金、专项扶持资金等政策扶持和信贷资金情况进行宣传。

4. 土地政策。由省国土资源厅牵头，加强对青政〔2012〕65号文件贯彻落实情况的宣传，现有土地政策有调整的，要及时通过各种宣传渠道对调整情况进行更新公告。对企业投资中涉及的征地审批制度等进行汇总公告，方便投资者查询，增强政策透明度。

5. 产业政策。由省农牧厅、省经济和信息化委、省发展改革委、省住房城乡建设厅牵头，结合第一、二、三产业"十三五"规划的制定和《青海省人民政府关于实施工业领域供给侧结构性改革工程的意见》，加大对重点产业政策的宣传，突出产业特色与区域优势，挖掘现有产业吸引投资者，分产业、行业、企业明确投资重点方向、重点优惠政策，增强投资吸引力。

6. 社会效应。由省发展改革委、省工商联牵头，对近年来全省民间投资情况进行调研统计，广泛宣传民间投资在促进经济发展、调整产业结构、繁荣城乡市场、扩大社会就业等方面发挥的重要作用。对民营企业家诚实守信经营、认真履行社会责任、参与社会事业建设等先进事迹进行宣传，帮助民间投资者、企业家在公众中树立良好形象。

7. 职能转变。由省审改办、省政府法制办牵头，把促进民间投资与转变政府职能、推进行政审批制度改革结合起来，大力宣传我省在深化行政体制改革、深入推进简政放权、加强事中事后监管、健全宏观调控体系、创新行政管理方式、加强和优化公共服务等方面的做法与成效，为民间投资发展营造良好的市场、政策、法治环境，激发民间投资创造活力，增强经济发展内生动力。

四、宣传报道安排

（一）媒体宣传

1. 省主要新闻媒体。每年开展一次促进民间投资的集中宣传，统一开设相关专栏，对全省促进民间投资工作中的做法成效、亮点经验等方面推出重点报道。同时，结合全省举办的各种重要节会，各有关部门参加的对外活动、主题活动日等，选派精兵强将，深入采访，推出相关报道，将民间投资的宣传报道作为一项长期宣传任务持续推进，做到长流水、不断线。

2. 新媒体。青海新闻网等省内重点新闻网站和省主要媒体所属新媒体要按照以上要求，精心策划，开设好专题专栏，转载编辑传统媒体重点稿件和节目，同时，充分运用微博、微信、客户端等新媒体传播平台，聚焦放大传播效果，扩大网上正面宣传的传播面和影响力。

3. 都市类媒体。西海都市报、西宁晚报在开设好主要栏目的同时，要充分发挥都市类报纸的特色和优势，围绕宣传重点，从百姓视角出发，创新宣传方法和形式，做活、做软、做新主题新闻。

（二）其他形式宣传

各相关单位结合责任分工和工作实际，除配合媒体做好新闻报道外，综合运用微博、微信、手机客户端、户外 LED 大屏幕、发放宣传册等多种形式，积极主动做好民间投资政策宣传。充分运用各单位、部门所属网站进行宣传，并对本部门涉及的相关政策进行汇总梳理，在政府门户网站建立统一的招商引资政策页面，对国家及我省吸引民间投资的相关政策进行梳理汇总公告并进行动态调整，作为我省吸引对外投资及民间投资的唯一政策依据，方便投资者查询。发挥好行业协会、商会桥梁和纽带作用，及时传递政府政策信息，为民间投资者参与青海经济建设搭建桥梁。

五、工作要求

1. 高度重视，精心组织。促进民间投资政策宣传，是一项长期的重要任务，在引导全省上下迎难而上、真抓实干、攻坚克难具有重要意义。各媒体要高度重视，精心组织，牢牢把握正确导向，加强正面宣传和舆论引导工作，在统一思想、凝聚共识上下功夫，在坚定信心、振奋精神上下功夫，在全面准确、科学严谨上下功夫。各地各部门要注重对政策宣传活动的策划，在宣传的对象、方式方面讲求方法与实效，要站在投资者的角度考虑宣传的重点与方向，着力提高宣传的质与量，力争每一次报道都宣传到"点子"上，每一条政策触到投资者的"心坎"上，严防走过场、凑人数、形式主义。

2. 加强策划，务求实效。各媒体要按照本办法制定详细报道计划，精心实施。切实加强选题策划，把大道理新政策与企业利益等结合起来，在报道的精度、深度和密度上下功夫，要改进方式方法，安排记者编辑赶赴民间企业一线采访报道，多用真实具体的事例，进一步增强报道的吸引力和感染力。凡全省吸引对外投资政策，在省政府门户网站招商引资页面进行统一公开，各地区、部门、园区门户网站可通过链接等方式进行转载，政策有调整、变化的，要及时与省政府门户网站管理部门沟通协调，及时更新现有政策，确保取得实效。

3. 把握基调，严守纪律。各媒体要增强政治意识、大局意识、核心意识和看齐意识，坚持团结稳定鼓劲，正面宣传为主，要科学严谨把握中央和我省提出的重大方针政策，切实增强政策宣传、措施解读的精准性和实效性，防止片面性简单化，坚决防止误读误解误导。要严格遵守新闻宣传纪律，重大问题、重要口径要按照中央和省委、省政府精神严格把握，坚持稿件三审制，重要稿件送有关部门审定，拿不准的问题要及时请示。

4. 协同推进，抓好落实。各相关单位要积极配合和全力支持各媒体的采访报道工作，主动与各媒体对接，提供相关新闻线索、素材及采访联系人，为各媒体的采访提供便利。各部门宣传活动开展情况将作为全年招商引资完成情况考核的加分项，对于宣传力度大、措施到位、社会效应好的部门，在考核总得分基础上进行加分。

附件4：

青海省民营企业困难问题综合协调方案

（省经济和信息化委）

今年以来，我省经济发展总体持续下行，民营企业生产经营面临诸多困难，民间投资增速持续放缓。根据省政府《青海省落实国务院促进民间投资专项督查反馈问题的整改方案》要求，为深入贯彻落实国家和我省出台的各项稳增长、调结构、促就业政策措施，支持和帮助民营企业应对当前复杂多变的经济形势，综合协调和帮助民营企业解决实际生产经营困难，提振企业投资和发展信心。现提出如下工作方案。

一、总体要求

认真贯彻落实国务院《关于引导和促进民间投资健康发展若干意见》、省政府印发的《青海省千家中小微企业培育工程实施意见》、《青海省培育和发展市场主体意见》、《青海省人民政府关于进一步促进民间投资健康发展的意见》等重大决策部署和政策措施，坚持问题导向，深入生产一线，发现问题、剖析问题、解决问题，在做好政策宣传的同时，加大工作落实力度，为企业提供综合服务、优质服务、超前服务、高效服务，促进全省民间投资持续、稳定增长。

二、重点工作

结合全省年度专项服务活动推进，深入企业、厂矿等生产第一线，摸清企业生产经营、项目建设、政策落实等方面存在的问题，列出清单，分类归纳，逐户建立工作台账。在此基础上，一方面要积极与相关部门协调衔接，帮助企业解决在市场开拓、运输、能源、融资、土地、环评等方面存在的问题；另一方面，充分调动企业主动性，引导、鼓励企业通过强化内部管理、加快自主创新、扩大市场覆盖领域，激发和增强企业投资信心。

三、工作机制

以全省经济和信息化委系统为主体，建立民营企业困难问题综合协调工作体制和机制。充实省经济和信息化委非公有制经济服务局力量，派出人员进驻省政务服务大厅，通畅民营企业困难问题申报渠道，完善问题协调办理监督机制，确保民营企业反映问题"有人管、管到位"。各市州、县（区）工业主管部门和工业园区要分级成立相应工作机构，坚持上下联动，集中受理和协调解决民营企业生产经营中存在的问题。

非公有制经济服务局具体工作纳入政府服务大厅统一管理，主要负责促进全省民间投资健康发展政策宣讲、工作组织、人员培训，以及重大问题协调解决等工作。同时，要做好各市州民营企业困难问题综合协调工作的指导和督促，加强工作检查落实，并及时发布各项工作动态信息。

各地区、园区民营企业困难问题综合协调机构和省直相关部门要充分发挥服务职责，凝心聚力，确保国家和我省各项促进民间投资和培育市场主体等相关政策措施宣传到位、落实到户，指导并帮助企业稳定生产、调整结构、改革创新、开拓市场、加强管理，尽快实现产业转型调整和结构优化升级。

四、工作措施

（一）提高认识。促进民间投资健康发展是国务院当前积极应对经济下行形势的一项重要举措。各市州、各部门、各园区要高度重视，集中精力、集中时间开展整改活动，全力扭转短期内民间投资下滑势头。

（二）真抓实干。各地区、园区工作小组要强化问题导向，认真协调和落实好近年来国家和我省促进民间投资增长和市场主体培育的相关政策措施，对制约民间投资持续增长的有关问题进行彻底清理和逐条整改，建立和完善民营企业困难问题长效协调机制。

（三）严明纪律。各地区、园区工作小组要深入企业和基层，送政策、送思路、送方法、送服务，真心实意帮助企业解决实际困难，严格遵守中央"八项规定"和省委省政府"二十一条措施"，以身作则、廉洁自律，发挥好表率作用，不给企业增添负担。

（四）确保实效。各地区、园区工作小组要及时了解和掌握民营企业生产经营动态及存在的问题，认真分析和深入研究问题症结，创新工作方法，积极向各有关部门反映和协调解决问题，切实帮助民营企业落实和解决生产经营实际困难。

附件5：

青海省推进招商引资加大民间投资政策措施

（省经济和信息化委）

近几年，我省出台了一系列鼓励招商引资、支持民间投资的政策措施，从市场准入、财税、土地、金融、人才等方面做了全面系统明确的规定，可操作性强。但在政策执行过程中，存在渠道不畅通、落实不到位的现象，在一定程度上影响了招商引资工作的开展。为进一步推进招商引资，加大民间资本投资力度，加快培育和发展市场主体，结合我省实际，提出以下政策措施。

一、进一步落实招商引资和民间资本投资优惠政策

各级政府、有关部门和工业园区要不折不扣贯彻落实《青海省关于深入实施西部大开发战略政策意见的实施细则（试行）》、《青海省人民政府关于进一步加快培育和发展市场主体的意见》、《青海省人民政府办公厅关于发展众创空间推进大众创新创业的实施意见》、《青海省引进高层次科技创新创业人才暂行办法》、《青海省人民政府关于进一步促进民间投资健康发展的意见》等支持招商引资、鼓励民间投资的政策文件，强化责任担当，切实解决政策落实中环节多、进度慢的问题，切实解决重安排、轻落实的问题，切实解决搞选择性落实、象征性执行的问题，畅通政策"最后一公里"，让政策落地生根，确保对各类投资主体一视同仁。在土地供给、资源配置等要素保证方面向重点产业、重大项目倾斜，只看项目性质、产业类别，不分投资主体性质。

二、进一步放宽民间资本市场准入条件

民间投资是青海省招商引资的重点，各级政府要全面落实促进非公有制经济发展的政策措施，消除非公有制经济发展的制度性障碍。鼓励民间资本以独资、参

股、控股等方式进入基础设施、基础产业、社会事业等法律法规未明确禁止准入的行业和领域。鼓励民间资本以合资、特许经营、政府和社会资本合作等方式参与国有企业改革，参与建设营运具有自然垄断性质、以政府资金和国企投资为主的领域，并享有同等公共服务价格、财税扶持、土地供给等政策待遇。

三、进一步落实税收优惠政策

省国税局、省地税局要指导和监督各级税务部门落实西部大开发等各项税收优惠政策。各工业园区管委会、各级政府行业主管部门要积极协助各类招商引资投资主体办理有关税收手续，充分享受税收优惠政策。各民族自治地区在国家法律法规允许的范围内，制定相对灵活、更加优惠的税收政策，依法定程序批准后执行，提高投资吸引力。

四、进一步加大财政支持力度

省财政厅会同有关行业管理部门，逐步加大财政投入，进一步整合财政支持资金，充分发挥财政资金的引导作用，支持优质项目投资和企业发展，推动供给侧结构性改革。一是围绕发展壮大特色优势产业，通过综合运用产业发展投资基金、产业扶持资金等，加大对重点产业投资项目、龙头企业的扶持力度，推进产业转型升级。二是围绕发展社会事业、改善民生，加大对医疗、养老、教育、文化、旅游、城市基础设施等社会公益事业投资项目扶持力度。三是充分发挥中小企业发展基金等作用，加大对中小企业的扶持力度，加快小微企业创业创新基地、服务平台、聚居区等建设，培育发展壮大中小企业，不断推进大众创业、万众创新。

五、进一步创新金融支持政策

省金融办要指导各类金融企业和机构，创新融资服务，切实解决企业招商引资和民间投资融资难问题。探索设立创业引导基金、股权投资基金，通过完善机制，促进风险投资基金支持市场主体创新创业。支持市场主体在主板、中小板、创业板、"新三板"及银行间债券市场、股权交易中心等多层次资本市场上市、挂牌。探索灵活多样的担保和抵（质）押机制，支持市场主体融资。建设金融资产管理平台，探索推动信贷资产证券化，服务市场主体发展。分类搭建政策性担保平台，构建"政银企保担"共同参与的"五位一体"创新融资模式。进一步完善政银对接、银企对接机制，通畅企业融资渠道。

六、进一步加大人才支持力度

省人才办、省人力资源和社会保障厅牵头负责《青海省引进高层次科技创新创业人才暂行办法》（青人才字〔2011〕5号）的落实工作，各有关主管部门、用人单位各负其责，形成协调有力、办事高效的人才引进工作机制，确保各项人才政策落到实处，解决企业高层次人才不足难题。大力支持科技人才带项目进驻，通过引智引进项目和投资。

省教育厅会同有关部门，加大普通人才培养力度。省财政安排专项资金，逐步加大职业教育投入，根据青海省产业发展实际，科学调整大专院校、职业教育专业设置和招生规模，保障企业各类技术管理人才需求。

七、进一步完善招商引资奖励机制

省经济和信息化委会同省财政厅修订完善《青海省招商引资奖励办法（试行）》（青政办〔2007〕76号），明确奖励原则、范围、条件和奖励标准。根据需要由省财政每年安排一定专项资金，对引进有利于青海产业结构调整和经济社会发展、符合生态文明建设和绿色发展要求的优秀招商引资项目做出突出贡献的单位和个人予以奖励。充分调动省内外一切力量，形成全方位、多层次、宽领域的招商引资格局。

八、进一步创造良好投资环境

强化政府服务意识，树立政府公信力，建立完善政府服务责任机制，任何单位和部门，不得因主要领导的变更，影响政策的执行和承诺的兑现，确保政策执行和服务的一致性和连续性。严格依法行政，按照"法定职责必须为，法无授权不可为"要求，全面实施权力清单、责任清单制度。推进综合执法，着力解决行政执法职责不清导致的"不作为"、"乱作为"现象。严禁介入或干预市场主体正常生产经营活动，严格规范行政处罚自由裁量权。进一步推进简政放权，提高办事效率，清理、取消国家没有明文规定的前置审批。建立"一个窗口"集中受理、综合审批服务模式，建立重点项目行政审批绿色通道，完善行政审批限时办结制和责任追究制。建立涉企收费清单目录，并向社会公布。全面清理涉企行政事业性收费，凡国家和我省确定取消、停征和减免的收费规定，不得以任何理由拖延或拒绝执行，不得变换名目继续收取。全面放开环评、安评、能评等市场，破除各种指定机构实施的垄断行为，切实规范中介服务收费，凡没有法定依据的行政审批中介服务及收费全部取消。

九、进一步加大政策宣传

各级政府、有关部门和工业园区要深入研究国家和我省出台的各项支持市场主体发展的政策，加大政策宣传力度，运用报纸、宣传册、网络等各种媒介，开展集中宣传、日常咨询等多种活动和手段，使每一个投资者、每一个经营者了解政策、熟悉政策、用好用足各项扶持政策，提高每一项政策的吸引力和普惠性，将政策红利转化为发展红利。

十、进一步完善督查督办制度

各级政府、有关部门和工业园区要健全并创新督查督办制度，通畅企业投诉渠道，完善投诉办理监督机制和问责制度，建立政策落实评价体系，对服务不到位、政策不落实、承诺不兑现、不作为、乱作为等现象进行重点督查。监察、审计、督查等部门要建立常态化督办检查制度，紧盯社会关注度高、群众反映问题多的部门单位和现象开展针对性督促检查，对督查发现的问题，列出清单、明确时限、落实责任、逐项整改，对不作为、设障碍的，依法依规追究责任。通过采取强有力的督查问责措施，确保各项政策措施落实到位。